Jana Bommersbach

# EIN GERAUBTES LEBEN

Der Fall Debra Milke
23 Jahre unschuldig in der Todeszelle

Aus dem Amerikanischen von
Ulrike Becker, Jochen Schwarzer
und Thomas Wollermann

Besuchen Sie uns im Internet:
www.droemer.de

Originalausgabe März 2016
© 2016 Droemer Verlag
Ein Imprint der Verlagsgruppe
Droemer Knaur GmbH & Co. KG, München
Alle Rechte vorbehalten. Das Werk darf – auch teilweise – nur mit
Genehmigung des Verlags wiedergegeben werden.
Redaktion: Regina Carstensen, München
Covergestaltung: ZERO Werbeagentur, München
Coverabbildung: Robert Gallagher / Corbis Images
Bildnachweis: S. 1–7 Privatarchiv Debra Milke; S. 8 o., u. li. Picture
alliance (im Folgenden »pa«) / AP Photo; S. 8 u. re. pa / AP Photo /
The Arizona Republic, Dana Leonard; S. 9 pa / AP Photo; S. 10 Privatarchiv
Debra Milke; S. 11 Mi. pa / ASSOCIATED PR; S. 11 o. re. pa / Roy
Dabner / dpa; S. 11 o. li. pa / Marco Mierke / dpa; S. 11 u. pa / AP Photo /
Ross D. Franklin, Pool; S. 12 pa / dpa; S. 13 Privatarchiv Debra Milke;
S. 14 o. Privatarchiv Debra Milke; S. 14 u. pa / AP Photo; S. 15 Robert
Gallagher / Der Spiegel / Corbis Outline; S. 16 pa / dpa
Satz: Sandra Hacke
Druck und Bindung: CPI books GmbH, Leck
ISBN 978-3-426-27690-7

2 4 5 3 1

*Ich widme dieses Buch, in Liebe und Hochachtung,
Debra Milke und dem Andenken an ihren
Sohn Christopher und ihre Mutter Renate Janka*

# INHALT

Vorwort von Debra Milke     9

1 »Sie probten meine Hinrichtung«     11
2 »Der Moment, der mein Leben änderte«     32
3 »Er kam herein und sagte in einem Atemzug …«     62
4 »Gott im Himmel, das darf nicht wahr sein«     92
5 »Ich war das brave Mädchen und er der coole Typ«     106
6 »Ich dachte, ich könnte ihn ändern«     121
7 »Ich schnappte mir meinen Sohn, und wir rannten um unser Leben«     143
8 »Gestanden? Ich habe nichts gestanden. Ich habe doch nichts getan«     166
9 »Lieber Jim, hat er nach mir gerufen?«     179
10 »Ich notierte ›T‹, als die Richterin ›Todesstrafe‹ sagte«     208
11 »Oma und Opa – ist nicht wahr«     234
12 »Ich wusste gar nicht, dass ich im Gefängnis einen Fürsprecher hatte«     248
13 »Was soll ich bloß mit meiner Schwester anfangen?«     265
14 »In Liebe, Debbie«     282
15 »Frankie war das Licht am Ende des Tunnels«     310
16 »Mike und Lori haben an mich geglaubt, Gott sei Dank«     339
17 »Ich hätte wissen sollen, dass Arizona bis zum Äußersten geht«     359
18 »Ich trug ein blaues Kleid, zur Erinnerung an meine Mutter«     378

Nachwort von Jana Bommersbach     394

# VORWORT

## von Debra Milke

Der eine Alptraum, das ist der Tod meines Sohnes Christophers, er wird immer Teil meines Lebens bleiben. Der andere Alptraum sind meine dreiundzwanzig Jahre in der Todeszelle, der Staat Arizona raubte mir diese Zeit. Ein Justizhorror. Dennoch: Ich bin in dieser Zeit stärker geworden, sie hat mich positiv verändert. Ich war mir immer selbst treu. Ich habe Stärken erfahren, von denen ich gar nicht wusste, dass ich sie besitze. Eine Stärke ist sicher, dass ich keine Rachsucht empfinde für diejenigen, die für den Tod meines Sohnes verantwortlich sind. Sie sollen einfach im Gefängnis bleiben. Das reicht mir. Diese Männer hinzurichten ändert nichts. Das bringt mir meinen Sohn nicht zurück. Nachdem ich meine elektronische Fußfessel los war, kehrte ich in meine Geburtsstadt Berlin zurück. Die ersten vier oder fünf Tage habe ich nur geweint. Es war sehr bewegend für mich, schön und traurig zugleich. Das letzte Mal war ich mit neunzehn in Berlin gewesen, da stand die Mauer noch. Nun konnte ich durch das Brandenburger Tor gehen, und auf einmal war ich auf der anderen Seite der Mauer – genauso wie ich mich jetzt auf der anderen Seite des Gefängniszauns befinde.

Im Laufe der Jahre haben mir viele Leute gesagt, dass über meine Geschichte ein Buch geschrieben werden sollte. Ich sah das auch so und wusste schon genau, wen ich mir als Autorin dafür wünschte: Jana Bommersbach.
Über Jahre hatte ich auf einem lokalen Nachrichtensender ihre Berichte verfolgt. Sie schien eine sehr ungewöhnliche Reporterin zu sein: Ihre Beiträge waren von Mitgefühl und

Fairness geprägt, und sie ging völlig unvoreingenommen an ihre Themen heran. Das bewunderte ich an ihr. Auch ihre Artikel in diversen Publikationen und ihre Bücher haben mich beeindruckt.

Nun bin ich sehr froh, dass sie dieser tragischen Geschichte in diesem Buch auf fesselnde Weise gerecht geworden ist, und ich danke ihr dafür.

*Debra Milke*

# KAPITEL 1

## »Sie probten meine Hinrichtung«

Debra Jean Milke schaute gerade einen Reisebericht auf ihrem kleinen Fernseher, als sie kamen, um ihre Hinrichtung zu proben.
Es war der 19. Dezember 1997.
Sie war dreiunddreißig Jahre alt, eins siebzig groß, schlank. Sie hatte langes braunes Haar, das sie gern in Locken legte, und große braune Augen. Wenn sie lächelte, erstrahlte ihr ganzes Gesicht.
An diesem Tag aber gab es nichts zu lachen.
Es war bis dahin ein ganz normaler Freitag gewesen – in einem Leben, in dem Normalität bedeutete: Todestrakt im Gefängnis Perryville am Rande von Phoenix, Arizona – ihrem Aufenthaltsort, seit sie sechsundzwanzig war.
»Gleiche Scheiße, anderer Tag«, wie sie zu sagen pflegte.
Reiseberichte im Fernsehen waren ihre einzige Fluchtmöglichkeit aus diesem Sarg von einem Zimmer – drei mal drei Meter, mit Metallbett, Waschbecken und Klo. Aus dieser Zelle mit ihrem winzigen Fenster, das vergittert war, obwohl sich niemand hätte hindurchzwängen können. Aus diesem Ort, wo alles grau oder braun gestrichen war. Aus diesem Zellentrakt, in dem es nie richtig dunkel wurde und vor allem nie wirklich still. Aus diesem »Zuhause«, in dem Debra Milke tagaus, tagein allein war und sich an Reiseberichte im Fernsehen hielt, als einzige Möglichkeit, all dem zu entfliehen.
Diese Sendungen halfen ihr, sich an die Farben der Realität draußen zu erinnern und davon zu träumen, wie die Luft der Freiheit schmeckte. Sie schwor sich, einige dieser Orte irgendwann einmal selbst zu besuchen – eines Tages, wenn

sie wieder frei sein und all das hier der Vergangenheit angehören würde –, und diese Liste umfasste die ganze Welt. Am liebsten wollte sie aber nach Australien reisen.
Wie viele Reiseberichte hatte sie in den sieben Jahren gesehen, die sie nun im Gefängnis saß? Zweihundert? Dreihundert? Diese Sendungen gehörten zu der Routine, die sie sich auferlegt hatte. »Sonst hätte ich nicht funktionieren können. Ich musste eine Routine haben. Ich habe bald gemerkt, dass die Leute hier geistig verwahrlosen, und ich wollte verhindern, dass es bei mir dazu kommt. Ich wollte nicht zulassen, dass sich mein Hirn in Mus verwandelte.«
Und so stand sie jeden Morgen gegen vier Uhr auf – »Das war die ruhigste Zeit des Tages, denn alle anderen schliefen länger«. Sie machte sich in ihrer Zelle einen Kaffee und schrieb dann eine Stunde lang: Briefe, Erinnerungen, Notizen darüber, was sie ihrem Anwalt sagen wollte. Um fünf kam das Frühstück auf einem Plastiktablett: »Gummiartige Pfannkuchen oder pappige Frühstücksflocken, die wie Kleister aussahen.« Dreimal pro Woche durfte sie duschen und erhielt dazu ein dünnes Handtuch. Ebenfalls dreimal pro Woche brachte man sie allein in einen Gitterverschlag auf einem Hof, damit sie ein wenig Bewegung bekam. Ab elf schaute sie *Schatten der Leidenschaft*, die beliebteste Seifenoper im amerikanischen Fernsehen, die sich um zwei mächtige Familienclans in der fiktiven Stadt Genoa City in Wisconsin dreht. »Das war auch meine Welt: Fünf Tage die Woche war ich in Genoa City.« Das Mittagessen ab zwölf bestand aus einem Sandwich – Wurst oder Schinken-Käse. Anschließend hielt sie Mittagsschlaf, las etwas oder lernte. »Ich wusste ja nichts über das Justizsystem. Deshalb musste ich das erst mal verstehen. Ich habe mich sofort für einen Fernlehrgang in Jura angemeldet.«
An diesem Freitag starrte sie wie gebannt auf die Bilder, die

aus ihrem 13-Zoll-Farbfernseher drangen und durch die sie sich weit wegträumen konnte. Sie klebte förmlich an der Mattscheibe, denn es war ein Dezembertag, und der Dezember war immer ein schlimmer Monat.

Für die meisten Menschen ist der Dezember ein schöner Monat, erfüllt von den Bräuchen der Advents- und Weihnachtszeit. Selbst im Gefängnis ist das so, da die Häftlinge alles zu schätzen wissen, was den Alltagstrott durchbricht.

In den Einzelzellen rings umher, in denen die »disziplinarischen Problemfälle« der Strafanstalt untergebracht waren, und in den Schlafsälen überall in diesem riesigen Gebäudekomplex freuten sich die Häftlinge, dass sie nur noch sieben Tage von dem Tollsten entfernt waren, was ihnen diese Anstalt das ganze Jahr angedeihen ließ.

Das bevorstehende Weihnachtsessen verhieß gebratenen Truthahn samt Füllung – in einem Jahr hatte es sogar mal Cranberrysoße dazu gegeben –, danach vielleicht ein wenig frisches Obst und auf jeden Fall Kuchen.

Manche Gefangene bastelten Geschenke füreinander: auf Pappe gemalte Bilder, handkolorierte Karten, selbst verfasste Gedichte oder Lesezeichen, in Schönschrift mit Worten der Hoffnung versehen.

Für Debra Milke aber war die Weihnachtszeit nicht mit Freuden und Geschenken verbunden. Dezember bedeutete für sie: Trauer und Qual.

Es geschah an einem Dezembertag im Jahr 1984, dass dieses selbsternannte »brave Mädchen« den »bösen Jungen« heiratete, den ihre Eltern verachteten – einen Mann, den sie als Vater ihres einzigen Kindes liebte, der sie aber auch beschämte, beschimpfte, bedrohte und vor dem sie schließlich solche Angst bekam, dass sie ihm davonlief.

Es geschah an einem Dezembertag im Jahr 1989, dass ihr vierjähriger Sohn ermordet wurde – der kleine Junge mit seinem bezaubernden Lächeln, der »Nabel ihrer Welt«.

Es geschah an einem Dezembertag, dass das Phoenix Police Department behauptete, sie habe ihren Sohn ermorden lassen – woraufhin sie hier gelandet war, als einzige Frau, die in Arizona im Todestrakt saß.

Es geschah an einem Dezembertag im Jahr 1993, dass ihr erster Versuch, in Berufung zu gehen und das Todesurteil anzufechten, scheiterte.

Diese ganzen verdammten Weihnachtswerbespots – mit all den glücklichen Kindern, den liebevollen Eltern und der Verheißung, dass sämtliche Wünsche wahr werden – gingen ihr an die Nieren.

Im Dezember war sie jedes Mal so deprimiert, dass sie sogar auf den Hofgang verzichtete. Manchmal verließ sie ihre Zelle nur für die kurze Dusche, die ihr jeden zweiten Tag gestattet war.

Die Drogen, die anderen über schwere Zeiten hinweghalfen, waren nichts für sie. Sie hatte draußen nie Drogen genommen und war nicht im Geringsten versucht, im Gefängnis damit anzufangen – obwohl Drogen leicht erhältlich waren. Sie lehnte sogar die Medikamente ab, die sie verschrieben bekam und die ihre Stimmung hätten aufhellen und ihren Kummer hätten dämpfen können. Sie hatte sie in der U-Haft genommen, während sie auf ihren Prozess wartete, und sie hatten sie so benommen gemacht, dass sie kaum mehr klar denken konnte.

Wie Debra später sagte: »Das einzige Laster, das ich mir im Gefängnis zugelegt habe, ist das Kaffeetrinken.«

Doch selbst solche Humorversuche standen ihr im Dezember eher nicht zu Gebote. Ihrer Mutter schrieb sie: »Ich hasse diesen Monat und diese ganze Jahreszeit.«

In den meisten Monaten fiel es ihr schwer, im Dezember war es gar unmöglich, mit dem Gedanken zurechtzukommen, dass sie hinter Gittern gelandet war. Sie war immer beliebt und hübsch gewesen. Auf der Highschool hatte sie

so gute Noten nach Hause gebracht, dass sie in die National Honor Society aufgenommen wurde. Ihre Eltern waren meist sehr zufrieden mit ihr. »Ich habe immer alles unternommen, um keinen Ärger zu bekommen. Ich habe immer die Anerkennung meiner Eltern gesucht.«
Sie war eine vierundzwanzigjährige alleinerziehende Mutter mit einem temperamentvollen kleinen Sohn gewesen. Sie trank gern mal ein Bier, aber keine stärkeren alkoholischen Getränke. Seit sie als Teenager ihren ersten Job angetreten hatte, hatte sie bewiesen, dass sie eine fleißige Arbeiterin war, und nun hatte sie gerade beruflich einen neuen Weg eingeschlagen, was ihr wie »ein wahr gewordener Traum« vorkam. Gemeinsam mit ihrem Sohn stand sie an der Schwelle zu einem »neuen Leben«. Sie bereitete sich auf Weihnachten vor und hatte schon einige schöne Geschenke für ihren Sohn besorgt.

All das aber endete am 2. Dezember 1989. Es war ein Samstag. Es war der Tag, an dem der kleine Christopher mit einem Freund, dem sie vertraute, losfuhr, um den Weihnachtsmann zu treffen, und nicht mehr wiederkehrte.

Der Staat Arizona behauptete, sie habe den kleinen Christopher in den Tod geschickt. Es hieß, sie habe zwei Männer angestiftet, den Jungen für sie zu ermorden. Zunächst behauptete man, sie habe eine Lebensversicherung über 5000 Dollar auf den Jungen »abgeschlossen« – was heute knapp 10 000 Dollar entsprechen würde – und habe diese Summe kassieren wollen. Dann behauptete man, sie habe sich für einen neuen Freund, der keine Kinder wollte, frei machen wollen. Schließlich behauptete man, sie habe verhindern wollen, dass Christopher zu einem Säufer und Junkie heranwachsen würde, wie sein Vater einer war.

Man behauptete, man wisse all dies, weil Debra Milke es »gestanden« habe – einem Ermittler, der seit zwanzig Jahren im Dienst der Polizei von Phoenix stand. Detective

Armando Saldate hatte es allerdings nicht für nötig befunden, die fünfundzwanzigminütige Vernehmung unter vier Augen auf Tonband festzuhalten. Oder einen Zeugen hinzuzuziehen. Oder Debra eine schriftliche Aussage unterschreiben zu lassen. Es gab weiter nichts als seine Behauptung, sie habe ihm ihr Herz ausgeschüttet und gestanden, die Ermordung ihres Sohnes in Auftrag gegeben zu haben.

Als sich keine Sachbeweise finden ließen, die sie mit dem Verbrechen in Verbindung gebracht hätten, behauptete man: »Sie hat aber ein Geständnis abgelegt.« Als die Männer, die Christopher ermordet hatten, sich weigerten, gegen sie auszusagen, behauptete man: »Sie hat aber ein Geständnis abgelegt.« Als sich ein Motiv nach dem anderen in Luft auflöste, behauptete man: »Sie hat aber ein Geständnis abgelegt.«

Und als sie protestierte und beharrte, niemals irgendetwas gestanden zu haben – Saldate habe ihr Worte in den Mund gelegt und vieles einfach frei erfunden –, bezeichnete man sie als Lügnerin.

Die Jury sah in Debra Milke eine eiskalte Mörderin und befand, sie habe für ihr Vergehen den Tod verdient.

Das Urteil wurde von so ziemlich allen begrüßt, die von dem »*Santa Claus Murder*«, dem »Weihnachtsmannmord« gehört oder gelesen hatten, einem Fall, der im ganzen Land für Aufsehen sorgte. Was war sie für ein Monster, dass sie ihr Kind losgeschickt hatte, den Weihnachtsmann zu sehen, und es dann ermorden ließ? Wie niederträchtig und gemein konnte eine Frau überhaupt sein? Als »schockierend böse« bezeichnete die Presse das Verbrechen, und das ganze Land pflichtete dem bei, und Debra Jean Milke wurde zur meistgehassten Frau der USA. »Abscheulich! Unfassbar kaltherziger Mord!«, lautete eine Schlagzeile. Selbst die, die sonst ein weiches Herz hatten, schrieben sie ab.

Die Justizwelt war so erfreut darüber, dass Debra die Höchststrafe bekam, dass sie den Staatsanwalt ihres Verfahrens zum »Ankläger des Jahres 1990« kürte.

An diesem Freitag im Jahr 1997 konnte sie die Menschen, die an ihre Unschuld glaubten, an einer Hand abzählen: ihre Mutter, eine gebürtige Deutsche, die inzwischen in der Schweiz lebte; der Privatdetektiv, der auf ihren Fall angesetzt worden war und nicht aufgab; der Gefängnispsychologe, der sie durch ihr Gerichtsverfahren begleitet hatte und ihr immer noch helfen wollte, und der Strafverteidiger, der überraschend aufgetaucht war und sie nun pro bono, also unentgeltlich, vertrat.

Das war eine kümmerlich kurze Liste, verglichen mit der Vielzahl derer, die absolut sicher waren, dass sie genau am rechten Ort war und ihrer gerechten Strafe entgegensah. Ganz oben auf dieser Liste stand Grant Woods, der Generalstaatsanwalt von Arizona. Er sagte den Medien gegenüber: »Wenn ich mir unter den Todestraktinsassen von Arizona jemanden aussuchen sollte, der als Nächstes dran sein sollte, dann würde ich mich für sie entscheiden – angesichts dessen, was sie getan hat. Debra Milke hat ein schlichtweg unbeschreibliches Verbrechen begangen.«

»Ich wusste, dass ich unschuldig war. Ich wusste, dass ich nicht hierher gehörte. Es war, als wäre ich auf einem anderen Planeten. Ich sah mich um und sagte mir: ›Das hier wird nicht auf Dauer mein Zuhause sein.‹ Und ich glaubte, dass sie es irgendwann auf die eine oder andere Weise einsehen würden. Ich hielt mich an meiner Wahrheit fest. Aufgeben kam nicht in Frage.«

Sie schwor sich an dem Tag, an dem man sie, an Händen und Füßen gefesselt, in diese Strafanstalt marschieren ließ: »Eines Tages gehe ich hier auch zu Fuß wieder raus.«

Das ist im Nachhinein ein erstaunliches Gelöbnis für eine junge Frau, die »von ihrer Familie und ihren Freunden im

Stich gelassen« worden war. Ihr Vater – selbst Gefängniswärter von Beruf – hatte ausgesagt, er sei nicht erstaunt darüber, dass sie zur Mörderin geworden sei. Ihre Schwester hatte sie als untaugliche Mutter bezeichnet. Eine enge Freundin sagte vor Gericht aus, sie habe Christopher misshandelt. Immer wieder bekamen die Geschworenen zu hören, dass sie ein Monster sei.

»Kindsmörder!«, schrien einige Insassen, als sie die Strafanstalt betrat.

»Als sich die Gefängnistore hinter mir schlossen, hatte das etwas Unwirkliches. Ich kam mir vor wie vergewaltigt, empfand ein tiefes Gefühl des Verlusts, der Trauer und Isolation«, schrieb sie später. »Unschuldig zum Tode verurteilt zu sein und dann an so einen entsetzlichen Ort wie dieses Gefängnis zu kommen – das war unbegreiflich und unerträglich.«

Nachdem man sie am 11. Januar 1991 für schuldig befunden und zum Tode verurteilt hatte, wusste der Staat Arizona nicht, wohin mit ihr. Man hatte in diesem Bundesstaat seit 1932 keinen Todestrakt für Frauen mehr benötigt. Damals war Winnie Ruth Judd, die berüchtigte »*Trunk murderess*« (»Kofferkillerin«), dessen einzige Insassin gewesen. Arizona stand damit nicht allein. Dem Klub der zum Tode verurteilten Frauen gehörten, als Debra Milke hinzukam, in den gesamten USA nicht einmal fünfunddreißig Frauen an. Um Debra unterzubringen, steckte die Strafvollzugsbehörde sie in der Abteilung Santa Maria in eine Isolationszelle und widmete diese zum Todestrakt um.

Debra Milke hatte inzwischen genug Zeit hinter Gittern und im Todestrakt verbracht, um zu wissen, dass es nicht darauf ankam, ob irgendjemand aus ihrer Familie oder ihrem Freundeskreis der Ansicht war, sie sei zu Unrecht verurteilt. Es kam einzig und allein darauf an, ob ein Gericht das auch so sah. Und bisher hatte sie keinen Erfolg bei ihren

Versuchen gehabt, die Justiz von Arizona davon zu überzeugen, ihren Fall noch einmal zu überdenken.

Doch all das würde sich bald ändern. Ihr neuer Anwalt hatte sie und ihre Mutter davon überzeugt, dass ein Ende in Sicht sei.

Rechtsanwalt Anders Rosenquist hatte ihr ganz genau auseinandergesetzt, wie so ein Berufungsverfahren ablief: Zunächst wandte man sich an die Gerichte des zuständigen Bundesstaats und forderte sie auf, das Urteil zu revidieren oder ein neues Verfahren anzusetzen. Wenn das nichts brachte, begann man sich an Bundesgerichte zu wenden, in der Hoffnung, dass ein Gericht, das mehr Zeit zur Verfügung und mehr Abstand zu dem ganzen Fall hatte – und dessen Richter weder ehemalige Studenten derjenigen waren, die einen verurteilt hatten, noch anderweitig mit ihnen verbandelt –, die ganze Sache eher sah wie man selbst.

Rosenquist hatte verkündet, man werde ein Berufungsverfahren an einem Bundesgericht womöglich gar nicht benötigen, denn er habe höchst brisante neue Beweise entdeckt, die den Staat Arizona eigentlich dazu bewegen müssten, das Fehlurteil aufzuheben. Die Glaubwürdigkeit des einzigen Zeugen, den die Anklage gegen sie aufgeboten hatte, Armando Saldate, sei auf erstaunliche Weise zweifelhaft: Es sei nicht das erste Mal, dass er hinsichtlich eines Geständnisses gelogen habe.

Darüber hinaus sei Cheryl Hendrix, die Vorsitzende Richterin bei dem Prozess, gerade an ein Zivilgericht versetzt worden und habe in diesem Zusammenhang einen Tadel wegen »standeswidrigen Verhaltens« erhalten.

Rosenquist schien sicher zu sein, dass diese erneute Berufung erfolgreich sein würde. Ihre Mutter und ihr Stiefvater – Renate und Alex Janka – glaubten schon fest daran, Debbie werde noch vor Ende des Jahres zu ihnen nach Emmetten in die Schweiz reisen können.

Debra überstand – voller Hoffnung darauf, dass sie bald freikommen würde – einen weiteren Todestag ihres Sohnes, so gut es eben ging, und schaute im Fernsehen einen Reisebericht.

Als sie irgendwann den Blick hob, wunderte sie sich, dass jemand vor ihrer Zellentür stand. Es war Judy Frigo, die stellvertretende Leiterin der Strafanstalt, die auch für die Abteilung Santa Maria zuständig war.

Hinter Frigo stand der Anstaltsleiter Jeff Hood. Debra hatte ihn nie zuvor in dieser Abteilung gesehen. Frigo hingegen kannte sie gut. Judy Frigo hatte als einfache Vollzugsbeamtin angefangen und im Laufe der Jahre die Karriereleiter erklommen – heute leitet sie die gesamte Strafanstalt. Sie war als Frau bekannt, die immer wieder menschlichen Anstand bewies. So brüllte sie etwa die Gefangenen, die ihr unterstanden, nie an.

»Oh, kommen Sie doch herein«, begrüßte Debra sie, froh, Frigo zu sehen, weil sie, wie sie später sagte, »immer so nett zu mir war«.

Frigo aber begrüßte sie nicht auf ihre übliche freundliche Weise. Sie blickte ernst und traurig, erinnert sich Debra.

»Sie schauen offenbar keine Nachrichten«, sagte Anstaltsleiter Hood.

Debra wies auf den Reisebericht, der über den Bildschirm flimmerte, und sagte ein paar Worte dazu, ehe ihr klarwurde, dass es den beiden Vollzugsbeamten nicht darum ging, was sie sich ansah, sondern darum, was sie nicht ansah.

»Debra«, sagte Hood, »der Staat Arizona hat für den 29. Januar 1998 einen Vollstreckungsbefehl erlassen.«

Debra blinzelte ob der seltsamen Worte. Sie wusste: Das hieß, dass der Oberste Gerichtshof von Arizona ihren jüngsten Berufungsantrag abgelehnt hatte. Doch das ergab keinen Sinn. Rosenquist war doch so sicher gewesen, dass das höchste Gericht ein Einsehen haben würde.

»Ich habe es erst überhaupt nicht kapiert. Ich habe nur gesagt: ›Oh, ach so, na gut.‹ Frigo hat mich ganz entsetzt angeguckt.«
Der Anstaltsleiter erklärte weiter: »Da wir nun ein Datum haben, müssen wir die Art und Weise ändern, wie wir mit Ihnen umgehen.« Debra verstand nicht, was das bedeuten sollte. Dann gingen die beiden wieder, und Frigo flüsterte ihr noch zu: »Ich komme wieder.«
Debra erinnert sich: »Sie kam wieder und sagte: ›Debbie, ich mache mir Sorgen um Sie. Wir haben Ihnen gerade mitgeteilt, dass ein Vollstreckungsbefehl gegen Sie ergangen ist, und Sie haben kein Wort dazu gesagt.‹ Und ich sah sie nur an und sagte, ich könne es nicht glauben, ich könne es nicht verstehen. Dann sagte ich zu ihr, ich wolle jetzt nicht darüber reden, und daher ging sie wieder. Und ich weiß nicht, wie lange ich dafür gebraucht habe, aber irgendwann wurde es mir schlagartig klar. Ich fing an, heftig zu weinen. Es war ein großer Schock, denn ich konnte es nicht fassen, dass sie, nach all dem, was ich aufgedeckt und eingereicht hatte, tatsächlich einen Vollstreckungsbefehl erlassen hatten. Ich nahm an, dass sie sich nicht mal die Mühe gemacht hatten, den Antrag überhaupt zu lesen. Ich glaube, da wurde mir das Ausmaß des Machtmissbrauchs im Justizsystem allmählich klar. Es fühlte sich an wie ein Schlag ins Gesicht.«
Was war mit Saldates Vorgeschichte, dass er auch früher schon gelogen hatte? Was war mit der Richterin, die sich disqualifiziert hatte? War das völlig bedeutungslos? Der Oberste Gerichtshof von Arizona konnte das alles doch nicht einfach ignorieren.
Doch das tat er.
Ohne Anhörung, ohne öffentliche Diskussion und als ob die neuen Beweise überhaupt nicht existierten, weigerte sich der Oberste Gerichtshof von Arizona, Debra Milkes Verurteilung noch einmal zu überdenken. Stattdessen verfügte

er sieben Tage vor Weihnachten, dass sie nur noch zweiundvierzig Tage zu leben habe.
Wie Debra später erfuhr, hatte Arizona auf diesem Gebiet eine befremdliche Bilanz vorzuweisen. Der Vorläufer des Staats, das Arizona-Territorium, hatte 1865 Dolores Moore hinrichten lassen, durch Erhängen. Der Grund: die Ermordung ihres Ehemannes. Anschließend vergingen fünfundsechzig Jahre, bis dort wieder eine Frau hingerichtet wurde: 1930 hängte der Staat Arizona Eva Dugan wegen der Ermordung ihres Arbeitgebers. Dugan hatte allerdings, seit man ihr die Schlinge angepasst hatte, erheblich zugenommen, und als die Falltür unter ihr aufsprang, riss ihr der Henkerstrick den Kopf vom Leib. Das Entsetzen der versammelten Zuschauer bewegte den Staat dazu, von der Hinrichtung durch den Strang auf die Gaskammer umzusteigen. Auf diese Weise sollte am Karfreitag 1932 Winnie Ruth Judd hingerichtet werden – bis dann selbst Arizona klarwurde, dass es ein unpassendes Datum war. Judd wurde letztlich nicht hingerichtet und kam später frei.
Und nun planten sie, wiederum fünfundsechzig Jahre später, erneut die Hinrichtung einer Frau.
Debra betete, es möge ihr wie Judd ergehen – ein langes Leben und letztlich die Freiheit.
Debras Countdown begann augenblicklich. Pläne mussten gemacht und Formulare ausgefüllt werden. Die Verantwortung dafür, dass all das vorschriftsgemäß geschah, ruhte auf den Schultern der stellvertretenden Anstaltsleiterin Judy Frigo.
Wie sollte der Staat Arizona mit Debras Eigentum verfahren? Wie mit ihrem Leichnam? Was wünschte sie sich als Henkersmahlzeit? Wen wollte sie bei ihrer Hinrichtung als Zeugen zulassen?
In ihrer Zelle wimmelte es nun geradezu von Besuchern – Sozialarbeiter, Psychologen, Seelsorger. Sie schickte sie alle

wieder weg, warf ihnen vor, sich gar nicht für sie zu interessieren. Sie erinnert sich, dass sie schrie: »Euch ist das doch sowieso alles egal! Haut ab und lasst mich in Ruhe!« Sie wurde wegen Selbstmordgefahr unter Beobachtung gestellt. Alle zehn Minuten schaute ein Wärter durch das Fenster in ihrer Tür.

Jedes Mal, wenn sie ihre Zelle verließ – meist, um in einem Zimmer ein weiteres Formular auszufüllen –, verlangten die Vorschriften, dass sie an Händen und Füßen gefesselt wurde. Diese Hand- und Fußschellen wurden auch »Knastschmuck« genannt. Bei jedem dieser Ausflüge wurde über den gesamten Zellentrakt ein »Einschluss« verhängt – alle Gefangenen mussten in ihren Zellen eingeschlossen werden –, und die Wärter riefen: »*Milke is coming!*« Manchmal meinte sie sarkastisch zu ihnen: »Ihr habt das Würgehalsband vergessen. Und den Maulkorb.«

Eines Morgens weckte man sie, legte ihr Fesseln an und nahm sie mit, um Fotos von ihr zu machen. Ihr war es egal, wie sie aussah.

Das Ausfüllen der Formulare dauerte nicht lange. Ihr Eigentum? Das Einzige, was sie besaß, waren: ein Radio, das sie auf einen Sender eingestellt hatte, der Smooth Jazz spielte; eine Kühlbox, in der sie die Limonaden- und Thunfischdosen kühl hielt, die sie im Laden der Strafanstalt kaufte; ihr kleiner Fernseher, für den sie zwei Dollar im Monat für Strom bezahlen musste; das bisschen Schmuck, das in der Anstalt gestattet war: ein Ring, eine Armbanduhr, eine Halskette, ein Paar Ohrringe; ihr Abschlusszeugnis des Fernlehrgangs für juristische Hilfsberufe; Briefpapier und Briefmarken sowie Briefe von ihrer Mutter und ihrem Stiefvater.

Debra hielt schriftlich fest, dass ihre Mutter ihr Eigentum erhalten solle. Das fiel ihr leicht. Schwerer fiel ihr das Formular, in dem sie festlegte, dass ihre Mutter auch ihre sterblichen Überreste erhalten solle – doch ihr blieb keine andere Wahl. Ihr Vater und ihre Schwester hatten sich in dem Gerichtsverfahren gegen sie gewandt. Ihre Mutter war die Einzige, bei der sie sicher war, dass sie für ein anständiges Begräbnis sorgen würde.

Was ihre letzte Mahlzeit anging, hätte Debra alles verlangen können, was im angemessenen Rahmen geblieben wäre. Vielleicht ein Steak. Oder ein chinesisches Gericht. Oder etwas Mexikanisches – was sie früher in großen Mengen verspeist hatte. Vielleicht auch etwas Deutsches, wie ihre Mutter es früher zubereitet hatte. Und auf jeden Fall Schokoladeneis. Sie hatte seit ihrer Festnahme keinerlei Eis mehr gegessen, und das stand ganz oben auf der Liste der Dinge, die ihr in der Haft am meisten fehlten. Diese Liste war in den sieben Jahren, die sie nun einsaß, ständig gewachsen, und Eiscreme war das einzige Essbare darauf.

Die übrigen Dinge auf der Liste waren viel bedeutsamer: ein Kuss – auf die Wange, auf die Stirn, auf den Mund, egal; eine Umarmung ihrer Mutter; Schmusen; zärtliches Geflüster; eine liebevolle Berührung – ja, jede Berührung, die nicht von jemandem kam, der ein Dienstabzeichen der Strafvollzugsbehörde trug. Außerdem standen auf ihrer Liste: eine gemeinsame Mahlzeit mit einem anderen Menschen; Schwimmen; ins Kino gehen; Bowling; Billard spielen; Tanzen; ein Bier trinken; einem Freund in die Augen sehen. Doch die Strafvollzugsbehörde von Arizona verfügte über kein Formular, in dem man als letzten Wunsch um eines der wichtigsten Dinge im Leben bitten konnte. Sie fragte nur, was man zu essen wünschte – in einem Moment, in dem sicher kaum ein Mensch Appetit verspürt. Und daher erwartete man selbstverständlich von Debra, dass sie für ihre letzte Mahlzeit zumindest um eine große Schale Schokoladeneis bitte würde.

Debra aber bat um nichts dergleichen. Sie meinte nur: »Ich

nehme die ganz normale Gefängniskost, denn das Essen ist hier echt lecker.« Da konnten sich selbst die Wärter ein Lächeln nicht verkneifen.

Auf welche Weise wollte sie sterben? Der Staat Arizona ließ ihr die Wahl zwischen tödlichem Gas und Giftspritze. Im ersten Falle würde man sie in einer luftdichten Gaskammer auf einem Stuhl festschnallen, und der Henker würde Kügelchen aus Kaliumcyanid (Zyankali) in Schwefelsäure fallen lassen, worauf sich das tödliche Cyanwasserstoffgas (Blausäure) bilden würde. Sie würde mit ansehen, wie das Gas sie langsam umschloss, und man würde ihr raten, es etliche Male tief einzuatmen. Dennoch würde das Gas nicht sofort wirken. Krämpfe. Schaum vorm Mund. Urinieren. Defäkation. Erbrechen. Mit alldem musste man rechnen.

Im zweiten Falle würde man sie auf einen Tisch schnallen, und ein Arzt würde ihr in eine Armvene eine Kombination mehrerer Mittel injizieren – normalerweise ein Barbiturat, ein Muskelrelaxans und Kaliumchlorid –, die sie erst betäuben, dann ihre Atmung stoppen und schließlich ihr Herz lähmen würde.

Für das Kind einer Deutschen weckte das Wort »Gas« besonders schreckliche Assoziationen, doch Debra hätte ohnehin nicht das Gas gewählt. Sie teilte dem Staat Arizona mit, dass sie sich für die Giftspritze entschieden habe.

Wen wollte sie auf ihrer Gästeliste für die Hinrichtung haben? Diese Entscheidung fiel Debra am leichtesten. Keinesfalls würde sie ihren Vater einladen, der sich entschieden hatte, statt seiner eigenen Tochter seinem »Kollegen« Saldate zu glauben. Auch ihre Schwester nicht, denn die würde sich wahrscheinlich hämisch freuen, dass Debbie diesmal nicht die »gute Schwester« war. Ebenso wenig wollte sie ihren Ex-Mann und ihre ehemaligen Schwiegereltern dabeihaben. Robin und Patty, ihre besten Freundinnen noch aus Highschool-Zeiten, konnte sie dieses Grauen nicht zumuten. Und ihre Mutter konnte sie auf keinen Fall bitten, ihr beim Sterben zuzusehen.

Sie ließ das Formularblatt leer.

Diese zweiundvierzig Tage und die damit einhergehenden offiziellen Schritte werden seitens der Strafanstalt als »*dry run*« (Trockenübung) bezeichnet. Debra hatte eine andere Bezeichnung dafür. Sie nannte es »Proben für meine Hinrichtung«.

Und diese Probe umfasste eine Vielzahl an Aktivitäten. Tagtäglich wurde Debras Zelle durchsucht, um sicherzustellen, dass sie nichts versteckt hatte, womit sie sich hätte verletzen können. Andere Gefangene spotteten: »Gott bewahre, dass sie sich selbst abmurkst, bevor der Staat die Chance dazu bekommt.«

Die stellvertretende Anstaltsleiterin Frigo erläuterte Debra das ganze Verfahren. Die täglichen Durchsuchungen der Zelle würden weitergehen, und Debra würde in ihrer regulären Zelle verbleiben, bis man sie eine Woche vor dem Hinrichtungstermin nach Perryville verlegen würde, in eine Zelle, die mit einer Videokamera ausgestattet war, um sie rund um die Uhr überwachen zu können. Von dort würde man sie zirka achtundvierzig Stunden vor der Hinrichtung hundert Meilen weiter südlich nach Florence befördern. In der dortigen Strafanstalt, in der Debras Vater als Vollzugsbeamter tätig war, befand sich seit jeher der Hinrichtungsraum von Arizona. Dort würde man sie auf einer Bahre festschnallen und … nun, über alles Weitere war Debra ja bereits in Kenntnis gesetzt.

Nichts davon erschien Debra Milke real – bis eines Tages ein Arzt zu ihr kam, um ihre Venen zu testen. »Er trug einen weißen Kittel«, erinnert sie sich, »und die ganze Sache war ihm sichtlich unangenehm. Er legte mir eine Aderpresse an, um sich meine Venen anzusehen, und nahm mir dann Blut ab. Ich habe nichts gesagt, aber da wurde es mir klar. Ich dachte: ›Das ist real. Oh Gott, die wollen mich wirklich töten.‹«

Um ihr Unbehagen zu lindern, plauderte der Arzt ein wenig mit ihr. »Also, Sie sind eindeutig nie Junkie gewesen«, sagte er zu Debra, als er ihre Venen inspizierte.

»Ich bin auch keine Mörderin«, hätte sie am liebsten darauf gesagt. Aber sie tat es nicht. Sie schwieg, während die Angst von ihr Besitz ergriff. Sie wollte weinen. Sie wollte schreien. Sie wollte ihren Arm wegreißen, damit er die Vene, die am besten für ihre Tötung geeignet war, nicht finden konnte. Doch sie weinte nicht und schrie nicht und hielt still.

»In unserer Familie hatte man mir beigebracht, dass es sich nicht gehört, in der Öffentlichkeit zu weinen«, erinnert sie sich. »Mein Vater war da sehr streng. Ich lasse nie zu, dass mich jemand weinen sieht. Ich verberge meine Gefühle.« Stattdessen hielt sie sich an ihrem gewohnten Sarkasmus fest. »Als der Arzt fertig war, sagte ich zu ihm: ›Sie haben mir ja Blut abgenommen – könnten Sie da bitte auch gleich mal meine Cholesterinwerte checken?‹« Der Arzt war entsetzt, dass sie in so einer Situation Witze machte.

Debra riss sich zusammen, bis sie wieder in ihrer Zelle war. »Dann bin ich zusammengeklappt und hab nur noch geweint. Die hatten wirklich vor, mich umzubringen! Ich kam mir wie eine Fallnummer vor, nicht wie ein menschliches Wesen. Aber dann bin ich wütend geworden und habe den Kampf aufgenommen. Ich habe mir geschworen, dass ich nicht zulassen würde, dass sie mich töten.«

Als ihr das nächste Mal ein Telefonanruf gestattet war, schrie sie ihren Anwalt an: »Wann kommt denn dieser Hinrichtungsaufschub von den Bundesgerichten? Die meinen es hier todernst!« Sie erinnert sich, dass sie verzweifelt war und fürchtete, ihr Fall könne einer von denen werden, die mit dem Tode endeten, weil den Bundesgerichten nicht genug Zeit blieb, einen Aufschub zu erwirken.

Sie begann, so seltsam es auch klingen mag, ihre Zelle zu lieben. Wie konnte man einen so engen Raum, der dazu bestimmt war, einen Menschen wegzusperren, lieben? Debra hatte ihr Bestes versucht, um sich dort ein »Zuhause« zu erschaffen. Sie hatte Bilder und hübsche Ansichtskarten an die Wände geklebt und unternommen, was sie nur konnte, um die Zelle gemütlich einzurichten. Alle Beschwerden, die sie früher über diesen Raum geäußert hatte, lösten sich in Luft auf, als ihr bewusst wurde, dass, solange sie sich noch in ihrer Zelle aufhielt, ihr Rendezvous mit dem Tod immer noch kein Faktum war.

»Ich wollte nicht nach Perryville«, sagt sie. »Ich hatte eine Scheißangst vor dieser Verlegung. Das war ein Schritt in Richtung Florence. Solange sie mich nur nicht dorthin verlegten ...«

Die Vollzugsbeamten beobachteten ihre zunehmende Angst mit Besorgnis. Man schickte wiederum einen Psychologen zu ihr, der mit ihr sprechen und versuchen sollte, sie zu beruhigen. Man schickte ihr auch den Anstaltsseelsorger Mike Linderman, der zu den wenigen Personen dort zählte, denen sie vertraute. Debra schrieb ihrer Mutter und versuchte sie zu beruhigen, fragte sich aber zugleich, ob dies nicht womöglich die letzten Worte waren, die sie je schreiben würde.

Am 31. Dezember durften Tochter und Mutter endlich miteinander telefonieren. Niemals würde Renate die bebende Stimme und die krampfhaften Schluchzer vergessen, mit denen ihr Debra die schrecklichen Einzelheiten für den Fall schilderte, dass kein Aufschub mehr gewährt würde.

Als letztes Mittel wandte sich Debras Mutter an Amnesty International und legte ihre Auffassung dar, die auf einem Unrechtsurteil beruhende Inhaftierung ihrer Tochter sei »eine Ungeheuerlichkeit«.

Alex schrieb an Bruce Babbitt, den ehemaligen Gouverneur

von Arizona, der damals in der Regierung von Bill Clinton Innenminister der USA war. In seinem dreiseitigen Brief legte er den gesamten Fall dar und betonte alles, was Debras Unschuld unterstrich. Er wies auch darauf hin, dass ihr Todesurteil am letzten Tag vor den Weihnachtsferien des Gerichts ausgesprochen worden war, im Zuge eines »Großreinemachens«, das gut achtzig Fälle umfasste – fast das Dreifache der normalen Anzahl.

»Eine Petition gegen eine Verurteilung zum Tode in einen Topf zu werfen mit dem allgemeinen ›Großreinemachen‹ in allen möglichen Fällen, ohne sich eingehend mit ihr zu befassen, stellt eine grobe Nachlässigkeit dar«, schrieb Alex. Und er schloss: »Verzweifelt und hilflos (zumal aus Übersee) einem Justizsystem ausgeliefert, in dem Verfahrensfragen und/oder politische Erwägungen eine wichtigere Rolle zu spielen scheinen als die Gerechtigkeit, bitte ich Sie von ganzem Herzen um Ihre Hilfe und Ihren Rat.«

All diese Schreiben blieben jedoch folgenlos.

Der Hinrichtungsaufschub von einem Bundesgericht kam schließlich am 12. Januar 1998 – siebzehn Tage, bevor der Staat Arizona Debra Milke hinzurichten gedachte. Sie ließ niemanden sehen, wie sie vor Erleichterung weinte.

Sie konnte nicht wissen, dass die sieben Jahre, die sie bereits hinter Gittern verbracht hatte, nur der Anfang waren – dass ihr noch siebzehn weitere Jahre bevorstanden.

Sie konnte auch nicht wissen, dass sich ein ganzes Heer von Helfern um sie scharen würde: ein Paar, das zu so etwas wie Ersatzeltern für sie wurde; ein Deutscher, in den sie sich schließlich verliebte; neue Anwälte, die mit aller Macht um ihr Leben kämpften; Hunderte Menschen auf der ganzen Welt, die an ihre Unschuld glaubten und ihr aufmunternde Worte schickten.

Sie konnte nicht wissen, dass es bis 2013 dauern würde, dass das Berufungsgericht für den neunten Bezirk (9th Circuit

Court of Appeals) dem Staat Arizona mitteilte, er solle sich »schämen«, sie aufgrund eines Geständnisses verurteilt zu haben, »das es wahrscheinlich nie gegeben hat«, und anordnete, sie entweder freizulassen oder ein neues Verfahren gegen sie anzustrengen.

Sie konnte nicht wissen, dass erst 2015 das für Arizona zuständige Berufungsgericht (Arizona Court of Appeals) ihre Freilassung verfügen und ihren Fall als »Schandfleck in der Justizgeschichte Arizonas« bezeichnen würde. Zu diesem Zeitpunkt war sie einundfünfzig Jahre alt.

Doch in all den Jahren vergaß sie nie den Tag, an dem sie kamen, um ihre Hinrichtung zu proben. Sie vergaß auch nie den letzten gefühlvollen Moment in diesem Kapitel ihres Lebens.

Am 3. Februar 1998, einige Wochen nach der Absage ihrer Hinrichtung, sah Debra, als sie den Blick hob, Judy Frigo vor ihrer Zellentür stehen. Die stellvertretende Anstaltsleiterin brachte diesmal keine niederschmetternden Neuigkeiten, sondern war erschienen, um sich zu unterhalten und sich nach Debras Befinden zu erkundigen. Der Anlass dafür war, dass der Staat Texas an diesem Tag Karla Faye Tucker hatte hinrichten lassen – die erste Frau, die seit 1863 in jenem Staat hingerichtet worden war, und das erste weibliche Hinrichtungsopfer in den USA seit vierzehn Jahren. Wie viele Leute im ganzen Land hatte Debra den Fall in den Medien verfolgt – von der grausigen Mordtat, die Tucker unter Drogeneinfluss begangen hatte, bis zu ihrer Wandlung zur bekennenden Christin. Heerscharen von Menschen baten darum, man möge sie am Leben lassen. Für George W. Bush, den damaligen Gouverneur von Texas, spielte das alles keine Rolle. Tucker nahm schließlich ihre letzte Mahlzeit zu sich – Salat, Bananen, Pfirsiche – und sagte zu denen, die sich eingefunden hatten, um ihr beim Sterben zuzusehen: »Man sieht sich im Jenseits. Ich warte dort auf euch.«

Nun war Judy Frigo hier, bei der einzigen Frau, die in Arizona im Todestrakt saß. »Sie wollte nur nachsehen, wie es mir geht, denn sie ging davon aus, dass Karlas Hinrichtung mir an die Nieren gehen würde«, erinnert sich Debra. »Ich fand das lieb von ihr.«
Jahrzehnte später, als Debra Milke die zweite Frau in der Geschichte der USA wurde, die einen Todestrakt lebend verließ, sagte sie bei einer Pressekonferenz in Phoenix, Arizona: »Ich habe immer daran geglaubt, dass dieser Tag kommen würde. Ich hätte bloß nie erwartet, dass es fünfundzwanzig Jahre, drei Monate und vierzehn Tage dauern würde, einen so eklatanten Justizirrtum zu korrigieren.«

# KAPITEL 2

## »Der Moment, der mein Leben änderte«

Samstag, 2. Dezember 1989, 14:45 Uhr.
Das war der Moment, der Debra Jean Milkes Leben änderte.
Ab der Sekunde danach war sie ein anderer Mensch.
An einem milden Tag in Phoenix drei Wochen vor Weihnachten klingelte um 14:45 Uhr das Telefon. Debra war allein in der Wohnung im ersten Stock, die ihr und ihrem Sohn Christopher als zeitweiliges Zuhause diente. Seit vier Monaten wohnten sie zur Untermiete bei Jim Styers, einem Freund der Familie, und seiner zweijährigen Tochter Wendi. Jim war mit Christopher an diesem Morgen zum Metro Center gefahren, einem riesigen Einkaufszentrum im Nordwesten von Phoenix – Jim, um Weihnachtseinkäufe zu erledigen, und Christopher, weil er sich sehnlichst wünschte, den Weihnachtsmann zu sehen.
»Debbie, hat Christopher angerufen?«, fragte Jim.
»Warum? Sollte er das denn?«
»Ich bin nur mal kurz aufs Klo, und als ich wiederkam, war er weg.«
»Was soll das heißen: Er ist weg? Jim, du musst ihn finden!«
»Ich stehe hier mit ein paar Wachleuten, und wir suchen nach ihm.«
Debra fing an zu kreischen.
Der Staat Arizona sollte später behaupten, bis zu der Sekunde davor sei Debra Milke eine junge, gestörte, selbstmordgefährdete alleinerziehende Mutter gewesen, die ihren Sohn tot sehen wollte, aber zu feige war, ihn selbst zu töten. Man würde behaupten, ab der Sekunde danach sei sie eine zufriedene Frau gewesen, die zwei Männer dazu angestiftet habe,

ihren Sohn zu ermorden – aus einer ganzen Reihe von Gründen: um die Prämie in Höhe von 5000 Dollar aus einer Lebensversicherung einzustreichen; um ihn aus dem Weg zu schaffen, damit sie frei war für einen neuen Freund, der keine Kinder wollte; dass sie ihn habe töten wollen, damit er nicht eines Tages auch so wurde wie sein alkohol- und drogensüchtiger Vater.

Man würde behaupten, Jims Anruf sei das Signal gewesen, dass sie es »erledigt« hatten, und ihr Kreischen sei »Theater« gewesen, das ihre Beteiligung an dem Mordkomplott kaschieren sollte.

Wenn Debra Milke, ihre Familie, ihre Freunde und Nachbarn den Blick auf die Sekunde davor richteten, sahen sie hingegen Folgendes: Debra Milke war eine vierundzwanzigjährige alleinerziehende Mutter, die einen neuen Arbeitsplatz hatte, eine neue Wohnung und einen neuen Kindergartenplatz für ihren Sohn. Sie war, wie Psychologen später attestierten, eine Frau, »mit deren Leben es aufwärtsging«.

Sie hatte so viel Unschönes hinter sich gelassen – den Ärger mit ihrer Mutter, das Zerwürfnis mit ihrem Vater, den ewigen Streit mit ihrer Schwester und die Gefahren, die von ihrem Ex-Mann ausgingen.

Sie hatte einen Fluchtplan aus alldem – in ein Leben, das die Art von Sicherheit und Frieden bot, die sie so lange hatte entbehren müssen.

Wenn man sie in jener Sekunde vor 14:45 Uhr gebeten hätte, sich selbst zu beschreiben, hätte Debra Milke gesagt: »Ich bin eine wirklich glückliche Frau.«

Sie hätte davon erzählt, wie lernbegierig und begabt Christopher sei – laut ihrem Erziehungsratgeber war er seinem Alter voraus. Dass er liebend gerne Brokkoli aß. Dass er die Musik des Countrysängers George Straits sehr mochte und häufig mit seiner Mutter dazu tanzte. Sie hätte sich an den Tag erinnert, an dem sie in der Schlange an der Supermarkt-

kasse hinter einem Feuerwehrmann gestanden hatten und der neugierige Christopher ihn dazu gebracht hatte, ihm sein Löschfahrzeug zu zeigen. Sie hätte erwähnt, dass er an der Tankstelle immer die Zapfpistole halten wollte. »Etwas, woran ich mich sehr lebhaft erinnere – ich höre und spüre es förmlich –, ist sein Lachen. Er hatte so eine bestimmte Art zu kichern. Er hat mir immer gern was ins Ohr geflüstert, meistens ›Ich hab dich lieb, Mommy‹.«
Er wollte sich allein anziehen und half in der Küche. Debra sah ihm mit großer Wärme dabei zu, wie er im Kindergarten mit anderen Kindern spielte. Sie besaß etliche Alben voller Fotos aus allen Phasen seines vierjährigen Lebens.

Nur vier Monate zuvor, am 30. August, hatte sie eine vielversprechende Arbeitsstelle bei der John Alden Life Insurance Company angetreten, einer Versicherung, bei der sich ihr gute Aufstiegschancen boten. Sie verdiente dort 1500 Dollar im Monat – 400 Dollar mehr als bei ihrem vorherigen Job in einer Bank.

Gerade war der Newsletter der Versicherungsagentur für November/Dezember erschienen, in dem sie sich mit folgenden Worten im Unternehmen vorstellte: »Mein Name ist Debbie Milke. Ich lebe seit neunzehn Jahren hier in Arizona. Ich habe einen süßen vierjährigen Sohn, Christopher. Ich verfüge bereits über viele Erfahrungen in der Versicherungsbranche und freue mich auf eine lange und erfolgreiche Karriere bei John Alden.«

Am 22. September begann ihr Anspruch auf Sozialleistungen ihres neuen Arbeitgebers. Das vorgedruckte Formular zu den Sozialleistungen umfasste eine Krankenversicherung für sie und Christopher, die sie jährlich 1029 Dollar kostete, und für zusätzliche 98 Dollar pro Jahr eine Invaliditätsversicherung für sie. Weitere 39 Dollar wurden für eine Lebensversicherung für sie fällig. Sie kreuzte auch »Kinderlebensversicherung« für Christopher an, was zusätzlich sechs

Dollar kostete. Es war eine Police über 5000 Dollar. Das gesamte Paket kostete 1172 Dollar pro Jahr. Ihr Arbeitgeber übernahm davon 520 Dollar. Es war das gleiche Paket an Sozialleistungen, das auch jedem anderen Vollzeit-Angestellten des Versicherungsunternehmens angeboten wurde.

Einen Monat später gab es noch weitere gute Nachrichten für Debbie und Chris. Am 24. Oktober erließ ein Gericht eine einstweilige Verfügung, die es Mark Milke verbot, sich seiner Frau und seinem Sohn zu nähern. Mark hatte dagegen angekämpft, und es hatte einen Gerichtstermin gegeben. Das Gericht hatte sich auf Debras Seite gestellt.

Debbie hatte sich vier Jahre lang bemüht, Mark aus seinen Schwierigkeiten herauszuhelfen – ihrem gemeinsamen Sohn zuliebe. Sie selbst hatte ihren Lebenswandel geändert: Aus dem unreifen Mädchen, das von Party zu Party zog, war eine junge Mutter geworden, die damit kämpfte, einen lebhaften Jungen großzuziehen. Alkohol und Drogen waren nicht ihr Problem, aber wenn man ein Kind hatte, wurde man schnell erwachsen, und wenn Debra zurückblickte, klagte sie, dass sie das mit dem Erwachsenwerden gern früher hinbekommen hätte.

Mark war in nüchternem Zustand »ein guter Ehemann, ein guter Vater und ein guter Ernährer«. Aber je stärker die Sucht wurde, desto seltener wurden solche nüchternen Tage.

»Er hat die Drogen mehr geliebt als uns«, so Debra.

Doch sie war dabei, das alles – und damit auch ihn – hinter sich zu lassen.

In den vergangenen Monaten war sie in ihrer Mittagspause in Tempe, Arizona, in der Nähe ihres Arbeitsplatzes, auf Wohnungssuche gegangen.

Am 8. November hatte sie sich bei der Apartmentanlage »Garden Grove« in Tempe um eine Wohnung für Chris und sich beworben. »Beachten Sie *bitte*, dass ich keinerlei Mietschulden habe«, hatte sie auf dem Formular handschriftlich hinzugefügt. »Aufgrund meiner Scheidung ist meine Bonität derzeit miserabel. Ich kann mir die Miete hier aber auf jeden Fall leisten, und die Wohnung liegt ganz in der Nähe meines Arbeitsplatzes. Ich wäre Ihnen wirklich sehr dankbar, wenn Sie etwas für mich tun könnten.«

Am nächsten Tag, dem 9. November 1989, teilte sie die Freude ihrer Mutter und ihrer Großeltern über den Fall der verhassten Berliner Mauer.

Weitere gute Nachrichten: Zu Thanksgiving (Ende November) erhielt sie eine Zusage für die Wohnung. Der Einzug war für den 13. Januar vorgesehen. Sie wollte niemandem ihre neue Adresse verraten. Ganz gewiss nicht Mark, von dem sie hoffte, dass er sie nie mehr finden würde. Nicht einmal ihrem Freund Jim Styers, der die beiden bei sich aufgenommen hatte, als Debra nicht mehr gewusst hatte, wohin. Sie wollte einen klaren Schnitt machen.

Sie hatte sich auch bereits einen Kindergarten in der Nähe ihrer neuen Wohnung angeschaut, in dem sie Christopher unterbringen wollte, während sie zur Arbeit ging.

Als ihre Mutter Ende September zu Besuch kam, hatte Debra den Karton unter ihrem Bett hervorgeholt und ihr die schönen neuen Sachen gezeigt, die sie für Christopher und sich gekauft hatte. »Die heben wir für unser neues Leben auf«, sagte sie zu ihrer Mutter. Dieses Vorratslager unterm Bett enthielt auch Geschirr, Töpfe, Pfannen und Handtücher.

Ihr neues Leben sollte ganz anders aussehen als alles, was die beiden bisher gekannt hatten, auch ganz anders als Debras Kindheit und Jugend.

Sie erinnerte sich gern an die schönen Momente, wenn ihr Vater ihr und ihrer Schwester etwas vorgelesen oder mit ihnen beiden gespielt hatte. Sie erinnerte sich gern an die tollen Abendessen, die ihre Mutter zubereitet hatte, und an die Kindergeburtstage. »Unser erstes Haus in Arizona war

groß und hatte einen Swimmingpool. Dad hatte einen gemauerten Grill hinten im Garten, und die ganze Familie verbrachte viel Zeit miteinander. Wir gingen schwimmen und machten Picknicks. Unsere Eltern unternahmen auch viele Ausflüge mit uns. Ich erinnere mich an den Grand Canyon, und oft sind wir nach Mexiko gefahren.«
Richard Sadeik hat sie als autoritären Vater in Erinnerung. »Seine laute Stimme war für mich als kleines Mädchen beängstigend. Ich wollte ihn nie enttäuschen. Ich habe immer seine Anerkennung gesucht.« Sie war die »gute Tochter«, die nie in Schwierigkeiten geriet, gute Noten nach Hause brachte und ohne zu murren im Haushalt half.
Nur ein einziges Mal habe ihr Vater sie mit seinem Gürtel geschlagen – ein Moment, den auch ihre Mutter nie vergessen würde, die mit diesem Strafmaß ganz und gar nicht einverstanden war. Debra bezeichnet das als »die schlimmste Erinnerung aus meiner Kindheit.«
»Ich war damals elf oder zwölf Jahre alt und sollte auf meine Schwester aufpassen, während unsere Eltern weg waren. Wir durften im Haus nicht mit Rommel, unserem Deutschen Schäferhund, herumtoben, denn meine Mutter hatte einen gläsernen Couchtisch, und im Wohnzimmer standen Figurinen, und es sollte nichts zerbrechen. Na ja, wir ließen Rommel trotzdem ins Haus und tobten mit ihm, und dabei ging auf dem Tisch ein gläserner Kerzenhalter in die Brüche. Ich holte Kleber, versuchte ihn zu reparieren und stellte ihn anschließend wieder auf den Couchtisch zurück. Ich habe das allerdings nicht sehr gut gemacht, und Dad sah es sofort. ›Warum ist der kaputt?‹, fragte er mich, und ich log ihm ins Gesicht und behauptete, ich wüsste von nichts. ›Ich gebe dir jetzt die Gelegenheit, mir die Wahrheit zu sagen‹, erklärte er. Ich aber log erneut. Da hat er mich auf mein Zimmer geschickt. Später gab er mir noch mal die Chance, ihm zu erzählen, was passiert war. Ich habe es immer noch geleugnet,

und da hat er seinen Gürtel rausgezogen. Ich werde das nie vergessen. Mein Vater wollte mir damit beibringen, wenn man die Wahrheit sagt, bekommt man keine Schwierigkeiten. Später habe ich dann gelernt, dass das nicht stimmt.« Debra bemerkt, ihre Eltern hätten sich »nie vor uns gestritten«, und ihre Schwester und sie hätten keine Ahnung gehabt, dass es hinter der verschlossenen Tür ihres Schlafzimmers regelmäßig erbitterten Streit gab. Die Mädchen mussten aber oft mit anhören, wie ihr Vater die Mutter in ihrer Gegenwart auf gemeine Weise zusammenstauchte. Als Debbie vierzehn und Sandy zwölf Jahre alt waren, trennten sich ihre Eltern.

»Wir waren schockiert, als Dad uns sagte, dass sie sich scheiden lassen würden«, erinnert sich Debra. »Wir mussten uns vor ihm aufs Wohnzimmersofa setzen, und dann erzählte er uns, dass er nach Florence ziehen würde, und wir würden bei Mom bleiben und weiter bei ihr leben. Als Kind denkt man natürlich, das ist deine Schuld, und so haben wir ihn gefragt, ob wir irgendwas falsch gemacht haben. Er hat das verneint und gesagt: ›Dass wir nicht mehr zusammenleben, heißt ja nicht, dass ich euch nicht mehr liebe.‹ Als er auszog, nahm er aber unseren Hund mit, und um den haben wir geweint.«

Als Debra sechzehn war, heiratete ihr Vater seine Jugendliebe, eine Frau namens Maureen, die Teenager mit in die Ehe brachte. »Nachdem er wieder geheiratet hatte, zeigte mein Vater kein Interesse mehr an einem Vater-Tochter-Verhältnis. Er löste sich emotional von mir. In meiner Teenagerzeit wurde er für mich zu einem Fremden. Er hat mir immer gesagt, ich würde ihn an meine Mutter erinnern. Das konnte man als Kompliment oder als Beleidigung auffassen, je nachdem.«

Debra mochte ihre Stiefmutter nicht besonders und hatte den Eindruck, dies beruhe auf Gegenseitigkeit. »Wenn ich

Dad besuchte, durfte ich dort nicht über Mom sprechen. Maureen sagte: ›Ich wäre dir dankbar, wenn du nicht herkommen würdest, um deinen Vater mit allem möglichen Zeugs über deine Mutter vollzulabern.‹ Ich glaube, ihr war klar, dass er meine Mutter immer noch liebte.«
Das Verhältnis zu ihrem Vater verschlechterte sich zusehends. »Er hatte meiner Mutter versprochen, mir das College zu finanzieren, aber als ich achtzehn wurde, wollte er davon nichts mehr wissen.« Er halbierte auch die Unterhaltszahlungen in Höhe von 450 Dollar im Monat, die er seit der Scheidung geleistet hatte – schließlich stehe im Gesetz, dass er für ein volljähriges Kind nicht mehr finanziell verantwortlich sei. Und wenn Richard Sadeik etwas war, dann gesetzestreu.
Er war ebenso, wie seine ältere Tochter feststellte, ein Trinker. Kein gewalttätiger Säufer und keiner, der herumtorkelte, aber auch kein fröhlicher Zecher. »Je mehr er trank, desto stiller wurde er. Er zog sich dann oft in seine eigene Welt aus Bourbon und Beethoven zurück.«
Eine viel engere Bindung hatte sie zu ihrer Mutter Renate, einer gebürtigen Deutschen, die sie »Debchen« nannte. Renate war hübsch, kleidete sich elegant und war eigentlich die perfekte Hausfrau. Doch sie wollte nicht nur zu Hause herumhocken und ging arbeiten – Richard gefiel das nicht, aber er war sehr jung aus dem Militärdienst ausgeschieden und erhielt deshalb nur eine kleine Pension, und irgendjemand musste für die laufenden Kosten aufkommen.
Debbie war stolz auf die Arbeitsmoral ihrer Mutter und eiferte ihr nach. Mit sechzehn hatte sie ihren ersten Job, als Verkäuferin bei LaBelle's. Und fast ihr ganzes Arbeitsleben hindurch hatte sie zwei Jobs gleichzeitig.
Als sie aufgrund der Scheidung das große Haus verloren, zog Renate mit ihren beiden Töchtern in eine kleine Wohnung in Phoenix. Der Vater zog auf ein Stück Land, das das

Paar in den ersten Ehejahren erworben hatte. Er wohnte dort in einem Trailer und fing in der großen Strafanstalt der Stadt als Wärter an – eben der Anstalt, in der der Hinrichtungsraum von Arizona untergebracht ist.

Die jüngere Tochter Sandy bereitete Renate zusehends Kummer: Sie hatte ständig Probleme und räumte ein Sparkonto leer, das für ihre Ausbildung bestimmt war. Man entschied, dass Sandy die harte Hand ihres Vaters nötig habe, und schickte sie nach Florence, damit sie dort die Highschool zu Ende machte. Nun lebte Debbie nur noch mit ihrer Mutter zusammen. Für Debbie war das die schönste Zeit ihres Lebens. 1982 machte sie ihren Abschluss an der Cortez Highschool und schrieb sich anschließend am Glendale Community College für ein BWL-Studium ein.

»Meine Mutter hat anfangs mir gegenüber nie schlecht von meinem Vater gesprochen, aber als ich achtzehn wurde, fing sie an, mir die Wahrheit über ihn zu erzählen, denn sie dachte, ich wäre nun alt genug, um das zu verstehen.« Da erfuhr sie, dass ihre Mutter eine sehr unglückliche Ehe geführt hatte: Wenn sie allein im Schlafzimmer waren, hatte es zwischen den Eheleuten ständig Streit gegeben, Beleidigungen und Beschimpfungen. Ihr Vater hatte sich in der Ehe immer gnadenlos durchgesetzt.

Ihre eigene Entfremdung von ihrem Vater und diese Enthüllungen ihrer Mutter verstärkten bei Debra das Gefühl, das sie im Grunde nur ein Elternteil hatte. Und die Bande zwischen ihr und ihrer Mutter waren so stark, dass ihr das auch genügte.

Als Debra neunzehn war, bot man ihrer Mutter jedoch einen Job in Deutschland an. Diese sah darin eine einmalige Chance. Debra empfand es eher so, dass ihre Mutter sie im Stich ließ. Renate forderte sie auf, mit ihr nach Europa zu gehen, das aber wollte die junge Frau nicht. Sie wollte, dass ihre Mutter in Phoenix blieb. Renate siedelte schließlich

Anfang 1983 nach Stuttgart um. Sie überließ Debra – die nun bereits aufs College ging und aus der Sicht ihrer Mutter erwachsen genug war, um allein zurechtzukommen – die Wohnung und versprach, sie finanziell zu unterstützen. Bald zogen Robin und Patty, zwei langjährige Schulfreundinnen, bei Debra ein.
»Ich empfand eine innere Leere. Ich war emotional noch nicht so weit, meine Mutter loszulassen.«
Sie fühlte sich »verraten«, und ihre Reaktion bestand darin, komplett gegen ihre Eltern zu rebellieren – etwas, das sie nie zuvor getan hatte. Das führte zu einem »kleinen Ausflug auf die wilde Seite des Lebens« mit dem »Möchtegern-Rocker« Mark Milke.
Renate Janka blieb unverständlich, wie ihr Debchen sich in einen langhaarigen Mann verlieben konnte, der wie ein Rohling aussah. Die Mutter erkannte lange vor der Tochter den Trinker in ihm – sie hatte schließlich sechzehn Jahre lang mit einem Alkoholiker zusammengelebt. Doch ihre Warnungen an Debbie, sich von dem »bösen Jungen« fernzuhalten, verhallten ungehört.
Debra und Mark heirateten, doch die Ehe verlief erwartungsgemäß schlecht, brachte aber den süßen Christopher hervor. Seit Debras Scheidung 1988 verstanden Mutter und Tochter sich wieder besser. Renate unterstützte Debra in ihrem neuen Leben und liebte ihren Enkel über alles. Ohne Mark, der stets nur für Reibereien gesorgt hatte, kamen die beiden Frauen bestens miteinander aus.
Selbst Sandy ging es damals gut – Sandy, die ständig mit ihrer Schwester wetteiferte, der es gegen den Strich ging, dass Debbie immer im Recht und sie immer im Unrecht war, dass ihre Eltern Debbie lieber mochten und ihr viel mehr durchgehen ließen. Sandy war inzwischen mit ihrem Sohn Jason nach Wyoming gezogen, hatte ebenfalls geheiratet und war nun mit ihrem zweiten Sohn schwanger. Im

November rief Debbie dort an, um Jason zum Geburtstag zu gratulieren. Sie hatte die Zwistigkeiten mit ihrer Schwester inzwischen hinter sich gelassen, Sandys Faulheit, die dazu führte, dass Debbie ihre Aufgaben im Haushalt mit erledigen musste und dass Sandy sie einmal bestohlen hatte, als sie mit Jason bei Mark und ihr Zuflucht gesucht hatte. Rivalitäten unter Schwestern hätten manche es genannt. Auch Debbie sah es so. Nie hätte sie sich träumen lassen, dass es viel tiefer ging. Nie hätte sich sich vorstellen können, dass sie eines Tages erleben musste, wie ihre Schwester vor Gericht gegen sie aussagte.

An diesem Tag, in dieser Sekunde vor 14:45 Uhr, hätte Debra gesagt: Welche Familie hat denn keine Probleme? Welche Familie keine Geheimnisse?

Ihre Mutter hatte ihre Wut viele, viele Jahre lang hinuntergeschluckt, hatte den Mund gehalten und sich die Tränen versagt. Ihren Vater hatte Debbie nie weinen sehen, nicht einmal an dem Abend, an dem er seine Töchter in die Scheidungspläne eingeweiht hatte. Vielmehr erinnerte sie sich an seine Aussage: »Eines Tages wird es ihr leidtun, dass sie mich verlassen hat.«

Ein Vater verdient Respekt, wohl oder übel, so hatte sie es von ihrer Mutter gelernt. Wie Renate schließlich eingestand, dass sie nur so lange bei Richard geblieben war, damit die Mädchen einen Vater hatten, gibt Debra zu, dass sie Mark ihren Sohn sehen ließ, weil sie wollte, dass zwischen den beiden eine Bindung entstand.

Inzwischen hatte sie Mark jedoch mehr Chancen eingeräumt, als er verdiente, und Chris würde mit seinem Vater nur noch unter strikter Aufsicht Kontakt haben. Seine Großeltern Henry und Ilse Milke würden ihn natürlich auch weiterhin sehen dürfen. Beide liebten den Jungen abgöttisch, und er erwiderte diese Liebe. Debbie wusste, dass

Ilse die gescheiterte Ehe traurig machte. Selbst eine gebürtige Deutsche, war Ilse für Debbie wie eine »zweite Mutter« gewesen, nachdem Renate nach Deutschland zurückgekehrt war. Ilse ging sehr gern im »German Club« essen und hatte sich gefreut, dass sich ein Mädchen wie Debbie in ihren gestörten Sohn verliebt hatte. Von nun an bekam Mark seinen Sohn also nur noch im Haus seiner Mutter zu Gesicht. Mark besuchte gerade seinen Bruder in Texas. Es würde somit in den nächsten Tagen keine Dramen geben, und ausnahmsweise konnten alle sich mal entspannen.

Es war bis dahin ein eher unspektakuläres Wochenende gewesen, auch wenn die Morgenzeitung interessante Neuigkeiten brachte: Die Kunstturnerin Nadia Comăneci, Publikumsliebling der Olympischen Spiele 1976, war aus Rumänien in die USA geflohen und ersuchte dort um politisches Asyl. Der Film *Grifters*, mit Anjelica Huston und ihrem damaligen Lebensgefährten Jack Nicholson, wurde gerade im Großraum Phoenix gedreht. Muhammad Ali warb für sein neues Herrenparfum und trat Gerüchten über seinen sich verschlechternden Gesundheitszustand entgegen. Michail Gorbatschow wurde im Vatikan von Papst Johannes Paul II. empfangen.

Als Debra am Freitagabend von der Arbeit nach Hause gekommen war, hatte Jim sie gebeten, sich am nächsten Tag ihr Auto ausleihen zu dürfen, um in einem Einkaufszentrum einige Weihnachtseinkäufe zu erledigen. Wie jeden ersten Freitag im Monat hatte er seine Invalidenrente erhalten. Er war Vietnam-Veteran und konnte aufgrund seiner schweren Verwundungen nicht mehr arbeiten. Er wollte Christopher und seine Tochter Wendi mitnehmen, dann Wendi anschließend bei ihrer Mutter absetzen, wo sie übernachten würde. Debra gefiel die Idee. Sie erledigte freitagabends gern ihre Wäsche, denn zu dieser Zeit waren die Maschinen im Waschraum der Wohnanlage Country Gables Apartments meist frei. Außerdem erleichterte es die Arbeit, wenn ihr Christopher nicht zwischen den Füßen herumlief, während sie Wäschekörbe treppauf, treppab und in das Nachbargebäude schleppte.

Die ganze Sache hatte nichts Ungewöhnliches an sich. Jim lieh sich oft Debras Wagen, da sein eigener kaputt war. Als Gegenleistung dafür, dass er tagsüber auf Christopher aufpasste, überließ sie ihm gern den weißen Toyota, den Renate und Alex ihr im September gekauft hatten.

Debra erinnert sich, wie sie auf dem Sofa saß und Wäsche vorsortierte. Als sie die Taschen einer Jeans von Jim ausleerte, fand sie eine noch verschlossene Packung Patronen. »Ich wusste, dass Jim einen Revolver besaß – er hat ihn mir gezeigt, nachdem er ihn gekauft hatte. Mir gefiel das gar nicht, denn ich wollte wegen Christopher keine Waffen im Haus haben. Jim legte den Revolver in eine Schachtel, die er ganz oben in seinem Wandschrank verstaute.« Sie nahm an, dass diese Patronen für jene Waffe bestimmt waren. »Anstatt aufzustehen und diese verdammten Dinger in Jims Schlafzimmer zu bringen, ließ ich sie in meiner Handtasche verschwinden, die neben mir auf der Couch lag, denn ich wollte nicht, dass sie irgendwo herumlagen und Christopher sie womöglich fand. Ich steckte sie fürs Erste in ein Reißverschlussfach.«

Christopher kehrte an jenem Freitagabend mit leuchtenden Augen aus dem Einkaufszentrum nach Hause. Er erinnerte seine Mutter daran, dass sie ihm versprochen hatte, dieses Jahr werde er den Weihnachtsmann treffen. Jim hatte Chris ein frühes Weihnachtsgeschenk gemacht, ein kleines Auto mit Fernsteuerung, das der Junge nun im Wohnzimmer herumfahren ließ. Er hatte ihm auch Gummibärchen gekauft, die Chris gern futterte.

Debra und Jim sprachen darüber, einen Weihnachtsbaum zu besorgen – der ihr einziger gemeinsamer geblieben wäre. Sie hatte ihm bereits mitgeteilt, dass sie Anfang Januar ausziehen würde. »Ich habe den Umzug auf die Zeit nach Weihnachten gelegt, um ihm mehr Zeit zu geben, einen neuen Untermieter zu finden«, erinnert sie sich.

Aufgeregt und erschöpft, die Arbeitswoche hinter und das Wochenende vor sich – so ging Debra Milke am 1. Dezember 1989 abends zu Bett, und ihr Sohn schlief neben ihr. Sie hatte bereits beschlossen, Christopher ein Fahrrad zu Weihnachten zu schenken – mit Stützrädern. Ihr kleiner Sohn liebte die Geschwindigkeit, und sie sah schon vor sich, wie er auf diesem Rad herumrasen würde. Im Jahr zuvor hatte er ein Dreirad bekommen, und sie war immer noch verblüfft, dass er diesem Dreirad so schnell entwachsen war. Bisher hatte sie ihm als Weihnachtsgeschenk nur ein Kinderklavier gekauft, das unter Jims Bett versteckt war.

Wenn Debbie so richtig glücklich sein wollte, erinnerte sie sich an den Moment, als sie Christopher das erste Mal auf dem Arm gehalten hatte. »Er schlug die Augen auf und sah mich so eindringlich an, dass ich mir sicher war, dass er mich sofort als seine Mutter erkannte. Bei seinem Anblick bin ich förmlich dahingeschmolzen. Ich staunte über die Perfektion seines Gesichts, seiner kleinen Hände und Füße. Er ist für mich das Kostbarste auf der ganzen Welt.«

Er war ein Junge, der oft Käfer in den Taschen mit sich herumtrug – nicht immer lebendige –, weil er glaubte, sie wären einsam oder hätten kein Zuhause. Er war ein Junge, den schlechthin alles faszinierte: Grashalme, Wassereis, das Entenfüttern. »Wo Chris war, erscholl Gelächter«, so Debra. »Er war ein süßer kleiner Junge und ein absolutes Energiebündel.«

Ans Töpfchen hatte sie ihn mit Hilfe einer Cabbage-Patch-Kids-Puppe gewöhnt, die mitsamt »Geburtsurkunde« geliefert wurde und Leon hieß. »Chris war inzwischen zweieinhalb Jahre alt, und Windeln waren teuer, und ich dachte:

›Komm, Chris, wir schaffen das.‹ Ich hatte schon alles Mögliche probiert, stets hatte es nichts gebracht, bis ich auf die Idee kam, Leon dafür zu nutzen. Chris hatte unbedingt so eine Puppe haben wollen, und überall schleppte er sie mit sich herum, als wäre sie sein bester Freund. Er nahm sie über Nacht mit ins Bett. Mark gefiel das gar nicht. Er meinte, Jungs sollten nicht mit Puppen spielen, davon würden sie schwul, aber es war eine Puppe, die für Jungs bestimmt war, und Chris liebte sie.
Ich goss also ein bisschen Wasser ins Töpfchen, zog Leon die Hose aus, setzte ihn drauf und rief Chris herbei. ›Schau mal, Leon sitzt auf der Toilette. Er ist ein großer Junge. Schau mal, er hat ins Töpfchen gemacht.‹ Chris guckte hinein und fing dann an zu weinen. ›Ich will auch ein großer Junge sein, so wie Leon.‹ Ich sagte ihm: ›Das kannst du genauso gut‹, und ab diesem Tag ging er immer aufs Töpfchen.«
Christopher war ihr Ein und Alles. »Ich konnte an gar nichts anderes denken als nur daran, mich um ihn zu kümmern und dafür zu sorgen, dass er gesund und glücklich war.«
Und genau das war Christopher Conan Milke: gesund und glücklich, als er an jenem Morgen losfuhr, um den Weihnachtsmann zu treffen.
Man kann sich leicht vorstellen, wie aufgeregt er war. Zum ersten Mal in seinen vier Lebensjahren würde er auf dem Schoß des Weihnachtsmanns sitzen und ihm erzählen, was er sich zu Weihnachten wünschte. Er würde ein Foto von sich mit dem Weihnachtsmann bekommen. Bei seinem ersten Weihnachtsfest war Christopher erst zwei Monate alt gewesen. Bei seinem zweiten war er noch zu klein, um ins Einkaufszentrum zu gehen, und bei seinem dritten Weihnachtsfest im vergangenen Jahr hatte er mit einer Schilddrüsenerkrankung im Krankenhaus gelegen. Daher war Christopher Milke an diesem 2. Dezember 1989 geradezu ein Paradebeispiel von Weihnachtsmannbegeisterung.

Er wachte gegen halb sechs in dem Schlafzimmer auf, das er sich mit seiner Mutter teilte, und verkündete: »Mommy, die Sonne ist schon aufgegangen!« Sie wurde sofort wach, bat ihn inständig, noch ein bisschen weiterzuschlafen, sie werde es auch tun. Sie tat es, er nicht.
Er stand auf und spähte in Jims Zimmer. Jim war wie so oft bereits wach, da er an chronischer Schlaflosigkeit litt. Chris musste ihn nicht groß überreden, sich mit ihm auf das Wohnzimmersofa zu kuscheln und Zeichentrickfilme zu gucken. So war Jim – ein großer Freund.
Jim war es, der unter der Woche, wenn Debra arbeitete, auf Christopher aufpasste. Jim war es, der für Christopher Sandwiches mit Erdnussbutter und Marmelade machte. Jim war es, der ihn dazu brachte, sein Spielzeug wegzuräumen. Jim war es, der ihm aus Kinderbüchern vorlas, worum Chris so oft bat, dass er sie irgendwann fast auswendig konnte. Jim war es, der ihn jede Woche zur Bibelstunde mitnahm und mit ihm über das »Buch der Bücher« sprach. Jim war es, der gemeinsam mit ihm über die Fernsehserie *Die Schlümpfe* kicherte, deren 256. und letzte Folge an ebendiesem Tag auf NBC ausgestrahlt wurde. Jim war es, der – im Gegensatz zu Christophers Vater – weder rauchte noch trank noch fluchte.
Als Debra dann aufstand, begegnete sie Jim auf dem Flur der Wohnung. Er fragte sie, ob er sich nochmals ihren Wagen leihen dürfe, um Wendi abzuholen und mit ihr ins Metro Center zu fahren. Christopher hörte das und sah darin seine Chance, den Weihnachtsmann zu treffen – am Tag zuvor hatte er ihn nur aus der Ferne gesehen.
»Darf ich, darf ich, darf ich?«, flehte er seine Mutter an. Debra erinnert sich, Jim gefragt zu haben, ob es ihm recht sei, da sie ihm nicht zur Last fallen wollte. Er hatte Chris schließlich schon gestern ins Einkaufszentrum mitgenommen. Mit einem Blick ließ sie ihn wissen: »Du musst ihn

nicht mitnehmen«, doch Jim gab ihr mit einem Nicken zu verstehen, dass es ihm recht war. Christopher hatte jetzt noch einen weiteren Grund, diesen Mann zu lieben: Jim Styers war seine Verbindung zum Weihnachtsmann. Im Leben eines kleinen Kindes gibt es nur wenig, was dem gleichkommt.
Chris lief ins Schlafzimmer und zog sich eine Jeans an. Er schnappte sich seinen gelben Pullover, den Oma Ilse für ihn gestrickt hatte, aber Debra nahm ihm den wieder ab, da sie ihn für besondere Anlässe aufheben wollte. Seine zweite Wahl war ein Sweatshirt mit einem Dinosaurier vorne drauf. Dann zog er die Cowboystiefel an, die sein Vater ihm geschenkt hatte.
Debbie sorgte noch dafür, dass er sich die Zähne putzte und sich kämmte, was er so schnell erledigte, wie es nur ging. »*See you later, alligator!*«, rief er seiner Mutter noch zu, und sie erwiderte wie üblich: »*After a while, crocodile!*«
Rückblickend beklagte Debra, dass sie ihn überhaupt aus dem Haus gelassen hatte. Es war keine geplante Fahrt zum Weihnachtsmann – ein Erlebnis, das sie gern mit ihm geteilt hätte –, sondern ein spontaner Ausflug. Sie erinnerte sich später an keine besondere Verabschiedung an diesem Morgen. Hatte sie ihn geküsst? Wenn ja, dann nur flüchtig. Hatte sie ihm zugerufen, dass sie ihn liebhabe? Wahrscheinlich schon, denn das machte sie immer, aber sie wusste nicht, ob er es gehört hatte. Hatte sie sich Sorgen gemacht? Nicht allzu sehr, denn schließlich befand er sich ja in Jims Obhut. Dieser Mann konnte großartig mit Christopher umgehen, und Wendi würde sich auch noch zu ihnen gesellen, und wenn man Jim Styers mit seiner kleinen Tochter sah, dann sah man einen Mann, der völlig vernarrt in ein Kind war.
Was Debra Milke in jenem Moment, in dem ihr Sohn zur Tür hinauslief, erwartete, war, dass er später an jenem Tag wieder hereingelaufen kommen würde, und zwar mit atem-

beraubenden Geschichten über seine Begegnung mit dem Weihnachtsmann.

Sie kochte sich einen Kaffee und machte sich dann an ihre üblichen Samstagsverrichtungen: die Wohnung aufräumen und putzen und mit einer Freundin telefonieren.

Während Debra schätzte, dass sie gegen zehn aufgestanden war und Jim und Christopher gut eine Stunde später aufgebrochen waren – ein zeitlicher Ablauf, den der Staat Arizona für korrekt erachtete –, beharrte ihre Freundin Carmen Santana darauf, die beiden Frauen hätten gegen neun miteinander telefoniert und über Pläne für den Abend gesprochen. Carmen Santana konnte sich nicht mehr erinnern, ob sie Debra oder Debra sie angerufen hatte, erzählte aber zwei verschiedenen Ermittlern, sie sei sicher, das Telefonat habe gegen neun stattgefunden. Und im Laufe dieses Telefonats hatte Debra gesagt, Jim und Chris seien losgefahren, um den Weihnachtsmann zu treffen. Auch mehrere andere Personen sagten gegenüber der Polizei, sie hätten Jim und Christopher lange vor elf aufbrechen sehen.

Die Frauen verabredeten, im Laufe des Tages noch einmal zu telefonieren, um vielleicht etwas für den Abend auszumachen. Der Samstagabend war der einzige Abend der Woche, an dem Debra sich Zeit für sich selbst nahm, am Samstagabend passten entweder Jim oder jemand von den Nachbarn auf Chris auf, damit Debra tun konnte, was vierundzwanzigjährige alleinstehende Frauen nun einmal tun. Carmen und sie gingen gern in die Bars der Nachbarstadt Tempe, wo die Studenten der Arizona State University am Wochenende ausgelassen feierten. Da Jim an diesem Abend vorhatte, einen Weihnachtsbaum zu kaufen, konnten sie ja womöglich später noch in einigen Bars einkehren.

Debra war jung und attraktiv und musste nie lange warten, bis sie zum Tanzen aufgefordert wurde. Hin und wieder hatte sie auch ein Date. Eine Zeitlang war sie mit einem jungen Mann namens Ernie ausgegangen, aber das Verhältnis zu ihm hatte sich in letzter Zeit abgekühlt. Keiner der beiden war bereit, eine ernsthafte Beziehung einzugehen. Meistens ging sie nur mit Freundinnen aus.

Debra verbrachte den weiteren Samstagvormittag damit, die Post durchzusehen, auf der Treppe zu hocken und mit ihrer Nachbarin Karen Ciulla zu plaudern. Seit sie Ende Juli hier eingezogen war, hatte sie Karen fast jeden Tag gesehen. Debbie war mit ihr und ihrem Mann John befreundet, der an diesem Morgen an so schweren Kopfschmerzen litt, dass er zur Notaufnahme gefahren war. Als er gegen 10:30 Uhr – mit den Schmerzmitteln, die man ihm verschrieben hatte, und der Anweisung, sich ins Bett zu legen – wieder nach Hause kam, begegnete er Debbie auf der Treppe und sagte »Hallo« zu ihr.

Die Söhne von Karen und John waren fünf und sieben Jahre alt und Christophers beste Freunde. Das verband die beiden Familien. Karen und John beschrieben Debra als hart arbeitende alleinerziehende Mutter, die ihren Sohn liebte.

John Ciulla wurde im Zeugenstand gefragt: »Hatten Sie, als jemand, der selbst Vater ist, den Eindruck, dass es zwischen Debra und Christopher irgendwelche Schwierigkeiten gab?«

Er antwortete: »Nein, überhaupt nicht.«

Am 2. Oktober waren die Familien in Jims Wohnung zusammengekommen, um Christophers vierten Geburtstag zu feiern. Debra erinnert sich: »Chris wollte seinen Geburtstagskuchen selber backen, und daher ließ ich ihn den Teig zusammenrühren, und dann dachte er, er hätte es getan. Er erzählte allen, er hätte seinen Kuchen selbst gebacken. Ich hatte eine große »4« gekauft, die ich obendrauf plazierte. Es gab ein gemeinsames Essen und Kuchen und Eis. Und ich habe ihm Unmengen Spielzeug geschenkt.«

Am Wochenende vor Halloween – nur fünfunddreißig Tage zuvor – hatte Karen ihren Söhnen erlaubt, gemeinsam mit Debra und Christopher die Wohnanlage zu verlassen. »Sie und ihre Freunde veranstalteten eine Halloween-Party, und Christopher lud auch meine Jungs ein, und ich sagte: ›Ja, kein Problem.‹ Sie kamen abends um halb zehn oder zehn wieder nach Hause und hatten eine Menge Spaß gehabt«, sagte Karen später aus.
»Mir war nicht wohl bei der Vorstellung, dass Christopher von Tür zu Tür zog«, erinnert sich Debbie. »Ich machte mir Sorgen wegen all der Spinner da draußen, und ich wollte auch nicht, dass er von fremden Leuten Süßigkeiten annahm. Aber Carmen wohnte ja in Mesa und hat die Halloween-Party in ihrer Wohnung veranstaltet. Sie hat sie mit allen möglichen unheimlichen Dingen und Spinnennetzen dekoriert. Die Kinder haben gespielt, und wir haben Süßigkeiten verteilt. Auf diese Weise habe ich es vermieden, Christopher durch die Straßen ziehen zu lassen.«
Karen war damals im zweiten Monat schwanger, und manchmal sprachen die Frauen über das Kinderkriegen. Debbie erzählte ihr, dass sie vor ihrer Ehe verhütet habe und jetzt, als alleinstehende Frau, nicht schwanger werden wollte – erst, wenn sie eines Tages wieder verheiratet sein würde. Karen erinnert sich, dass Debbie sagte: »Ich wollte früher keine Kinder, aber jetzt, da ich Christopher habe, würde ich ihn um nichts in der Welt wieder hergeben.«
Später, vor Gericht, hielt Staatsanwalt Noel Levy diese Worte Karen vor, als Indiz dafür, dass Debra nie Mutter werden wollte. Karen berichtigte ihn: »Sie sagte, sie habe vor ihrer Ehe keine Kinder gewollt«, nicht, dass sie überhaupt nie Kinder gewollt habe.
Das war eine Gelegenheit von vielen, bei denen Karen Ciulla dem Staatsanwalt sagte, er habe Debras Verhältnis zu ihrem Sohn falsch gedeutet oder falsch dargestellt.

»Hat sie Ihnen nicht gesagt, dass sie wütend war, weil sie Christopher ganz alleine aufziehen musste?«
»Nein«, erwiderte Karen und fügte hinzu, sie habe einem Beamten der Kriminalpolizei gegenüber gesagt, Debra sei »wütend auf Mark gewesen, weil Mark sich in Schwierigkeiten gebracht hatte. Sie war nicht wütend, dass sie Christopher alleine aufziehen musste. Sie war wütend auf Mark, weil er es so weit trieb, dass er ins Gefängnis musste.«
Manche Fragen erschienen absurd. Beispielsweise die, wer Christopher aufgezogen habe – Debra oder ihre Schwester Sandy. Karen konstatierte: »*Sie* hat ihren Sohn aufgezogen.«
»Haben Sie jemals erlebt, dass Christopher Wut- oder Trotzanfälle bekam, wenn er mit Debra zusammen war?«
»Er war manchmal anderer Meinung als sie. Ich weiß nicht, ob man das als Wutanfall bezeichnen kann. Es war sein ganz normales Verhalten.«
Levy stellte es so dar, dass Debra Christopher streng erzogen und ihm oft den Hintern versohlt habe. Karen versuchte das ins rechte Licht zu rücken. »Wenn er Mist gebaut hatte, sagte sie zu ihm: ›Das und das hast du falsch gemacht. Geh jetzt auf dein Zimmer.‹ Ich habe nur ein einziges Mal erlebt, dass sie ihm den Hintern versohlt hat.«
Karen erinnerte sich gut an diesen Moment, und es war nicht die herzlose Behandlung, als die Levy es darzustellen versuchte. Sie erzählte, Christopher und ihre beiden Söhne hätten sich ziemlich gehauen. »Also, die bekamen alle den Hosenboden strammgezogen – meine Kinder ebenso wie ihrs, weil sie etwas getan hatten, das sie nicht hätten tun dürfen, wie zum Beispiel mit Steinen Fenster einzuwerfen oder irgendetwas anderes, wofür sie bestraft werden mussten.«
John Ciulla erinnerte sich, dass Debra Christopher einmal in der Ecke stehen ließ, zur Strafe dafür, dass er versucht hatte, ein kleines Modellauto an eine Steckdose anzu-

schließen. Er sagte aus, er hätte bei seinem eigenen Kind das Gleiche getan.

Karen erklärte vor Gericht, es habe zwischen Debra und ihr keine Unstimmigkeiten darüber gegeben, dass sie sich bemühte, Marks Besuche zu beschränken, oder dass sie nicht wollte, dass Chris als Erwachsener so würde wie sein Vater.
»Nein, überhaupt nicht«, sagte sie. »Wenn mein Mann ein Trinker wäre, würde ich auch nicht wollen, dass meine Söhne so werden wie er.«
Und weder John noch Karen fanden es seltsam, dass Debra Chris mit Jim Styers losfahren ließ. Beide kannten Jim gut. Beide sagten aus, sie hätten keine Bedenken gehabt, dass er auf Christopher aufpasste. John Ciulla bemerkte, Jim habe »vielleicht vier- oder fünfmal« auch auf seine Söhne aufgepasst.
Nachdem sie die Hausarbeit erledigt hatte, duschte Debra. Sie kann sich nicht erinnern, ob sie etwas zu Mittag aß oder nicht. Sie weiß allerdings noch, dass sie die Eingangstür offen stehen ließ, um die Wohnung durchzulüften.
Um 14:45 Uhr klingelte das Telefon. Und Debras Leben änderte sich für immer.
»Die Nachbarn hörten mich schreien und kamen angelaufen. Ich zitterte, war hysterisch, weinte.«
Sie erinnert sich, ins Telefon gerufen zu haben: »Jim, du musst ihn finden! Du musst ihn finden! Wie konnte das passieren?«
Und sie erinnert sich an Folgendes: »Ich hatte das schreckliche Bild vor Augen, dass mein Kind missbraucht wurde oder dass irgendeine verrückte Frau, die selbst keine Kinder bekommen konnte, ihn entführt hatte. Ich hatte schreckliche Angst.«
Sämtliche Nachbarn, die sie gut kannten, sahen eine verzweifelte Frau.
Karen Ciulla erinnert sich: »Sie war hysterisch. Sie sagte

immer wieder: ›Was ist, wenn ihm etwas zugestoßen ist? Was ist, wenn dieses oder jenes passiert ist?‹, obwohl wir alle meinten: ›Nein, nein, es ist nichts geschehen, er ist einfach nur weggegangen, er ist ein kleines Kind, irgendetwas hat ihn neugierig gemacht.‹ Sie war völlig verängstigt, und das wäre ich an ihrer Stelle auch gewesen. Wenn meine Kinder in einem Laden verschwinden würden, wäre ich auch verängstigt, bis ich sie wiederfinden würde.«
Debra erinnert sich, dass sie nach Jims Anruf als Allererstes ihren Vater kontaktierte. »Ist das nicht komisch?«, sagt sie heute. »Ich hatte gar kein richtiges Verhältnis mehr zu meinem Vater, aber er war der Erste, den ich anrief. Ich schluchzte, und er sagte: ›Debra, tief durchatmen, beruhig dich, ich verstehe kein Wort. Keine Panik.‹«
Richard Sadeik erinnerte sich gut an diesen Anruf. Später sagte er, ihre ersten Worte »konnte ich nicht verstehen, weil sie weinte und ganz außer sich war«. Er habe sie angeschrien, damit sie sich beruhigte, und das habe funktioniert – das habe bei ihr schon gewirkt, »als sie noch ein kleines Mädchen war«.
Wie er später aussagte, forderte er sie auf, den Wachschutz des Einkaufszentrums anzurufen und diesen Leuten zu beschreiben, was Chris anhatte. Debbie fragte ihn, ob sie die Polizei anrufen solle. Ihr Vater sagte: »Nein, es ist nur ein Kind, das sich verlaufen hat, so was passiert am laufenden Band. Wenn du aber in einer halben Stunde noch nichts gehört hast, ruf mich wieder an.«
Genau eine halbe Stunde später habe Debbie erneut angerufen, so Sadeik. Sie habe ihm erzählt, dass Jim in dem Einkaufszentrum inzwischen Unterstützung bei der Suche nach Chris bekommen habe, sie aber nicht glaube, dass das ausreiche. Er glaubte das auch nicht und wies seine Tochter an, die Polizei anzurufen.
Dann wartete Debra, blieb in der Nähe des Telefons, betete,

dass Christopher anrufen würde. Später wurde sie dafür, dass sie sich nicht ins Metro Center begab, um nach ihrem Sohn zu suchen, buchstäblich geteert und gefedert. »Ich konnte nicht weg, denn ich hatte keinen Wagen, und ich musste zu Hause bleiben, für den Fall, dass mein Sohn anrief. Ich hatte ihm seine Telefonnummer beigebracht. Ich habe den anderen gesagt: ›Ich will diejenige sein, mit der er spricht, wenn er anruft, damit nicht irgendein Fremder abnimmt.‹«
Die Polizei kam und stellte viele Fragen. Debra beantwortete sie alle. Sie wollten ein Foto von Christopher – das war einfach, denn sie hatte ganze Alben voll davon.
Sie wurde gefragt, ob Jim Styers ihr »Freund« sei. Sie verneinte das und erklärte ihre gegenwärtigen Lebensumstände. Die Nachbarn bestätigten, dass die beiden kein Liebesverhältnis hatten. John Ciulla sagte, Jim habe ihm erzählt, er habe einmal versucht, zu Debra ins Bett zu steigen, aber sie habe ihn aus dem Zimmer geworfen. Debra selbst maß dem keine große Bedeutung zu, Männer würden es einfach probieren. Sie sagte, sie habe ihm klargemacht, dass das nicht in Frage käme.
Jims ältere Schwester Linda Thompson bestätigte das. »Mein Bruder sprach jede Frau mit ›Honey‹ oder ›Darling‹ an, das war so seine Art. Debbie und er kamen gut miteinander aus, aber da war kein Sex im Spiel.«
Debras Vater sah es ebenso und sagte, er habe das Verhältnis der beiden immer als »platonisch« empfunden.
Dennoch beharrte der Staat Arizona darauf, Jim Styers sei ihr »Freund« gewesen.
Die Polizei fragte, ob eine Waffe im Haus sei, und Debra zeigte ihnen die in der Schachtel oben in Jims Wandschrank. Sie dachte dabei nicht an die Patronen, die sie am Abend zuvor gefunden und in ihre Handtasche gesteckt hatte. Die wurden erst nach Abschluss des Gerichtsverfahrens entdeckt, als die Polizei schließlich die Handtasche durch-

suchte, die sie bei ihrer Festnahme dabeigehabt hatte. Die Staatsanwaltschaft behauptete, die Patronen hätten sie »verraten«. Die noch verschlossene Schachtel Munition bezeichnete man als »Trophäe« des Mords.

Die Polizei befragte sie über den Mann, in dessen Obhut sich ihr Sohn befunden hatte, und sie und die Nachbarn verbürgten sich für Jim Styers. Er passe auf Christopher auf, während Debra arbeitete, hätte auch andere Kinder in der Wohnanlage gehütet, zog selbst eine zweijährige Tochter groß, sei ein regelmäßiger Kirchgänger. Er war jemand, dem man vertrauen konnte.

Die Polizei deutete an, dass Jim womöglich etwas mit Christophers Verschwinden zu tun haben könne. Karen Ciulla zufolge glaubte Debra das nicht. Die Nachbarn glaubten es auch nicht.

Die sahen Debra den ganzen Nachmittag und Abend weinen. »Wirkten ihre Tränen aufrichtig?«, wurden alle gefragt, und alle antworteten wie Karen: »Oh ja.«

Dann kreuzte Carmen auf. Sie hatte eine Flasche Rum dabei und bestand darauf, Debbie solle ein Glas Cola-Rum trinken, ein wenig Alkohol würde ihren Nerven guttun. Den ganzen Nachmittag schenkte Carmen ihr immer wieder nach. Irgendjemand gab Debra auch eine Schlaftablette. Keiner konnte sie dazu bringen, etwas zu essen. John Ciulla erinnert sich, sie habe ununterbrochen geweint und dabei ein Taschentuch nach dem anderen verbraucht. »Sehr mitgenommen« sei sie gewesen, »wie man halt ist, wenn das eigene Kind verschwindet«.

Gegen 20:30 Uhr gab sie schließlich dem Drängen der anderen nach und legte sich hin, doch das währte nicht lange. »Sie ging ins Schlafzimmer, für eine gute halbe Stunde, aber das war's dann auch«, erinnerte sich Karen. »Dann klingelte das Telefon, und ich habe nie in meinem ganzen Leben jemanden so schnell ans Telefon flitzen sehen wie sie. Sie war schneller dran als die Leute, die direkt neben dem Apparat saßen.«

John Ciulla erinnert sich, Debra sei irgendwann so verzweifelt gewesen, dass sie kaum noch deutlich sprechen konnte. »Sie stand komplett neben sich.« Er sah, wie ihr die Hände zitterten, ja, wie sie am ganzen Leib zitterte.

Es kamen keine guten Neuigkeiten. In dem Anruf, den sie so eilig entgegengenommen hatte, ging es lediglich darum, dass Christopher immer noch nicht gefunden worden war. So ging es den ganzen Abend weiter.

Gegen Mitternacht fuhr John Ciulla gemeinsam mit einem Nachbarn namens Patrick Murphy zum Metro Center, um bei der Suche nach Christopher zu helfen. Sie kehrten gegen vier Uhr früh zurück. Ciulla wurde später gefragt, warum Debra nicht mitgefahren sei, und manche hielten ihr später auch das vor. Doch Ciulla und die Polizisten wussten, weshalb sie nicht mitkam.

»Alle sagten ihr nur, sie solle zu Hause bleiben und auf das Telefon aufpassen.«

Weitere Polizeibeamte tauchten auf. Debra erinnert sich, dass sie allmählich »ärgerlich« wurde.

»Viele der Polizisten stellten mir immer wieder die gleichen Fragen. Und das nicht nur einmal. Ich sprach mit einem von ihnen, und eine Stunde später trat ein anderer herein und fing an, mir identische Fragen zu stellen. Ich verstand nicht, warum sich diese Polizisten nicht untereinander absprachen. Ich verhielt mich kooperativ und beantwortete alle ihre Fragen, aber wenn ich selbst mal eine Frage stellte, kriegte ich von ihnen keine Antwort. Ich wollte wissen, wo mein Sohn war. Ich wollte wissen, wie die Suche verlief. Ich wollte wissen, was vor sich ging, und zugleich war ich völlig verzweifelt, denn das Einzige, woran ich denken konnte, war: Wo ist mein Sohn? Wer hat ihn? Und das hat mich ärgerlich gemacht.«

Wenn Debra nach Jim fragte, wurden die Polizisten noch wortkarger. »Jim war der Letzte, der mit meinem Sohn zusammen war. Ich dachte, wenn ich von irgendwem Antworten bekomme, dann von Jim. Darum habe ich immer wieder gefragt, warum er denn noch in dem Einkaufszentrum sei. Ich wollte Antworten von ihm. Ich hatte das Gefühl, dass da eine Verschwörung vor sich ging. Und je länger sie ihn von zu Hause fernhielten, desto misstrauischer wurde ich, weil ich dachte: Was weiß Jim, das er mir nicht verrät? Und: Was weiß die Polizei über Jim, das sie mir nicht verraten? Es schien mir, als würde niemand auch nur auf eine meiner Fragen antworten.«

Erst am nächsten Tag, am Sonntag um 11:32 Uhr, erwähnte jemand ihr gegenüber, dass ein gewisser Roger Scott von der Polizei befragt werde. »Ich verstand überhaupt nicht, was der damit zu tun haben sollte«, sagt sie heute. »Jim wusste, dass ich diesen Mann nicht mochte. Er war mir unheimlich, und ich wollte nicht, dass Christopher mit ihm Kontakt hatte.«

Erst jetzt erfuhr sie, dass die Polizei sowohl Jim als auch Roger vernahm. Das ergab für sie keinen Sinn. Inzwischen war sie am Rande eines Nervenzusammenbruchs.

»Das kann nur jemand nachempfinden, der selbst Kinder hat. Wenn man dir sagt: Dein Sohn ist verschwunden, wird es rings um dich herum dunkel«, sagt sie. »Nachdem ich einen ganzen Tag lang nichts gehört hatte, ging ich vom Schlimmsten aus. Ich war emotional am Ende.«

Ihre Stiefmutter Maureen und ihre Stiefschwester Karen waren am Samstagabend nach Phoenix gekommen, um ihr beizustehen. Sie fanden Debra so verzweifelt vor, dass Maureen ihr zur Beruhigung eine Valium-Tablette verabreichte. Doch selbst danach konnte Debra nicht einschlafen.

Sonntagmittag schlug Maureen vor, Debra solle mit nach Florence fahren, wo ihr Vater und ihre Großmutter väterlicherseits warteten. Die Polizeibeamten aus Phoenix hielten das für eine gute Idee.

Debra 1990 in einem Fernsehinterview: »Sie sagten mir, ich müsse zu meiner Familie, und ich sagte ihnen, dass meine Familie außerhalb der Stadt leben würde. Sie sagten, sie hätten mein Telefon angezapft. (…) Jemand erklärte sich bereit, in meiner Wohnung zu bleiben und auf das Telefon aufzupassen. (…) Ich hinterließ die Adresse und Telefonnummer meines Vaters. Dann brachen wir auf, und es war okay. Es ist ja nicht so, dass ich flüchten wollte.«

In den Medien und den Geschworenen gegenüber wurde jedoch der Eindruck verbreitet, Debra habe kein Interesse gehabt. Sie sei nicht zum Metro Center gefahren, sie habe den Abend damit verbracht, Cola-Rum zu trinken, auch habe sie dann die Stadt verlassen, ohne sich weiter um ihren Sohn zu kümmern.

»Auf der Fahrt nach Florence war ich sehr niedergeschlagen. Ich dachte an das Schlimmste, weil ich seit gut zwanzig Stunden nichts mehr von Chris gehört hatte. Ich sagte zu Maureen: ›Irgendwas stimmt da nicht, Chris ist wahrscheinlich schon tot.‹ Ich war an diesem Punkt völlig verzweifelt. Ich saß wie ein Zombie da im Wagen, starrte geradeaus und weinte, den Kopf an Maureens Schulter gelehnt, gefangen in einem Teufelskreis, in dem ich mir immer wieder das Grausamste vorstellte.«

Sie sagte zu Maureen, falls ihr Sohn tot sei, solle seine Asche im Garten ihres Vaters verstreut werden. »Ich sprach in tiefer Qual.« Maureen sagte später vor Gericht aus, für sie habe es sich so angehört, als habe Debra bereits gewusst, dass Chris nicht mehr am Leben war.

Als sie zum Haus ihres Vaters kamen, schloss ihre achtzigjährige Großmutter Florence Sadeik sie in die Arme. »Sie sagte, alles werde gut werden«, erinnert sich Debra.

Auch ihr Vater umarmte sie und gab sich Mühe, ihr eben-

falls Mut zu machen. Er versuchte sie dazu zu bringen, dass sie etwas aß. Ihre Großmutter machte ihr ein Sandwich, und Debra schaffte die Hälfte davon. Ihr Vater gab ihr ein Bier, das sie ihm zufolge halb austrank. Während sie gemeinsam am Esstisch saßen, fragte Debra immer wieder nach Jim. Warum hielt die Polizei ihn so lange fest? Was ging da vor? Endlich bekam sie Jim in ihrer gemeinsamen Wohnung ans Telefon. Er sagte, er sei in Begleitung von Polizisten dort. Richard Sadeik gab an, er habe seiner Tochter den Hörer aus der Hand genommen, und »das Einzige, was ich zu ihm gesagt habe, war: ›Halte durch!‹, und dann habe ich Deb den Hörer wieder zurückgegeben.«
Einem Ermittler gegenüber behauptete er, sie habe zu Jim gesagt: »Lass dich nicht von denen schikanieren, gib nichts zu, das sind Arschlöcher.« Vor Gericht aber gab er eine sehr viel zahmere Version dieses Gesprächs wieder: »Halte durch, lass dich nicht von denen rumschubsen, alles wird gut.«
Alle waren sich einig, dass Debra Ruhe brauchte. Ihr Vater gibt an, er habe sie ins Gästezimmer gebracht. »Ich habe sie aufs Bett gelegt, ihr die Schuhe ausgezogen und sie zugedeckt …«
Keiner der beiden wusste, dass dies die letzte Liebenswürdigkeit war, die dieser Vater seiner Tochter jemals erweisen würde.
»Ich weiß nicht, wie lange ich geschlafen hatte, als ich von meiner Stiefschwester Karen wachgerüttelt wurde. Ich war komplett neben der Spur, wusste nicht mal, wo ich war, was für ein Tag es war, gar nichts.«
Karen sagte, ein Polizist sei da, der mit ihr sprechen wolle. Laut ihrer Aussage erwiderte Debra: »Was zum Teufel will der von mir?«
Das war gegen achtzehn Uhr. »Ich war so verwirrt, ich wusste gar nicht, was vor sich ging. Endlich wurde ich aber

wach und habe so gut wie möglich versucht, mich zusammenzureißen.« Sie ging ins Bad und bürstete sich das Haar.

Der Polizist, der an der Haustür stand, sagte ihr, sie müsse zum County-Gefängnis kommen und dort die Ankunft einiger Polizeibeamten aus Phoenix abwarten, die mit ihr sprechen wollten.»Ich dachte, sie hätten Chris gefunden und würden ihn zu mir bringen. Ich fragte den Polizisten, ob er etwas wüsste. Er sagte: ›Nein.‹«

Eine Freundin der Familie fuhr mit ihr zu dem Gefängnis. Das Leben, das sie kannte, war vorbei.

# KAPITEL 3

## »Er kam herein und sagte in einem Atemzug ...«

Die ersten Worte, die Debra Milke zu Detective Armando Saldate jr. sagte, waren: »Haben Sie irgendwas gehört?«
Die ersten Worte, die er zu ihr sagte, waren: »Wir haben deinen Sohn gefunden. Er wurde ermordet, und du stehst unter Arrest.«
Bevor er auch nur eine einzige Frage gestellt hatte, bevor er auch nur eine einzige Anschuldigung vorgebracht hatte, bevor sie auch nur ein einziges Wort der angeblichen Selbstbezichtigung geäußert hatte, verkündete er, sie stehe unter Arrest, sei also festgenommen. Hätte er auf der anderen Seite des Gesetzes gestanden, wäre ihm das als »Vorsätzlichkeit« ausgelegt worden.
Während des Gerichtsverfahrens im September 1990 bestritt Saldate das und sagte aus, er habe erst beschlossen, Debra festzunehmen, als sie angesichts des Todes ihres Sohnes »Gefühle vortäuschte« und dann freiwillig – offensichtlich erleichtert, sich alles von der Seele reden zu können – »ein Geständnis ablegte«.
Doch so war es nicht. Anhand der Akten lässt sich belegen, dass Saldate beschlossen hatte, die junge Mutter festzunehmen, ehe er sie zum ersten Mal sah.
Sein eigener Polizeibericht vom 5. Dezember – drei Tage nach der Vernehmung niedergeschrieben – bestätigt das: »Gegen 19:53 Uhr erklärte ich Debra, dass man ihren Sohn Chris in der Wüste gefunden habe und dass er erschossen worden sei. Sie begann sofort ›Was?! Was?!‹ zu schreien, aber ich konnte keine einzige Träne sehen. Ich erklärte, dass

ich ihre Heulerei nicht tolerieren würde und dass sie wegen Mordes an ihrem Sohn unter Arrest stehe.«
Debra erinnert sich, »Was?! Was?!« geschrien zu haben, fügt jedoch hinzu: »Ich habe eine Frage gestellt, weil ich nicht fassen konnte, was er da zu mir sagte. Schließlich wurde ich hysterisch. Es war einfach zu viel für mich.«
Saldates Aussage vom 8. Dezember vor der Grand Jury gibt die Szene noch knapper wieder: »Ich sagte ihr, dass man ihren Sohn gefunden habe, dass er erschossen worden sei … Sie fing sofort an zu schreien und zu weinen und zu kreischen. Ich sagte ihr, ich würde das nicht tolerieren. Ich sagte ihr, sie sei wegen Mordes festgenommen, und da fing sie wieder an zu schreien und zu kreischen.«
Debra Milke hat diese Szene inzwischen in Gedanken tausendmal durchlebt. Es ist die Szene, die über das nächste Vierteljahrhundert ihres Lebens bestimmen wird. Sie hat darüber vor Gericht ausgesagt, hat darüber geschrieben, darüber gesprochen – mit Anwälten, Journalisten, Unterstützern und jedem anderen, der ihr zuhörte –, dreiundzwanzig Jahre lang, und sie musste feststellen, dass die Einzigen, die ihr nicht zuhören wollten, die Gerichte Arizonas waren.
Debra war am Sonntag, am 3. Dezember, gegen 18:35 Uhr im County-Gefängnis in Florence eingetroffen. Da ihre Verwandten von der schlaflosen Nacht und der Sorge um Christopher erschöpft waren, hatte Maureen eine Freundin gebeten, mit Debra dorthin zu fahren. Die fünfzigjährige Janet Froebe, die gemeinsam mit Richard Sadeik bei der Strafvollzugsbehörde, dem »Department of Corrections«, arbeitete, brachte Debra zum Büro des Sheriffs.
Sie waren ungefähr zur gleichen Zeit eingetroffen wie zwei Polizeibeamte aus Phoenix – H. E. »Ernie« Hamrick und Frank DiModica.
Die beiden Beamten berichteten später, sie seien nach dem Fund von Christophers Leichnam nach Florence geschickt

worden, um Debra zu vernehmen. Als sie dort ankamen, habe man sie aber angewiesen, bei der Vernehmung lediglich zu assistieren, da Detective Saldate schon unterwegs sei. Die Beamten erkundigten sich, ob es einen Raum gebe, in dem die beiden Frauen ungestört warten könnten, und Debra und Janet Froebe wurden in eine Art Zelle geführt, nach Debras Einschätzung ein Sanitätsraum. Sie erinnerte sich an eine Untersuchungsliege, die an einer Wand stand, an einen Schreibtisch, einige Stühle und ein Telefon. Die Tür zu einem kleinen Lagerraum stand offen. Die Frauen nahmen Platz und warteten eine Stunde und siebzehn Minuten lang darauf, dass jemand kam und mit ihnen sprach.

Debra hielt später handschriftlich folgende Schilderung fest: »Gegen 20:00 Uhr betrat ein in Zivil gekleideter Mann den Raum, allein, stellte sich als Detective Saldate vor, fragte, wer von uns Debra sei, und bat Janet, den Raum zu verlassen. Als Janet gegangen war, schloss Saldate die Tür. Er setzte sich auf den Stuhl, der vor dem Schreibtisch stand. Ich fragte ihn sofort, ob er mir etwas über Chris sagen könne, aber er beachtete mich gar nicht. Er holte einen Notizblock und einen Stift hervor. Damit schrieb er sich etwas auf und sah dann auf seine Armbanduhr. Danach hob er den Blick, sah mich an und sagte in einem Atemzug: ›Wir haben deinen Sohn gefunden, er wurde ermordet, und du stehst unter Arrest.‹

Ich fing sofort an zu kreischen und zu weinen und schrie ›Was?! Was?!‹. Während ich von Weinkrämpfen geschüttelt wurde, bemerkte Saldate: ›Ich werde deine Heulerei nicht tolerieren.‹ Ich stöhnte und fragte: ›Warum machen Sie das?‹ Ich stand unter Schock, weil mein Sohn tot war und ich nicht glauben konnte, dass ich beschuldigt wurde, etwas damit zu tun zu haben.«

Detective Saldate war nicht der Einzige, der wusste, dass er diesen Raum bereits mit der Absicht betreten hatte, Debra

Milke festzunehmen. Zwei Polizeiberichte belegen, dass Saldate schon vor Debras fünfundzwanzigminütiger Vernehmung mindestens vier Personen mitgeteilt hatte, die Frau werde wegen des Mordes an Christopher festgenommen. Das konnten sie nur wissen, wenn sie darüber informiert worden waren, bevor Saldate den Vernehmungsraum betreten hatte.

\*

Florence, Arizona, der Verwaltungssitz von Pinal County, ist eine der ältesten Gemeinden des Bundesstaats. 1866 als Wildweststädtchen gegründet, entwickelte sich der Ort später zu einem Zentrum von Viehzucht und Landwirtschaft, bis er schließlich 1908 zu Arizonas Gefängnis-Metropole wurde. Die Regierung wollte die überfüllte Territorial-Haftanstalt in Yuma ersetzen und schickte deren Insassen nach Florence, wo sie in Zelten in der Wüste kampierten, während sie das neue Gefängnis errichteten, das für mehrere Jahrzehnte die einzige Strafanstalt in Arizona blieb. Dort befinden sich noch heute der Hinrichtungsraum von Arizona und der Todestrakt für Männer. Es ist die Strafanstalt, in der Debras Vater seinerzeit als Vollzugsbeamter tätig war.

Saldate flog mit einem Hubschrauber nach Florence und traf um 19:53 Uhr im County Jail ein. Er ging sofort zu dem Raum, in dem die beiden Frauen warteten, und schickte Janet hinaus. Dann schloss er die Tür und war mit Debra allein.

Janet wurde draußen von Detective Hamrick angesprochen. In seinem Polizeibericht über ihre Begegnung heißt es: »Sie fragte mich, was vor sich ginge, hinsichtlich der Vernehmung von Debra, und ich sagte ihr, dass wir Christopher gefunden hatten. Sie fragte mich, ob er tot oder am Leben

sei, und ich sagte ihr, er sei tot. Darüber hinaus sagte ich, dass Debra beschuldigt würde, als eine von drei Personen an dem Mord an Christopher beteiligt gewesen zu sein.«
Weiter heißt es in dem Bericht von Officer Hamrick:»Janet war sehr erstaunt darüber, dass Debra in Christophers Tod verwickelt sein sollte, sagte aber, die Familie sei James [Styers] gegenüber von Anfang an misstrauisch gewesen. Ich fragte Janet, wie sie die Beziehung zwischen Debra und Christopher einschätze, und soweit sie das mitbekommen hatte, erschien ihr diese Beziehung ganz normal.«
Er hielt fest, Janet habe erwähnt, sie habe die beiden nur an Feiertagen bei Familientreffen gesehen, habe aber »keine konkreten Kenntnisse, die darauf hindeuten würden, dass Debra je davon gesprochen habe, dass sie Christopher als eine Last empfunden habe«.
Officer Hamrick schrieb noch, er habe Janet auch danach gefragt, was Debra ihr über Christophers Verschwinden erzählt habe. Janets Antwort:»Debra habe zu ihr nichts gesagt, nur dass sie glaube, Christopher sei von einem Fremden entführt worden, Jim habe mit seinem Verschwinden nichts zu tun.«
Nach dieser Befragung fuhren Hamrick und DiModica zum Haus der Familie Sadeik, wo sie Debras Großmutter, ihren Vater und ihre Stiefmutter antrafen. In DiModicas Polizeibericht heißt es:»Nachdem wir die Familie über Christophers Tod und die Festnahme von Debra Milke in Kenntnis gesetzt hatten …«, seien sie zum Büro des Sheriffs zurückgefahren, wo Saldate gerade aus dem Zimmer herauskam, in dem er Debra vernommen hatte.
Ihr wurden keine Handschellen angelegt. Man führte sie zu einem Polizeifahrzeug, das sie zurück nach Phoenix brachte.
Was in jenem kleinen Raum geschah, führte dazu, dass Debra Milke dreiundzwanzig Jahre lang im Todestrakt ein-

saß. Saldate schrieb über diese fünfundzwanzig Minuten einen Polizeibericht, der sechs eng beschriebene Schreibmaschinenseiten umfasste und in dem er, wie er sagte, seine ursprünglichen Notizen »paraphrasierte«. Diese Notizen habe er anschließend weggeworfen.

Seine Version dessen, was gesagt wurde, stellte Debra als Mörderin dar, die bereitwillig ihre Schuld gestand und die Gründe darlegte, weshalb sie den Tod ihres Sohnes gewünscht hatte; als eine Frau, die Saldate als einen Freund ansah, dem sie ihr Herz ausschütten konnte.

Debras Version dessen, was gesagt wurde, stellte Saldate als brutalen Kerl dar, der »mich geistig und emotional überfallen hat«, der ihr das Wort im Mund herumdrehte und Aussagen, die sie nie gemacht hatte, »frei erfand«.

Wie es wirklich war, wird man nie mit Sicherheit sagen können, da die Vernehmung – obwohl Saldate eigens von seinem Vorgesetzten dazu aufgefordert worden war – nicht auf Tonband aufgezeichnet wurde. Später gab er im Zeugenstand zu, es sei eine »Angewohnheit« von ihm, kein Tonbandgerät zu verwenden.

Zu den größeren Absurditäten dieses Falls gehört es, dass die Anklage im Laufe des Verfahrens dennoch großen Wert darauf legte zu betonen, Armando Saldate habe Debra zu Beginn der Vernehmung gefragt: »Darf ich das Gespräch auf Tonband aufnehmen?«

Worauf Debra ihm zufolge antwortete: »Nein, ich will einen Anwalt.«

Saldates Polizeibericht enthält an dieser Stelle die folgende Fußnote: »Ich halte fest, dass diese Vernehmung nicht auf Tonband aufgezeichnet wurde, weil Debra eine Aufzeichnung ihrer Aussage verweigert hat.«

Bis zum heutigen Tag leiten Staatsanwälte daraus die abwegige Behauptung ab, Debras »Nein« sei der Grund dafür, dass »das Geständnis« nicht aufgezeichnet wurde – als wäre überhaupt ein Tonbandgerät im Raum gewesen, als hätte der vernehmende Polizeibeamte sonst stets ein Tonbandgerät verwendet, als wäre es Sache des Verdächtigen, zu entscheiden, ob eine Vernehmung durch die Polizei aufgezeichnet wird oder nicht.

Debra zufolge lief das Gespräch folgendermaßen ab: »Saldate fragte, ob ich das Gespräch auf Tonband aufgenommen haben möchte. Ich sah ihn an, immer noch weinend, sah das Telefon und antwortete: ›Nein, ich möchte dieses Telefon da benutzen. Ich möchte meinen Vater anrufen, damit er mir einen Anwalt besorgt.‹ Er legte seine Hände auf meine Knie und sagte: ›Ich werde dein Verhalten nicht tolerieren.‹«

Ein Tonbandgerät war nicht die einzige Möglichkeit, festzuhalten, was in diesem Raum gesprochen wurde. Es hätte noch zwei andere Möglichkeiten gegeben, die Vernehmung zu belegen:

- Ein weiterer Polizeibeamter hätte als Zeuge hinzugezogen werden können. Zwei Beamte der Kriminalpolizei von Phoenix standen draußen bereit. Sie hatten sich darauf vorbereitet, die Vernehmung durchzuführen, bis man ihnen sagte, Saldate würde das übernehmen, sie sollten ihm assistieren. Doch keiner dieser Beamten wurde aufgefordert, bei der Vernehmung zugegen zu sein.
- Debra Milkes Aussage hätte protokolliert und von ihr unterzeichnet werden können, zum Beweis, dass dies ihre Worte waren. Doch es gab kein offizielles Protokoll, und sie wurde nie aufgefordert, irgendetwas zu unterschreiben.

Das einzige Schriftstück, in dem behauptet wurde, es sei an diesem Abend zum Geständnis eines schrecklichen Verbrechens gekommen, war der paraphrasierende Polizeibericht von Armando Saldate, von dem er behauptete, er gebe genau das wieder, was Debra ihm gesagt habe. Debra hingegen hat stets darauf beharrt, sie habe keinerlei Geständnis abgelegt, denn sie habe sich nichts zuschulden kommen lassen.

Und doch sollte Debra Milke aufgrund eines nicht aufgezeichneten, nicht bezeugten und nicht protokollierten »Geständnisses«, das ausschließlich auf den Worten von Detective Armando Saldate beruhte, fast ein Vierteljahrhundert im Todestrakt verbringen.

So gab der Detective wieder, was seiner Version nach in jenem Raum geschah – laut seiner Aussage vor der Maricopa County Grand Jury vom 8. Dezember 1989:

»Sie sagte, sie habe ursprünglich an Selbstmord gedacht, sei dann aber davon abgekommen, weil das Kind dann zu ihrem Ex-Mann gekommen wäre.

Sie sagte, sie habe das Kind töten wollen, weil der Junge anfing, sich wie ihr Ex-Mann zu verhalten und eines Tages genauso werden würde wie er. Sie sagte, sie liebe ihr Kind und wolle, dass es bei Gott sei, statt mit ihrem Ex-Mann zusammenleben zu müssen.

Sie gab an, sich an Jim Styers, ihren Mitbewohner, gewandt zu haben. Sie habe mit ihm darüber gesprochen, und er habe eingewilligt, es zu tun.

Sie sagte, Jim habe sich später mit Roger Scott, seinem Freund, in Verbindung gesetzt, und dann hätten sie zu dritt darüber gesprochen, es zu tun ... und sie gab an, sie sei nie ärgerlich gewesen, dass sie es nicht schon früher getan hatten. Sie sei bei mehreren Gelegenheiten enttäuscht gewesen, als sie ihn mitgenommen und es nicht getan hatten, aber ärgerlich sei sie nie gewesen.

Sie sagte, ihr Motiv sei gewesen, dass sie nicht wollte, dass der Junge eines Tages so würde wie sein Vater, und dass sie ihn deshalb habe töten wollen, nicht wegen der Lebensversicherung, dass dies aber vielleicht das Motiv der Männer gewesen sein könnte.«

Saldate äußerte ferner, sie habe gewusst, dass die Männer Christopher an jenem Morgen umbringen und dann zu Sears im Metro Center gehen und behaupten würden, das Kind sei verschwunden. »Am Samstagmorgen habe Jim ihr erzählt, dass es für diesen Tag geplant sei und er Roger abholen wolle ... Sie sagte, sie habe dann einen Telefonanruf von Jim Styers erhalten, der berichtete, dass er jetzt im Einkaufszentrum sei. Sie habe sofort gewusst, dass er es getan habe und dass ihr Sohn jetzt tot sei, denn sie habe gewusst, dass sie nicht in das Einkaufszentrum gegangen wären, wenn sie nicht zuvor das Kind umgebracht hätten.«
Debras Version des Gesprächs enthielt ebenfalls einige dieser Worte – aber mit anderer Bedeutung. Sie erinnert sich, dass sie angewidert und schockiert gewesen sei, als sie seinen Bericht Monate später schließlich zu lesen bekommen habe.

»Ich war nie im Leben selbstmordgefährdet. Ich habe nie auch nur an Selbstmord gedacht und weiß daher gar nicht, woher Saldate das hat«, sagt sie und bemerkt, dass ihr Leben nie schöner gewesen sei als in dem Monat vor Christophers Ermordung. Sie bestritt kategorisch, jemals mit jemandem darüber gesprochen zu haben, ihren Sohn zu töten, und sie sagte, sie sei »erstaunt« gewesen, als sie erfuhr, dass Roger Scott an jenem Tag mit Jim und Chris zusammen gewesen war.

Debra erinnerte sich, Saldate habe wiederholt gesagt, er werde ihr Weinen nicht tolerieren, und dann habe er eine Karte aus der Tasche gezogen und ihr ihre Rechte verlesen. Es entbehrt nicht einer gewissen Ironie, dass es 1966 der Fall *Miranda gegen den Staat Arizona* war, der den Obersten Gerichtshof der USA dazu veranlasste, dass einem Verdächtigen, der in Polizeigewahrsam genommen wird, seine Rechte verlesen werden müssen, unter anderem das Aussageverweigerungsrecht und das Recht auf anwaltlichen Bei-

stand. Dies erwuchs aus der Vernehmung von Ernesto Miranda durch ebenjenes Phoenix Police Department, aus der damals ebenfalls ein fabriziertes »Geständnis« hervorging.
Debra sagte: »Ich hörte ihn reden, verstand aber nicht, was er sagte. Es war, als wäre ich blind und taub. Ich war völlig von meinen Gefühlen überwältigt. Ich sagte ihm, ich sei noch nie in Schwierigkeiten geraten, sei noch nie festgenommen worden, habe noch nie meine Rechte verlesen bekommen. Ich begriff nicht, weshalb er sie mir verlas.«
Sie erinnerte sich, er habe seinen Stuhl direkt vor sie gerollt. Sie habe mit dem Rücken zur Wand gesessen. Er habe seine Hände auf ihre Knie gelegt und gesagt, sie könne ihm vertrauen: »Ich bin hier, um dir zu helfen.« Dann habe er zu ihr gesagt: »Ich werde keine Lügen dulden.«
Debra schrie ihn an: »Was wollen Sie von mir?« Sie schrieb: »Ich war immer noch verwirrt wegen der Festnahme und stand zugleich unter Schock wegen Chris. Die Nachricht, dass er tot war, war für mich einfach unfassbar. Ich wusste nicht, wie Chris ermordet worden war, ich wusste nicht, wer es getan hatte, ich wusste gar nichts.«
Sie blickte zu Boden, und das Einzige, was ihr in diesem Moment klar zu sein schien, war, dass ihr Freund Jim Styers nichts damit zu tun haben konnte.
Sie versuchte, Saldate zu erzählen, was für ein guter Freund Jim war, ein Retter in der Not. »Ich weinte und sagte zu Saldate: ›Aber Jim würde meinem Sohn doch niemals etwas antun.‹ Saldate erwiderte, ich würde nicht die Wahrheit sagen und dass er ja nicht zufällig hier sei, um mit mir zu sprechen. Aber ich sagte die Wahrheit. Es war meine feste Überzeugung, dass Jim Chris niemals etwas antun würde.«
Bis zum heutigen Tag empört sich Debra darüber, dass ihre Worte zu einem Mordmotiv umgedeutet wurden, obwohl sie doch nur als Mutter gesprochen hatte, die ihr Kind beschützen wollte.

Sie schrieb, sie sei aufgebracht gewesen, weil Saldate sie des Lügens bezichtigte. Sie habe zu ihm gesagt: »Schauen Sie, ich bin nicht verrückt, ich bin kein Tier, ich würde doch keinem Menschen etwas zuleide tun.«

Saldates Polizeibericht dazu: »Schauen Sie, ich wollte nur nicht, dass er aufwächst wie sein Vater, ich bin nicht verrückt, ich bin kein Tier, ich wollte nur nicht, dass er so aufwächst.«

Weiter heißt es dort: Debra fuhr fort und erzählte aus ihrer Highschool-Zeit. Sie sei sehr beliebt gewesen und beschrieb sich selbst als sehr freundliche und liebenswerte Person, als Menschen mit positiver Lebenseinstellung. Sie habe hohe Ansprüche an sich selbst gehabt, doch als sie ihren alkohol- und drogenabhängigen Ex-Mann Mark kennenlernte, habe sich das alles geändert. Nach ihrer Hochzeit habe Mark es geschafft, ihr allmählich ihr Selbstvertrauen zu nehmen. Er habe mehrfach wegen Alkohol- und Drogenmissbrauchs im Gefängnis gesessen.

Debra berichtete auch, dass sie wegen Mark Probleme mit Sex gehabt und dabei das Gefühl gehabt habe, etwas Schmutziges zu tun. Sie führte es auf Marks Gewohnheiten und seinen Hang zur Pornografie zurück. Sie erzählte auch, dass sie die Pille genommen habe, weil sie keine Kinder wollte. Sie habe bereits vor Chris gewusst, dass sie keine gute Mutter sein würde. Chris sei einfach die Folge eines Fehltritts gewesen. Während ihrer Schwangerschaft habe sie mehrere Tests machen lassen, um sicherzugehen, dass das Kind nicht missgebildet sei. Sie habe sogar eine Abtreibung in Betracht gezogen und bereits einen Termin vereinbart, den sie dann wieder verworfen habe, weil sie Angst vor den Schmerzen gehabt habe.

Debra sagte, sie könne es immer noch nicht fassen, dass Saldate ihre Worte derart verdreht habe.

»Ich habe, schon bevor ich Mark kennengelernt habe, die

Pille genommen, einfach, weil ich ein verantwortungsbewusster Mensch bin. Mit neunzehn Jahren und unverheiratet wollte ich keine Kinder bekommen. Und damals dachte ich auch, ich wäre noch nicht reif genug, um Mutter zu sein. Nach unserer Hochzeit habe ich die Pille abgesetzt, weil ich schwanger werden wollte. Christopher war nicht die Folge eines Fehltritts, und ich habe auch nie einen Termin für eine Abtreibung gemacht. Weil meine Eltern mir von Geburtsfehlern bei Kindern von Drogenabhängigen erzählt hatten, hat mich die Vorstellung angesichts von Marks Drogenmissbrauch geängstigt. Der Gedanke, die Schwangerschaft abzubrechen, falls mein Kind davon betroffen wäre, ist mir irgendwann mal durch den Kopf gegangen, aber ich habe nie einen Termin für eine Abtreibung gemacht.«

Saldates Polizeibericht fährt dann so fort: »Nach Chris' Geburt sei ihr jedoch erst richtig bewusst geworden, dass sie keine gute Mutter sei, aber die Alternative, ihn bei seinem Vater aufwachsen zu lassen, sei auch nicht besser gewesen. Schließlich habe sie sich von Mark scheiden lassen, und Mark wurde das Besuchsrecht abgesprochen. Die meiste Zeit sei Mark im Gefängnis gewesen und habe deshalb seine Besuchsrechte sowieso nicht wahrnehmen können. Als Mark seinen Sohn vor kurzem bei sich hatte, sei ihr aufgefallen, dass Chris sich schon genauso wie ihr Ex-Mann verhalte. Sie beschrieb Chris als boshaft, manchmal auch als schadenfroh. Dies habe ihr wirklich zu schaffen gemacht, weil sie nicht wollte, dass Chris so aufwachsen und werden würde wie sein Vater, der seine Zeit mehr innerhalb als außerhalb der Gefängnismauern verbrachte.

Debra gestand mir dann, dass sie sich jetzt sehr schlecht und irgendwie leer fühle. Sie sagte: ›Ich bin weder böswillig noch heimtückisch, ich wollte nur, dass Gott auf ihn aufpasst‹, und fügte noch hinzu, dass sie sich vor dem fürchte, was nun auf sie zukomme.«

Debras Sicht: »Ich war aufgebracht, weil Saldate mich des Lügens bezichtigte. Und ich konnte nicht aufhören zu weinen. Das war alles einfach zu viel für mich. Mein Hirn weigerte sich, den Schock über Christophers Ermordung, meine Festnahme und die Vorwürfe zu verarbeiten. Ich verstand nicht, was Saldate von mir wollte, und versuchte, seine Anschuldigungen abzuwehren. Ich versuchte ihm zu erklären, dass ich zu einem solchen Verbrechen gar nicht fähig wäre, dass ich keinem Menschen etwas zuleide tun könnte, und führte dann meine Vergangenheit an, meine Highschool-Zeit, um mich zu verteidigen. Ich zählte alles Mögliche aus meinem Privatleben auf, weil ich nicht wusste, was er hören wollte. In meiner Qual dachte ich, wenn ich ihm etwas Persönliches von mir erzähle, würde er verstehen, wie sehr ich meinen Sohn liebte. Ich wollte mich einfach nur gegen seine schrecklichen Anschuldigungen verteidigen. Ich sagte: ›Ich bin kein böser Mensch. Mein Gott, ich wollte doch nur für ihn sorgen.‹«

Wie sie später vor Gericht erfahren musste, besteht ein himmelweiter Unterschied zwischen »Mein Gott, ich wollte doch nur für ihn sorgen« und »Ich wollte doch nur, dass Gott für ihn sorgt«.

Weiter Saldates Polizeibericht: »Ich fragte Debra anschließend, ob sie ihren Sohn aufgrund der Lebensversicherung, die sie auf ihn abgeschlossen hatte, umgebracht habe. Sie verneinte das und meinte, sie habe gar keine Lebensversicherung auf ihn abgeschlossen, glaube aber, dass ihr Vater, der in Florence lebe, eine habe. Sie glaube auch, dass ihr Vater der Begünstigte sei. Ich sagte Debra jedoch, ich wisse von Jim und Roger, dass sie einen Teil der Prämie über 5000 Dollar, die Debra auf das Leben ihres Kindes abgeschlossen hatte, erhalten sollten. Debra beteuerte abermals, es gebe keine Police, räumte aber ein, sie habe vielleicht Jim gegenüber die Police ihres Vaters erwähnt, und meinte dann, dass dies vielleicht das Mordmotiv für Jim und Roger gewesen sein könne, aber definitiv nicht ihres.«

Debras Nacherzählung stellt die Szene ähnlich dar, sie habe aber weiterhin ihre Unschuld beteuert und sei erstaunt gewesen, als sie hörte, dass Roger in die Sache verwickelt war. »Ich war verwirrt, als er auf Jim und Roger zu sprechen kam, und daher sagte ich: ›Ich weiß nur, dass Jim mit Chris ins Metro Center gefahren ist.‹«

Sie bestätigte aber, ihm gesagt zu haben, dass sie keine Lebensversicherung auf Chris abgeschlossen habe. Eventuell habe ihr Vater eine abgeschlossen, und vielleicht sei das für die beiden ein Motiv gewesen, aber »ich würde so etwas nie tun«.

Vor Gericht sagte der Ankläger Noel Levy dann der Jury, Debra Milke habe hinsichtlich der Lebensversicherung »gelogen«. Sie habe durchaus »eine Lebensversicherung über 5000 Dollar auf ihren Sohn abgeschlossen«. Der Staat Arizona führt das immer noch als offizielles »Motiv« Debra Milkes für die Ermordung ihres Sohnes an.

Es ist ein hässliches Bild: eine Mutter, die so herzlos und berechnend ist, dass sie losgeht und eigens eine separate Lebensversicherung über 5000 Dollar auf ihren Sohn abschließt, mit der Absicht, ihn ermorden zu lassen und anschließend die Prämie zu kassieren. Die Summe erscheint nicht sehr hoch für das Leben eines Kindes, aber die Jury schluckte diese Behauptung, und so ging sie in die Geschichte ein.

Debra Milke hat jedoch nie bewusst eine Lebensversicherung über 5000 Dollar auf Christopher abgeschlossen. Das Sozialleistungspaket des Versicherungsunternehmens, bei dem sie arbeitete, beinhaltete zwar – für sechs Dollar pro Jahr – eine »Kinderlebensversicherung«, doch Debra behauptet, ihr gegenüber habe man erklärt, es handele sich dabei um eine »Bestattungskosten-Police«.

Die Police war in demselben Paket von Sozialleistungen enthalten, das auch allen anderen Vollzeit-Angestellten der Versicherung angeboten wurde. Und wie bei sämtlichen anderen Versicherungspolicen, die damals wie heute in Kraft sind – von den firmeninternen Policen einer Versicherung ganz zu schweigen –, kam bei kriminellen Machenschaften eine Auszahlung nicht in Frage. Mit anderen Worten: Hätte Debra Christopher tatsächlich ermorden lassen, wäre diese Police null und nichtig gewesen.

Einer der Fehler, die Debra und ihr Verteidiger in dem Gerichtsverfahren begingen, war der, dass sie das Motiv der Lebensversicherung nicht ernst nahmen, weil sie glaubten, es lasse sich leicht widerlegen.

Doch bis zum heutigen Tag wird allenthalben berichtet, Debra sei verurteilt worden, weil sie ihren Sohn ermorden ließ, um eine Versicherungssumme einzustreichen. Und auf der Website *murderpedia.org* ist immer noch als ihr Verbrechen verzeichnet: »Kindsmord – um Geld aus Versicherung zu kassieren«.

In Saldates Polizeibericht – der vor Gericht als ihr »Geständnis« präsentiert wurde – heißt es dann: »Ich fragte Debra, ob sie, Jim und Roger darüber gesprochen hätten, wie sie Chris umbringen würden. Sie meinte, Jim und sie hätten mehrmals darüber geredet, sie vermute aber, dass Jim und Roger dies nur bei einer Gelegenheit getan hätten. Als sie einmal mit Jim und Chris weggegangen sei, habe Jim ›es tun‹ wollen, aber dann sei etwas dazwischengekommen, und sie hätten beschlossen, es nicht zu tun. Ich fragte Debra, ob sie mit ›es tun‹ meinte, ihn umzubringen, und sie bestätigte dies. Es sei Jims Plan gewesen, Chris umzubringen und dann mit Roger zum Metro Center zu fahren, um Chris als vermisst zu melden. Sie sagte aus, sie habe nie gewusst, wie Jim ihn töten würde.«

Weiter führt Saldate aus, nachdem Debra den Anruf von Jim

erhalten hatte, »habe sie sofort zu Gott gebetet und ihn darum gebeten, auf Chris aufzupassen, und dass sie nicht böse auf ihn sei, wenn er sie dafür in die Hölle schicken würde. Sie bat Gott auch darum, etwas geschehen zu lassen, das es ihr nicht mehr erlauben würde, noch einmal Kinder zu bekommen.«
»DAS IST ALLES ERFUNDEN. NICHTS DAVON IST WAHR«, schrieb Debra in Großbuchstaben auf eine Kopie von Saldates Bericht.

Sie bestreitet nicht, Saldate erzählt zu haben, dass sie sich Sorgen machte, ihre Familie werde sie womöglich verstoßen: »Ich wusste ja, wie voreingenommen sie waren, und dachte, sie würden sich von mir abwenden, weil ich festgenommen worden war«, betonte aber, er habe zwei entscheidende Sätze von ihr verdreht, um sie wie ein Monster aussehen zu lassen.

Saldate behauptete, er habe zu ihr gesagt, wenn sie ihren Sohn nicht gewollt habe, hätte sie ihn ja auch, statt ihn umbringen zu lassen, einem Verwandten zum Großziehen übergeben können. Er behauptete, sie habe dem beigepflichtet und gesagt: »Tja, da habe ich wohl eine falsche Entscheidung getroffen.«

Diese Worte wurden weithin berichtet und bewirkten, dass sich viele von ihr abwandten – was für eine herzlose, beiläufige Bemerkung über die Ermordung des eigenen Kindes. Debra beharrte darauf, dies sei eine weitere abscheuliche Verdrehung ihrer Worte. Um zu unterstreichen, weshalb es absurd sei, Chris ermorden zu lassen, habe sie zu Saldate gesagt: »Wenn ich meinen Sohn nicht gewollt hätte, hätte ich ihn jemandem aus meiner Familie gegeben – meiner Schwester etwa.« Darauf habe er zu ihr gesagt: »Tja, da hast du wohl eine falsche Entscheidung getroffen.«
»DAS HAT SALDATE ZU MIR GESAGT«, schrieb sie in Rot auf eine Kopie des Polizeiberichts.

Saldate dagegen: »Sie sagte zu mir: ›Ich mache mir Sorgen um Jim.‹ Als ich fragte, warum, antwortete sie: ›Na ja, weil er derjenige war, der es tun musste.‹« Debra hingegen: »Das ist nicht wahr. Ich habe nur gefragt: ›Was ist mit ihm?‹« Sie sei sicher gewesen, dass Jim Chris nichts antun würde. Vermutlich sei er aber der Einzige, der wusste, was ihrem Sohn passiert war. Christopher war jedoch ermordet worden, als er sich in Jims Obhut befand, und deshalb dachte sie, ihr eigenes Vergehen bestünde darin, den Jungen Jim anvertraut und damit ihre Mutterpflichten vernachlässigt zu haben. Sie glaubte, das sei der Grund für ihre Festnahme.

Sie ahnte nicht, dass der Detective anschließend behaupten würde, das, was sie bei dieser Vernehmung gesagt hatte, sei ein »Geständnis«.

Als sie später Saldates Darstellung mit eigenen Anmerkungen versah, notierte sie: »Dieser Bericht steckt voller Fehler und Verdrehungen. Einiges ist sogar frei erfunden, um die Geschichte auszuschmücken. Das Paraphrasieren gestattet es, alles umzuformulieren. Saldate hat es so aufgeschrieben, wie es ihm in den Kram passte, damit es wie ein Geständnis wirkt.«

Ihr fiel noch ein entscheidender Punkt aus der Vernehmung ein. Der Detective habe ihr eingeschärft: »Wenn wir gleich diesen Raum verlassen, will ich, dass du mit niemandem ein Wort darüber sprichst.« Sie sagt, in ihrem Schockzustand habe sie kaum noch etwas mitbekommen. Sie sei ihrer Erinnerung nach aus dem Raum gegangen, überall habe es in dem Büro des Sheriffs von Leuten nur so gewimmelt. Dann habe man sie zu einem wartenden Polizeiwagen geführt. »Sie legten mir keine Handschellen an.« Saldate ließ sie hinten einsteigen – und nahm dann neben ihr Platz. »Und bevor der Fahrer einstieg, schärfte er mir noch einmal ein, zu niemandem ein Wort zu sagen.«

Ihr war immer noch nicht klar, was vor sich ging. »Mir war

nicht bewusst, dass ich unter Arrest stand. Und falls ich festgenommen war, dachte ich, es sei, weil ich eine schlechte Mutter gewesen war und zugelassen hatte, dass Christopher mit Jim wegging.« Als sie dann nach Phoenix fuhren, habe sie angenommen, Saldate bringe sie zurück zu ihrer Wohnung.

Vor dem Polizeirevier in Phoenix wurden sie von den Kameras und Scheinwerfern der bereits wartenden Fernsehteams empfangen. »Saldate forderte mich auf, beim Hineingehen den Kopf zu senken«, und so entstanden die ersten öffentlichen Bilder von Debra Milke: eine junge Frau, der das lockige braune Haar ins Gesicht fällt, während sie als Tatverdächtige auf dem Weg ins Polizeirevier den Medien präsentiert wird.

Die nächsten neun Monate hörte man, abgesehen von einem kurzen Fernsehbericht, kein Wort mehr von ihr. Dafür jedes Wort aus Armando Saldates Polizeibericht, dem angeblichen »Geständnis«.

Er begann dessen Niederschrift am 5. Dezember um 8:40 Uhr morgens. Anschließend, ab 13:57 Uhr, verfasste er seinen Bericht über Roger Scott. Debras Anwälte beharrten später darauf, er habe Dinge aus dem zweiten Bericht in den ersten hineingemogelt.

Fünf Tage nach Debras Festnahme waren die Mitglieder der Maricopa County Grand Jury die Ersten, die Saldates Version vernahmen. Staatsanwalt Noel Levy schloss seine Befragung mit den Worten: »… zusammenfassend lässt sich also sagen, Detective Saldate, dass sowohl Debra Milke als auch Roger Scott angegeben haben, dass sie, gemeinsam mit Styers, verabredet haben … dass das Kind getötet werden sollte. Trifft das zu?«

Saldate: »Ja, das trifft zu.«

Levy forderte die Grand Jury auf, gegen alle drei Personen Anklage zu erheben, und zwar in vier Punkten: Mord, Ver-

schwörung zum Mord, Kindesentführung und Kindesmisshandlung. Er wies darauf hin, dass aufgrund der Schwere des Verbrechens eine Freilassung auf Kaution nicht in Frage komme, und bemerkte: »Wir gehen davon aus, dass es sich hierbei um einen Kapitalfall handelt, aufgrund dessen, dass ein Kind getötet wurde, das jünger als fünfzehn Jahre war, was einen strafverschärfenden Umstand darstellt. Bereicherungsabsicht kann bei wenigstens zwei der Beschuldigten unterstellt werden, bei Scott und Styers. Wie dargelegt wurde, gibt es tatsächlich eine Lebensversicherungspolice über 5000 Dollar für das Kind, zahlbar an Debra Milke. Es sind also Faktoren vorhanden, die diesen Fall zu einem Kapitalfall machen.«
Ein Kapitalfall: Das bedeutete, dass die Anklage die Todesstrafe verlangen würde.
Aufschlussreich an Levys Einlassungen vor Gericht war, dass er nicht nur die Bestattungskostenversicherung über 5000 Dollar, die zu Debras Sozialleistungen gehörte, falsch darstellte, sondern auch das Motiv der Bereicherungsabsicht lediglich den beiden Männern unterstellte. Levy änderte später seine Meinung darüber und behauptete, Debra habe ihren Sohn des Geldes wegen umbringen lassen.
Die Grand Jury erhob Anklage gegen alle drei, in allen vier Punkten. Die Entscheidung fiel einstimmig.

\*

Folgendes war Debra Milke, als sie in jenem Vernehmungsraum in Florence, Arizona, saß, nicht bewusst:
Detective Armando Saldate befand sich an diesem 3. Dezember 1989 auf einem absoluten Höhenflug.
Lange bevor jemand auf die Idee zu der gleichnamigen Fernsehserie kam, war er *The Closer:* der Ermittler, der die härtesten Nüsse knackte, der also in schwierigen Fällen mit

nicht immer ganz sauberen Mitteln den Durchbruch erzielte.
Er besaß ein frappierendes Talent, Verbrecher beiderlei Geschlechts zum Reden zu bringen. Ihm gestanden sie ihre schrecklichen Taten, und Dutzende von ihnen saßen in Haft – einige auch im Todestrakt –, weil er es geschafft hatte, ihnen Geständnisse zu entlocken, nachdem seine Kollegen an ihnen gescheitert waren. Er entdeckte auf wundersame Weise Indizien und Beweise, die andere übersehen hatten, und schloss seine Fälle absolut wasserdicht ab. Zum Beweis dessen konnte er mit einer ganzen Wand voller Auszeichnungen und Belobigungen aufwarten, und jedes Mal, wenn die Kriminalpolizei von Phoenix nicht mehr weiterwusste, wandte sie sich an den fünfundvierzigjährigen Armando Saldate.
Wenn Saldates Vorgeschichte Skrupel auslöste, wenn seine zwielichtig erscheinende Personalakte seine Kollegen zu der kritischen Frage veranlasste, wie es ihm eigentlich gelang, diese glänzenden Ergebnisse zu erzielen – so spielte das letztlich keine Rolle. Außerhalb des Police Department wusste niemand etwas von Saldates dubiosen Methoden, und die Polizei von Phoenix würde den Teufel tun, sie zur Sprache zu bringen.
An diesem Tag hatte der Detective zwei bedeutsame »Geständnisse« erlangt, die dazu führten, dass drei Personen wegen der Ermordung eines süßen kleinen Jungen zum Tode verurteilt wurden. Nur einunddreißig Stunden nach der Meldung, dass Christopher »vermisst« werde, konnte Saldate für sich verbuchen, dass er die Mörder gefunden, den Leichnam geborgen und den Fall durch Festnahmen abgeschlossen hatte.
All das an einem Tag, an dem er eigentlich frei hatte.
Was genau an jenem Wochenende geschah, wurde zum Thema einer erbitterten Kontroverse. Der Mann, der im Mittel-

punkt des Ganzen gestanden hatte, erlebte schließlich, wie ein hohes Bundesgericht ihn als »gesetzlosen Cop« brandmarkte, damit seinen Ruf ruinierte und sein Vermächtnis zunichtemachte. Doch bis dahin sollten noch Jahrzehnte vergehen. Zum damaligen Zeitpunkt befand sich der Detective auf dem Höhepunkt seiner Karriere.

Armando Saldate wurde am 3. Dezember 1989 gegen 8:45 Uhr zu Hause angerufen. Man sagte ihm, man benötige seine Hilfe in einem seltsam erscheinenden und möglicherweise grausigen Fall. In seinem später verfassten Bericht heißt es, nach seinem Eintreffen im Polizeipräsidium von Phoenix sei er von Beamten über den Stand der Dinge informiert worden, die bereits vergeblich versucht hatten, etwas aus den beiden Männern herauszubekommen, die in separaten Vernehmungsräumen festgehalten wurden. Die Beamten hatten den Eindruck, dass beide Männer logen.

Jim Styers hatte angegeben, er habe Christopher Milke ins Metro Center mitgenommen, damit der Junge den Weihnachtsmann treffen konnte, und während er selbst bei Sears auf die Toilette gegangen sei, sei der Junge verschwunden. Seinem alten Freund Roger Scott sei er zufällig begegnet, während er mit Wachschutzleuten des Einkaufszentrums nach Christopher suchte.

Roger Scott behauptete, er sei mit einem Freund namens Phil ins Einkaufszentrum gegangen und Styers dort über den Weg gelaufen.

An diesen Geschichten war jedoch einiges faul. Ein Polizist, der die Sears-Kundentoilette aufsuchte, fand sie anders vor als von Styers beschrieben. Scott äußerte sich zu seinem angeblichen Freund Phil nur ausweichend und blieb, was die ganze Sache anging, sehr im Ungefähren. Die Polizei von Phoenix brauchte ihren »Closer«.

Als Armando Saldate um 12:58 Uhr den Vernehmungsraum betrat, sagte er zu Roger Scott: »Ich dulde keine Lügen. Ich bin hier, um die Wahrheit zu erfahren.« Das war oft sein Eingangsstatement, eine gute Art, um klar zum Ausdruck zu bringen: Den anderen kannst du vielleicht was vormachen, aber nicht mir. In dem Raum befand sich außer Scott auch Detective Robert Mills, Saldates Partner, der Scott zuvor vernommen hatte. Nun setzten die beiden Männer die Vernehmung gemeinsam fort.

Der zweiundvierzigjährige Scott war mager und schmuddelig und jemand, dem das Wort »Verlierer« förmlich ins Gesicht geschrieben stand. Er wirkte langsam, ungebildet und hatte offensichtlich Angst. Er beharrte weiter darauf, mit »Phil« dort gewesen zu sein, Saldate aber brachte ihn zu dem Eingeständnis, dass es diesen »Phil« gar nicht gab. Scott sagte, er habe ihn erfunden, weil er nicht in die Sache verwickelt werden wollte. Dann tischte er den Beamten eine zweite Version seiner Geschichte auf: Er habe das Einkaufszentrum gemeinsam mit Styers und Christopher betreten, sei aber bei Sears geblieben, um sich dort Werkzeug anzuschauen, während die beiden anderen weitergegangen seien, und als er Styers dann wiedergetroffen habe, sei der Junge schon verschwunden gewesen.

Nachdem sie sich das vierzig Minuten lang angehört hatten, ließen Saldate und Mills Scott allein, um ihm Gelegenheit zu geben, »noch mal darüber nachzudenken«, und sich draußen zu erkundigen, ob ihre Kollegen irgendetwas aus Styers herausbekommen hatten. Dem war nicht so. Styers war die ganze Zeit bei seiner ursprünglichen Geschichte geblieben. Er wirkte selbstsicher und entschlossen, und es war offensichtlich, dass es leichter sein würde, Scott zum Reden zu bringen.

Detective Mills erhielt den Auftrag, Styers nach Hause zu fahren. Da Styers nichts zugegeben hatte und keine Beweise gegen ihn vorlagen, konnte ihn die Polizei nicht länger festhalten. Er wurde fotografiert und unterschrieb eine Einwilligung, die der Polizei gestattete, den Wagen – Debras Wagen – zu durchsuchen. Dann kehrte er zu seiner Wohnung zurück. Debra war in der Zwischenzeit nach Florence gefahren, um bei ihrer Familie zu sein.

Saldate hatte indessen Scotts Vernehmung fortgesetzt und ihn über eine Stunde lang aus seinem Leben erzählen lassen – dass er arbeitslos sei, dass seine Ehe in die Brüche gegangen sei, dass er sich um seine kranke Mutter kümmere, dass er kein Geld habe und nie Freunde gehabt habe. Er benötige bestimmte Medikamente, die er nicht bei sich habe.

Ein Sprichwort besagt, man sei im Leben mal das Insekt und mal die Windschutzscheibe. Roger Scott war immer das Insekt gewesen.

Aber er beharrte darauf, nichts über Christophers Verbleib zu wissen. Um 15:05 Uhr ließ Saldate Scott erneut »mit seinem Gewissen allein«. Eine halbe Stunde später kehrte er zurück.

Roger bat um Zigaretten und eine Limonade. Saldate sagte, das könne er bekommen, wenn er die ganze Wahrheit sage. »Ich sagte ihm auch, dass ich keine Lügen mehr von ihm dulden würde.« Scott sträubte sich weiter, schüttelte den Kopf, behauptete, er wisse nichts. Da verstärkte Saldate den Druck auf ihn. »Ich sagte zu Roger, wir würden Beamte zu ihm nach Hause schicken, um mit seiner Mutter zu sprechen, worauf er erwiderte, das würde seine Mutter umbringen. Ich sagte ihm, es sei leider nötig, da er weiterhin lüge, was seine Beteiligung an der Sache anging, und wir gewisse Dinge klären müssten.«

Scott gab später zu Protokoll, die Drohung sei viel brutaler ausgefallen: »Er sagte zu mir, er würde hinfahren und das ganze Haus auseinandernehmen, und dann würde er meine Mutter in die Zange nehmen ... Ich sah schon vor mir, wie die Polizei das Haus stürmt und meiner Mutter einen fürchterlichen Schrecken einjagt, bis sie einen Herzinfarkt erleidet und womöglich daran stirbt.«

Gegen 15:35 Uhr zeigte diese grausige Vorstellung Wirkung: Roger Scott erzählte die dritte Version seiner Geschichte und platzte heraus: »Jim hat ihn getötet.«

Saldates Polizeibericht vermerkt: »Anschließend erzählte Roger mir, dass er nicht geglaubt habe, dass Jim es tun würde, und dass er es ihm schon mehrmals ausgeredet habe. Dann sagte Roger, der Leichnam von Chris befinde sich in einem ausgetrockneten Flussbett in der Nähe der 99th Avenue und der Jomax Road. Dann berichtete mir Roger, Jim habe den Jungen nie gemocht, er habe aber nicht geglaubt, dass Jim tatsächlich ernst damit machen würde. Er erzählte, Jim und er seien schon mehrmals losgefahren, mit der Absicht, den Jungen umzubringen, er habe Jim aber jedes Mal davon abgehalten, es zu tun, meist mit der Begründung, es seien zu viele Leute in der Nähe. Dann gab Roger kund, dass Chris nie im Metro Center angekommen sei. Er sagte, Jim und er seien nach dem Mord an Chris ins Metro Center gefahren, um sich so ein Alibi zu verschaffen. Er sagte, sie hätten mehrmals über die Geschichte, die sie erzählen würden, gesprochen, er habe aber gegenüber Jim geäußert, er wolle sich nicht daran beteiligen, eine Geschichte zu erfinden, sondern würde sich an die von Jim halten, weil Jim sich mit so etwas besser auskenne.«

Saldate bat Scott, zu beschreiben, was geschehen war, nachdem die drei am Tatort in der Wüste eingetroffen waren. »Roger legte dar, Jim besitze einen sechsschüssigen Revolver Kaliber .22, den er bei sich gehabt habe. Jim habe den Wagen am Rande der 99th Avenue abgestellt, und Jim und Chris seien ausgestiegen und zu dem ausgetrockneten Flussbett gegangen. Jim habe ihm, Roger, zuvor gesagt, er werde den Jungen in der Nähe der Straße liegen lassen, damit er schnell gefunden werde. Er, Roger, sei dann weitergefahren, habe gewendet und sei wieder zu der Stelle zurückgekehrt, an der sie verabredet hatten, dass Jim ihn am Straßenrand erwarten würde.« Scott sei dann einige Male auf und ab gefahren, habe mehrfach gewendet und »leise gehupt«, und nach einiger Zeit habe er drei Schüsse gehört. Jim sei wieder aufgetaucht und habe ihm verraten, er habe »Chris dreimal in den Kopf geschossen«.

Saldates Bericht fährt fort: »Roger wirkte nun besorgt und sagte, er wisse, dass er in großen Schwierigkeiten stecke, aber man dürfe ihn für den Mord an Chris nicht zur Verantwortung ziehen, denn das habe er nicht getan. Ich fragte Roger, ob er wisse, wo die Tatwaffe sei, und Roger zögerte kurz, meinte dann aber, Jim habe ihm die Waffe gegeben, damit er sie entsorge, was er aber noch nicht getan habe ... Roger sagte, er habe die Waffe behalten, sie befinde sich bei ihm zu Hause in seinem Wandschrank.«

Diese Aussage hätte Saldate eigentlich hellhörig machen müssen – ein Mann, der sich darum sorgt, mit einem Mord in Verbindung gebracht zu werden, behält die Tatwaffe? –, tat es aber offenbar nicht.

Saldate berichtete weiter, Roger habe ihm anschließend erzählt, der einzige Grund, weshalb er bei der Sache mitgewirkt habe, sei, dass er 250 Dollar für einen Anwalt benötige. »Roger erwähnte dann, dass es für Chris angeblich eine Lebensversicherung über 5000 Dollar gebe und dass Jim ihm versprochen habe, er würde ihm für seine Hilfe 250 Dollar zahlen. Dann fragte ich Roger, ob er uns zu dem Jungen führen würde, und er willigte ein.«

Wie aus Polizeiberichten zu entnehmen ist, ließen sich Beamte gegen 16:30 Uhr – gut eine Stunde, nachdem Scott seine Verwicklung in die Tat erstmals gestanden hatte – von ihm zu Christophers Leichnam führen. Saldate und Scott saßen auf der Rückbank des Streifenwagens, den Saldates Partner, Detective Robert Mills, fuhr. Weitere Beamte folgten.

Saldate behauptet in seinem Polizeibericht, auf der Fahrt in die Wüste habe Scott ein überaus erstaunliches Eingeständnis gemacht: »Roger sagte dann, wir glaubten ja vielleicht, Jim und er wären die einzigen Bösewichte bei dieser Sache, aber er würde uns jetzt mal was über die Mutter des Kindes erzählen. Er sagte, die Mutter des Kindes wisse alles über den Mord, ja, der einzige Grund dafür, Chris zu ermorden, sei der gewesen, dass die Mutter es gewollt habe.«
An dieser Behauptung sind gleich drei Dinge verdächtig:

- Seit er seine Verwicklung in den Mord gestanden hatte, was, wie gesagt, gut eine Stunde zurücklag, war Scott mit keinem Wort auf die Mutter der Kindes zu sprechen gekommen.
- Scott hatte wiederholt behauptet, das Motiv für die Ermordung des Jungen sei gewesen, dass Styers »ihn nicht ausstehen« konnte.
- Der Polizeibericht, den Detective Mills über diese gemeinsame Fahrt zum Tatort verfasste, erwähnt diese erschütternde Aussage mit keiner Silbe.

Im Laufe des folgenden Vierteljahrhunderts haben viele hinterfragt, wie es angehen konnte, dass ein Polizist eine solche gegen eine junge Mutter gerichtete Behauptung in einem grausigen Mordfall gehört, sie aber nicht in seinen schriftlichen Bericht aufgenommen hatte. Mary Durand, Privatdetektivin aus Phoenix, die als *Mitigation Specialist*, als Gutachterin für mildernde Umstände, im Auftrag des County den Fall untersuchte, sagte, es sei merkwürdig, dass diese Information in Mills' Bericht fehlt. »Wenn man so etwas hört, nimmt man es doch auf jeden Fall auf«, so Durand.
Und dann ist da die Art und Weise, wie Saldate diese »Information« präsentierte. In seinem Bericht ließ er es so aussehen, als habe Scott Debra von Anfang an mit dem Mord in

Verbindung gebracht. Er versuchte nicht nur, den befremdlichen Zeitsprung zu tilgen, sondern schmückte die Sache auch noch aus, um Roger Scott bestimmte Aussagen in den Mund zu legen.

»Roger gestand bei seiner Vernehmung nicht nur, dass er sich mit Jim, sondern ebenso mit Debra Milke, der Mutter des Opfers, verschworen habe, den Jungen zu töten. Er sagte, Jim habe ihm erzählt, Debbie habe ihn darauf angesprochen, es zu tun, Jim aber habe Angst gehabt, es alleine zu tun. Jim habe ihm davon erzählt und ihn gefragt, ob er ihn begleiten würde, und er habe eingewilligt. Debbie habe zunächst nichts davon wissen sollen, dass Roger in die Sache eingeweiht war und Jim bei der Tat begleiten würde. Später jedoch sei er mehrmals mit Jim und Debbie zusammengekommen, und sie hätten zu dritt darüber gesprochen, was sie tun würden.«

Saldate hielt schriftlich fest, Scott habe behauptet, Styers habe gesagt, Debbie »sei einmal mit ihm, Jim, losgefahren, und bei dieser Gelegenheit hätten sie Chris töten wollen, hätten es dann aber unterlassen, weil zu viele Leute in der Nähe gewesen seien. Sie seien dann wieder nach Hause gefahren.« (Interessanterweise hatte Scott zuvor gesagt, *er* sei »mehrmals« mit Jim losgefahren.)

Auf dem Weg zum Tatort fuhr Detective Mills kurz bei der Polizeistation Cactus Park vorbei. Dort tankte er den Streifenwagen, und Saldate rief seinen Vorgesetzten an, um ihm mitzuteilen, dass Scott die Mutter des ermordeten Kindes schwer belastet habe. In Downtown Phoenix fuhren daraufhin zwei Polizeiwagen los – einer zu Jim Styers' Wohnung, um ihn festzunehmen, der andere nach Florence, wo sich Debra Milke bei ihrer Familie aufhielt.

Der Polizeikonvoi traf schließlich an der Stelle in der Wüste ein, zu der Scott ihn geleitet hatte. Doch entgegen der Behauptung, der Leichnam liege in der Nähe der Straße, wo er

»schnell gefunden« würde (damit die »Versicherung« schnell ausbezahlt würde), entdeckten Polizeibeamte den kleinen Christopher in einem ausgetrockneten Flussbett gut dreißig Meter westlich der Straße. Ein Beamter bemerkte, das Astwerk einiger Bäume habe die Sicht auf das Flussbett versperrt, und meinte, es hätte einige Zeit dauern können, bis der Tote gefunden worden wäre.

Saldate vermerkte, Scott habe ihm noch zwei weitere Informationen geliefert:

– Er behauptete, Jim habe ihm ein Paar getragene blaue Nike-Sportschuhe gegeben, die er beseitigen sollte, wenn sie zum Metro Center kommen würden, und Scott habe die Schuhe in eine Erdmulde an einem Baumstamm gestopft. »Ich weiß nicht, ob die irgendwas damit zu tun hatten«, habe Scott noch hinzugefügt – eine Bemerkung, der jedoch keine Beachtung geschenkt wurde, als die Staatsanwaltschaft später versuchte, diese Schuhe mit Jim Styers und den Schuhabdrücken am Tatort in Verbindung zu bringen.
– Scott behauptete, als er vom Schauplatz des Verbrechens davonfuhr, habe Styers sechs Patronen aus dem Beifahrerfenster des Wagens geworfen. Styers habe ihm dann die Tatwaffe gegeben, von der er der Polizei ja bereits erzählt hatte, dass er sie mit nach Hause genommen und in seinen Wandschrank gelegt habe. Die Polizei fand diese Patronen später tatsächlich an der von Scott angegebenen Stelle. Und sie fanden die Tatwaffe in Scotts Wandschrank.

Dennoch scheint die Polizei nie in Betracht gezogen zu haben, dass Roger Scott der Mörder sein könnte. Obwohl er im Besitz der Tatwaffe war. Und obwohl er ihnen mehrere unterschiedliche Geschichten aufgetischt hatte.
Nach der Tatortbesichtigung fuhren sie zurück zum Polizei-

präsidium. Detective Mills ging mit Roger Scott in ein Vernehmungszimmer, um sein Geständnis auf Tonband aufzunehmen. Er versuchte Scott zu der Aussage zu bewegen, Debra sei persönlich losgezogen, um mögliche Tatorte auszukundschaften. Er erreichte aber lediglich, dass Scott aussagte, Styers habe ihm *erzählt,* sie sei losgegangen, um solche Orte auszukundschaften, er, Scott, habe sie dabei aber nie begleitet. Scott wiederholte noch einmal, es sei Styers gewesen, der ihn darauf angesprochen habe, dass er Christopher umbringen wolle, weil er ihn »einfach nicht ausstehen« könne. Er sagte aber auch aus, er habe persönlich mit Debra über den Mordplan gesprochen: »Sie hat nur gesagt, dass sie wollte, dass Jim und ich das erledigen ...«
Detective Mills war offenkundig frustriert, weil Scotts Geständnis längst nicht so ein Knaller war wie die Version, die Saldate später vor Gericht präsentieren würde.
Debras Verteidigungsteam argumentierte, es sei ein verwirrendes Geständnis, weil die Detectives Scott Worte in den Mund gelegt hätten, und im Laufe der Jahre wurden unzählige Beweise erbracht, die diesen Verdacht erhärteten.
Bei Debras Mordprozess im September 1990 konnte ihr Verteidiger Kenneth Ray der Jury jedoch lediglich aufzeigen, dass Saldate zu vorschnell geurteilt hatte, denn er war zu der Auffassung gelangt, dass sie schuldig sei, bevor er ihr auch nur eine einzige Frage gestellt hatte.
Ray: »Trifft es zu, Sir, dass Sie, einmal abgesehen von dem, was Roger Scott Ihnen auf der Fahrt hin und zurück zur 99th Avenue erzählt hat ... dass Sie keinerlei Fakten hatten, die darauf hingedeutet hätten, dass Debra Milke in die Tat verwickelt war? Trifft das zu?«
Saldate: »Ja, das trifft zu.«
Ray: »Zu dem Zeitpunkt, als Roger Scott diese Behauptung aufgestellt hat: Welche Fakten hatten Sie da, die Scotts Behauptung gestützt haben, dass Debra Milke verwickelt sei?«

Saldate: »Keine.«
Ray: »Sie sind also von der Annahme ausgegangen, dass das, was Roger Scott Ihnen über Debras Verwicklung erzählt hat, der Wahrheit entsprach?«
Saldate: »Ja.«
In einem Brief an ihre Mutter klagte Debra später: »Wie kann es angehen, dass ein Polizist etwas niederschreibt und als Geständnis bezeichnet – und alle Welt glaubt es, als wäre es so wahr wie das Amen in der Kirche, obwohl er doch für seine Behauptungen keinerlei Beweise hat?«

# KAPITEL 4

»Gott im Himmel, das darf nicht wahr sein«

Soll ich lieber das Papier mit den Engeln oder das mit dem Nikolaus auf dem Schlitten nehmen?«, fragte Renate Janka ihren Ehemann. Sie kniete auf dem Fußboden ihres Wohnzimmers in Emmetten in der Schweiz und war damit beschäftigt, Weihnachtsgeschenke einzupacken. Es war der 2. Dezember 1989.
»Egal, nimm am besten das mit dem Nikolaus. Guck mal, da sind sogar Schneeflocken drauf – wer weiß, vielleicht schafft das ja ein bisschen europäische Weihnachtsstimmung bei den Kindern, wo doch in Arizona kein Schnee fällt«, antwortete Alex bestens gelaunt.
Beide lachten. Um sie herum lagen Pullover, eine Schmuckdose, Parfumflakons, Socken und jede Menge Spielzeug. Wenn das alles rechtzeitig zum Weihnachtsfest in den USA ankommen sollte, musste sie die Sachen bald zur Post bringen.
Renate Janka war rundum glücklich. Das Leben meinte es endlich gut mit ihr. Mit ihrem ersten Ehemann war sie seit langem fertig. Es war nicht leicht gewesen, sich einzugestehen, dass ihre Mutter recht gehabt hatte – Richard »Sam« Sadeik, der amerikanische Soldat, war wirklich nicht der Richtige für das sportliche Berliner Mädchen gewesen, das Renate Seiler Anfang der sechziger Jahre war.
Als sie jedoch 1964 schwanger wurde, gab es nicht mehr viel zu überlegen, und ehe sie es sich versah, war sie verheiratet und brachte ein Kind zur Welt. Ihr Mann entpuppte sich als fieser Alkoholiker, er war engstirnig, verbohrt und herrschsüchtig. Doch zu ihrem Glück hatte sie nun Alex Janka gefunden, einen deutschen Oberstleutnant der Luftwaffe

im Ruhestand. Dieser Mann teilte ihre Lebensfreude und ihre Ansichten, und er liebte ihre Töchter, ganz besonders Debbie, wie seine eigenen. Er war der Mann, mit dem sie alt werden wollte. Ihre Arbeit bei einer Schweizer Bank machte ihr Spaß, und auch finanziell standen sie gut da – keine Selbstverständlichkeit für jemanden wie Renate Janka, die in ärmlichen Verhältnissen aufgewachsen war.

Sie hatte mit den Mädchen einiges durchgemacht – Debbie war 1964 in Berlin zur Welt gekommen, Sandy zwei Jahre später in Amerika. Mädchen sind unkomplizierter, heißt es. Renate konnte das nicht bestätigen. Die beiden Kinder hatten es der Mutter nicht immer einfach gemacht.

Debbie war ein »braves Mädchen«, eine gute Schülerin, sie hatte viele Freunde, war unternehmungslustig und verdiente sich schon als Teenager mit kleinen Jobs ein bisschen Taschengeld dazu. Das hübsche Mädchen war allseits beliebt. Doch wie zum Beweis, dass Geschichten sich ständig wiederholen, hatte auch Debbie einen keinesfalls idealen Mann geheiratet, wie Renate klar erkannte. Ihre Tochter hatte jedoch genauso wenig auf sie gehört wie sie damals auf ihre Eltern. Debbie hatte Renates »wilde Ader« geerbt, und es hatte auch Zeiten gegeben, in denen sie mit ihrer Mutter nichts zu tun haben wollte. Das aber war schon lange her. Und nun hatten Debbie und Mark Milke einen süßen kleinen Sohn, Christopher Conan – der zweite Vorname löste überall Stirnrunzeln aus, aber offenbar sah der Vater in dem Leinwand-Barbar ein gutes Vorbild für seinen Sprössling.

Renate liebte ihr erstes Enkelkind abgöttisch, und Christopher liebte sie ebenso. Er war kein pflegeleichtes Kind – aber nachdem die Ärzte bei ihm im Alter von drei Jahren einen Schilddrüsentumor feststellten und behandelten, legte sich seine Hyperaktivität. Zuletzt hatte sie ihre Tochter und ihren Enkel Ende September gesehen, und sie hatten viel

Spaß miteinander gehabt. Bei Toys »R« Us hatten sie Geburtstagsgeschenke gekauft. Debbie hatte ihrem Sohn ein Kinderfahrrad versprochen, aber Chris war Feuer und Flamme für ein gelbes Kinderauto mit Batterieantrieb gewesen, und Renate, die ihm den Wunsch nicht abschlagen konnte, hatte es gekauft.

Chris war ganz aus dem Häuschen: »Und jetzt ein Fahrrad?«, hatte er gebettelt. »Nein«, erwiderte Debbie, »entweder das Auto oder ein Fahrrad. Du musst dich entscheiden.« Er wählte das Auto. Renate und Debbie brauchten sich nur kurz anzuschauen, und Renate wusste, ihre Tochter würde Chris zu Weihnachten ein Fahrrad kaufen.

Ihre zweite Tochter Sandy war unauffälliger, aber auch ein hübsches Mädchen. Die beiden Schwestern waren grundverschieden. Sandy besaß nicht das sprühende Temperament von Debbie. Sie war eher ein wenig faul. Und sie war nicht immer ganz ehrlich – mehr als einmal erwischte ihre Mutter sie beim Klauen. Ständig steckte sie in Schwierigkeiten, und die Freunde, die sie nach Hause brachte, gefielen Renate nicht. Aber auch Sandy hatte ihre liebenswerten Seiten. Mit ihrer jüngeren Tochter erlebte Renate viele Höhen und Tiefen. Im Unterschied zu Debbie ließ Sandy ihre Mutter nie links liegen, im Gegenteil, sie bettelte sie ständig um Geld an – und versprach ihr ebenso oft, es zurückzuzahlen. Renate wusste genau, dass dies nie geschehen würde. Die größte Sorge aber bereitete ihr Sandys Minderwertigkeitskomplex. Wie eifersüchtig die Jüngere auf die Ältere war, zeigte sich spätestens, als Sandy einen Monat nach Christophers Geburt ebenfalls ein Kind zur Welt brachte. »Wenn Debbie und Mark ein Baby bekommen, möchte ich auch eins«, hatte sie gesagt und sich von einem Nachbarsjungen schwängern lassen.

Renate liebte Jason, ihren zweiten Enkel. Der Junge hatte Probleme mit den Ohren und war oft krank, aber er war

liebenswert und niedlich. Sie gab sich Mühe, beiden Enkelkindern dieselbe Zuwendung zu geben, nicht nur aus Gerechtigkeitssinn, sondern auch, weil sonst das Verhältnis zwischen ihren Töchtern noch angespannter geworden wäre.
Und so hatte sie an diesem Samstag ein kleines Vermögen für Weihnachtsgeschenke ausgegeben. Sie hockte nun zwischen all dem Geschenkpapier und den bunten Bändern vor dem warmen Kaminfeuer, während ihr geliebter Mann auf dem Sofa saß und Tee trank.
Immer wenn Renate Janka an diesen harmonischen Augenblick zurückdachte – diesen letzten Augenblick des ungetrübten Glücks und der Unschuld –, kamen ihr die Tränen.
Auf einmal klingelte das Telefon. Alex stand auf und hob ab. »Ich schenkte dem Anruf zunächst keine Beachtung. Erst als mein Mann sagte: ›Sandy, jetzt mal ganz langsam!‹, horchte ich auf. Er winkte mir aufgeregt. Als ich neben ihm stand, hielt er mit einer Hand die Sprechmuschel zu und flüsterte: ›Christopher ist verschwunden!‹«
Bevor sie etwas sagen konnte, rief Sandy aufgebracht: »Mom, Christopher ist weg. Debbie ist total verzweifelt, weil die Polizei ihn schon seit Stunden sucht und er wie vom Erdboden verschluckt ist. Sogar die Nachbarn und ihre Freunde durchkämmen inzwischen das Metro Center, aber er ist einfach weg! Ich mach mir solche Sorgen, vielleicht ist er ja entführt worden ...«
Renate erinnert sich, dass sie ihre Tochter unterbrach. »Sandy. Moment mal, ich verstehe gar nichts. Was ist passiert? Fang bitte noch mal von vorne an, aber ganz langsam.«
Sandy war völlig aufgelöst, aber schaffte es schließlich, ihr zu erklären, was geschehen war.
»Gibt es wenigstens schon irgendeine Spur, einen Hinweis?«, fragte Renate. »Nichts«, lautete die Antwort.
»Und wie geht es Debbie?«

»Nicht gut. Kannst du sie nicht anrufen? Vielleicht schaffst du es ja, sie zu beruhigen. Sie ist mit den Nerven am Ende und weint nur noch.«

»Meine Hände zitterten, als ich den Telefonhörer auflegte«, schrieb Renate später in einem Buch, das den Titel *Lasst meine Tochter endlich frei* trägt.

»Ich fühlte mich elend, mein Kopf war leer, meine Arme und Beine wurden so schwer, dass ich mich setzen musste. Sandy hatte es zwar am Telefon nicht ausgesprochen, aber wahrscheinlich hatte auch sie gleich den Gedanken an Debbies Ehemann, Mark Milke, im Kopf gehabt. Er war Christophers Vater und hatte seit Jahren große Drogenprobleme. Meine Tochter hatte aus diesem Grund nach ihrer Trennung von Mark das alleinige Sorgerecht bekommen und durchgesetzt, dass Mark sein Besuchsrecht nur unter Aufsicht wahrnehmen durfte. Erst vor wenigen Monaten hatte Debbie ihren Ex-Mann zusammen mit dessen Freunden im Drogenrausch vorgefunden, als sie Christopher bei seinem Vater abholen wollte. Mark hatte sich geweigert, Christopher herauszugeben, und Debbie sogar tätlich angegriffen. Zum Glück war es ihr schließlich gelungen, mit ihrem weinenden und völlig verstörten Kind aus dem Haus zu flüchten. Aber Mark tobte und hatte gedroht, Christopher zu entführen und Debbie umzubringen. Eigentlich traute ich Mark diese Tat nicht zu; ich wusste, er liebte seinen Sohn und würde ihm – zumindest in nüchternem Zustand – sicher nichts antun. Aber konnte ich auch sicher sein? Vielleicht hatte er seine Drohung nun doch wahr gemacht? Ich schauderte, als ich an meinen kleinen Enkel dachte. Vier Jahre war er erst alt – und noch so zart und verletzlich. Ich musste mit Debbie reden.«

Debbie hob schon beim ersten Klingeln ab. »Debbie? Ich bin's, Mom. Was um alles in der Welt ist denn passiert?«

Das Schluchzen ihrer älteren Tochter sollte Renate fortan

begleiten.»Mom, Christopher ist weg, und wir haben einfach keine Ahnung, wo er sein könnte. Die Polizei ist hier, vielleicht ist er ja entführt worden! Oh Gott, ich weiß nicht, was wir tun sollen. Ich muss Schluss machen – die Entführer, vielleicht rufen sie an und wollen mit mir reden.«
Renate erkannte, dass ihre Tochter mit den Nerven vollkommen am Ende war. Sie wusste, dass sie die Leitung nicht zu lange blockieren sollte, versuchte aber trotzdem, beruhigend auf sie einzureden.
»Du wirst sehen, Christopher taucht bestimmt bald auf. Vielleicht wollte er nur Verstecken spielen oder ist irgendwo mit anderen Kindern in ein Spiel vertieft. Denk noch mal scharf nach. Wo geht er denn am liebsten hin? Gibt es keinen Ort in dem Metro Center, an den du dich besonders erinnern kannst?«
Debbie war so außer sich, dass Renate gar nicht wusste, ob sie überhaupt mitbekam, was sie ihr sagte. Deshalb bat sie darum, einen Polizisten zu sprechen.
Ein Mann ging ans Telefon und erklärte, sie hätten bislang nichts gefunden, aber die Suche sei in vollem Gang. »Er versicherte mir, Debbie sei sehr kooperativ, sie habe Fotos des Kindes herausgesucht und beantworte bereitwillig alle Fragen, die man ihr im Augenblick leider stellen müsse.«
Der Polizist sagte ihr, die beiden Männer, mit denen Christopher unterwegs gewesen sei, würden im Moment vernommen. »An den Namen Roger Scott konnte ich mich nur vage erinnern. Debbie hatte ihn einmal in einem Brief als Bekannten von Jim Styers erwähnt. Ich wunderte mich, da ich zu wissen meinte, dass er ihr ausgesprochen unsympathisch war und sie jeden Kontakt mit ihm vermied. Da ich aber die Telefonleitung wieder frei machen wollte, verzichtete ich darauf, genauer nachzufragen.«
»Wir werden alles tun, was in unserer Macht steht, um

Christopher zu finden!«, versicherte ihr der Polizist, bevor sie auflegte.

Die ganze Nacht tat sie kein Auge zu, auch Alex gelang es nicht, sie zu beruhigen. Alle zwei Stunden rief sie bei Debbie an und erkundigte sich nach dem Stand der Dinge. Ihre Tochter wirkte von Mal zu Mal verzweifelter – sie harrte neben dem Telefon aus, in der Hoffnung, Christopher würde anrufen.

Am Nachmittag des folgenden Tages fürchtete Renate, ihre Tochter würde jeden Augenblick zusammenbrechen. Sie erfuhr, dass Maureen, die neue Frau ihres Ex-Manns, mit Debbies Stiefschwester Karen nach Phoenix gekommen war, um ihr beizustehen. Die beiden redeten ihr zu, mit ihnen zu Florence zu fahren, wo auch Richard Sadeik wohnte. Die Polizei riet ihr ebenfalls dazu, da sich trotz der langen Suche nichts ergeben hatte. Es wäre beruhigend zu wissen, dass Debbie bei der Familie war.

Wie gerne hätte sie jetzt ihre Älteste in die Arme geschlossen und ihr die Sorgen um Christopher genommen – dabei brauchte sie selbst dringend Trost.

In ihrem ganzen Leben hatte Renate Janka nicht solche Ängste ausgestanden – nicht einmal, als der Zweite Weltkrieg zu Ende ging und die Leute der Dreijährigen Schlimmes über die anrückenden russischen Soldaten erzählten.

Renate war 1942 in Berlin als Tochter von Hans und Lieselotte Seiler zur Welt gekommen. Ihre Eltern stammten beide aus einfachen Verhältnissen. Ihre Familien mussten hart arbeiten, besonders während des Kriegs. Lotte war Berlinerin, Hans war als Kaufmannslehrling aus einem ländlichen Gebiet im heutigen Polen nach Berlin geflüchtet. Sie lebten in der Nähe von Lottes Eltern, bis die Wohnung 1943 bei einem Bombenangriff zerstört wurde.

Nachdem die Männer in der Familie als Soldaten an der Front waren, verließ Renate gemeinsam mit ihrer Mutter und deren Mutter Berlin. Sie fanden schließlich eine Unterkunft bei einem Bauern.

Als der Krieg 1945 zu Ende war, machten die drei sich auf den Rückweg nach Berlin. Unterwegs trafen sie auf einen Konvoi russischer Soldaten, und obwohl die Frauen große Angst hatten, nahmen sie das Angebot an, mit ihnen in die Stadt zu fahren. Noch im selben Jahr kehrte auch Hans aus einem norwegischen Kriegsgefangenenlager zu seiner Familie zurück.

Es war eine Zeit großer Entbehrungen. Sie besaßen nichts als die Kleider auf dem Leib, sie hatten keine Wohnung und mussten um Essen betteln. Aber schließlich kamen sie bei einer Familie im Westteil der Stadt unter. Hans nahm eine Stelle als Nachtwächter an.

Als Renate zehn Jahre alt war, zog ihre Familie in eine Zweieinhalbzimmerwohnung in einem der nach dem Krieg entstandenen Sozialbauten. Ihre Eltern sollten dort bis zu ihrem Tod leben.

Renate beeindruckte sehr, was die Alliierten für die Deutschen leisteten. Ohne die Luftbrücke, so dachte sie, wäre Berlin verhungert. Ihr Großvater freundete sich mit amerikanischen Militärs an und konnte so seinen Enkeltöchtern ab und zu etwas Besonderes mitbringen. Später sagte sie, ihre kindliche Bewunderung amerikanischer Soldaten habe dazu beigetragen, dass sie sich ein falsches Bild von ihrem Verehrer Richard »Sam« Sadeik machte.

Renate war eine kluge, sportliche und gut aussehende junge Frau. 1960 qualifizierte sie sich beinahe im Freistilschwimmen über 100 Meter für die Olympiade. Sie war eine ausgezeichnete Schülerin, die neben Englisch, Französisch und Spanisch auch Latein und Griechisch lernte. Sie und ihre jüngere Schwester Brigitte legten viel Wert auf ihr Äußeres, und da sie wenig Geld hatten, schneiderte Renate schließlich Kleider für die ganze Familie.

Mit zwanzig arbeitete sie für eine renommierte Bank. Sie wohnte noch bei ihren Eltern, doch das sollte sich bald ändern: Ihre Vorgesetzten, die große Stücke auf sie hielten, boten ihr nach einiger Zeit an, zu einer Zweigstelle in Spanien zu wechseln.
Renate hatte eine vielversprechende Zukunft vor sich, als sie am 3. Februar 1963 auf einer Geburtstagsparty Richard Sadeik kennenlernte. Sie ging zunächst nicht auf seine Avancen ein – ihre Mutter wollte nicht, dass sie einen Freund hatte, und warnte sie eindringlich: »Komm mir bloß nicht schwanger nach Hause!« Außerdem wollte sie nach Spanien gehen, und dann war er auch schon einmal verheiratet gewesen und hatte in den USA einen Sohn.
Doch Richard Sadeik ließ nicht locker. Sein Werben schmeichelte Renate, sosehr es ihrer Familie auch missfiel. Die Ablehnung ihrer Eltern konterte er mit Großzügigkeit und Charme. Gelegentlich tauchte er mit Mitbringseln auf, die sie sich nicht leisten konnten – beispielsweise einer großen Packung Waschpulver der Marke »Tide« oder einem Truthahn. Renate nahm er auf Partys in den Offiziersclub der U.S. Army mit, den NCO Club Silver Wings. Sie hatte noch nie einen solchen Überfluss an Lebensmitteln gesehen. Sadeik stellte sie seinen Freunden vor, und gemeinsam mit ihnen starteten sie viele fröhliche Unternehmungen. Den Amerikanern gehörte damals praktisch die Stadt, und sie schienen die Taschen voller Geld zu haben, wie sich Renate erinnerte. Das hätte jedem Mädchen den Kopf verdreht.
Nach kurzer Zeit war sie schwanger. Sie heirateten am 10. März 1964, einen Monat, bevor Debra in einem Militärkrankenhaus in Berlin zur Welt kam. Renate war einundzwanzig, Richard siebenundzwanzig.
Renate musste bald feststellen, dass ihr Verehrer sie getäuscht hatte. Es waren seine Freunde, die all die aufregenden Dinge unternahmen, nicht er. Sam interessierte sich weder

für Sport noch für sonst etwas, er las keine Bücher und war überhaupt ungebildet, auch sein scheinbarer »Wohlstand« entpuppte sich als Illusion. Sein militärischer Rang bei der Army war so niedrig, dass er nicht einmal Anspruch darauf hatte, mit seiner Ehefrau auf dem Kasernengelände zu wohnen, und so mussten sie sich schleunigst eine Unterkunft suchen. Für mehr als ein Zimmer zur Untermiete reichte sein Geld nicht.

Die schlimmste Entdeckung aber war, dass ihr Ehemann Alkoholiker war. Er betrank sich jeden Abend, manchmal nach der Arbeit im NCO Club, manchmal zu Hause. Schon frühmorgens griff er zur Bierflasche, um den Kater zu vertreiben. Ein großer Teil seines kargen Einkommens ging für alkoholische Getränke drauf.

Im Mai 1965 wurde Richard in die USA verlegt. Zuerst zogen sie nach New Jersey zu Richards Eltern. Renate fasste sogleich eine Abneigung gegen ihren Schwiegervater George, den sie als »Rassisten« beschrieb. Er war ein Trinker, der seine Frau geschlagen hatte, die allerdings zu diesem Zeitpunkt nicht mehr mit ihm zusammenlebte. Geschieden waren sie aber nicht.

Richards Mutter Florence war eine liebenswerte Person, die in Renate die »Retterin« für Sam sah – genau wie später Mark Milkes Mutter Debbie als »Retterin« ihres Sohnes betrachtete.

Richard wurde nach Montana versetzt, aber Renate und Debbie blieben zunächst in New Jersey, wo sie bei Richards Schwester wohnten. Schließlich holte er sie nach, und die kleine Familie bezog einen Wohnwagen fernab der Zivilisation. Renate fühlte sich dort einsam, und die Isolation beförderte noch Richards Neigung, seine Frau zu gängeln.

Renate erinnerte sich, dass sie sich die »Erlaubnis« erbetteln musste, ihre Familie an Weihnachten anzurufen, weil ihm Ferngespräche zu teuer waren. Eines Nachts brachte er

Kumpels mit, weckte sie auf und verlangte von ihr, sie solle Essen kochen. Er behandelte sie wie seinen »Besitz« und sagte ihr, sie sei die schönste Frau des ganzen Stützpunkts. Bei anderer Gelegenheit beleidigte er sie als »Krautfresser«. Aber sie sah keinen Ausweg und hoffte darauf, dass mit einem zweiten Kind alles besser würde. Außerdem wollte sie nicht, dass Debbie als Einzelkind aufwuchs.
Sandy kam am 9. August 1966 zur Welt. Beide Großmütter reisten aus diesem Anlass nach Montana. Sie waren ganz vernarrt in ihre Enkel. Auch Richard zeigte sich bisweilen fürsorglich und überhäufte die Kinder an Geburtstagen und an Weihnachten mit Geschenken. Dann offenbarte er wieder seine unangenehmen Seiten. In Renates Erinnerung war Debbie ein Kind, das »kaum zurechtgewiesen werden musste«, aber wenn doch, schlug Richard sie mit dem Gürtel. Renate war strikt dagegen, was ihren Ehemann, der die Hand und den Gürtel auch gegen sie erhob, ganz und gar nicht beeindruckte.
Die Familie zog mehrfach um, da Richard öfter versetzt und befördert wurde. Sie lebten in Georgia und Florida, nun auf dem Gelände des jeweiligen Stützpunkts. Im Jahr 1970 wurde Richard Sadeik nach Okinawa abkommandiert. Dahin konnte er die Familie nicht mitnehmen, aber sie verloren damit auch ihre Wohnung auf dem Stützpunkt.
Richard sah sich als »Ernährer der Familie« und duldete es nicht, dass Renate einer Berufstätigkeit nachging. Doch sie war jetzt mit beiden Töchtern allein und hatte weder eine Wohnung noch eine Arbeit – da lag es nahe, nach Deutschland zurückzukehren, und so zog sie mit den Mädchen zu ihren Eltern nach Berlin. Debbie und Sandy fühlten sich sehr wohl bei Oma und Opa.
Innerhalb eines Vierteljahrs sprachen die beiden Mädchen fließend Deutsch. Renate meldete sie im amerikanischen Militärkindergarten an. Bald wurden ihr die Tage zu lang,

und sie sehnte sich nach einer Aufgabe. Zunächst zögerte sie noch, gegen Richards ausdrücklichen Willen zu verstoßen und sich eine Arbeit zu suchen, aber schließlich tat sie es doch. Nun konnte sie Geld zur Seite legen, den Mädchen Kleider kaufen und ihren Eltern Haushaltsgeld geben.
Im August 1971 kehrten Renate und ihre Töchter in Erwartung der Heimkehr Richards in die USA zurück. Sie wohnten zunächst bei seiner Mutter in New Jersey. Renate flog nach Kalifornien, wo sie Richard auf der Travis Air Force Base wiederbegegnete. Da sie sich ein ganzes Jahr nicht gesehen hatten, erwartete sie eine freudige Begrüßung. Doch er schimpfte nur, weil sie eine Arbeit angenommen hatte: »Was fällt dir ein, gegen mein Verbot zu verstoßen!«
Das Paar erstand sein erstes Auto und machte sich damit auf den Weg quer durch die USA, um die Mädchen abzuholen. In Phoenix, wo Richard Sadeik als Nächstes stationiert sein sollte, leisteten sie eine Anzahlung auf ein kleines Haus. Richard verdiente jedoch nicht genug, um die Raten zu bezahlen und die Familie zu ernähren, daher suchte sich Renate eine Stelle als Sekretärin bei einer deutschen Ausbildungsstaffel auf dem Luftwaffenstützpunkt Luke westlich von Phoenix. Die beiden Mädchen gingen nun zur Schule, und Renate richtete es so ein, dass sich nachmittags eine Nachbarin um sie kümmerte. Da sie sich jedoch in dem Viertel nicht besonders sicher fühlte, verkauften sie das Haus schließlich wieder und zogen in eine bessere Gegend. Renates Eltern griffen dem jungen Paar finanziell unter die Arme. Sie wollte sie eigentlich gar nicht fragen, Richard aber bedrängte sie regelrecht, um Geld zu bitten.
Leider zeigte ihr Ehemann so gar keinen Ehrgeiz: Als man ihn vor die Wahl stellte, eine Weiterbildung anzutreten oder seine Laufbahn zu beenden, nahm er 1975 im Alter von achtunddreißig Jahren kurzerhand seinen Abschied. Seine Pension betrug lediglich 400 Dollar im Monat, viel zu

wenig, um die Familie über Wasser zu halten. Zwei Jahre lang lehnte er jede Arbeit und auch Hilfsangebote von Renates Arbeitskollegen ab. Die meiste Zeit verbrachte er zu Hause, trank viel und tyrannisierte seine Frau und die Kinder. Aus heiterem Himmel verkündete er eines Tages, er werde die nächsten zwei Jahre in Saudi-Arabien arbeiten.

Was Renate in dieser Situation lernte, gab sie an ihre Töchter weiter: Behalte deine Probleme für dich, zeige niemandem deine Gefühle, lächle immer, egal wie schlimm es zu Hause auch zugeht.

Richard verlor aufgrund von Verstößen gegen seinen Arbeitsvertrag seine Stelle in Übersee. Für die Familie war das eine finanzielle Katastrophe, zumal er auch noch erhebliche Steuerschulden hatte. Zu ihrer Begleichung war die Familie gezwungen, das Haus zu verkaufen, das sie mit der Hilfe von Renates Eltern erworben hatte.

Renate hatte endgültig genug. Ihr Mann ließ sich völlig gehen, die Familie lebte allein von ihrem Einkommen. Wenn sie Freunde mit nach Hause brachte, machte sich Sam über sie lustig oder kritisierte sie. Mehr und mehr zog sich Renate von Richard Sadeik zurück.

1979 eröffnete Renate ihrem Mann, dass sie mit den beiden Töchtern, die nun im Teenageralter waren, ausziehen wolle. Richard wurde fuchsteufelswild und drohte ihr, sie würde diese Entscheidung noch bereuen. Renate vergaß seine Worte nie: »Eines Tages wirst du den Preis dafür bezahlen müssen!«

Wie furchtbar sich diese Prophezeiung bewahrheiten würde, konnte sie an jenem schrecklichen Dezembertag im Jahr 1989 noch gar nicht ahnen.

Einige Stunden später kam ein Anruf von Ron Pickinpaugh, dem Mann ihrer Tochter Sandy. »Seine Worte werde ich, wie so vieles, was in den folgenden Stunden und Tagen

geschehen sollte, niemals vergessen«, schrieb Renate. »Sie haben Christopher in der Wüste gefunden. Er ist tot.«
Renate stand wie unter Schock. »Noch vor wenigen Wochen hatten mein Mann Alex und ich unseren Jahresurlaub in den USA verbracht und Debbie und Christopher in Phoenix besucht. Sie hatten uns beide am Flughafen abgeholt, und mein vierjähriger Enkel war hinter der Absperrung immer wieder auf und ab gehopst vor lauter Ungeduld. Zur Begrüßung war er mir um den Hals gefallen; ich konnte seine kleinen Arme noch um meinen Oberkörper spüren.«
Renate rief im Haus ihres früheren Ehemanns an und erfuhr dort von Florence, dass Debbie auf der Polizeiwache war. Während sie auf Debbies Rückruf wartete, wanderte sie unruhig wie ein gefangenes Tier im Haus umher.
Am Morgen des 4. Dezember 1989, um fünf Uhr, klingelte endlich das Telefon. Am anderen Ende war Renates früherer Ehemann, Debbies Vater und Christophers Großvater.
»Deine Tochter hat ein Geständnis abgelegt«, sagte Richard Sadeik. »Sie hat Christopher umbringen lassen.«
Renate konnte es nicht glauben. »Er berichtete uns keine Details, machte keine weiteren Erklärungen, nichts. Wie vor den Kopf geschlagen standen wir mit dieser Information in unserem Haus in der Schweiz, Tausende Kilometer vom Ort der Tragödie entfernt, und wollten und konnten die Ereignisse, die uns innerhalb der letzten Stunden überrannt hatten, nicht fassen. Mein ganzer Körper zitterte, und ich hatte nur einen Wunsch: so schnell wie möglich nach Arizona zu reisen, um bei meinen Töchtern vor Ort sein zu können.«

# KAPITEL 5

## »Ich war das brave Mädchen und er der coole Typ«

Mark Milke bin ich zum ersten Mal im Mai 1983 begegnet. Es war an einem Freitag, den 13. Ich war damals neunzehn Jahre alt und ging aufs College. Abends und an den Wochenenden jobbte ich in einem Laden. Das tat ich seit meinem sechzehnten Lebensjahr.«
Debra arbeitete als Verkäuferin in der Fernseh- und Musikabteilung einer Filiale von LaBelle's, als ihre Freundin Robin Ziluck sie an dem besagten Freitag anrief. Debbie und Robin bildeten zusammen mit Patricia Bacon seit ihrem vierzehnten Lebensjahr ein unzertrennliches Kleeblatt. Robin hatte Geburtstag, und das wollte sie feiern. Sie hatte eine neue Bar entdeckt und schwärmte, es seien jede Menge attraktive Jungs dort. Komm doch auch, schlug sie vor, und Debra versprach, nach der Arbeit vorbeizuschauen.
Sie wunderte sich über die Adresse, die Robin ihr gab. Das Lokal hieß Marv's, und vor der Tür parkten etliche Harleys. »Es war unverkennbar eine Biker-Kneipe. Ich dachte erst, ich wäre im falschen Laden gelandet. Meine Freundinnen und ich hingen eigentlich nicht mit Bikertypen rum, wir kannten gar keine. Wir waren eher von der braven Sorte.«
Trotzdem ging sie hinein, wenn auch mit Herzklopfen. »Ich hatte nur Schlechtes über Biker gehört, dass sie kriminell, drogensüchtig und gewalttätig seien. Ich verstand gar nicht, wie Robin in so ein Lokal geraten war, andererseits war sie von uns dreien am verrücktesten.«
Debra war ein wenig mulmig zumute, aber sie fand es auch spannend. »Es reizte mich, einmal etwas Ausgeflipptes zu tun. Es gab mir einen Kick.«

Die Bar war gut besucht und voller »wilder Typen« mit langem Haar und Tattoos. Debra kämpfte sich durch das Gedrängel zu Robin durch, die mit Leuten, die sie nicht kannte, in der Nähe der Billardtische saß.
»Was um alles in der Welt suchst du in so einer Bikerkneipe?«, fragte Debbie.
»Spaß«, lautete die schlichte Antwort. Ihre Freundin hatte unverkennbar schon einiges getrunken.
»Robin stellte mich der Runde vor. Sie waren alle sehr nett. Als ich mich umschaute, fiel mir ein sehr attraktiver Typ auf, der Billard spielte. Er sah überhaupt nicht wie ein Biker aus. Mit seiner schwarzen Jeans, den Cowboystiefeln und dem weißen Muskelshirt war er regelrecht gut gekleidet. Er war etwa eins achtzig groß, wog um die achtzig Kilo, war angenehm gebräunt und muskulös, hatte schulterlanges braunes Haar, dunkle Augen und einen sauber gestutzten Schnurrbart.«
Debra machte Robin auf ihn aufmerksam, die ebenfalls fand, dass er ein »Hingucker« sei.
»Ich versuchte, nur ganz verstohlen zu ihm hinüberzublicken, aber es gelang mir nicht. Einige Male lächelte er mich an, und da wurde ich rot.«
Robin meinte, Debra solle ihn doch einfach ansprechen.
»Spinnst du?«, wehrte Debra ab. So etwas hätte sie sich nie getraut. Sie war eher schüchtern, außerdem war er in Gesellschaft mehrerer »vollbusiger, hübscher Frauen, die so aussahen, als hätten sie mehr Erfahrung als ich. Eine von ihnen war sicherlich seine Freundin.«
Die Kellnerin brachte ein Bier an ihren Tisch und sagte, es sei von dem Mann in der schwarzen Jeans, der gerade Billard spiele. Als Debbie zu ihm hinübersah, prostete er ihr mit seiner Flasche zu, und Debbie hob ihre und hauchte ein »Danke« hinüber.
»Ich bekam richtiges Bauchkribbeln, wie ein törichtes

Schulmädchen. Robin meinte, jetzt sei der ideale Moment, zu ihm rüberzugehen, aber ich wollte immer noch nicht.«
Sie trank ihr Bier aus und ging nach Hause. Robin gab Mark später Debras Telefonnummer. »Eigentlich habe ich sie zusammengebracht. Er war damals noch nicht so durchgeknallt«, sagt sie heute. »Ich habe mich längst dafür entschuldigt. Aber ich habe ihr nie gesagt, dass sie ihn *heiraten* soll.«
Mark schilderte der Journalistin Dennis Wagner von der *Phoenix Gazette* ihre erste Begegnung folgendermaßen: »Debra war so aufgeregt, dass ihr die Luft wegblieb und ein Krankenwagen gerufen werden musste.«
Am nächsten Montagmorgen rief er Debbie an und lud sie zum Mittagessen ein.
»Ich fühlte mich geschmeichelt und fand es aufregend. Ich schwebte wie auf Wolken.«
Um auf Nummer sicher zu gehen, fragte sie ihn nach den Frauen, mit denen er Billard gespielt hatte. Nein, versicherte er, keine von ihnen sei seine Freundin. Also verabredete sie sich mit ihm.
Das erste Rendezvous mit Milke verlief bestens.
»Es war sehr nett. Mark war höflich und benahm sich tadellos. Man konnte sich prima mit ihm unterhalten, er war sehr charmant. Er war ein bisschen exzentrisch und bezeichnete sich selbst als einen Außenseiter. Aber er war ein echt liebenswerter Typ.«
Er war zweiundzwanzig und von Beruf Fußbodenleger. Sein Plan war, aufs College zu gehen und Architekt zu werden. Debra erzählte ihm, dass sie das Glendale Community College besuche und dort Betriebswirtschaft studiere.
Sie fanden viele Gemeinsamkeiten in ihren Lebensgeschichten. Seine Eltern waren in den fünfziger Jahren aus Hamburg in die USA übergesiedelt, Debras Mutter war Berlinerin und hatte dort noch Familie. Er hatte einen Bruder, sie eine Schwester; sein Bruder war Militärpolizist, ihr Vater

war auch beim Militär gewesen; beide liebten sie deutsches Essen, Bier, Schokolade und Gummibärchen.

»Er meinte, ich erinnere ihn sehr an seinen Bruder, und ich sagte ihm, er ähnele stark meiner Schwester.« Debbie konnte nicht wissen, wie recht sie damit haben sollte – Mark war das schwarze Schaf in seiner Familie, so wie Sandy das in ihrer war, und Marks älterer Bruder war das Lieblingskind seiner Eltern, genau wie Debra.

Was ihn für sie anziehend machte, war, dass er so ganz anders war. »Ich war immer ein braves Mädchen gewesen, da war es aufregend, einmal ein wenig wild zu sein.«

Mark Milke war das absolute Gegenteil des einzigen Freunds, den Debra bislang gehabt hatte. In der Highschool war sie mit einem Jungen ausgegangen, wie ihn sich alle Mütter als Schwiegersohn wünschen. Er hieß Charles Jones, war groß, gut aussehend und höflich, einer, von dem man sofort dachte, dass er es einmal zu etwas bringen wird. Er hatte wunderbar zu Debra gepasst. »Unsere Familien fuhren gemeinsam in den Urlaub und verbrachten die Feiertage miteinander, ich liebte seine Eltern«, erinnerte sich Debbie. Er war ihr Tanzpartner auf dem Abschlussball. Ihre Eltern träumten schon von einer Hochzeit, und die beiden ebenso.

Doch etwa um die Zeit, als ihre Mutter nach Deutschland zurückging, machte Debra mit Charles Schluss. Später meinte sie, sie habe »dem Falschen den Laufpass gegeben«. Und dann lernte sie Mark kennen.

Nach ihrem ersten Rendezvous beim Mittagessen fuhren sie zu Marks Mutter, wo er vorübergehend wohnte. Ilse Milke war eine zarte Person, eins dreiundsechzig groß. Sie hatte dunkle Augen, kurzes braunes Haar und einen starken deutschen Akzent.

»Man merkte gleich, dass sie ein herzliches Wesen hatte. Ich fühlte mich unmittelbar zu ihr hingezogen, sie erinnerte mich an meine eigene Mutter.«

Die Begegnung mit Ilse machte Debbie nur noch deutlicher, wie sehr ihr ihre Mutter fehlte.
»Ich war neunzehn und stand am Wendepunkt meines Lebens. Ich war alt genug, auf eigenen Füßen zu stehen, aber ich fühlte eine Leere in mir. Innerlich war ich noch nicht bereit, meine Mutter loszulassen. Da war so ein Loch in mir, auch eine Wut, und ich beschloss, mit aller Kraft gegen meine Eltern zu rebellieren.«
Und Mark Milke war sozusagen das Banner dieser jugendlichen Rebellion.
Ihre zweite Verabredung führte sie wieder ins Marv's, seine Stammkneipe. »Ich weiß noch, wie ich dachte, wenn meine Eltern wüssten, dass ich hier bin, sie würden ausrasten. Aber genau das reizte mich, ich wollte mich gegen sie auflehnen.«
Sie fand seine Freunde nett und unterhaltsam. Mark brachte ihr das Billardspielen bei.
»Er fragte mich, ob ich ab und zu high sei. Ich verneinte entschieden. Ich sagte ihm, dass ich noch nie Drogen genommen hätte und mit Leuten, die Drogen nehmen, nichts zu tun haben wolle. Er fragte mich auch, ob ich Marihuana rauchen würde. Ich verneinte, gab aber zu, es mit fünfzehn mal probiert und ein Jahr lang hin und wieder geraucht zu haben. Ich hätte aber damit aufgehört, weil es mich müde machte. Als ich ihn fragte, ob er denn Drogen nehme, antwortete er nein, nur ab und zu Marihuana. Für Leute meines Alters zählte Marihuana damals nicht so richtig zu den Drogen.«
Dies war seine erste große Lüge. Mark Milke war längst drogenabhängig und konsumierte Kokain und Chrystal Meth. Sein Vater sagte ihr später, er sei seit seinem fünfzehnten Lebensjahr süchtig.
Sie fragte Mark, ob er je mit dem Gesetz in Konflikt geraten sei. Er sei schon mal erwischt worden, hätte irgendwo ein Bier getrunken, wo es verboten war, »aber das ist alles«, war seine Antwort.

»Ich hatte keinen Grund, an seinen Worten zu zweifeln.«
Wie sich später herausstellte, war das seine zweite Lüge, denn Mark hatte schon einiges auf dem Kerbholz.
Auf der Tanzfläche stellte sie zu ihrer Freude fest, dass er »ein guter Tänzer« war. Sie scherzte, dass er so gut tanze wie die Stripper, denen sie und ihre Freundinnen gern zusahen, und er überraschte sie mit dem Geständnis, sich gelegentlich auch als Stripper etwas dazuzuverdienen.
In der darauffolgenden Woche, bevor Debbie eine schon länger geplante Urlaubsreise nach Deutschland antrat, sahen sie sich häufiger. Zusammen mit Freunden hingen sie entweder bei ihr oder in seiner neuen Wohnung herum. Am 30. Mai 1983 reiste sie ab.
»Er sagte, er würde bei meiner Rückkehr auf mich warten, aber ich kaufte ihm das nicht so richtig ab. Ein Typ wie er wartete nicht auf ein Mädchen, das er gerade erst kennengelernt hatte. Ich machte mir keine großen Hoffnungen auf weitere Verabredungen.«
Debra hat schöne Erinnerungen an diese Reise nach Europa. Sie besuchte alle ihre Verwandten, reiste durch Deutschland, Italien und Frankreich. Eine Fahrt durch den Schwarzwald wurde zu einem unvergesslichen Erlebnis.
Ihre Mutter hatte das Gefühl, dass etwas mit ihrer Tochter nicht stimmte. Schließlich erzählte ihr Debbie von Mark.
»Ich wusste aber, er würde ihr nicht gefallen – sie konnte Typen mit langem Haar, Muskelshirts und ausgefransten Jeans nicht ausstehen. Für sie sah das einfach nur ungepflegt aus. Sie mochte lieber adrette Jungs, solche wie Charles. Schließlich gab ich nach und zeigte ihr auch ein Foto von Mark, und ich konnte ihr ansehen, dass sie nicht sonderlich begeistert war. Sie sagte aber nichts, nur dass sie mir ans Herz legte, mein Studium abzuschließen und nicht so dumm zu sein, meine Chancen zu verschenken. Ich versicherte ihr, sie brauche sich keine Sorgen zu machen.«

Renates Erinnerung an dieses Gespräch ist knapp und klar: »Das war ganz gewiss nicht der Schwiegersohn meiner Träume. Vom ersten Augenblick an empfand ich eine Abneigung gegen ihn.«

Ende Juli flog Debra nach Phoenix zurück. Robin sollte sie vom Flughafen abholen, doch als sie zur Gepäckausgabe kam, warteten dort Mark und seine Mutter.

»Ich war überrascht und freute mich, die beiden wiederzusehen. Das war ein netter Empfang. ›Siehst du? Ich habe dir doch gesagt, dass ich auf dich warten werde‹, sagte Mark. Das war so süß, und ich war überglücklich.«

Und dann war da seine nette Mutter mit ihrem Akzent. »Sie und Mark gaben mir das Gefühl, irgendwo dazuzugehören. Die Leere, die ich empfand, nachdem meine Mutter nach Deutschland gegangen war, verschwand allmählich.«

Debbie und Mark waren nun ein richtiges Paar, »beinahe unzertrennlich«. Sie verbrachten viel Zeit mit ihren Freunden und seiner Mutter, oft im German Club, wo Ilse stolz die Freundin ihres Sohnes präsentierte. Als Robin und Patty im Sommer heirateten und bei Debbie auszogen, zog Mark bei ihr ein.

»Ich hätte mich im August für das nächste Semester am College einschreiben müssen, entschied mich aber dagegen. Stattdessen nahm ich eine Ganztagsstelle an und behielt auch noch meinen Teilzeitjob bei LaBelle's.« Ihr erster richtiger Arbeitgeber war American Express.

Im August führte eine Geschäftsreise Renate nach Phoenix. »Sie traf Mark zum ersten Mal persönlich, und ich konnte sofort sehen, dass er keinen guten Eindruck auf sie machte. Man konnte es an ihrem Gesicht ablesen. Ich weiß nicht, was ihr durch den Kopf ging, aber ich nehme an, sie sah in ihm alles, was sie befürchtet hatte.«

Damit hatte Debbie recht, wie Renate später in ihrem Buch beschrieb. »Mütter sind zweifelsohne kritisch, wenn es um die Freunde ihrer Töchter geht, und Mark Milke war nicht der Schwiegersohn, den sich Frauen wünschen, doch ich war einfach enttäuscht, als ich erfuhr, dass er mittlerweile in unserem Apartment lebte und Debbies Kommilitoninnen ausgezogen waren. Erst am nächsten Tag eröffnete sie mir, dass sie auch das College verlassen und ihr Studium aufgegeben hatte. Debbie hatte mir bei keinem unserer Telefonate von den Veränderungen in ihrem Leben erzählt – das war eigentlich das Schlimmste an der ganzen Geschichte. Wo war nur ihr Vertrauen zu mir geblieben? Außerdem wurde ich das ungute Gefühl nicht los, dass dieser Mann keinen guten Einfluss auf Debbie ausübte.«

Die beiden Haustiere, die Mark mitgebracht hatte, machten es nicht besser – eine Vogelspinne und eine Boa constrictor. Renate, die panische Angst vor den Tieren hatte, verlangte, dass sie während ihres Besuchs in einem geschlossenen Zimmer blieben.

Debbie war klar, dass ihr Studienabbruch ihre Mutter enttäuschte. »Sie fand, dass ich meine Zukunftschancen verdarb, doch ich sah es bloß als eine Art Pause. Sie sprach auch meinen Vater darauf an, aber der tönte nur, er würde sich darum kümmern und ein Auge auf alles haben, unternahm aber nichts.«

Debra gesteht ein, dass sie ihrer Mutter nichts von der Vollzeitstelle erzählte, weil sie weiterhin auf ihre monatlichen Überweisungen hoffte. »Mein Verhalten damals war beschämend egoistisch. Ich nutzte meine Mutter und ihre Schuldgefühle furchtbar aus. Ich nahm mehr und immer mehr von ihr, wie ein unersättliches Kind.«

Als Renate im November anlässlich einer weiteren Geschäftsreise Debbie besuchte, hatte sie den Eindruck, dass das Leben ihrer Tochter eine Wendung zum Schlechteren genommen hatte. »Meine Mutter kam mit Mark nach wie vor nicht zurecht, und auch zwischen uns stimmte es nicht

mehr«, erinnert sich Debbie. »Wir hatten uns immer sehr nahegestanden, aber nun war sie nicht mehr so offen zu mir wie früher.«
Renates Erinnerungen an diesen Besuch im November bestätigen dies: »Mir wurde klar, dass Debbie ihr Herz an Mark verloren hatte. Sie war mir gegenüber sehr zurückhaltend, und es gelang uns nicht, die frühere Offenheit, mit der wir einander begegnet waren und alle Geheimnisse geteilt hatten, wiederzufinden. Ich wollte den dünnen Faden, der uns als Mutter und Tochter noch verband, nicht auch noch zerschneiden, deshalb hielt ich mich mit meiner Kritik gegenüber Mark zurück.«
Aber Debbie war ein gutes Verhältnis zu ihrer Mutter damals nicht so wichtig. Sie wollte vor allem eine größere Wohnung und Spaß mit Mark. »Das Leben war eine einzige Party, und wir sorgten uns um nichts in der Welt.«
Im Januar 1984 hatten sie den ersten richtigen Streit. Debbie hatte Mark nichts davon erzählt, dass sie immer noch Geld von ihrer Mutter erhielt. Als er es herausfand, war er sauer.
»Deine Mutter hält mich sowieso schon für einen Versager! Wahrscheinlich denkt sie, dass ich dahinterstecke, dass du Geld von ihr nimmst.« Er schnappte sich seinen teuren Queue und stürmte los zum Billardspiel. »Lauf mir bloß nicht hinterher«, rief er ihr noch zu.
Mit zwei Freundinnen klapperte sie den ganzen Tag sämtliche Kneipen nach ihm ab. Als sie ihn endlich fanden, war Mark betrunken. Er beschimpfte Debbie vor allen Gästen der Bar und drängte sie dann gewaltsam zur Tür hinaus. Als jemand dazwischengehen wollte, rastete er aus.
»Er zertrümmerte die Scheiben meines Autos mit seinem Queue. Ich konnte ihn anschreien, wie ich wollte, er war nicht zu halten. Er sprang auf die Motorhaube und trat die Windschutzscheibe kaputt, dann trampelte er auf dem Dach

herum, bis es völlig zerbeult war. Ich stand wie gelähmt daneben und sah zu, wie er mein Auto demolierte.«
Als schließlich die Polizei auftauchte, hatte sich Mark bereits aus dem Staub gemacht. Aus Angst verzichtete Debra darauf, ihn anzuzeigen. Sie rief einen Abschleppwagen und ließ das Auto nach Hause bringen. Ihre Freundinnen »waren völlig entsetzt über das, was sie gesehen hatten, und rieten ihr, sofort mit Mark Schluss zu machen«.
Erst am nächsten Tag ließ sich Mark wieder blicken. Er schien völlig vergessen zu haben, dass er ihr Auto demoliert hatte. Er müsse einen Blackout gehabt haben, erklärte er.
»Irgendwie wusste ich, dass so ein Wutausbruch und solche Gewalt nicht in Ordnung waren und dass ich sie als Warnung nehmen sollte. Aber da Mark sich aufrichtig zu entschuldigen schien und sagte, er könne sich gar nicht daran erinnern, mein Auto ruiniert zu haben, verzieh ich ihm, zumal ich dachte, im Grunde sei es mein Fehler gewesen. Ich nahm die Schuld dafür auf mich.«
Wer sich mit dem Thema häusliche Gewalt auskennt, der zuckt bei solchen Äußerungen zusammen, sind sie doch oft der Beginn eines langen, leidvollen Wegs. Und wer je mit Alkoholikern zu tun hatte, erkennt leicht, wie Mark trickreich die Schuld seinem Opfer zuschob. Doch all dies begriff Debra damals nicht.
Da ihr das Lernen fehlte, schrieb sie sich im Frühjahr an einem Wirtschafts-College ein und belegte Abendkurse in Rechnungswesen und Wirtschaftsrecht, dazu einen Computerkurs. Auf diese Weise konnte sie weiter ihren Jobs nachgehen.
»In Klubs oder zu Partys mit Freunden zu gehen verlor nach einer Weile seinen Reiz für mich. Außerdem musste ich den Job und das College schaffen. Ich versuchte, mein Verhalten zu ändern, um meine Ziele zu erreichen.«
Auch Mark wurde etwas ruhiger. Sie erinnerte sich später

gern an diese schöne Zeit, in der sie sich gut verstanden. »Damals war er ganz der nette und großzügige Typ, den ich kennengelernt hatte. Man kam prächtig mit ihm aus, wenn er Bier und Marihuana sein ließ und nur Cola light trank.« Es war ihr zwar nicht entgangen, dass er enorme Mengen Bier trinken konnte, aber er stand trotzdem jeden Morgen auf und ging zur Arbeit. Das kannte sie von ihrem Vater. Doch im Unterschied zu ihm trank Mark nicht jeden Tag. Wenn er es also schaffte, zeitweise auf Alkohol zu verzichten, wieso sollte es ihm dann nicht auf Dauer gelingen?

Sie besuchte seine Mutter, von der sie sich Rat erhoffte, wie man ihn von den Drogen und vom Alkohol wegbekommen könnte. Da konnte ihr Ilse jedoch nicht weiterhelfen. Sie freute sich aber sehr zu hören, dass die beiden an Heirat dachten. »Sie sagte, ich hätte einen guten Einfluss auf ihren Sohn«, erinnert sich Debbie – genau wie Florence Sadeik geglaubt hatte, Renate würde ihrem Sohn Richard guttun.

Als Renate die beiden Mädchen anlässlich von Sandys Highschool-Abschluss im Mai 1984 besuchte, schienen die Dinge eine ungünstige Wendung genommen zu haben. Renate war nicht glücklich über das, was sie bei Debbie und Mark erlebte.

Zuerst fiel ihr auf, dass das Auto, das sie Debbie geschenkt hatte, nicht mehr vorhanden war, und sie stattdessen einen klapprigen Camaro fuhr. Von Sandy erfuhr sie, dass Mark Debbies Auto in einem Wutanfall demoliert hatte. Dann musste sie zu ihrem Entsetzen feststellen, dass Mark am helllichten Tag, während Debbie arbeitete, betrunken war. Auch hierin klärte sie Sandy auf: Mark trank nicht nur, er nahm auch Drogen.

Für Renate, die mit einem Alkoholiker verheiratet gewesen war und wusste, was Sucht anrichtet, war diese Erkenntnis ein Schock. Sie redete mit ihrem Ex-Mann darüber. Keine Angst, sagte Richard, er werde dafür sorgen, dass Mark hin-

ter Gittern landen werde. Doch Renate wusste, dass das nur Sprüche waren, denn es entging ihr nicht, dass Richard in Mark einen neuen »Zechbruder« gefunden hatte. Renate besuchte auch Marks Eltern und stellte dort fest, dass seine Mutter das Drogenproblem ihres Sohnes schlichtweg leugnete, während sein Vater in dieser Angelegenheit jede Hoffnung verloren hatte. Wie sie später schrieb, fing Henry Milke an zu weinen und erzählte ihr, er habe wegen der Drogengeschichten seines Sohnes »seine Frau, seinen Sohn und seinen Betrieb verloren«. Er habe keine Kraft mehr, gegen Marks Probleme anzukämpfen, und für Renate hatte er nur den Rat, Debbie vor seinem Sohn zu schützen.
»Henrys letzte Worte an mich brennen noch heute in meinem Herzen: ›Nimm sie einfach mit nach Hause, bring sie so weit von Mark weg wie nur möglich!‹« Renate sollte es ein Leben lang verfolgen, dass sie das nicht schaffte.
Als sie versuchte, das Thema Debbie gegenüber anzusprechen, stieß sie nur auf Verärgerung. »Du stellst alles viel schlimmer dar, als es ist. Du gibst ihm keine Chance. Du respektierst meine Entscheidungen nicht. Du hast mir nichts mehr zu sagen.«
Die Mutter sah hilflos zu, wie das dünne Band zu ihrer Tochter zerriss.
Als Renate schließlich nach Stuttgart zurückflog, war ihr klar, dass ihre Familie in großen Schwierigkeiten steckte.
Im August kam ein Anruf, vor dem sie sich gefürchtet hatte. Debbie klang »verzweifelt«, als sie ihr berichtete, dass Mark wegen einer Drogensache verhaftet worden sei. Debbie und Mark, die auf den Einzug in ihre neue Wohnung warteten, hatten vorübergehend bei einem seiner Freunde Unterschlupf gefunden. Eines Nachts stürmte die Polizei die Wohnung und nahm die beiden Männer fest. Gegen Debbie lag nichts vor, aber Renate hörte »Panik und das Entsetzen« in ihrer Stimme.

Auch Debbie erinnert sich an diese Schreckensnacht. »Ich hatte keine Ahnung davon, dass dort tagsüber, wenn ich arbeitete, mit Drogen gedealt wurde. Abends lief nichts dergleichen. Als die Polizei das Haus stürmte, machte ich vor Angst in die Hose.« Wie sich herausstellte, hatte die Polizei das Haus beobachtet und das Telefon angezapft, »daher wussten sie, dass ich ahnungslos war«.

Am nächsten Tag half ihr eine Freundin, ihre Sachen zu packen. Auf einem Zettel hinterließ sie für Mark: »Fahr zur Hölle. Ich will nichts mehr von dir hören.« Trotzdem rief er sie in der Wohnung ihrer Freundin an: »Er besaß die Dreistigkeit, mich um die Kaution zu bitten. Ich legte einfach auf.«

Anschließend rief sie ihre Mutter an und weinte sich bei ihr aus.

Renate riet ihrer Tochter eindringlich, sich von Mark zu trennen. Debbie sagte, sie habe es fest vor. Sie verkaufte ihr Auto und besorgte sich von dem Geld ein Flugticket nach Denver, wo sie bei ihrer alten Freundin Dorothy Markwell wohnen wollte. Ihre Vorgesetzten hatten ihr eine Stelle in der dortigen LaBelle's-Filiale angeboten. Renate war darüber »unglaublich froh«.

Ein Problem gab es noch.

Debbie hatte immer noch eine Tankkarte, deren Rechnung Renate jeden Monat bezahlte. Doch plötzlich stutzte sie über den Betrag. Als sie einen Ausdruck der Abrechnung anforderte, sah sie, dass Mark die Karte benutzt hatte »und oftmals mehrere Benzinquittungen an ein und demselben Tag ausgestellt worden waren«. Hatte er sich auf diese Weise Bargeld verschafft? Kaufte er etwa das Benzin für seine Freunde? Sie hatte keine Ahnung – und wollte es auch nicht wissen. Sie kündigte einfach die Tankkarte.

Debbie hatte vor, sich in Colorado bei ihrer Freundin Dorothy ein neues Leben aufzubauen. »Sie war fünf Jahre älter als ich und wie eine ältere Schwester zu mir«, erinnert sie sich. »Ich wandte mich an sie, weil meine Mutter und ich so zueinanderstanden«, sagt sie und schlägt die Fäuste zusammen. »Ich brauchte sie. Sie konnte Mark ebenfalls nicht ausstehen.«

Anfangs hatte sie »eine wunderbare Zeit«, sie lernte neue Freunde kennen, ging auch wieder aus, und ihr neuer Job machte ihr Spaß. Eines Tages rief Mark sie auf der Arbeit an. Jemand von LaBelle's in Phoenix hatte ihm verraten, wo sie jetzt tätig war.

Sie erinnert sich, dass er ihr schwor: »Ich liebe dich.«

Sie erinnert sich auch, dass er schwor, »keine Drogen mehr zu nehmen – er habe bloß einem Freund geholfen, welche zu verkaufen«.

Sie erinnert sich, dass er sie »anflehte, zurückzukommen«.

Ohne dass Dorothy etwas davon erfuhr, flog Mark nach Denver und traf sich in einem Restaurant mit Debbie. Einen ganzen Abend lang flehte er sie an und versprach ihr das Blaue vom Himmel herunter.

Er kehrte nach Phoenix zurück, rief aber nun regelmäßig an. Dorothy bekam es schließlich mit und merkte auch, dass Debbie dazu neigte, ihm nachzugeben. Sie war darüber so entsetzt, dass sie Renate in Deutschland alarmierte. »Bist du völlig übergeschnappt?«, stellte Renate daraufhin ihre Tochter am Telefon zur Rede.

»Meine Mutter war total außer sich«, erinnert sich Debbie. »›Der Kerl zieht dich völlig runter‹, sagte sie mir, ›du warst immer so ein klasse Mädchen, was ist nur aus dir geworden?‹ Dorothy war ebenfalls stinksauer auf mich. ›Wenn du wegen diesem Kerl in die Klemme kommst, ruf mich bloß nicht an – du hast dann eine Freundin weniger‹, erklärte sie. Mir war das alles egal. Ich dachte nur noch Mark, Mark, Mark.«

Die beiden fanden eine Wohnung in Phoenix und nahmen

ihr altes Leben wieder auf. Mark ging krummen Sachen aus dem Weg und war meistens nüchtern. Alles schien prima zu laufen. Spontan heirateten sie am 22. Dezember 1984.

»Mark musste ein Strafmandat bei Gericht begleichen, und ich fuhr ihn hin. Dort entschieden wir uns ganz plötzlich, zu heiraten. Wir besorgten uns die nötigen Papiere und fuhren drei Tage später noch einmal hin, um Nägel mit Köpfen zu machen. Anschließend gingen wir mit seiner Mutter mexikanisch essen. Sie war überglücklich. Sie war eine wunderbare Schwiegermutter!«

Debbie störte es nicht, dass dies so gar nichts mit der Hochzeit zu tun hatte, von der sie immer geträumt hatte. Kein Brautkleid, keine Brautjungfern, keine Blumen und auch kein Schokoladenkuchen mit weißem Zuckerguss. Sie war so verliebt, dass es ihr völlig ausreichte, wie im Vorübergehen in einem schlichten Rock und kurzärmeliger Bluse zu heiraten.

Renate erfuhr erst durch Sandy von der Heirat. »Dies machte mich traurig, aber ich konnte ja nicht anders, als diese Entscheidung, wenn auch widerwillig, zu akzeptieren«, schrieb Renate. Und da sie sich um alles in der Welt wünschte, die Verbindung zu ihrer Tochter aufrechtzuerhalten, akzeptierte sie Mark, »um Debbies willen«.

Am 20. Januar 1985, am Super-Bowl-Sonntag, stellte Debbie fest, dass sie schwanger war. Es war »der aufregendste Moment meines Lebens«, sagt sie.

Auch Mark war ganz aus dem Häuschen. »Als ich die Begeisterung in Marks Augen sah, dachte ich, jetzt wird alles gut – er kommt zur Vernunft und wir werden eine glückliche Familie.«

# KAPITEL 6

## »Ich dachte, ich könnte ihn ändern«

Das Jahr 1985 brachte große Veränderungen für die Familie. Im Februar heiratete Renate ihren langjährigen Freund Alex Janka. Es war der beste Tag ihres Lebens. Im März trafen Neuigkeiten ein, die sie mit gemischten Gefühlen aufnahm: Sie wurde Großmutter. Renate sorgte sich, Marks Drogenkonsum könne dem Kind schaden. Auch Debbie war »ängstlich, aber erwartungsvoll«.
»Meine Eltern sahen die Schwangerschaft beide negativ. Sie rieten mir, das Kind wegen Marks Drogenkonsum lieber abtreiben zu lassen – es könnte behindert zur Welt kommen. Aber für mich kam das nicht in Frage. Und so entfremdete ich mich wieder ein Stück von meinen Eltern.«
Sie beschloss, allen zu beweisen, dass sie sich in Mark täuschten.
Im April bekam Renate einen weiteren beunruhigenden Anruf: Ihre Tochter Sandy, die gerade die Schule abgeschlossen hatte, war ebenfalls schwanger. »Ich war entsetzt und diskutierte die Situation stundenlang mit ihr am Telefon, versuchte ihr klarzumachen, welche Verantwortung sie sich aufbürdete, wenn sie das Kind ohne Ausbildung, ohne gesichertes Einkommen und ohne Mann und Vater großziehen wollte«, schreibt Renate.
Doch Sandy sagte nur: »Wenn Debbie und Mark ein Baby bekommen, möchte ich auch eins.«
Renate war fassungslos: »Mit dieser kindlichen Bemerkung versuchte sie meine Bedenken vom Tisch zu wischen.«
Seltsamerweise schien sich nun die Stabilität, die Renate sich für Sandys Leben wünschte, bei Debbie zu entwickeln. Ihr

und Mark »ging es, soweit ich das beurteilen konnte, sehr gut; sie waren voller Vorfreude auf das Baby und sparten, um sich ein kleines Häuschen zu kaufen«, schrieb sie.
Aber das hielt nicht lange. Bald fing Mark wieder zu trinken an und geriet in alle möglichen Schwierigkeiten. Debbie klagte: »Mark war während meiner gesamten Schwangerschaft immer wieder im Gefängnis.«
Im März wurde er wegen Diebstahls verhaftet, der Vorwurf dann jedoch auf »unbefugte Nutzung eines Fahrzeugs« herabgestuft.
Am 2. Mai bekannte sich Mark in der Autogeschichte schuldig und wartete sein Strafmaß ab.
Am 18. Mai wurde er betrunken am Steuer erwischt. Er hatte Debbies Auto vom Parkplatz ihres Arbeitgebers entwendet und einen Unfall verursacht.
Im Juni wurde Mark wegen der unbefugten Fahrzeugnutzung zu drei Jahren Bewährung und sechzig Tagen Gefängnis verurteilt. Als Freigänger durfte er draußen arbeiten. Debra holte ihn jeden Morgen von der Haftanstalt ab und fuhr ihn zu seinem Job.
Im August wurde er entlassen.
Doch als Christopher am 2. Oktober 1985 zur Welt kam, sollte Mark schon wieder im Gefängnis sein, weil er mit seiner zweiten Trunkenheitsfahrt die Bewährungsauflagen verletzt hatte. Nur die bevorstehende Geburt seines Kindes hatte ihm einen Haftaufschub verschafft.
Nach zweiundzwanzig Stunden Wehen wurde Christopher per Kaiserschnitt entbunden. »Als ich ihn zum ersten Mal im Arm hielt, war ich so glücklich«, sagt Debbie. »Ich war ganz erfüllt. Dieses Baby war mein Leben. Christophers Geburt brachte Mark und mich näher zusammen. Er war jeden Tag bei mir und widmete uns jede Minute, in der er nicht arbeiten musste. Christopher war gesund und so süß.«
Mark setzte durch, dass sein Sohn mit zweitem Vornamen

»Conan« genannt wurde, nach dem von ihm bewunderten Leinwand-Barbar.

Debbie wurde mit Schmerztabletten versorgt und nach Hause entlassen. Marks Mutter zog vorübergehend bei dem Paar ein, um ihr mit Chris zu helfen.

Und im November folgte dann die verzweifelte Sandy mit ihrem neugeborenen Sohn.

Sandys Sohn Jason war am 11. November zur Welt gekommen. Seine junge Mutter war ganz auf sich allein gestellt. In der Wohnung, in der sie zuvor gelebt hatte, waren Kinder nicht erlaubt. Ihr Vater machte keine Anstalten, ihr zu helfen. Ihre Mutter war weit weg. Auch sonst nahm ihr Leben keine gute Wendung.

Jasons Vater, der Sohn von Richard Sadeiks bestem Freund, leugnete die Vaterschaft, weshalb Sandy den Unterhalt für das Kind vor Gericht erstreiten musste. Noch schlimmer war, dass ihr eigener Vater sich gegen sie stellte. Richard Sadeik attestierte seiner Tochter vor Gericht einen sehr lockeren Lebenswandel und bezweifelte schlichtweg, dass der Sohn des Nachbarn der Vater sei.

Renate kam schließlich für einen Vaterschaftstest auf, der bewies, dass der Junge Jasons Vater war. Ob Richard Sadeik sich jemals bei seiner Tochter für seine Fehleinschätzung entschuldigt hat, ist nicht bekannt.

Sandy wurden schließlich 450 Dollar Unterhalt im Monat zugesprochen.

Debbie, Sandy und Mark verbrachten den Rest des Jahres 1985 damit, zu lernen, wie man Babys versorgt. Doch die Wohngemeinschaft hielt nicht, und schließlich bat man Sandy, sich eine neue Bleibe zu suchen.

Im Januar 1986 trat Mark seine sechsmonatige Haftstrafe wegen Trunkenheit am Steuer in einer speziellen Haftanstalt für Alkoholiker in Phoenix an.

»Jeden Samstag und Sonntag besuchten Ilse und ich Mark

im Gefängnis. Ich nahm Christopher mit, weil ich wollte, dass Mark eine Beziehung zu seinem Sohn entwickelt. Wir sind jetzt Eltern, erklärte ich ihm. Du musst mit der Trinkerei aufhören. Das Leben ist keine Party.«

Als Renate und Alex im April zu Besuch kamen, stellten sie erfreut fest, dass es den beiden jungen Müttern gutging. Alle schienen glücklich und zufrieden – Renate fand, dass ihre Töchter ihre Kinder aufrichtig liebten, und sie hatte den Eindruck, dass diese Erfahrung die Schwestern einander nähergebracht hatte.

Als Mark aus dem Gefängnis entlassen wurde, erklärte er, er werde zu den Anonymen Alkoholikern gehen. Debra war darüber sehr froh. Es folgte die Feier zu Christophers erstem Geburtstag. Sie besorgte eine große Sahnetorte mit einem kleinen Zug darauf. Die ganze Familie kam zusammen – Debbies Vater und seine neue Frau, ihre Stiefschwester mit ihren Kindern, Sandy und Jason, Marks Eltern. Debra erzählte ihrer Mutter, dass sie sich ein zweites Kind wünsche. Renate dachte im Stillen, das sei das Letzte, was ihre Tochter brauchen konnte, äußerte sich aber verhalten positiv.

Im Januar 1987 wurde Christopher in der Valley Lutheran Church getauft. Für Debbie und Mark war es »ein ganz besonderer Augenblick«.

Unterdessen hatte Debra bei Farmers Insurance eine Stelle gefunden, die sie in nur fünf Autominuten erreichen konnte. Ganz in der Nähe wohnte zudem Marks Cousine Patty, eine Tagesmutter. Dort konnte sie Chris abgeben. Debbie fand ihre Arbeit »spannend« und nahm sich vor, eines Tages Versicherungsvertreterin zu werden. Sie war entschlossen, sich hochzuarbeiten. »Ich ahnte bereits, dass ich irgendwann allein für Christopher würde sorgen müssen«, erinnert sie sich.

Nicht lange nach der Taufe fing Mark wieder zu trinken an.

»Wir hatten ständig Streit deswegen. Doch was hätte ich tun sollen?«
Dann machte sie eine schreckliche Entdeckung. Beim Wäschesortieren in der Garage fiel ihr ein lilafarbener Samtbeutel auf. Als sie die Kordel aufzog, fand sie darin einen verbogenen Löffel, eine Aderpresse, Spritzen und Tütchen mit einem weißen Pulver. Sie legte alles wieder in den Beutel zurück und wartete, bis Mark zu Hause war.
»Ich hielt ihm den Beutel unter die Nase und fragte ihn, was das sei. ›Du spionierst mir also nach?‹, war seine Antwort. ›Ich habe nicht spioniert, du bist einfach dumm‹, schrie ich. Er schnappte sich den Beutel. Ich weinte. ›Spritzt du dieses Zeug? Du nimmst das in Gegenwart eines unschuldigen Babys? Liebst du uns denn gar nicht?‹ Ich hatte ja keine Ahnung, was Sucht bedeutet.«
Mark gab schließlich zu, schon seit seiner Jugend kokainsüchtig zu sein. Debbie begriff gar nicht, dass sie das Besteck eines Heroinsüchtigen gefunden hatte.
»Ich fühlte mich so hintergangen«, sagt sie. »Er wusste von Anfang an, dass ich mit Drogen nichts zu tun haben wollte. Er hat mich einfach angelogen. Warum habe ich bloß nichts gemerkt?«
Sie erinnerte ihn daran, dass in unmittelbarer Nachbarschaft ein Polizist vom Rauschgiftdezernat von Phoenix und ein Deputy Sheriff wohnten. »Ich dachte, wenn die Polizei je Wind von den Drogen in unserem Haus bekommt und sie uns verhaften und ins Gefängnis stecken, was wird dann aus Christopher? Das Jugendamt wird ihn mitnehmen. Das musste ich auf jeden Fall verhindern.«
Sie erwartete, dass Mark Reue zeigte und sich umgehend um Hilfe bemühte. Doch außer dass sie sich stritten, geschah nichts. Schließlich wurde er gewalttätig und warf Gegenstände durch die Wohnung. Debra rief die Polizei, und Mark wurde wegen häuslicher Gewalt verhaftet.

»Du musst damit aufhören!«, schrie sie ihm hinterher. Aber er hörte nicht auf, und da das Geheimnis nun gelüftet war, machte er sich auch keine Mühe mehr, seinen Drogenkonsum zu verbergen. Eines Tages erwischte ihn Debra dabei, wie er sich im Badezimmer einen Schuss setzte. Auf dem Fußboden lag eine Babydecke.

»›Ich mache das nicht mehr mit‹, sagte ich zu Mark. ›Christopher kann unmöglich hierbleiben. Ich ziehe aus.‹ Ich dachte, wenn ihm klarwird, was er verliert, dann hört er auf. Aber ich täuschte mich. Die Drogen waren ihm wichtiger.«

Debbie fand eine eigene Wohnung und fragte Sandy, ob sie mit ihr zusammenziehen wolle. Sie wusste, dass ihre Schwester, die nur vom Kindesunterhalt lebte, arg zu kämpfen hatte. Jason war oft krank, und Sandy konnte nicht arbeiten, weil sie sich ständig um ihn kümmern musste. Also versorgte sie nun die beiden Kinder, während Debbie arbeiten ging. Aber Debra meldete Christopher auch in einem Kindergarten an – »Ich wollte nicht, dass er den ganzen Tag nur vor dem Fernseher hockt«, sagt sie.

Im März 1987 wurde Mark wegen einer weiteren Fahrt im betrunkenen Zustand zu vier Monaten Gefängnis verurteilt. Als er im Juli freikam, ordnete das Gericht eine Entziehungskur an. Debra begleitete ihn, um ihn zu unterstützen, und verbrachte mehrere Abende in der Woche bei seinen Therapiesitzungen. Manchmal besuchte sie auch eine Selbsthilfegruppe für Angehörige von Süchtigen. »Den ganzen Tag arbeiten und abends Drogentherapie, das war damals mein Leben«, erinnert sie sich. Sandy versorgte unterdessen Christopher.

Ihre Familie konnte nicht begreifen, warum sie so viel Zeit opferte, um Mark von seiner Sucht zu kurieren. »Ich begleitete ihn, um ihn zu unterstützen. Er war schließlich der Vater meines Kindes. Christopher fragte ständig nach Mark. Er weinte, weil er ihn vermisste. Das zerriss mir das Herz.«

Sie wünschte sich einen tollen Vater für ihren Sohn, und im nüchternen Zustand war Mark das auch. Ihr eigener Vater war da als Großvater weit weniger ideal. Debra und Sandy beklagten sich bei ihrer Mutter, dass Richard Sadeik seine ganze Zeit und Aufmerksamkeit seiner zweiten Frau Maureen und deren Kindern und Enkelkindern widmete. Nie kam er nach Phoenix, um seine Enkel zu besuchen, sondern verlangte von Debbie und Sandy, zu ihm zu fahren. Er gab ihnen noch nicht einmal das Geld fürs Benzin.

»Debbie erpresste uns mit Christopher«, sagten Richard und Maureen später vor Gericht aus, so als hätte sie ihnen das Kind vorenthalten. Sie behaupteten auch, sie hätten sich oft um Christopher gekümmert, wenn seine Mutter keine Zeit für ihn hatte.

Debbie wird noch heute ganz zornig, wenn sie sich daran erinnert. »Sie haben sich nur ein einziges Mal um Christopher gekümmert, das war, als ich mit Ilse zusammenwohnte und in ihrem Wohnwagen ein Feuer ausbrach. Ich musste meinen Vater regelrecht beknien, Christopher zu sich zu nehmen, während wir aufräumten. Für die eine Woche, die Christopher bei ihnen war, stellte mir mein Vater 50 Dollar in Rechnung. Ich gab ihm das verdammte Geld. Und dann drehten er und Maureen die ganze Sache um und behaupteten, ich hätte Chris ständig bei ihnen abgeladen.«

Im Sommer 1987 kam Renate erneut nach Phoenix. Ihre Töchter, die nun zusammenwohnten, steckten in Geldnöten. Debbie übernahm zeitweise zwei Jobs, um die Rechnungen zu bezahlen. Christopher hatte sich zu einem kleinen Rabauken entwickelt, wie Renate feststellte, Jason war ein stilleres Kind. Trotzdem waren die beiden Jungen unzertrennlich.

Auch Mark schaute vorbei, um seinen Sohn zu besuchen. Renate bat ihn inständig, seinen Lebenswandel zu ändern – sie sah, dass Debra ihn trotz allem noch liebte.

Sie erfuhr bei diesem Besuch auch von einem Nachbarn, der freundschaftliche Beziehungen zu ihren Töchtern unterhielt. Sein Name war James Styers. Er war um die vierzig und stets hilfsbereit – er trug ihnen die Lebensmittel vom Auto zur Haustür, holte ihre Wäsche ab, half beim Möbelrücken. Auch in Debras Erinnerung war er stets »nett und höflich«.
Er lebte mit einer schwangeren Frau namens Gail zusammen. Alle nahmen an, die beiden seien verheiratet. Jim und Gail kamen häufig zu Besuch und aßen manchmal mit Debbie und Sandy. Jim spielte auch mit Chris und Jason und hütete sogar gelegentlich die Kinder.
Nach einigen Monaten trübte sich das Verhältnis zwischen den Schwestern. Der Erziehungsstil der beiden war sehr unterschiedlich, wie Renate auffiel. Sandy schimpfte Jason aus und züchtigte ihn sogar, während Debbie Chris eher eine »Auszeit« verordnete oder ihn mit Erklärungen zu beeinflussen versuchte. (In ihrer Aussage gegen Debra stellte Sandy dies später genau andersherum dar.)
Renate bekam ebenfalls mit, dass es Sandy ärgerte, wenn die Milkes Christopher sehen wollten, weil Jason dann außen vor blieb. Debbie sagte, sie hätte Jason oft zu diesen Besuchen mitgenommen. Auch dass Jim Styers sich mit Debbie anfreundete, missfiel Sandy. Kurz und gut, sie hatte ständig etwas an ihrer älteren Schwester auszusetzen.
Debbie sagt, die Spannungen wurden schließlich so stark, dass sie mit Christopher auszog. Es war zwar ursprünglich ihre Wohnung gewesen, aber sie überließ sie Sandy und Jason, damit die beiden nicht auf der Straße standen. Jim bat Debbie beim Auszug um ihre Telefonnummer, weil er mit ihr in Kontakt bleiben wollte.
Renate, die mittlerweile in Düsseldorf wohnte, machte sich große Sorgen darüber, dass ihre Töchter nicht miteinander auskamen. Sandy litt zunehmend unter Geldnot. Sie hatte

eine ganze Reihe von Rechnungen offen und stellte ungedeckte Schecks aus. Schließlich flehte sie ihre Mutter um Hilfe an. Renate erinnert sich, wie weh es ihr tat, als ihre Tochter sie bat, sie nicht als Versagerin abzuschreiben, sie würde »alles tun«, um sich die gleiche Anerkennung zu verdienen, die Renate ihrer Meinung nach gegenüber Debra zeigte.

Im November 1987 teilte Sandy ihrer Mutter mit, Debbie plane, ein Jahr nach Kalifornien zu ziehen, und zwar ohne Mark und Chris, sie wolle sich dort beruflich fortbilden. Sandy sagte, Mark unterstütze das Vorhaben, weil das Debbies Karrierechancen verbessere, Debbie selbst sei jedoch »sehr im Zweifel«, ob sie es wirklich tun solle. »Alle« hätten ihr angeboten, sich während dieser Zeit um Christopher zu kümmern. Debbie fuhr nach Carlsbad, um sich die kalifornische Zweigstelle der Farmers Insurance anzusehen, aber sie kam mit der Erkenntnis zurück, »dass sich ein Umzug nicht lohnt, denn ich könnte es mir ohnehin nie leisten, dort mit meinem Sohn zu leben«.

Das zweite Hindernis war, dass sie dann auch nicht mehr an Marks Therapiesitzungen hätte teilnehmen können. Alle in ihrer Familie schüttelten den Kopf darüber, dass sie die Gelegenheit nicht beim Schopfe packte. Später stellten sie dies als ein Beispiel dafür hin, dass Debbie »Christopher nicht wollte«.

Das Jahr 1988 begann vielversprechend. Debbie wurde befördert. Mit ihrer Schwester redete sie nicht mehr, aber Jim Styers, der ab und zu anrief, hielt Debbie über Sandy auf dem Laufenden. Sandy half Jim mit seiner Tochter Wendi, und die beiden verbrachten viel Zeit miteinander.

Im März kam Christopher in die Vorschule, und Debbie arbeitete ganztags bei der Versicherung. An den Wochenenden jobbte sie noch ein paar Stunden in einem Pflegeheim, um ihr Gehalt aufzustocken. Mark war zwar gerichtlich zu Unterhaltszahlungen verpflichtet worden, doch sie

erhielt von ihm nichts. Debra sagte, er habe sie unter Druck gesetzt, damit sie unterschrieb, dass er ihr Geld gegeben hätte. An den Wochenenden kümmerte sich Grandma Ilse um den Jungen. Die beiden verstanden sich prächtig.
Dann begann Mark, Debbie nachzustellen. Sie sagte bei Gericht aus, dass er auf ihrer Arbeitsstelle erschien und sie zu sprechen verlangte, er rief ständig an. Sie sagte ihm, er solle das bleiben lassen. Wegen dieser Störungen wurde sie von ihrem Arbeitgeber abgemahnt. Als Mark dann auch noch betrunken und im Drogenrausch bei dem Versicherungsunternehmen aufkreuzte, schämte sie sich so sehr, dass sie kündigte. Sie fand anderswo eine befristete Stelle und hielt die Adresse vor Mark geheim.
Doch Mark bettelte darum, seinen Sohn zu sehen, und fragte, ob er mit ihm ein Wochenende im Haus seiner Mutter verbringen könne. Debra gab schließlich nach, weil sie den Jungen bei seiner Großmutter in sicherer Obhut wähnte. Doch dann brachte Mark Christopher nicht zum vereinbarten Zeitpunkt zurück. Debbie lief nervös in der Wohnung auf und ab. Schließlich tauchte Mark auf, »total betrunken«. Er war absolut fahruntüchtig, nahm kaum noch etwas um sich herum wahr, und Chris' Kindersitz war auch verschwunden. Debbie war entsetzt. Chris war schmutzig und trug nichts als eine Windel.
»Ich war total schockiert«, erinnert sie sich. Mark schlief ein und pinkelte in ihr Bett, während sie Christopher säuberte. Als sie Christopher fragte, was sie das Wochenende über gemacht hatten, sagte der Junge, Freunde seines Vaters seien da gewesen, sie hätten alle getrunken. Debbie und Chris schliefen auf dem Sofa, weil Mark wie ein »Klotz« in ihrem Bett lag und nicht ansprechbar war. Spät in der Nacht rüttelte sie ihn wach und warf ihn aus dem Haus.
»Ich hätte ihm am liebsten den Kopf abgerissen.« Mark entschuldigte sich und schwor Stein und Bein, dass so etwas nie

wieder passieren würde, aber an solche Versprechungen glaubte sie längst nicht mehr.

Schließlich reichte sie die Scheidung ein und erklärte Mark, dass sie das alleinige Sorgerecht beantragen würde. Er bat sie inständig um gemeinsames Sorgerecht. Sie war eigentlich dagegen, aber sie hatte auch kein Geld für einen Anwalt. So füllte sie nur die einfachen Scheidungsformulare aus, für die ein Anwalt nicht nötig ist, und die standardmäßig das gemeinsame Sorgerecht vorsehen.

Einer der Gründe dafür, dass Debbie sich auf diese Regelung einließ, war, dass Mark ein Zimmer im Haus von Sandy mietete. Das gab ihr ein Gefühl von Sicherheit.

Als er sie dann fragte, ob Christopher im Mai mehrere Tage anstatt nur ein paar Stunden bei ihm sein könnte, wurde sie weich.

»Ich sprach mit meiner Schwester. Und sie sagte: ›Solange ich dabei bin, wird niemand Chris ein Haar krümmen.‹ Ich fragte Chris, ob er ein paar Tage bei seinem Vater wohnen wolle, und natürlich war er Feuer und Flamme. Nachdem ich mir also Rückendeckung von meiner Schwester geholt hatte, beschloss ich, Mark eine Chance zu geben.«

Aus ein paar Tagen wurden ein paar Wochen und aus ein paar Wochen ein ganzer Monat. »Jedes Mal, wenn ich aufkreuzte, um Chris abzuholen, wollte er noch bleiben. Nach den Schilderungen meiner Schwester lief alles bestens. Weil es Chris glücklich machte und Mark sich Mühe gab und meine Schwester den Wachhund spielte, wollte ich mich nicht dazwischendrängen.«

Am 25. Juni war Debbie zu einer Hochzeit eingeladen. Mitten in der Feier rief Sandy an, der sie für alle Fälle die Nummer hinterlassen hatte. »Du musst sofort kommen.« Debbie machte sich eiligst auf den Weg und traf Sandy mit einem Mann namens Eddie an.

»›Setz dich lieber‹, sagte meine Schwester. Und dann offenbarte Eddie: ›Mark und ich waren gestern die ganze Nacht bei einer Drogenparty, Chris war auch dabei.‹«

»Mein Gott! Das kann doch nicht wahr sein!«, rief Debbie. Eddie sagte ihr, Mark habe Kokain und Heroin genommen, »in Anwesenheit von Chris«.

»Ich hatte genug gehört. Ich sagte Eddie, er solle mich sofort hinfahren, aber er wollte nicht. Also rief ich die Polizei. Sie sagten, sie würden mich zu dem Haus begleiten. Ich hämmerte an die Tür, nach einer Weile machte eine junge Frau auf. Sie war total zugedröhnt. Wo ist Chris, mein Sohn?, fragte ich sie, aber sie schaute mich nur verwirrt an. Wer ich überhaupt sei, wollte sie wissen, und ich sagte, das spiele keine Rolle, ich wolle nur meinen Sohn. Wo Chris und Mark seien? Mark sei gegangen, sagte sie schließlich. So schnell ich konnte, fuhr ich zu meiner Schwester zurück, und als ich dort ankam, wartete sie schon mit Chris und Jason vor der Tür auf mich.«

Debbie schloss Chris erleichtert in die Arme. »Bist du okay, alles in Ordnung mit dir? Tante Sandy geht ein Stück mit dir spazieren«, sagte sie zu ihm, und Sandy nahm die beiden Jungs mit, während Debbie ins Haus stürmte. Mark stand gerade unter der Dusche.

»Ich sagte kein Wort zu ihm, ich packte einfach nur seinen Arm und sah all die Einstiche. Da schlug ich ihn, so fest ich konnte, ins Gesicht. Ich warf ihm alle Schimpfwörter an den Kopf, die mir einfielen. Ich war so wütend, ich heulte und wetterte gegen ihn: ›Was fällt dir ein? Ich habe dir trotz allem vertraut, und du machst so etwas. Wie konntest du diesen Dreck vor deinem Sohn nehmen?‹ Ich litt furchtbar wegen Chris. Es tat mir weh, dass er einen solchen Vater hatte.«

Sie schrie Mark an, das gemeinsame Sorgerecht könne er jetzt vergessen, sie werde umgehend zum Gericht gehen. Mark brüllte zurück, das würde er sich nicht bieten lassen –

»pass bloß auf«, drohte er. Doch auf Debbie machte das keinen Eindruck. »Solche Drohungen gingen bei mir zum einen Ohr hinein und zum anderen hinaus.«
Ihre Mutter lieh ihr das Geld für einen Scheidungsanwalt. Der reichte einen neuen Scheidungsantrag ein, diesmal unter Beantragung des alleinigen Sorgerechts für Debbie und Klage auf Unterhaltszahlung.
Unterdessen wurde Mark schon wieder betrunken am Steuer erwischt und landete ein weiteres Mal im Gefängnis. Mit den neuen Scheidungspapieren wurde er in der Haft konfrontiert.
Im August 1988 fühlte sich Debbie wieder verfolgt. Sie erhielt Drohanrufe, und ihr Auto wurde dreimal beschädigt. Sie hatte den Eindruck, dass sich verdächtige »Motorradfahrer« bei ihrem Haus herumtrieben. »Ich hatte Angst, dass jemand meinen Sohn entführen oder mich umbringen könnte«, sagte sie und beschloss, Arizona zu verlassen. Dorothy Markwell, mit der sie sich inzwischen wieder ausgesöhnt hatte, lud Debra und Chris zu sich ein.
Christopher freute sich über die Reise nach Colorado. Debbie kaufte ihm neue Spielsachen und eine Sonnenbrille. Anfangs war es eine vergnügliche Reise. In Flagstaff gingen sie im Wald spazieren, saßen an einem See, besuchten die Northern Arizona University, schwammen im Pool des Hotels, in dem sie übernachteten, und vertilgten Unmengen Eis. Chris war fasziniert von den riesigen Lastwagen auf der Straße nach Albuquerque. Debra wunderte sich, dass er nicht ein einziges Mal nach Mark oder Grandma Ilse fragte. Zwischen Gallup und Albuquerque blieb Debbies Auto liegen, und die beiden mussten ungefähr eine Meile bis zur nächsten Tankstelle laufen. Nachdem das Auto abgeschleppt worden war, stellten die Mechaniker fest, dass daran herummanipuliert worden war. Das bestärkte Debbie in ihrem Entschluss, Phoenix zu verlassen. Sie hatte nicht genug

Geld, um das Auto reparieren zu lassen. Sie war mit Chris gestrandet. Ein Trucker namens Sal bot ihr an, sie mitzunehmen. Da sie misstrauisch war, machte sie ihm anfangs weis, sie habe Aids. Doch er konnte sie schließlich überzeugen, dass von ihm nichts zu befürchten war, und brachte die beiden nach Denver. Zum Abschied nahm der Trucker den kleinen Jungen in die Arme.

Dorothy lebte etwas außerhalb von Denver und betrieb in ihrem Haus eine Kinderkrippe. Ihr Ehemann war Bauunternehmer. Alles war perfekt – Chris wurde in der Krippe versorgt, während Debbie arbeitete. Sie fand einen Teilzeitjob und ging wieder aus. Sie besuchte auch Veranstaltungen der Anonymen Alkoholiker, weil sie verstehen wollte, was Alkoholsucht bedeutete.

In Colorado lernte Christopher, der bislang nur die Wüste von Arizona kannte, eine ganz neue Welt kennen. Zusammen mit Dorothys Sohn Bobby und dessen Pfadfindergruppe unternahmen Debbie und Chris einen Ausflug in den Rocky-Mountain-Nationalpark. Dort beobachteten sie, wie Bären die Bäume hinaufkletterten. Über den Labor Day unternahm Dorothys Familie mit Chris und Debbie einen dreitägigen Campingausflug. Chris lernte Angeln und Goldwaschen, und abends saßen sie um ein Lagerfeuer herum und rösteten Marshmallows.

Im Oktober flog Debbie nach Phoenix zu einem Gerichtstermin in der Scheidungssache. Jim Styers und Sandy holten sie vom Flughafen ab, und Debbie wohnte bei ihrer Schwester. Sie wusste, dass Styers ein Auge auf Sandy geworfen hatte, aber sie selbst war ihm nur dankbar für seine Hilfe. Er begleitete sie zum Gericht, als die Scheidung ausgesprochen wurde. Danach führte er sie zum Essen aus. Sie blieb drei Tage bei ihrer Schwester, dann flog sie nach Colorado zurück.

Bei ihrer Rückkehr benahm sich Christopher ungewöhnlich. Er hatte Tobsuchtsanfälle, warf sich auf den Boden, brüllte wie am Spieß und trat um sich. Er wollte zu Grandma Ilse, Jason und Tante Sandy. »Ich hatte ihn noch nie so erlebt«, erinnert sich Debbie. Das war nicht bloß das übliche Trotzalter. Zu viel Zucker? Heimweh? Alle waren ratlos. »Ich kam gar nicht auf die Idee, dass es ein medizinisches Problem sein könnte, er wirkte ja ansonsten gesund.« Debbie wusste sich nicht mehr zu helfen. Sie schrie ihn an, sie legte ihn übers Knie. Als er einmal ein anderes Kind schlug, riss sie ihn so heftig weg, dass er hinfiel. Dorothy Markwell sollte später vor den Geschworenen aussagen, sie habe erlebt, dass Debbie »Christopher quer durchs Zimmer warf«.

Debra stand unter ungeheurem Stress. Sie hatte eine Vollzeitstelle und musste mit einem schwierigen Kind klarkommen. Da sie völlig ausgebrannt war, ließ sie Chris öfter in Dorothys Obhut, während sie mit Freunden herumzog.

Dorothy rief Renate in Deutschland an und erzählte ihr, dass Debbie Schwierigkeiten mit Christopher habe. Renate erinnert sich, dass sie sich sehr »unbestimmt« äußerte und nicht viel mehr sagte, als dass Debbie nicht richtig mit Chris umgehe. Als Renate Dorothy fragte, was man tun könne, wusste sie keine Antwort.

Debbie sagt heute, Dorothy habe alles völlig übertrieben dargestellt. »Dorothy war eine staatlich geprüfte Kinderbetreuerin, und sie hätte per Gesetz jeden Vorfall von Kindesmisshandlung anzeigen müssen. Niemals habe ich Christopher quer durch ein Zimmer geworfen. Bei einem Kind seines Alters hätte das unweigerlich Prellungen oder Knochenbrüche zur Folge gehabt. Dorothy hat mich nie wegen eines solchen Vorfalls zur Rede gestellt, noch hat sie dergleichen den Behörden gemeldet.«

Dorothy, so erinnert sich Debbie, entwickelte zunehmend eine Art »Herrschsucht« und »wollte mir immer vorschrei-

ben, was ich tun solle«. Zwischen den beiden Frauen brach nun öfter Streit aus.
Debbie rief Ilse an. Komm nach Hause, riet ihr die Großmutter von Chris.
Dorothy war entsetzt, dass Debbie überhaupt nur in Erwägung zog, nach Arizona zurückzukehren, genauso war es ihre Mutter wie auch ihr Vater. »Ich rief ihn einmal an, als Chris weinte, weil er Jason und Ilse sehen wollte, und sagte ihm, ich wüsste nicht, was ich tun solle. Mein Vater meinte, ich solle bloß nicht nach Phoenix zurückkehren.«
Aber sie hörte nicht auf ihn. Auch wenn es ihre Mutter zur Verzweiflung trieb und für immer ihre Freundschaft mit Dorothy beeinträchtigte, sie ging zurück nach Phoenix.
Wenn Debra Milke noch einmal von vorne anfangen könnte, würde sie es an diesem Punkt tun. Sie war in sicherer Entfernung von Mark. Sie hatte einen Job und hätte sich eine eigene Wohnung suchen können, in der sie nicht unter der Fuchtel von Dorothy stand. Sie hätte mit ihrem Sohn ein neues Leben in Colorado beginnen können, wo sie wahrscheinlich bis zum heutigen Tag leben würden. »Wenn ich noch einmal die Wahl hätte, würde ich dem Rat meiner Mutter folgen«, sagt sie heute.
Ilse nahm Debbie und Christopher mit offenen Armen auf. Du kannst bei uns wohnen, schlug Ilse vor, und da sich nichts anderes anbot, sagte Debbie ja. Christopher war begeistert. Debbie meldete ihn in einer nahe gelegenen Vorschule an, wo er die Tage verbrachte, während seine Mutter und Großmutter arbeiteten.
Christophers dritter Geburtstag wurde groß gefeiert. Es gab eine Party mit Grandma und Grandpa Milke in Phoenix und eine mit Grandpa Sadeik in Florence. Mark war zu diesem Zeitpunkt zwar auch in Florence, konnte aber am Geburtstag seines Sohnes nicht teilnehmen, da er wieder einmal im dortigen Gefängnis saß.

Debbie schrieb ihm regelmäßig, um ihn über Christophers Entwicklung auf dem Laufenden zu halten.
Am 2. November 1988 notierte sie: »Chris spricht schon viel. Er reiht Wörter aneinander und bildet ganze Sätze. Er kann bis zehn zählen. Er kann allein pinkeln. Er sieht so süß aus. Er ist sehr dickköpfig, ein typischer Junge. Er sieht dir sehr ähnlich. Er schaut gerne Fußball, Baseball und Hockey im Fernsehen. Er redet viel über dich.«
Sie machte Mark klar, dass sie als Eltern ihrem Sohn ein gutes Vorbild sein mussten. »Chris ist kein Baby mehr, man kann nichts vor ihm verbergen. Dafür ist er viel zu schlau.« Debbie ließ Mark gegenüber keinen Zweifel, wie sie die Dinge sah. »Du sagst, du willst die Sorgerechtsbestimmung ändern, weil sie nicht fair sei. Aber ist es fair, sich in Gegenwart von Chris mit verkommenen Typen abzugeben? Es ist auch nicht fair, dass Chris einen Vater hat, der nie da ist. Was glaubst du, wie er sich fühlt, wenn er zur Schule geht und die anderen Kinder ihn hänseln, weil sein Daddy im Gefängnis sitzt? Ist das etwa fair?«
Aber ihre Briefe ins Gefängnis geben zugleich der Hoffnung Ausdruck, dass die Familie noch zu kitten ist.
Im Dezember entdeckte Debbie einen golfballgroßen Klumpen an Christophers Hals. Sie waren bei Ilse und saßen beim Essen, als Chris lachend den Kopf zurückwarf. Mutter und Großmutter waren sehr erschrocken, aber Chris meinte nur: »Das tut nicht weh!« Debra ging sofort mit ihm zum Arzt. Der stellte einen Schilddrüsentumor fest, und Chris kam ins Krankenhaus. Eine Operation war unvermeidlich. Debra war der Gedanke, so ein kleines Kind operieren zu lassen, nicht geheuer. Sie ließ sich von der Versicherungsgesellschaft, bei der sie gearbeitet hatte, beraten, und man empfahl ihr einen Spezialisten. Der gelangte zur selben Diagnose. Unterdessen drängelte Chris, endlich wieder nach Hause zu gehen, er verstand nicht, warum er im

Krankenhaus bleiben musste, wo ihm doch nichts weh tat. Debra hörte sich an, was die Ärzte sagten, und unterschrieb die Operationspapiere. Aus einer OP wurden am Ende zwei, und durch eine Infektion musste die Wunde nochmals geöffnet werden. Chris fand das alles furchtbar und versuchte, sich die Infusionsschläuche aus den Armen zu reißen.
Anfangs stimmten Debra und Ilse ihre Arbeitszeiten so ab, dass sie abwechselnd an seinem Bett sein konnten. Doch dann gab Debbies neuer Arbeitgeber ihr eine Woche frei. Chris war verzweifelt, weil Weihnachten immer näher rückte und er den Weihnachtsmann zu verpassen drohte. Die beiden Frauen trösteten ihn damit, er könne ihn ganz sicher im nächsten Jahr sehen.
Dr. Kevin Zuerlein war Christopher Milkes behandelnder Arzt im Maricopa Medical Center. Er sah Chris und seine Mutter mehrmals täglich während der neunzehn Tage, die Chris im Krankenhaus verbrachte. »Debra schien eine enge Beziehung zu Christopher zu haben«, und »verglichen mit vielen anderen Familien … waren Debras Gegenwart und ihre Besorgnis um Christopher überdurchschnittlich«, gab er später in einer eidesstattlichen Erklärung zu Protokoll.
Nach der Operation ließ Christophers Hyperaktivität merklich nach. Seine Temperamentsausbrüche waren durch den Tumor verursacht worden.
Im Januar 1989 fuhr Debra nach Florence, um Mark aus dem Gefängnis abzuholen. Die Scheidung war ausgesprochen worden, während er in Haft war. Mark war empört darüber, dass er nur ein Besuchsrecht unter Aufsicht für seinen Sohn erhalten hatte. Debbie erklärte ihm, das sei zu Christophers Schutz, solange er nicht drogenfrei sei, könne sie ihn nicht mit ihrem Jungen allein lassen.
Gleichzeitig wollte sie nicht zu jenen gehören, die »Mark aufgegeben« hatten. Sie kannte den »wahren« Mark, sagt sie,

den freundlichen, großzügigen Mann, der solch ein fantastischer Vater sein konnte. Diesem Mann wollte sie einen Platz im Leben ihres Sohnes einräumen.

»Es gibt so viele Eltern, die ihre Kinder als Waffe benutzen«, erklärte sie. »Mein Vater tat das, als ich Teenager war. Oft war er über meine Mutter hergezogen, ich hasste das. Damals schwor ich mir: ›Sollte ich je Kinder haben, werde ich niemals schlecht in ihrem Beisein über ihren Vater reden.‹ Deshalb habe ich die Beziehung trotz aller Probleme von Mark unterstützt.«

Und dann war da noch Grandma Ilse. Sie liebte Mark mit all seinen Fehlern, wie das nur eine Mutter kann. Debra hatte Ilse sehr gern, und Christopher war ganz vernarrt in seine Grandma. Wie Debra wusste, betete ihre Schwiegermutter darum, dass ihr Sohn endlich auf den rechten Pfad zurückfand.

Als Debbie an diesem Januartag mit Mark bei Ilse ankam, war Chris ganz aus dem Häuschen. Zum ersten Mal seit sechs Monaten sah er seinen Vater wieder. Zusammen gingen sie Pizza essen, und Mark spielte mit Chris. Debbie beobachtete Vater und Sohn und dachte, sie tue recht daran, ihnen eine Beziehung zu ermöglichen – solange Mark nüchtern war.

»Meine Familie hält mich für verrückt, weil ich dir noch mal eine Chance gebe«, erklärte sie ihrem Ex-Mann. »Aber mir ist egal, was sie denken.« Sie klang ganz so wie zu Anfang ihrer Beziehung, in jenen naiven Tagen, als sie noch nicht in die Abgründe von Marks Drogensucht geblickt hatte. Aber obwohl sie die nun zur Genüge kannte, lag ihr daran, dass er ein Teil von Christophers Leben blieb.

Debra hielt dies für vernünftig und verantwortungsvoll, andere sahen es eher wie ihre Mutter, die meinte, »der zieht dich völlig runter«. Doch sie schlug alle elterlichen Warnungen in den Wind.

Nach dieser ersten Begegnung hörten Debbie und Chris einen ganzen Monat nichts mehr von Mark. Als er dann doch einmal anrief, klang er so verzweifelt, dass Debbie einwilligte, ihn zu treffen. Ein Blick genügte, und sie wusste, dass er wieder Drogen nahm. Er flehte sie an, mit ihm zu seinem Bewährungshelfer zu fahren und ihm ihren Urin für den fälligen Drogentest zu geben. Sie lehnte ab. Aber sie erklärte sich bereit, mit dem Bewährungshelfer darüber zu reden, für ihn eine Entziehungskur zu beantragen.

Während Marks Entziehungskur fuhr Debbie jeden Samstag mit Chris zu ihm. Mark war klar im Kopf und Chris glücklich darüber, Zeit mit seinem Dad verbringen zu können.

Im Mai 1989 zog Mark bei einem Bewährungs-»Paten« namens Kevin ein, der ihm helfen sollte, drogenfrei und nüchtern zu bleiben. Anfangs blieb Debbie immer dabei, wenn sie Chris vorbeibrachte. Aber nach und nach war sie überzeugt, dass Kevin keine Drogen oder andere verbotene Dinge in seinem Haus erlauben würde. Also ließ sie Chris manchmal auch allein dort. Alles schien gut zu laufen.

Dann hörte sie eine Weile wieder nichts von Mark. Wenn sie anrief, war er nie da. Da sie viel zu tun hatte, machte sie sich keine allzu großen Sorgen.

Im Juni meldete sich Mark schließlich. Er wollte seinen Sohn sehen. Debbie telefonierte mit seinem Bewährungspaten und ließ sich versichern, dass Kevin den Besuch beaufsichtigen würde. Alles sah gut aus: Mark war dabei, seine Entziehungskur abzuschließen, und Debbie war zuversichtlich, dass er es diesmal schaffen würde.

Im Juli erfuhr Debra von der bevorstehenden Heirat ihrer Schwester. »Heiratet sie etwa Jim Styers?«, fragte sie Mark, als er sie anrief, um damit anzugeben, er sei eingeladen worden, Debbie aber nicht. Nein, sie heiratete einen Mann, den Debbie nicht kannte – Ron Pickinpaugh. Debbie war ge-

kränkt, dass ihre Schwester sie von diesem wichtigen Ereignis ausschloss.
Am 15. Juli fuhr Debra trotzdem zu Sandys Wohnung, um ihr zur Hochzeit zu gratulieren. Sie traf dort auf Jim Styers, der offensichtlich »sturzbetrunken« war. Auch Mark war da. Vor der Tür stand ein großer Möbelwagen. Wie sie erfuhr, wollten Sandy und Ron nach Wyoming ziehen. Chris freute sich, seinen Cousin Jason zu sehen. Debbie wurde mit ihrem Schwager bekanntgemacht. Auf die vielen Fragen, die sie ihrer Schwester stellte, erhielt sie keine Antworten. Also half sie ihnen beim Packen.
Aus heiterem Himmel brach Mark einen Streit über das Sorgerecht vom Zaun. Er warf ihr »alle möglichen Schimpfworte« an den Kopf und kündigte dunkel an, ihr noch heimzuzahlen, was sie ihm angetan habe. Alle Anwesenden hörten die Drohung.
Debbie schnappte sich hastig Chris und verließ die Wohnung. Sie wollte Mark nicht zeigen, wie viel Angst er ihr eingejagt hatte.
Erst Ende Juli 1989 nahm Mark wieder Kontakt zu Debbie auf. Er äußerte den Wunsch, Chris solle ihn besuchen. Mark versicherte ihr, Kevin wäre auch anwesend. Sie willigte ein.
Als sie ihren Sohn an jenem Morgen dort ablieferte, schärfte sie Kevin nochmals ein, dass der Besuch »unter Aufsicht stattfinden muss – das ist Teil der Scheidungsvereinbarung«. Kevin versprach es ihr. »Kein Problem, es wird nichts passieren. Machen Sie sich keine Sorgen.«
Debra sagte noch, sie würde Chris um achtzehn Uhr abholen.
Dieser Tag sollte ihr Leben für immer verändern.
Wenn Mark Milke heute von seiner Familie spricht, fehlen diesen Geschichten. Seine Drogensucht räumt er ein, spielt sie aber herunter. Die Folgen seiner Sucht zeigen sich in seinem früh gealterten Gesicht und seinen langsamen Reak-

tionen. Er spricht über Geister und äußert wilde Fantasien. Manchmal sagt er Dinge wie »Christopher ist Jesus und ich bin Johannes der Täufer«.
In seiner Vorstellung war er ein liebevoller Vater, der Einzige, der sich je um den Jungen kümmerte. »Debra hat alles immer verdreht dargestellt, um mir die Schuld zu geben. Sie macht mich für all ihre Probleme verantwortlich«, sagte er 2013 in einem Interview in Coco's Restaurant in Phoenix. »Dabei war ich praktisch die Mutter von Chris. Ich habe die Mutter- und die Vaterrolle übernommen. Sie ist von einer Party zur nächsten gelaufen, während ich mit Chris zu Hause blieb.«
Er habe schon lange befürchtet, dass sie eine Gefahr für den Jungen sei, sagt er. »Als sie mich wie ein Tier einsperrten, hat sie die Scheidung eingereicht. Damals hatte ich Angst, sie würde Chris auf dem Schwarzmarkt verkaufen oder ihn umbringen.«
Mehr als einer der Journalisten, die ihn interviewt haben, hat sich hinterher gefragt: »Auf welchem Planeten lebt dieser Mensch eigentlich?«

# KAPITEL 7

»Ich schnappte mir meinen Sohn,
und wir rannten um unser Leben«

Der Juli ist in Arizona ein schrecklicher Monat. Es ist Hochsommer. Nur im August herrscht eine ähnlich brutale Hitze. Man fühlt sich wie in einem Hexenkessel.
1989 war der Juli der heißeste Monat des Jahres. Die Durchschnittstemperatur betrug 41,6 Grad Celsius, und am 4. Juli wurde der Rekordwert von 46,6 Grad gemessen.
Leute, die in einer gemäßigteren Klimazone leben, können sich kaum vorstellen, dass die Frauen aus Angst vor Verbrennungen keine Metallohrringe tragen und man beim Autofahren das Lenkrad am besten mit Topfhandschuhen anfasst. Sie wissen nicht, wie es ist, wenn über allem der Geruch von Verbranntem hängt. Doch die Einwohner von Phoenix kennen dieses furchtbare Gefühl.
Die Tageszeit, zu der die Hitze am schlimmsten ist, zu der alles förmlich zu glühen scheint, ist abends gegen achtzehn Uhr. Und gegen achtzehn Uhr an einem Tag Ende Juli 1989 wollte Debra Milke ihren Sohn von einem beaufsichtigten Besuch bei ihrem Ex-Mann abholen.
»Als ich an die Tür klopfte, öffnete mir Mark. Ich habe sofort gesehen, dass er high war.«
Sie schaute ins Haus und sah, dass einer von Marks »Drogenfreunden« im Wohnzimmer saß, ein Typ, den sie nur als Gerald kannte. Kevin war nirgends zu sehen. Wo war der Mann, der den Umgang beaufsichtigen sollte, damit genau so etwas nicht passierte?
»Ich habe nicht gleich etwas gesagt«, erinnert sie sich. »Ich habe einfach die Zähne zusammengebissen, denn ich wollte keinen Streit mit Mark anfangen.«

»Ich sagte: ›Ich will Chris abholen.‹ Er sagte: ›Du kriegst ihn nicht.‹ Ich sagte daraufhin: ›Oh doch, und ob!‹ Chris, der meine Stimme gehört hatte, kam zur Tür gerannt und versuchte, sich zwischen Marks Beinen hindurchzuquetschen. Mark schrie ihn an, er solle gefälligst wieder ins Haus gehen. Christopher fing an zu weinen.«
Debra baute sich auf wie eine Löwin: »Ich sag's zum letzten Mal: Ich will Chris. Ich werde ihn jetzt mitnehmen.«
Sie sagt, Mark sei daraufhin ausgerastet.
Er stürmte nach draußen und knallte die Tür zu. Debra konnte durchs Fenster sehen, wie Chris weinte. Mark brüllte sie an, alles sei *ihre* Schuld. *Ihretwegen* müsse er einen Entzug machen, *ihretwegen* dürfe er Chris nur unter Aufsicht sehen. Er würde Christopher erst herausgeben, wenn sie dem gemeinsamen Sorgerecht zustimmte. Erneut verlangte er, sie solle gefälschte Quittungen unterschreiben, die besagten, dass er ihr monatlich 200 Dollar Kindesunterhalt zahle.
Debbie wehrte sich. Niemals würde sie falsche Quittungen unterschreiben – sie schuftete buchstäblich bis zum Umfallen, um für ihren Sohn zu sorgen, und Mark steuerte keinen Penny bei. Niemals würde sie dem gemeinsamen Sorgerecht zustimmen, denn dieser Mann stellte für ihren Sohn eine Gefahr dar.
Sie sagt, er habe gebrüllt: »Ich habe ihn jetzt. Er ist mein Sohn, und ich gebe ihn nicht her.«
Sie brüllte zurück: »Du machst einen sehr schweren Fehler, Mark. Das ist Kindesentführung. Ich habe das alleinige Sorgerecht. Ich brauche nur die Polizei zu rufen, dann kommen sie her und sehen, dass du high bist, und dann sehen sie, dass du auf Bewährung draußen bist, und dann buchten sie dich ein. Wenn du das nicht willst, gibst du mir jetzt Chris.«
Sie sagt, Mark sei ihr an die Kehle gegangen und habe sie auf den Rasen geworfen. Dann habe er sie zur Straße hin

fortgedrängt. »Hau bloß ab, du blöde Zicke!«, hörte sie ihn sagen. Er riss ihr die Autoschlüssel aus der Hand – den Wagen hatte Ilse gekauft, damit Debbie zur Arbeit fahren konnte. Mark sagte, er würde den Wagen »beschlagnahmen«, weil sie die Raten nicht bezahle, sie könne von ihm aus per Anhalter nach Hause fahren.
»Du kriegst ihn nicht, und wenn ich dich umbringen muss, um Chris zu kriegen, dann mache ich das.« Er tobte und war ganz außer sich, so hatte sie ihn noch nie erlebt. »Er war wie von Sinnen von den ganzen Drogen. Und ich hatte Angst. Ich hatte wahnsinnige Angst wegen seiner Drohungen.«
Sie konnte Chris sehen, und sie hörte, wie er nach ihr rief. Sie hatte nur noch einen Gedanken: die Polizei anzurufen. »Ich konnte mich von Mark losreißen und lief die Straße entlang.« Sie musste ein Telefon finden – es gab ja damals noch keine Handys.
Marks Freund Gerald rannte ihr nach, denn er wollte nicht, dass sie die Polizei rief. »Nein, Debbie, nicht, tu's nicht«, bettelte er. »Ich hol dir Chris.« Sie blieb stehen und sagte, wenn er ihr ihren Sohn brächte, würde sie die Polizei nicht alarmieren.
»Ich habe Gerald gesagt, es sei mir scheißegal, was mit Mark geschieht, selbst wenn er lebenslänglich ins Gefängnis muss. Er glaubt, er kann sich einfach mit Drogen vollpumpen, wenn sein Sohn bei ihm ist. Ich kann das nicht zulassen.«
Gerald redete ihr gut zu und ging mit ihr zum Haus zurück. Er versprach, Mark dazu zu bringen, dass er Chris gehen ließ. Dann ging er hinein, und Debbie wartete draußen. Sie sagte, etwa zwanzig Minuten später sei Mark endlich mit Chris herausgekommen.
»Er hielt Christopher an der Hand und ließ ihn nicht los. Er stand da und schrie mich an. Christopher hatte solche Angst, dass er sich in die Hose machte. Dann ließ er Chris los und

stieß ihn in meine Richtung. Er sagte: ›Hier, da hast du ihn, aber vergiss nicht, was ich gesagt habe. Eines Tages hole ich mir Christopher, und wenn ich dich dafür umbringen muss.‹
Chris lief zu mir, ich schnappte mir meinen Sohn, und wir rannten um unser Leben.«
Sie fürchtete, Mark könne es sich anders überlegen und hinter ihnen herrennen. Sie wusste nicht, wohin sie lief, wusste nur, wovor sie weglief. Die beiden waren etliche Meilen von Grandma Ilses Haus entfernt. Debbie hatte Angst, dorthin zurückzukehren, denn hier würde Mark sie am ehesten suchen. Sie wusste nicht, ob Ilse zu ihr oder zu ihrem Sohn halten würde. Aber sie wollte nichts riskieren.
»Wir liefen in eine Seitengasse und versteckten uns hinter einer Mülltonne«, erinnert sie sich. »Ich weinte, und Christopher weinte auch. Wir hockten uns hin und zogen die Köpfe ein. Chris zitterte und klammerte sich voller Angst an mich. Er sagte: ›Ich will meinen Dad nicht mehr besuchen. Er ist so gemein.‹ Und ich sagte: ›Das brauchst du auch nicht.‹ Und er sagte: ›Bitte lass nicht zu, dass mich irgendwer von dir wegholt‹, und ich sagte ihm, das würde niemals geschehen.«
Chris bat sie, ihm Cowboystiefel zu kaufen, und sie fand das in dem Moment eine seltsame Bitte. Der Kleine erklärte: »Weil ich ihn nämlich beim nächsten Mal, wenn er wieder so gemein ist, damit treten will, Mommy. Dann trete ich ihn.«
Sie versteckten sich ungefähr eine Viertelstunde lang, während Debra überlegte, was sie jetzt tun sollte. Sie hatte kein Auto. Sie wusste nicht, wen sie anrufen sollte. Ilse kam ja nicht in Frage. Ihre Schwester war nach Wyoming gezogen, Robin nach New York. Patty wohnte am anderen Ende der Stadt. Die meisten ihrer neuen Freundinnen hatten keine Ahnung, dass sie solche Probleme hatte, und jetzt

war nicht der richtige Moment, um es ihnen mitzuteilen. Aber es gab da noch jemanden. Und der wohnte sogar in der Nähe.
»Der einzige Mensch, an den ich mich wenden konnte, war Jim.«
Sie kannte Jim Styers' Telefonnummer auswendig. Er schien der Einzige zu sein, der ihr in dieser Lage helfen konnte.
»Wir gingen zur nächsten Tankstelle und riefen ihn an. Ich weinte. ›Jim, bitte, komm uns abholen. Chris und ich wissen nicht mehr weiter.‹ Keine fünf Minuten später war er da.«
Debbie weiß noch, wie sie in Jims Wohnung ankamen, wie sie ihrem Sohn Gesicht und Hände wusch, wie sie ihm die nasse Hose auszog, wie er dann bald auf dem Sofa einschlief. Sie und Jim blieben noch bis in die frühen Morgenstunden auf und redeten. Zum ersten Mal hatte Debbie jemanden, dem sie die ganze furchtbare Geschichte anvertrauen konnte. »Ich habe ihm alles erzählt. Er schüttelte nur immer wieder ungläubig den Kopf.«
Für Debbie war das Angebot, bei ihm einzuziehen, zu diesem Zeitpunkt der einzige Ausweg. Nach Hause zu Ilse traute sie sich nicht mehr, und sie hatte nicht genug Geld, um die Kaution und die erste Monatsmiete für eine eigene Wohnung bezahlen zu können.
Am nächsten Tag fuhr Jim sie zu Ilse, um ihre und Christophers Sachen abzuholen. »Ilse war vollkommen überrascht. ›Was ist denn los?‹, fragte sie. Ich erzählte ihr, was geschehen war, dass ich große Angst hätte und kein Risiko eingehen wolle. Und ich sagte, was die nächste Rate für den Wagen angehe, da müsse sie Mark fragen, er hätte mir die Schlüssel abgenommen.«
Debbie und Chris zogen bei Jim ein. Er hatte immer noch die Dreizimmerwohnung im ersten Stock in der Wohnanlage Country Gables Apartments. Seine zweijährige Tochter Wendi teilte sich ihr Zimmer mit Debra und Chris. Der

Raum war so klein, dass Debbie ihre Papiere auf der Kommode in Jims Zimmer aufbewahrte.
Diese Lösung hatte für beide Seiten Vorteile. Jim passte auf Chris auf, wenn Debbie bei der Arbeit war – aus dem Kindergarten, in den er gegangen war, nahm sie den Kleinen heraus und sparte das Geld, um sich ein eigenes Auto zu kaufen. Debbie beteiligte sich an der Miete und an den häuslichen Tätigkeiten. Bis sie sich einen Wagen leisten konnte, fuhr Jim sie jeden Tag zur Arbeit. Sie waren beide in Sorge, weil sein Auto schon reichlich klapprig war.
Dieses Arrangement war erst ein paar Wochen alt, als Debbie im August ihren befristeten Job bei der MeraBank verlor. Keine zwei Wochen später hatte sie sich um einen neuen Job beworben: bei der John Alden Insurance Company in Tempe, von Jims Wohnung aus am anderen Ende der Stadt. Die Stelle bot ihr die Gelegenheit, Versicherungsvertreterin zu werden, und sie wurde auch besser bezahlt. Außerdem waren großzügige Arbeitnehmerleistungen damit verbunden. Debbie sorgte dafür, dass Mark nichts von ihrem neuen Job erfuhr – sie wollte nicht, das er noch einmal an ihrem Arbeitsplatz auftauchte und sie bedrohte. Sie war überzeugt, Jim würde Chris beschützen, falls Mark bei ihm aufkreuzte.
Für Debra war Jim Styers ein starker, verantwortungsvoller, »sehr netter und höflicher« Mann. Er war zwei Meter groß, wog sechsundneunzig Kilogramm, hatte braunes Haar und blaue Augen. »Ich habe nie erlebt, dass er im Zorn die Stimme erhob«, erinnerte sie sich später.
Sie wusste, dass er ihre Schwester liebte und traurig war, weil Sandy einen anderen Mann geheiratet hatte und nach Wyoming gezogen war, aber sie wusste auch, dass die beiden oft miteinander telefonierten. Sie schienen immer noch eng verbunden zu sein. Und sie wusste, dass er das Zerwürfnis mit seiner Frau Karen wegen seiner Affäre mit Gail Lipschultz, die er geschwängert hatte, bedauerte. Ebenfalls

wusste sie, dass er »das Richtige« getan hatte, indem er bis zu Wendis Geburt zu Gail stand. Nun zog Jim das hübsche kleine Mädchen fast allein groß, denn Gail ging noch zur Schule.
Debra hielt Jim für einen guten Vater, fürsorglich und geduldig. Er las den Kindern gern vor und schaute mit ihnen Zeichentrickfilme im Fernsehen. Sie hatte auch seine ältere Schwester Linda Thompson kennengelernt, und es gefiel ihr, dass er aus einer innig verbundenen Familie stammte.
Jim ging regelmäßig in die Kirche – »Er las viel in der Bibel« –, und seine Schwester erzählte Debbie, dass er »eigentlich immer Priester werden wollte«. Niemand wusste von den Dämonen, die ihn insgeheim plagten.
Jim Styers wurde am 3. September 1947 in New Castle, Pennsylvania, geboren. Er war das sechste von sieben Kindern einer Arbeiterfamilie. Sein Vater Charley arbeitete als Mühlenbauer in Stahlwerken, bis die Familie in den Fünfzigerjahren nach Arizona zog, wo er als Wartungstechniker tätig war. Seine Mutter Lois war zunächst Hausfrau und verdiente später, als die Kinder größer wurden, ihr eigenes Geld als Putzfrau und bei Motorola. Jimmy, wie man ihn in der Familie nennt, litt unter Lernschwierigkeiten und hatte es in der Schule schwer, weshalb er in der elften Klasse abging.
Mit neunzehn ging er zur Marineinfanterie, von 1968 bis 1969 diente er in Vietnam. Dort nahm er an mindestens zwölf Kampfeinsätzen teil und erlitt Traumata, über die er nie hinwegkam. Einmal erschoss er einen höchstens zehn Jahre alten vietnamesischen Jungen, der auf einen mit US-Soldaten besetzten Lastwagen aufsprang. Jim sagte, er habe »dem Jungen den Schädel weggeblasen«, weil er fürchtete, er sei ein bewaffneter Terrorist. Dieses Bild ließ ihn nicht mehr los. Auch gab er sich die Schuld am Tod eines Freundes. Er hatte schon auf den feindlichen Schützen angelegt,

im Nachhinein konnte er sich aber nie erklären, warum er nicht abgedrückt hatte. Schließlich musste er noch mit ansehen, wie ein weiterer Freund im Gefecht getötet wurde.

»Styers verließ Vietnam als gebrochener Mann, den für alle Zeiten psychische Probleme plagten«, sagte sein Anwalt im Berufungsverfahren gegen das Todesurteil. Die Anwältin Julie Hall hielt fest, er leide unter einer Posttraumatischen Belastungsstörung, schlafe schlecht, habe akustische, visuelle und taktile Wahnvorstellungen und träume Nacht für Nacht vom Krieg.

Alles wurde nur noch schlimmer, als er auf einen Stützpunkt in Yuma verlegt wurde, dort von einem fahrenden Wagen fiel und sich eine Kopfverletzung zuzog, die bleibende Schäden hinterließ. Als er aus dem Koma erwachte, musste er neu sprechen und laufen lernen und hatte Teile seines Gedächtnisses für immer verloren. Als Invalide wurde er aus dem Militärdienst entlassen und lebte fortan von einer Rente.

Er hatte versucht, sich umzubringen. Seine erste Frau verließ ihn 1977 und nahm die beiden Kinder mit. 1984 wurde er ins Veterans' Administration Hospital in Phoenix eingeliefert und dort vier Monate lang wegen seiner PTBS behandelt.

»Wo Styers auch hinging, die Stimmen und Geistererscheinungen, die nur er sah, hörte und spürte, verfolgten ihn Tag und Nacht«, sagte Hall und merkte an, dass er mit mehreren starken Neuroleptika behandelt worden sei.

Man verschrieb ihm Navane (Tiothixen), ein hochwirksames Arzneimittel, das gegen Schizophrenie und Psychosen eingesetzt wird. Und Lithium, um die Symptome einer bipolaren Störung in den Griff zu bekommen.

Er heiratete wieder, hatte dann aber die besagte Langzeitaffäre mit Gail, bei der er bis zur Geburt ihrer gemeinsamen Tochter am 2. November 1987 blieb. Sandy und Debbie

lernte er kurz vor Wendis Geburt in der Wohnanlage kennen.
Im Jahr darauf wurde seine Familie von mehreren Schicksalsschlägen getroffen, die ihn noch weiter traumatisierten. Er verlor eine Nichte und einen Neffen, Erstere durch eine Krankheit, Letzteren durch einen Autounfall. An zwei aufeinanderfolgenden Tagen im Oktober 1988 verstarben sein ältester Bruder sowie seine Mutter – sein Bruder erlitt einen Herzinfarkt, seine Mutter einen tödlichen Schock, als sie davon erfuhr. Jim und Gail trennten sich und gingen eigene Wege, blieben aber durch ihre Tochter miteinander verbunden. Jim hatte reumütig wieder an Karens Tür geklopft, in der Hoffnung, sie könnten sich versöhnen. Vielleicht konnten sie Wendi adoptieren?
Im Januar 1989 hatte er das Gefühl, »gegen die ganze Welt zu kämpfen«, wie er es in einer Therapiegruppe formulierte. Er hatte Angst, »die Kontrolle zu verlieren«. Er gab Psychologen gegenüber an, er sei »es leid, immer müde zu sein«, er hätte »keine Lust mehr, sich ständig Mühe zu geben«.
Doch für die Außenwelt traten seine Dämonen nie in Erscheinung. Die Nachbarn in der Wohnanlage hatten von Jim Styers den gleichen Eindruck wie Debra Milke: Er war nett und freundlich, wie ein »großer Junge«, und er spielte gern mit den Kindern. Alle wiesen darauf hin, dass Styers zwei-, dreimal pro Woche zur Kirche ging, in die Valley Cathedral. Er nahm Christopher und Wendi zur Bibelstunde mit. Und alle betonten, Jim Styers sei so vertrauenswürdig gewesen, dass sie ihn auch als Babysitter für ihre eigenen Kinder engagiert hatten.
Gail sagte später aus, ihr gegenüber sei er kein einziges Mal gewalttätig geworden, und sie habe keine Bedenken gehabt, ihm den größten Teil der Woche die Betreuung ihrer Tochter zu überlassen.
Und jetzt, in der sengenden Augusthitze von Phoenix, hatte

Jim Styers eine neue Aufgabe im Leben gefunden – als Debras und Christophers Beschützer.

Es dauerte nicht lange, bis Mark auftauchte, an die Tür hämmerte und verlangte, seinen Sohn zu sehen. »Es war äußerst peinlich«, erinnert sich Debra. »Er kam, wenn er high war, dann stieß er wüste Beschimpfungen aus. Es war schrecklich.« Immer wieder verlangte er, dass ich das Sorgerecht ändern ließ.

Sie machte nicht auf, und Christopher versteckte sich. Jim sorgte dafür, dass Mark endlich verschwand. Debbie und Christopher fühlten sich sicher, wenn Jim da war.

Sandy war nicht begeistert, dass ihre Schwester bei ihrem alten Freund Zuflucht gefunden hatte. Sie belästigte Jim mit Anrufen – »Wieso ist Debbie bei dir? Wieso hast du die beiden aufgenommen?« Debbie wollte mit ihr reden, aber Sandy weigerte sich.

»Ich verstand nicht, warum sie sich so aufregte«, sagte Debbie später. »Sie hatte geheiratet und war fortgezogen, außerdem waren Jim und ich nur Freunde. Aber Sandy war mal wieder eifersüchtig, als wolle sie sagen: ›Das ist mein Freund, also Finger weg.‹« Debbie hatte immer das Gefühl, dass Sandy und Jim einander viel näher gekommen waren, als sie beide zugeben wollten.

Mark tauchte wieder und wieder auf, hämmerte an die Tür und tobte vor Wut. Sowohl Jim als auch ihre Mutter rieten Debbie, vor Gericht eine einstweilige Verfügung gegen ihn zu erwirken, etwas, das ihr nie in den Sinn gekommen war. Aber jetzt folgte sie dem Rat und reichte Ende September beim Gericht einen Antrag auf Kontaktverbot ein, um Mark auf Distanz zu halten.

Der zweite Wermutstropfen war Jims guter Freund Roger Scott. Vom ersten Moment an fühlte sich Debbie in seiner Gegenwart unwohl. »Er war das genaue Gegenteil von Jim«, sagt sie. »Er hatte eine rundum negative Ausstrahlung. Er

sprach schlecht über andere, war fies zu den Kindern, rauchte und war ständig betrunken.«
Debbie wusste, dass Roger Scott sie ebenso wenig leiden konnte. Sie hatte den Eindruck, es passe ihm nicht, dass Christopher und auch Wendi so viel von Jims Zeit beanspruchten – Zeit, die Roger lieber selbst mit dem Mann verbringen wollte, von dem er zugab, dass er sein »einziger Freund« sei. Christopher sagte zu Debbie, er fände Roger »gemein«.
Kurz nachdem sie sich kennengelernt hatten, bat Roger Debbie, ihm 250 Dollar zu leihen, damit er sich einen Rechtsanwalt nehmen und sich eine höhere Invalidenrente erstreiten könnte. Debbie reagiert harsch. »Wie bitte? Bin ich eine Bank? Such dir lieber einen Job.«
Am 15. September 1989 kamen Renate und Alex nach Phoenix, um Debra und Christopher zu besuchen. »Besonders glücklich waren wir nicht, als wir Jim Styers kennenlernten und sahen, in welch beengten Verhältnissen die beiden lebten. Aber auf der anderen Seite war ich wirklich froh, dass Debbie sich von Mark getrennt hatte und er aus ihrem unmittelbaren Lebensumfeld verschwunden war. Jim Styers erzählte uns auch gleich, dass er Christopher und Debbie beschützen werde und nicht zulasse, dass Mark Milke sich nur in die Nähe der beiden wage.«
Renate und Alex schauten sich Debbies neue Arbeitsstelle an und sprachen mit ihren Kollegen. Sie freuten sich, dass sie Debbie mochten und »sie lobten«. Sie lernten zudem Ernie Sweat kennen, den Mann, mit dem Debbie damals ausging. An Ernies Geburtstag aßen sie alle zusammen zu Mittag. Renate und Alex mochten Ernie, aber Renate hielt die Beziehung nicht für sehr ernst.
»Sowohl Debbie als auch Ernie schmiedeten eigene Pläne für die Zukunft, und Debbie erzählte mir später, dass sie noch nicht für eine neue Partnerschaft bereit sei.«

Renate war sich ganz sicher, dass Debbie kein Interesse an Jim hatte. Er war nicht ihr Typ. Er war zu alt. Sie schätzte ihn als Freund, das war alles. Weniger sicher war sie, was die andere Seite betraf.

Debbie hatte immer noch kein Auto, daher beschlossen Renate und Alex, ihr ein Auto zu finanzieren, unter der Bedingung, dass Debbie die monatlichen Raten bezahlte. Sie kauften einen weißen, viertürigen Toyota Corolla.

Renate schrieb später einige ihrer letzten Erinnerungen an Christopher auf. »Während Alex und Debbie tagsüber nach einem neuen Wagen Ausschau hielten, war ich viel mit Christopher allein in der Wohnanlage ... Ich erinnere mich, wie er eines Tages auf meinen Schoß kletterte und mir erzählte, welch ›böse Dinge‹ sein Daddy seiner Mommy angetan habe, dass aber Jim das jetzt nicht mehr zulassen würde. Es tat mir weh, von meinem vierjährigen Enkel solche Geschichten zu hören.«

Einmal beobachtete sie, wie er reagierte, als ein älteres Kind ihm sein Dreirad wegnehmen wollte. Er biss den Jungen. »Ich griff ein und wies Christopher zurecht. Christopher antwortete mir, er wüsste, dass er andere Kinder nicht schlagen oder beißen dürfe, dass er es aber nicht zulassen würde, dass ihm noch einmal jemand weh tat. Ich fragte ihn, wer ihm denn weh getan habe. Er antwortete: ›Mein Daddy und seine Freunde, als sie so komisch waren.‹ Kam Debbie nach Hause, freute sich Christopher unbändig. Er sprang an ihr hoch, kletterte auf ihren Schoß und schmiegte sich eng an sie, um ihr von seinen Erlebnissen zu erzählen. Die Liebe und enge Bindung zwischen Mutter und Sohn war offensichtlich.«

Endlich fanden sie in langen Gesprächen auch das einst verlorengegangene Vertrauen zwischen Mutter und Tochter wieder. »Als Alex und ich Phoenix verließen, waren wir, was Debbies Zukunft betraf, sehr zuversichtlich. Wir verabschiedeten uns auch von Styers. Er hatte eiskalte Hände, als wir einander auf Wiedersehen sagten. Im Flugzeug sprach ich noch einmal mit Alex über ihn. Auch er hatte ein seltsames Gefühl. Allerdings konnten wir beide nicht genau definieren, an was es lag. Wir schoben es ein Stück weit auf Styers' übertrieben religiöse Einstellung – er ging mindestens dreimal wöchentlich in die Kirche –, wischten aber die Bedenken in der Hoffnung weg, dass Debbie und Christopher sowieso bald ausziehen würden.«

Als Nächstes flogen sie nach Wyoming, um Sandy und ihre Familie zu besuchen. Sandy bekam einen Wutanfall, als sie hörte, dass sie Debbie ein Auto gekauft hatten. »Sie schrie mich an, dass das mal wieder typisch für mich sei, Debbie würde ich immer alles nachwerfen und sie sei immer diejenige, die leer ausgehe. Sie tobte minutenlang durch die Küche und schleuderte mir hasserfüllt ihre Vorwürfe entgegen. Alex bemühte sich, Sandy zu beruhigen, und machte ihr klar, dass wir immer versuchten, beiden gerecht zu werden, und dass wir auch ihr in den letzten Jahren zwei Autos gekauft hatten – abgesehen von den zahlreichen beglichenen Rechnungen und dem Darlehen, das wir Ron und ihr für das Haus gewährten. Aber wenn Sandy in Rage gerät, ist jede Diskussion sinnlos.«

Alex flog am nächsten Tag nach Hause, weil er »Sandys unverschämte Äußerungen mir gegenüber nicht ertragen konnte«, erinnerte sich Renate. Sie blieb noch, um Zeit mit ihrem zweiten Enkel Jason zu verbringen.

Im Oktober, als sein vierter Geburtstag näher rückte, fragte Christopher wieder öfter nach seinem Dad. Er wollte ihn sehen. Alle erklärten Debra für verrückt, weil sie überhaupt über ein gemeinsames Treffen nachdachte. »Die Verfügung über das Kontaktverbot war noch nicht zugestellt worden, aber ich habe mit Ilse gesprochen und schließlich erlaubt, dass Christopher bis achtzehn Uhr bei ihr zu Hause sein durfte«, sagt sie. Sie ging die strengen Regeln für die Beaufsichtigung genau durch und erklärte ihrer Schwiegermutter, sie werde die Polizei einschalten, falls sie nicht befolgt wurden. Ilse versprach, alles werde korrekt ablaufen.

Debbie weiß noch, wie sie sich mit Jim wegen dieses Besuchs stritt. Er nannte Mark ein »nichtsnutziges Stück Scheiße« und meinte, er verdiene es nicht, Christopher zu sehen. Debbie erklärte, sie liebe ihren Sohn, und der wolle seinen Dad sehen, das könne sie ihm nicht verbieten.

Als Christopher jedoch um achtzehn Uhr noch nicht zu Hause war, geriet Debbie in Panik. Sie rief Ilse an und erfuhr, dass die beiden schon vor einer Weile losgefahren waren. Als sie gegen acht schließlich kamen, war Debbie außer sich. Aber Chris strahlte und hatte die Arme voller Geschenke, erinnert sie sich. Er ging hinein, um sie Jim zu zeigen, während Debbie sich wieder einmal Mark vorknöpfte. Er hatte Kokain genommen, und er behauptete, er könne koksen und trotzdem auf seinen Sohn aufpassen. Jim kam dazu, und die drei stritten sich.

Am nächsten Tag hatte Christopher Geburtstag. Chris und Debbie riefen Renate an, damit Grandma mit dem Geburtstagskind sprechen konnte. Renate erinnert sich, dass Debbie ihr erzählte, Christopher sei von einem Besuch bei Mark verstört nach Hause gekommen, benutze unanständige Ausdrücke und sei seitdem gemein zu seinen Spielkameraden. Chris hatte ihr erklärt, sein Vater wolle, dass er gemein war, weil er »Conan der Unbesiegbare« wäre.

Das Kontaktverbot wurde am 11. Oktober 1989 erlassen. Mark legte Widerspruch ein und verlangte eine Anhörung, die für den 24. Oktober anberaumt wurde. Debbie hatte Angst, allein hinzugehen. Jim begleitete sie.

Hinterher, erzählt sie, habe Mark auf dem Parkplatz abermals »eine abscheuliche und böse Drohung« ausgesprochen, die sie zutiefst erschreckte. »Ich brach weinend zusammen

und sagte zu Jim, ich hätte in all den Jahren, seit ich Mark kenne, noch nie so große Angst vor ihm gehabt.« Jim redete ihr gut zu und meinte, das sei doch alles nur »heiße Luft«, aber Debbie wollte das nicht glauben. »Du hast ihn nicht an dem Abend erlebt, als er mir an die Kehle gegangen ist«, sagte sie zu Jim. »Du hast den Hass in seinem Blick nicht gesehen.« Was Jim jetzt offensichtlich sah, war, dass Debra Milke um ihr Leben fürchtete.
Zwei Wochen später kam Jim mit einer braunen Papiertüte nach Hause und rief sie in sein Zimmer, um ihr den Inhalt zu zeigen. Sie weiß noch, dass es am 11. November war, denn sie hatte kurz zuvor in Wyoming angerufen, um ihrem Neffen Jason zum Geburtstag zu gratulieren. Jim hatte einen Revolver gekauft – »um dich und Chris vor Mark zu beschützen«. Debra war entsetzt. Sie wollte wegen der Kinder keine Waffe im Haus haben. »Chris ist ein neugieriger Junge«, sagte sie zu Jim und bat ihn, die Waffe ungeladen und versteckt aufzubewahren.
Renate erinnerte sich, dass Debbie beim nächsten Anruf sehr »aufgeregt und wütend« war wegen der Waffe. Renate teilte ihre Befürchtungen.
»Sie fühlte sich so hilflos, weil sie Styers nicht verbieten konnte, in seiner eigenen Wohnung eine Waffe zu deponieren«, schreibt Renate. Sie war froh, dass sich das Problem bald in Luft auflösen würde, wenn Debra und Chris in ihre neue Wohnung zogen. Renate atmete auf. Sie dachte an den Vorsatz ihrer Tochter, von vorne anzufangen, erinnerte sich an eines ihrer langen Gespräche im September: »Sie weinte auch über ihre verlorene Jugend. Sie räumte ein, große Fehler gemacht zu haben, und wollte alles wieder in Ordnung bringen. Vor allem Christopher sollte eine gute Zukunft haben.«
Im November fuhren Debbie, Jim und Chris zweimal nach Florence, um Grandpa Sadeik zu besuchen; das erste Mal

am 3. November, um Richards einundfünfzigsten Geburtstag zu feiern, das zweite Mal zu Thanksgiving. Beide Male, sagte ihr Vater später und bezeichnete das als unheilvolles Zeichen, machten Jim und Debbie mit seinem Gewehr Schießübungen. Er erwähnte nicht, dass das Schießen bei ihm durchaus ein üblicher Zeitvertreib war, wenn er Besuch hatte.

Nach Thanksgiving, am 24. November, erzählte Debbie Renate ganz glücklich, dass sie den Mietvertrag unterschrieben hätte und gleich nach Weihnachten umziehen wolle. »Jim Styers beschwor sie, bei ihm zu bleiben; er wollte, so beteuerte er immer wieder, sie und Christopher beschützen. Debbie begann zu ahnen, dass Styers mehr für sie empfand als sie für ihn. Doch ihr Entschluss stand fest: Sie wollte ihrem Sohn eine bessere Zukunft und geordnete Verhältnisse bieten.«

Debbie erinnerte sich gut an die beklemmende Diskussion mit Jim, als sie ihm sagte, dass sie ausziehen würden. »Er war alles andere als erfreut. Er flehte mich an, zu bleiben.« Sie betonte, dass sie nicht wie Sandy in einen anderen Bundesstaat zog, sondern nur in die Nähe ihrer Arbeitsstelle und dass er und Wendi sie jederzeit besuchen kommen könnten.

»Aber er bettelte dennoch, ich solle nicht gehen. Ich erinnerte ihn daran, was ich mit Mark alles durchgemacht hatte und dass ich von ihm weg musste. Und ich begann, meinen Umzug in die neue Wohnung vorzubereiten. Und eine Woche später ist mein Sohn tot.«

Der Staat Arizona klagte James Styers an, mit Hilfe seines Freundes Roger Scott den kleinen Christopher Milke unter dem Vorwand, zum Weihnachtsmann zu fahren, in die Wüste gelockt und getötet zu haben. Jim soll dem Kind dreimal in den Hinterkopf geschossen haben.

Außerdem, so behauptete die Staatsanwaltschaft, sei, als sie an jenem Morgen die Wohnung verließen – Chris in seinem Dinosaurier-T-Shirt und Jim in seinem Wyoming-Sweatshirt –, eine Verschwörung im Spiel gewesen, und Debra habe gewusst, dass sie »es an dem Tag tun würden«.

Linda Thompson ist ihrem drei Jahre jüngeren Bruder wie aus dem Gesicht geschnitten. Und sie behauptet ebenso vehement wie Jim Styers selbst, dass er kein Mörder ist.

»Mein Bruder hat Christopher nicht getötet«, sagt sie beim Mittagessen in einem Restaurant in Glendale. Sie erinnert sich an den Moment, als die Familie erfuhr, dass Jim verhaftet worden war. »Das Erste, was mein Vater sagte, war, gut, dass eure Mutter nicht mehr am Leben ist, denn sie würde sofort zur Polizei gehen und notfalls alles kurz und klein schlagen, um klarzustellen, dass so was einfach nicht seinem Wesen entspricht.«

Von Jims noch lebenden fünf Geschwistern, erzählt Linda, sind vier von seiner Unschuld überzeugt, und die eine Schwester, die ihn für schuldig hält, »weiß nur das, was sie im Fernsehen sieht«.

Sie erinnert sich, dass sie an dem Abend, als sie davon erfuhren, versucht hat, ihren Bruder auf der Polizeiwache zu erreichen, aber man ließ ihn nicht telefonieren. Sie besuchte ihn dann im Gefängnis.

Jim erzählte ihr, was an dem Tag geschehen war – die gleiche Geschichte, die er all die Jahre hindurch immer wieder erzählt hat. Sie kann nicht begreifen, wie irgendjemand darauf kommen konnte, dass an jenem Samstag ein Mordkomplott ausgeführt wurde.

Diese Annahme erfolgte durch das »Geständnis«, das Saldate angeblich von Debra erhalten hatte. In seinem Bericht heißt es: »Jim habe ihr [Debra] gesagt, dass sie vorhatten, es an dem Tag zu tun, und dass er Roger abholen würde.« Linda Thompson sagt jedoch, ihr Bruder habe an dem Samstagvormittag etwas ganz anderes vorgehabt. Er wollte

seine Tochter, die bei Gail übernachtet hatte, dort abholen und sie ebenfalls mit ins Metro Center nehmen, um den Weihnachtsmann zu treffen.
Gail bestätigte das in einem aufgezeichneten Gespräch mit den Ermittlern. Jim hatte Wendi am Freitagabend bei Gail abgesetzt und die Pläne für den Samstag mit ihr besprochen: »Er wollte sie am nächsten Tag abholen, schon ziemlich früh. Ich habe gesagt, hey, komm lieber etwas später, am Nachmittag. Ich wollte mit ihr noch etwas unternehmen.«
Wenn Jim am Samstagmorgen einen vorsätzlichen, im Voraus geplanten Mord begehen wollte, dann hätte er wohl kaum versucht, seine Tochter mitzunehmen, betont seine Schwester. Sie meint, er hätte dann nicht angeboten, Wendi abzuholen, und wäre schon gar nicht darauf eingegangen, das auch später zu tun. Die Vorstellung, er hätte beim Verlassen der Wohnung den Plan gehabt, den Jungen umzubringen, »ergibt einfach keinen Sinn«.
Linda sagt, Jim habe ihr erzählt: »Sie haben sich in der Wüste die Zeit vertrieben, bis er Wendi abholen konnte. Sie haben Segelflugzeuge beobachtet und nach Schlangen Ausschau gehalten.« Als sie zum Wagen zurückwollten, sei Jim vorangegangen. »Chris ging in der Mitte und Roger hinter ihnen. Jim behauptete, er habe drei Schüsse gehört, und als er sich umdrehte, habe Roger eine Waffe auf ihn gerichtet.«
Bei seiner Verhandlung sagte Jim aus, Roger habe zu ihm gesagt: »›Ich habe mich um Chris gekümmert. Und du tust jetzt genau, was ich dir sage.‹ Ich war total schockiert.«
Jim erzählte der Jury, Roger habe gedroht, er werde auch Debbie und Wendi etwas antun, wenn Jim ihm nicht helfe, den Mord zu vertuschen.
Als Jim Styers diese Worte 2013 während eines Telefoninterviews im Todestrakt vorgelesen wurden, sagte er: »Und Gail, Gail wollte er auch etwas antun.«
Dann äußert er ein weiteres Mal das, was er »die ganze Zeit

gesagt« habe: dass Debra Milke unschuldig sei.« »Nein. Sie hatte keine Ahnung von dem, was da vor sich ging, genau wie ich keine Ahnung hatte, was geschehen würde, aber als es dann passiert war, wurde sie auch mit hineingezogen. Ich bete mehr denn je darum, dass ihr Todesurteil aufgehoben wird und sie rauskommt.«

In seiner Verhandlung sagte Jim aus, durch den Schock habe er einen Vietnam-Flashback gehabt. »Ich sehe Leute, die gar nicht da sind. Vietnamesen oder Soldaten, manchmal Frauen und Kinder.« Sein Anwalt fragte ihn, woher er wisse, dass sie nicht da sind. »Weil sie außer mir niemand sehen kann.« Und so war es auch, als er die drei Schüsse hörte. »Ich sah die Leichen anderer Kinder dort liegen. Christopher habe ich nicht gesehen, aber ich kann mir vorstellen, wie er dort lag. Dass er dort mit den anderen Leichen gelegen hat.«

»Jim hat Debbie sehr gemocht, aber nicht auf diese Art«, sagt Linda Thompson. Sie sagt, alle haben ihre Beziehung falsch interpretiert und etwas ganz Entscheidendes übersehen: »Jim wusste, dass er mit Debbie keine Zukunft hatte, und hat versucht, sich mit Karen zu versöhnen, damit sie Wendi adoptieren konnten. Jim hatte keinen Grund, so eine Dummheit zu begehen.«

Ihr kommen noch immer die Tränen, wenn sie von Christopher spricht, auf den sie ein paarmal aufgepasst hat. »Er war ein drolliges Kind, ständig hat er sich mit Jimmy gekabbelt. Und er war immer total fröhlich.«

Sie saß im Gerichtssaal und hörte mit an, wie ihr Bruder als »Freak« dargestellt wurde, dessen psychische Verletzungen aus dem Vietnamkrieg mit zu dieser Tragödie beigetragen hatten. So ist unser Jimmy nicht, dachte sie.

Sie saß im Gerichtssaal und hörte mit an, wie Debra Milke »von ihrer eigenen Familie zerfleischt« wurde, wie man sie als »Monster« bezeichnete und behauptete, sie habe ihren Sohn nicht geliebt. »Die Debra, die ich kannte, war kein

bisschen so, wie sie sagten. Und ich wartete auf Beweise. Wie um alles in der Welt konnten sie Debbie nur verurteilen – man braucht doch wenigstens *irgendeinen* Beweis!«
Linda sagt, sie sei sich da ganz sicher, weil sie nicht nur Jim und Debra kannte, sondern auch Roger Scott – den Mann, auf dessen Aussage sich die Anklage fast gänzlich verließ. »Roger ist ein echter Kotzbrocken. Ich kenne ihn schon, seit er in die Grundschule ging. Ich war damals auf der Highschool, und er wohnte in der Nachbarschaft. Ich kannte seine Mutter. Roger hat sie geschlagen, und sie hatte Angst vor ihm. Jim war sein einziger Freund.« Sie nennt Roger einen »Säufer und Penner«. Sie hält ihn für den wahren Mörder.
Auch Gail Lipschultz hatte keine sehr hohe Meinung von Roger Scott. Während ihrer Vernehmung vom Juni 1990 fand sie kein einziges gutes Wort für ihn. Sie sagte, sie habe ihn durch Jim kennengelernt, kannte ihn seit »sechs oder sieben« Jahren, habe ihn aber »nie gemocht«. Sie erklärte, er habe so regelmäßig getrunken, dass man »gar nicht mehr sagen konnte, ob er gerade betrunken war oder nicht«. Debbie und Jim hingegen, sagte sie, waren nur »Gelegenheitstrinker«.
Nicht Jim und Debra, sondern Roger sei derjenige gewesen, der Christopher geringschätzig behandelte. »Mir kam es immer so vor, als wäre es ihm lieber, wenn der Junge nicht da wäre. Er machte manchmal Bemerkungen wie ›Kleiner, ich wünschte, du würdest die Treppe runterfallen‹ und so.«
Gail sagte, Jim habe sie mehrmals aus dem Gefängnis angerufen, hauptsächlich, um sich nach Wendi zu erkundigen. Sie erzählte, er habe ihr gesagt, er sei es nicht gewesen und glaube, die Polizei werde ihren Fehler bald bemerken. Er rechne damit, Weihnachten wieder draußen zu sein.
Es gibt noch jemanden, der Jim Styers von Anfang an nicht für den Mörder gehalten hat: Randy Sukor, der 1989 zur Valley-Cathedral-Gemeinde gehörte.

»Wir hatten hundert Kirchendiener«, sagt er, »und Jim war einer von denen, die regelmäßig im Einsatz waren. Es gehörte zu meinen Aufgaben, die Kirchendiener zu betreuen. Er half mindestens einmal in der Woche mit. Und er kam zum Gottesdienst am Sonntagmorgen, am Sonntagabend und meistens noch einmal unter der Woche. Ich würde ihn nicht als geistig minderbemittelt bezeichnen, aber er war ein einfacher Mann. Ich mochte ihn. Meiner Einschätzung nach hat er das Kind nicht getötet.«

Reverend Sukor, der inzwischen im Ruhestand ist, wurde bei Jims Verhandlung 1990 als Leumundszeuge geladen. Er besuchte Jim ein paarmal und schloss ihn immer in seine Gebete ein. Er sagt, jetzt wieder über ihn zu sprechen erinnere ihn daran, dass er noch einmal mit ihm Kontakt aufnehmen wollte, im Todestrakt.

Der Letzte, von dem man ein freundliches Wort über Jim Styers erwarten würde, dürfte wohl Mark Milke sein. Obwohl er inzwischen glaubt, dass Jim seinen Sohn getötet hat, war das am Anfang nicht so.

In einem Polizeibericht wurden seine Worte festgehalten, als man ihn in Texas anrief und ihm sagte, sein Sohn würde vermisst: »Jim Styers würde meinem Sohn bestimmt nichts tun. Aber Roger Scott, das ist etwas anderes.«

Was ihn selbst angeht, hat Jim Styers die Schuld, die ihn trifft, eingestanden. Er habe gelogen, als er behauptete, Christopher sei im Einkaufszentrum verschwunden. Er sagte das bei seiner Verhandlung aus und schrieb es im Gefängnis an einen Brieffreund.

»Der Grund, warum ich gelogen habe, war, weil Scott gedroht hat, Debra und meine Tochter Wendi umzubringen, falls die Polizei hinter ihm her wäre. Und er war ja draußen und konnte es tun. Und weil Christopher schon tot war, glaubte ich, er würde es wahr machen. Aber als sie mir am Montag sagten – sie hatten mich am Sonntag verhaftet –, dass Scott behauptete, ich hätte es getan, und sie ihn auch verhaftet hätten, habe ich ihnen die Wahrheit gesagt. Scott hat ihnen sogar erzählt, Debra hätte auch davon gewusst. Aber die Wahrheit war ihnen ganz egal, sie wollten uns bloß alle drei verurteilen. Und das haben sie getan. Und mein Verteidiger hat ihnen sogar noch dabei geholfen. Also bin ich jetzt hier, weil ich zuerst gelogen habe, aber ich habe Christopher nicht umgebracht. Doch wie Gott sagt, wer sich einer Sünde schuldig macht, der ist in allem schuldig geworden (Jak 2,10). Gott hat mir vergeben, aber in dieser Welt muss ich noch für meine Sünden büßen. Doch Gott sei Dank nicht in der Neuen Welt bei Ihm.«

Linda Thompson erinnert sich, dass sie nach Jims und Debras Verhaftung in deren Wohnung gegangen sei. Sie war sehr beeindruckt, mit wie viel Liebe und Sorgfalt sie sich eingerichtet hatten.

»Alle Sachen waren sauber und ordentlich zusammengelegt, die Socken paarweise zusammengezogen. Die beiden haben nicht im Chaos gelebt.«

Sie weiß noch, dass sie Christophers Spielsachen zu Marks Vater brachte. Was mit Debbies Sachen geschah, weiß sie nicht. Sie hatte den Eindruck, dass viele Dinge schon entfernt worden waren, aber sie wusste nicht, von wem. »Ich habe Jims Kleidung, seine Schallplatten und Kassetten mitgenommen und habe sie lange behalten. Schließlich habe ich sie meiner Nichte geschenkt.«

Und sie hat auch etwas von Debbie mitgenommen und all die Jahre aufbewahrt. Sie reicht es mir jetzt mit der Bitte, es seiner Besitzerin zurückzugeben. Die Plastiktüte enthält zwei Zackenscheren, ein rotes Nadelkissen in Form einer Tomate, einen Fingerhut, eine Lupe, ein rotes Zentimetermaß, fünfzig goldfarbene Stecknadeln, eine Rolle rosafarbenes Seidenband, Reißverschlüsse in Blau, Grün und Weiß und weiße Spitze mit rotem Besatz.

Sie wird gefragt, was sie ihrem Bruder gern sagen würde: »Ich weiß, dass du nichts Böses getan hast. Bitte, komm nach Hause. Ich liebe dich.«
Und Roger? »Du sollst in der Hölle schmoren, du Schwein.«
Und Debbie? »Ich möchte sie umarmen und ihr sagen, dass ich weiß, was sie verloren hat, und dass ich sie für ihre Stärke bewundere.«

# KAPITEL 8

»Gestanden? Ich habe nichts gestanden. Ich habe doch nichts getan«

Bis zum heutigen Tag kann sich Debra Milke nicht an ihr Gespräch mit dem Privatdetektiv und investigativen Journalisten Paul Huebl erinnern, das wenige Stunden nach ihrer Verhaftung stattfand.
»Ich stand unter Schock. Ich wusste gar nicht, was vor sich ging«, erinnert sie sich. »Ich begriff nicht, dass ich verdächtig war, als wir nach Phoenix zurückfuhren. Ich war überzeugt, Saldate würde mich wieder nach Hause bringen. Ich rechnete überhaupt nicht damit, im Gefängnis zu landen! Ich hatte nichts getan und verstand darum nicht, warum man mich festnehmen sollte. Aber dann kamen wir zur Polizeiwache, und dort waren die vielen Reporter, und ich fragte ihn: »Was wollen die hier?« Dann dachte ich, sie hätten mich festgenommen, weil ich eine schlechte Mutter war und zugelassen hatte, dass Jim meinen Sohn mitnimmt.«
Zehn Tage lang war sie wie betäubt, scherte sich nicht um das, was mit ihr passierte. Heute weiß sie, dass sie an diesem ersten Abend im Gefängnis mit Huebl gesprochen hat, aber sie kann sich an das Treffen und an das, was dabei geredet wurde, überhaupt nicht erinnern. Und es drang auch nicht zu ihr durch, was er ihr zu sagen versuchte.
Huebl dagegen wird diese erste Begegnung mit ihr nie vergessen. Die Erinnerung daran verfolgt ihn seit einem Vierteljahrhundert. An jenem Samstagabend versuchte er Debra begreiflich zu machen, dass die Polizei behauptete, sie habe »gestanden«, den Mord an ihrem Sohn in Auftrag gegeben zu haben.
Paul Huebl verfügt über große Menschenkenntnis, und er

ist ein Mann, dem man bestimmt kein übertriebenes Mitgefühl nachsagen kann. Er weiß, wann man ihm etwas vormacht, und merkt gleich, wenn jemand nur auf die Tränendrüse drücken will. Nach der Begegnung mit Debra war er aber davon überzeugt, dass sie nicht gestanden hatte. Er wurde zu einem ihrer leidenschaftlichsten Fürsprecher.

Huebl ist ein Deutschamerikaner, der stolz auf seine Herkunft ist – seine Facebook-Seite ziert ein Bild der Quadriga auf dem Brandenburger Tor in Berlin. Er ist ein äußerst konservativer Republikaner und Vietnamveteran, der gegen den »sozialistischen Staat von Obama« wettert, gegen schärfere Waffengesetze kämpft und früher einmal Polizist in Chicago war. Er hat Gefängnisse im ganzen Land besucht, hat schon mal in Arizonas Gaskammer in Florence und auf einem elektrischen Stuhl Platz genommen und fühlt sich den Gesetzeshütern eng verbunden.

Im Dezember 1989 trat mit Huebl eine neue Art von Fernsehjournalist auf den Plan – ein Privatdetektiv, der zugleich als Fernsehproduzent agierte und hin und wieder auch selbst die Berichterstattung übernahm. Die üblichen Fernsehjournalisten verfügten damals nicht über ausreichende Fachkenntnisse, um sich mit komplexen juristischen Sachverhalten zu befassen. Nur wenige hatten eine juristische Ausbildung. Jemand wie Huebl war die Lösung – er kannte sich in beiden Bereichen bestens aus und hatte keinerlei Berührungsängste.

An jenem Sonntagabend war die größte Story in Arizona der Leichenfund eines kleinen Jungen in der Wüste und die Verhaftung seiner Mutter als seine mutmaßliche Mörderin. Huebls Redakteur beim Fernsehsender KSAZ schickte ihn zum Untersuchungsgefängnis, um etwas über den Fall in Erfahrung zu bringen. Er wies sich als Privatdetektiv aus und bat darum, Debra sprechen zu dürfen. Die Polizisten hatten keine Einwände. Debra trug noch ihre private Kleidung und hatte vom Abnehmen der Fingerabdrücke schwarze Tinte an den Händen. Die beiden setzten sich in eine ruhigen Ecke des Eingangsbereichs. Huebl zeichnete das Gespräch heimlich auf.

Später gab er eine eidesstattliche Erklärung zu dem Geschehen ab. Eine solche wird wie eine Zeugenaussage gewertet – als eine Erklärung unter Eid außerhalb des Gerichtssaals. In einer derartigen Erklärung die Unwahrheit zu sagen wiegt ebenso schwer wie eine Lüge im Zeugenstand.

»Ich hatte gehofft, von ihr ein paar belastende Aussagen aufs Band zu bekommen, die später in den Abendnachrichten verwendet werden konnten«, schrieb er. »Aufgrund meiner neunundzwanzigjährigen Erfahrung bei der Polizei, als Ermittler und als investigativer Journalist weiß ich, dass die meisten Verdächtigen, die ein Verbrechen gestanden haben, anschließend sich selbst belastende Aussagen machen. Ich hatte erwartet, dass Debra solche Aussagen machen würde, aus einem Schuldgefühl heraus oder in der Hoffnung auf Strafmilderung.

Stattdessen war Debra völlig verstört und leugnete beharrlich jede Mittäterschaft oder Anstiftung zum Mord an Christopher. Debra reagierte verblüfft, als ich sie fragte, ob sie der Polizei erzählt hatte, sie hätte sich den Tod ihres Sohnes gewünscht.«

Später berichtete er: »Sie riss die Augen weit auf und sagte: ›Wer hat Ihnen denn das erzählt – das ist absurd. Ich hatte mit dem Tod meines Sohnes nichts zu tun!‹«

Huebl war sich nach diesem ersten Interview sicher, dass Debra »aufrichtig« war, als sie sagte, sie habe nichts gestanden. »Ich war überzeugt davon, dass sie keine Ahnung hatte, dass man ihr Gespräch mit Detective Saldate als Geständnis auslegen könnte.«

Von allen Meldungen und Berichten, die sich in den beiden

folgenden Jahren mit diesem Fall beschäftigten, waren die von Paul Huebl auf Channel 10 die einzigen, in denen Debra Milke fair dargestellt wurde. »Die Presse hat sie dämonisiert«, erinnert er sich. »Die Reporter mochten sie nicht. Die Redakteure mochten sie auch nicht. Die Zuschauer hielten sie für böse.«

Doch Huebl betonte in seinen Reportagen Debras Beteuerungen, sie habe nie gestanden, und wies darauf hin, dass »den Geschworenen, abgesehen von dem Geständnis, so gut wie keine Beweise vorgelegt wurden«. Er wies auch darauf hin, dass Debras Befragung durch Saldate nicht aufgezeichnet worden war, die von Roger Scott dagegen schon. Er spielte aus seinem Interview die Stelle vor, an der Debra entrüstet »Nein« sagt, sie habe nichts gestanden und sie habe auch nicht gewollt, dass ihr Sohn stirbt, und betonte: »Saldate hat das Geständnis erfunden.«

»Mir sind zwei Tragödien zugestoßen«, sagt sie in einer Nachrichtensendung. »Die erste ist der Verlust von Christopher. Die zweite ist diese Anklage und Verurteilung.«

Huebl ließ in den nächsten fünfundzwanzig Jahren keine Gelegenheit aus, Armando Saldate als Lügner zu bezeichnen. »Er hätte ihr ein Blatt Papier vorlegen können. Er hatte Stift und Papier zur Verfügung. Er hätte ein Geständnis verfassen und sagen können: ›Hier, jetzt noch unterschreiben bitte.‹ Aber er hat es nicht getan, weil er wusste, dass sie nicht unterschreiben würde, denn sie hatte ja nichts gestanden.« Und er gab etwas zu, das man von konservativen Republikanern und ehemaligen Polizisten nur äußerst selten hört: »Dieser Fall hat mich dazu veranlasst, meine Befürwortung der Todesstrafe noch einmal zu überdenken.«

Debra erinnert sich, ihren Vater angerufen und um Hilfe gebeten zu haben. Er sagte, er hätte kein Geld für einen Rechtsanwalt, sie würde also mit einem Pflichtverteidiger vorliebnehmen müssen. Sie versuchte ihm zu erklären, dass

sie nicht verstand, warum sie im Gefängnis war, denn »ich habe doch nichts getan«. Dabei hatte er sie gar nicht gefragt, ob sie schuldig war oder nicht. Hätte er gefragt, hätte sie vermutlich geantwortet: »Meine Schuld besteht darin, dass ich meinen Sohn mit einem Mann habe wegfahren lassen, der mir vertrauenswürdig erschien.«
Damals war ihr aber nicht klar, dass ihr Vater ihr keine Fragen stellte, weil er Saldates Geschichte glaubte und überzeugt war, seine Tochter sei für den Tod seines Enkels verantwortlich. Sie beendete das Telefonat in der Annahme, dass sie bald wieder miteinander sprechen würden. Aber zu einem richtigen Gespräch zwischen den beiden ist es nie mehr gekommen.
Jahre später sollte sie voller Trauer sagen: »Als ich klein war, gab mein Vater mir dreimal die Chance, die Wahrheit über einen zerbrochenen Kerzenleuchter zu sagen. Aber als Christopher ermordet wurde, hat er mir nicht mal eine Chance gegeben. Er war derjenige, der mir beigebracht hat, dass man, wenn man die Wahrheit sagt, nicht in Schwierigkeiten kommt. Ich habe die Wahrheit über Christopher gesagt, aber ich bin in ganz furchtbare Schwierigkeiten geraten.«
Debra war schon über eine Woche im Gefängnis, als ein Pflichtverteidiger sich bei ihr vorstellte und sie endlich begriff, was vor sich ging.
Kenneth Ray merkte sofort, dass sie völlig ahnungslos war. Er gab später an, er sei verblüfft gewesen, als Debra Milke – damals schon die meistgeschmähte Frau im ganzen Land – ihn fragte: »Stimmt es, dass mein Sohn tot ist?«
Er habe sie ungläubig angestarrt und dann gesagt: »Ja, und laut diesem Bericht hier haben Sie den Mord an ihm in Auftrag gegeben.« Sie schrie, er habe wohl den Verstand verloren. Er reichte ihr eine Kopie von Saldates Polizeibericht – ihre von ihm paraphrasierten Worte –, der für alle Zeiten als ihr »Geständnis« betrachtet werden würde.

Debra sagt, sie habe angefangen zu lesen und sei entsetzt gewesen: »Das habe ich nicht gesagt. Das ist falsch.« Sie war fassungslos. Und wütend. Sie erzählte ihrem Verteidiger alles über ihr Gespräch mit Saldate.
Langsam begriff Debra ihre Lage. Deshalb also war das Gefängnispersonal so feindselig ihr gegenüber. Deshalb waren ihre Mithäftlinge so gemein. Debra wurde bewusst, dass alle sie für eine Kindsmörderin hielten. Sie hatte die Berichte in den Nachrichten und Zeitungen, in denen sie bereits als des Mordes überführt galt, nicht gesehen. Sie brachte es nicht über sich, die Behauptungen zu lesen, die der ganze Staat las – die das ganze Land glaubte.
*Phoenix Gazette*, 4. Dezember 1989: »Junge (4) aus Phoenix tot in der Wüste gefunden. Mutter und 2 Männer unter Mordanklage«.
*Arizona Republic*, 5. Dezember 1989: »›Ich weiß nicht, ob ich darüber je hinwegkommen werde.‹ Verwandter des ermordeten Kleinkinds fragt ›Warum?‹. Polizei rätselt über Motiv«.
*Arizona Republic*, 6. Dezember 1989: »Mom wollte Kind ›loswerden‹. Tathergang rekonstruiert«.
*Phoenix Gazette*, 6. Dezember 1989: »Polizei: Verdächtigem wurden 250 Dollar für die Mitwirkung am Mord versprochen«.
*Arizona Republic*, 7. Dezember 1989: »›Jetzt ist er bei Jesus‹: Trauer um getöteten Jungen«.
Debra Milke hat es bis heute nicht verwunden, dass man ihr nicht gestattete, an der Trauerfeier für ihren Sohn teilzunehmen.
»Ich wusste gar nicht, wann sie stattfand. Ich erinnere mich dunkel, dass ein Mann mit einem Blatt Papier, das ich unterschreiben sollte, ins Gefängnis von Durango kam. Er schob mir das Blatt hin und sagte, mein Sohn würde eingeäschert, und ich müsse unterschreiben. Ich hatte gar keine andere Wahl.«

Mark Milkes Familie behauptete, Mark habe am Abend zuvor ein Formular unterschrieben, mit dem er Debra die »Erlaubnis« erteilte, an der Trauerfeier teilzunehmen. Die Reporter fügten hinzu, dass sie bei Gericht nicht darum gebeten hatte, hingehen zu dürfen – was alle Welt so interpretierte, dass sie keinen Wert darauf legte, dabei zu sein. Natürlich hätten es die meisten ohnehin als unziemlich empfunden, dass die Frau, die des Mordes an dem Jungen angeklagt war, vor seinem weiß ausgckleideten, himmelblauen Sarg saß.

Über zweihundert Trauergäste kamen zu der Feier; etliche von ihnen fremde Leute, die nur wegen der Zeitungsberichte erschienen waren.

»Unser Zorn ist einer großen Leere gewichen, sagten Freunde und Verwandte am Mittwoch bei der Beisetzung des kleinen Christopher Milke«, schrieb Jim Walsh in der *Arizona Republic*.

Er zitierte den Pfarrer der Shepherd of the Valley Lutheran Church: »Christopher wollte zum Weihnachtsmann, aber jetzt ist er bei Jesus.«

David Rossmiller von der *Phoenix Gazette* erwähnte, dass Christophers Sarg an der Stelle stand, wo seine Eltern ihn 1987 hatten taufen lassen.

Grandma Renate Janka traf rechtzeitig zur Trauerfeier aus Europa ein – in der festen Erwartung, Debra dort anzutreffen, nicht ahnend, dass ihre Tochter gar nicht informiert war. »Der Gang in die Kirche war einer der schwersten meines Lebens«, schrieb sie später. »Christophers kleiner Sarg stand offen vor dem Altar, und wir nahmen nacheinander Abschied von ihm. Er sah so friedlich und hübsch aus, wie ich ihn in Erinnerung hatte.

Der von Mark Milke bestellte Pfarrer begann seine Predigt. Er ging anfangs auf Christophers kurzes Leben und das seiner Mutter ein. Dann öffnete sich das Kirchenportal, und Mark Milke betrat in einem weißen Anzug das Kirchenschiff. Der Pfarrer begrüßte ihn als ›rehabilitierten Ex-Alkoholiker, der nun zum Glauben gefunden hat und dies mit seiner weißen Kleidung zum Ausdruck bringen möchte‹. Ich kann mich nicht mehr genau an jedes Wort erinnern, aber die gesamte Predigt, die sich vor dem offenen Kindersarg abspielte, war eine einzige Zeremonie für den ›bedauernswerten‹ Mark Milke, der ›durch das Zutun der Mutter seinen Sohn verloren‹ habe. Ich war nicht die Einzige unter den Trauergästen, die starr vor Entsetzen und voll ohnmächtiger Wut das Spektakel verfolgte.«

Renate war am Tag zuvor nach einem zweiundzwanzigstündigen Flug in Phoenix angekommen; sie wusste nur, dass ihr Enkel tot war. Sie hatte keine Ahnung, dass Debbie im Gefängnis saß. Richard Sadeiks Gerede von einem Geständnis Debbies hielt sie für puren Unsinn. Sie war erschöpft, als sie aus dem Flugzeug stieg und von Sandy und Ron in Empfang genommen wurde.

»Mom, stell dir vor, wir sind im Fernsehen«, sagte Sandy, als sie sich zur Begrüßung umarmten. Renate verstand nicht, was sie meinte.

»Wo ist Debbie? Hast du mit ihr geredet?«, fragte Renate sofort.

Sie erinnert sich, dass Sandys Antwort »seltsam distanziert« klang.

»Sie sitzt in Untersuchungshaft. Natürlich konnte ich nicht mit ihr reden. Komm jetzt. Wir erzählen dir alles unterwegs, aber zuerst müssen wir ins Flughafenrestaurant. Sie bringen gerade Berichte über Debbie, weil sie Christopher umbringen hat lassen! Das musst du dir anschauen!«

Renate schreibt weiter: »Ich blickte meine Tochter und meinen Schwiegersohn entgeistert an. Das konnte doch nicht wahr sein! Waren die beiden völlig von Sinnen? ... Ich wurde gezwungen, mir im Fernsehen das Medienspektakel anzusehen, das sich um meine Familie drehte. ›Mutter beauftragt

Killer, ihren Sohn zu ermorden‹ und ›Eine Mutter wird zum Monster‹ … Ich konnte und wollte mir nicht vorstellen, dass sie über meine Tochter Debbie berichteten.«
Renate hatte genug gesehen, sprang auf und verlangte, dass sie jetzt aufbrachen und nach Florence zu ihrem Ex-Mann fuhren. Unterwegs gab Sandy die ganze entsetzliche Geschichte zum Besten: »Debbie hat schließlich gestanden. Sie hat Detective Saldate alles erzählt und uns die ganze Zeit nur etwas vorgespielt. Ihre Verzweiflung, die Entführung und so weiter – das war alles eiskalt geplant.«
Renate konnte nicht glauben, was sie da über ihre älteste Tochter hörte, und sie schaute ihre Jüngste nur entgeistert an, als Sandy fragte: »Kann ich jetzt Debbies Auto haben?«
Renate schrieb: »Das durfte alles überhaupt nicht wahr sein. Wie konnte meine jüngere Tochter nur so unverfroren sein und in einem Augenblick wie diesem an einen Wagen denken? Ich antwortete nicht auf ihre Bitte, sondern fühlte nur Unverständnis und Leere, die ganze Situation erschien mir seltsam unwirklich.«
Fernsehübertragungswagen, Reporter und Schaulustige empfingen sie, als sie beim Haus der Sadeiks eintrafen. Sie umzingelten das Auto und bombardierten sie mit Fragen. Renate floh ins Haus, in der Hoffnung, »endlich irgendwie Ruhe und Klarheit zu finden«.
Doch die ersten Worte ihres Ex-Manns machten diese Hoffnung zunichte: »Deine Tochter ist für mich gestorben!«
Am nächsten Tag fuhr Renate nach Phoenix, um Debbie im Gefängnis zu besuchen. Aber sie wurde abgewiesen. Sie bat um den Namen von Debbies Verteidiger, aber niemand schien Bescheid zu wissen.
Nach Christophers Trauerfeier ging Renate zum Polizeipräsidium, wo sie mit Detective Saldate zusammentraf. Sie bat ihn, ihr das Geständnis zu zeigen. »Aber er erklärte mir, dass das Protokoll Eigentum der Polizei sei und ich kein

Recht hätte, es zu lesen.« Renate wusste nicht, dass jeder Journalist der Stadt diesen Bericht zu lesen bekam.

Sie erinnert sich, dass Saldate kurz angebunden und abweisend war und darauf beharrte, ihre Tochter sei eine Kindsmörderin. »Sie verschwinden besser wieder dahin, wo Sie hergekommen sind«, sagte er zu ihr.

Allerdings gab er Debbies Auto heraus. Der Wagen, in dem man Christopher zu seinem Todesort gefahren hatte, werde als Beweisstück nicht mehr benötigt, meinte er.

Sie machte sich wieder auf den Weg zu den Sadeiks, um festzustellen, dass die gerade dabei waren, Debbies Besitz unter sich aufzuteilen. Sandy fragte erneut, ob sie Debbies Auto haben könne. Richard war der Ansicht, Debbies Ersparnisse sollten an Sandy gehen oder zur Deckung der Bestattungskosten verwendet werden. Stiefmutter Maureen wollte in Debbies Wohnung Sachen für ihre eigene Tochter Karen heraussuchen.

»Die Ereignisse liefen wie in einem schlechten Film an mir vorüber«, schrieb Renate später.

Zusammen mit Maureen fuhr sie nach Phoenix, einerseits um aus dem Haus der Sadeiks wegzukommen, andererseits, um Debbies persönliche Papiere zu holen, nur um festzustellen, dass ihre Wohnung bereits durchsucht und teilweise ausgeräumt worden war. Der Vermieter sagte, Mark Milke sei schon vor ihnen dagewesen.

Renate fand keine Papiere von Debbie. Das Einzige, was sie fand – und für ihre Tochter aufbewahrte –, war eine Halskette, die sie ihr geschenkt hatte und die Richard ursprünglich als Souvenir von einer Reise nach Saudi-Arabien mitgebracht hatte. Sie nahm auch die Spielsachen mit, die sie erst kürzlich für Christopher gekauft hatte, um sie den Enkelkindern der Sadeik-Familie zu schenken. Als Maureen anfing, den Kleiderschrank nach Sachen für Karen zu durchwühlen, brach Renate weinend zusammen.

Sie war nicht in der Lage, zu den Sadeiks zurückzukehren. Eine Freundin von Debbie bot ihr aber an, bei ihr zu übernachten. Ihr siebentägiger Urlaub näherte sich seinem Ende, aber sie versuchte noch einmal, Debbie zu besuchen. Sie ging zum Gefängnis, nur um gesagt zu bekommen: »Ihre Tochter will Sie nicht sehen.« Renate war entsetzt und verwirrt über diese Auskunft.

Sie konnte nicht wissen, dass Debbie sehnsüchtig auf den Besuch ihrer Mutter wartete – dass sie betete, diese würde die Wahrheit erkennen und ihr helfen. Aber an jenem Tag, als ihre Mutter am Empfang stand, sagte man Debbie: »Ihre Mutter will Sie nicht sehen.« Dann überreichte jemand vom Gefängnispersonal Debbie ein Blatt Papier – ihre Mutter wollte, dass sie ihr das Auto überschrieb. Debbie kritzelte wütend ihre Unterschrift hin, in der Annahme, auch ihre Mutter habe sie aufgegeben. Als Renate das Dokument erhielt, wurde sie von Kummer überwältigt. Eine Tochter, die ihrer Mutter nicht ins Gesicht sehen kann – was sollte sie davon halten? »Ich konnte nicht glauben, dass sie es getan hatte. Aber wenn doch, dann wollte ich nichts mehr mit ihr zu tun haben«, sagte sie später.

Bis zum heutigen Tag weiß Debra Milke genau, dass dieser Moment ihr Schicksal besiegelte. »Hätte meine Mutter mich an jenem Tag besucht, wäre alles anders gekommen«, sagt sie. »Ich hätte ihr gesagt, dass ich nicht gestanden habe. Ich hätte ihr gesagt: ›Mom, das ist eine Lüge.‹ Ich hätte meiner Mutter die Wahrheit erzählt, und dann hätte sie für mich gekämpft.« Renate hat diesen Moment einen »makabren Scherz« genannt.

Beide Frauen glauben, es habe von »irgendwoher« eine Anweisung gegeben, sie voneinander fernzuhalten, damit die Fiktion des »Geständnisses« aufrechterhalten werden konnte. Renate erfuhr aus der Zeitung, dass eine Grand Jury Debra des Mordes angeklagt hatte, und sie war verärgert, weil die Familie nicht benachrichtigt worden war. Doch im amerikanischen Justizsystem ist das der übliche Ablauf. Die Anhörung vor einer Grand Jury – die in vielen anderen Ländern inzwischen abgeschafft wurde – entscheidet in den USA immer noch darüber, ob überhaupt Anklage erhoben wird. Diese Jurys stehen im Ruf, oft voreingenommen und letztlich nur Handlanger der Staatsanwaltschaft zu sein.

»Mit einer Grand Jury kann der Staatsanwalt selbst ein Schinkenbrot vor Gericht bringen«, heißt es sprichwörtlich. Den Regeln dieses Verfahrens entsprechend, hatte der Staatsanwalt seine Beweise vorgelegt – der einzige Zeuge war Detective Saldate. Debras Anwalt wurde zu dem Termin nicht zugelassen und durfte auch keine Entlastungszeugen aufrufen. Wie unter solchen Umständen kaum anders zu erwarten, stimmten die Geschworenen der Anklage zu, und das Verfahren gegen Debra Milke nahm seinen Lauf.

Renate verbrachte ihre letzten Tage in Phoenix mit dem Versuch, sich mit Kenneth Ray in Verbindung zu setzen. Sie schreibt, sie sei zweimal zu seinem Büro gefahren, aber er sei nicht zu sprechen gewesen. Sie hinterließ ihre Nummer und bat um einen Anruf. Er meldete sich nicht.

Sie unternahm noch einen letzten Versuch, ihren Ex-Mann dazu zu bewegen, ihrer Tochter zu helfen. Sie gab ihm Rays Kontaktdaten, aber sie weiß heute, dass er den Anwalt nie angerufen hat. »Offensichtlich existierte Debbie in seiner Welt tatsächlich nicht mehr«, sagt sie.

Das Einzige, was sie im Laufe des folgenden Jahres von Richard und Maureen erhielt, waren »Zeitungsausschnitte mit grauenhaften Berichten über meine Tochter«. Während des Prozesses rief sie bei den beiden an, um ein paar Informationen zu bekommen. Dann änderten die Sadeiks ihre Telefonnummer, und Renate verlor ganz den Kontakt zu ihrem Ex-Mann.

Sie sollte seine Stimme erst wieder 1998 hören, wenige Tage vor seinem Tod. Renate saß still im Büro eines Privatdetektivs und lauschte dessen Telefonat mit dem Sterbenden, der zähneknirschend und fluchend die Möglichkeit erwog, seine Tochter fälschlich für schuldig gehalten zu haben.
Sie fragte sich, ob ihm je zu Bewusstsein gekommen war, was für ein lausiger Vater er gewesen war. Richard Sadeik hatte gegen seine beiden Töchter vor Gericht ausgesagt – Sandy hatte er als Flittchen dargestellt, die jemandem ihr Kind unterschieben wollte; Debra hatte er als Mörderin bezeichnet, die ihren Sohn hatte töten lassen. In beiden Fällen hatte er sich getäuscht.
Renate kehrte als gebrochene, verstörte und trauernde Frau in die Schweiz zurück. Während sie anfangs noch geschworen hätte, dass Debbie auf keinen Fall an dem Mord beteiligt gewesen sein konnte, war sie sich jetzt nicht mehr so sicher. Zweifel nagten an ihr.
Sämtliche Zeitungsartikel sprachen von ihrer Schuld. Jedes Detail, das die Polizei verlauten ließ, wies auf ihre Komplizenschaft hin. Und immer, wenn der Fall Debra Milke irgendwo erwähnt wurde, hieß es: »Sie hat ja gestanden.«
Renate flog nicht zur Verhandlung in die USA. Hätte Kenneth Ray sie zurückgerufen, hätte er ihr erklären können, was im Vernehmungszimmer geschehen war. Er hätte ihr die Augen öffnen und zeigen können, dass ihre erste Reaktion richtig gewesen war. Ihre Aussage hätte in der Verhandlung eine starke Stimme zugunsten ihrer Tochter sein können – die einzige, die stark genug gewesen wäre, um den boshaften Zeugenaussagen ihres Vaters und ihrer Schwester etwas entgegenzusetzen.
Aber dazu kam es nicht.
Renate Janka weinte sich in Gedanken an ihre ältere Tochter Nacht für Nacht auf der anderen Seite des Atlantischen Ozeans in den Schlaf.

# KAPITEL 9

»Lieber Jim, hat er nach mir gerufen?«

Nach ihrer Verhaftung wechselten Jim und Debra über vierzig Briefe. Mehr als dreißig schrieb er ihr in der Zelle, in der er auf seinen Prozess wartete, etwa ein Dutzend beantwortete sie.
Allen dreien – Roger Scott, Jim Styers und Debra Milke – drohte die Todesstrafe. Debras Prozess sollte Anfang September 1990 den Auftakt machen. Gegen Styers sollte im Oktober, gegen Scott Anfang 1991 verhandelt werden.
Die Briefe aus der Untersuchungshaft datieren vom Dezember 1989 bis zum Juni 1990.
Die Staatsanwaltschaft und teilweise auch die Medien stellten sie als »Liebesbriefe« zwischen Verschwörern dar. Manche behaupteten, dieser Briefwechsel habe den beiden dazu gedient, »ihre Geschichten aufeinander abzustimmen«. Einige meinten, sie zeigten Debra als kalte, herzlose Frau, die ihr eigenes Wohlbefinden über alles stellte. Und andere nahmen diese Briefe als »Schuldbeweise«. Saldate behauptete sogar, Jim und Debra hätten eine Art Geheimsprache verwendet, um ihre Geschichten abzustimmen.
Bis zum heutigen Tag zitieren die Medien aus diesen Briefen, um zu untermauern, dass Debra Milke nur aufgrund einer juristischen Finesse aus der Haft entlassen wurde.
Eine der schrillsten Stimmen in dieser Richtung gehört Laurie Roberts, Kolumnistin der *Arizona Republic*, die nach der Lektüre einiger weniger dieser Briefe offenbar jedes Mitgefühl für Debra verlor.
Anfangs hatte auch sie noch Zweifel an Milkes Schuld. In einer Kolumne vom 12. Dezember 2014 schrieb sie: »... eine Frau, die den Mord an ihrem Sohn in Auftrag gegeben haben

soll, ist auf freiem Fuß – nicht weil sie erwiesenermaßen unschuldig ist (was durchaus möglich ist), sondern weil ein Polizist im Ruhestand sich als unglaubwürdig erwiesen und ein Staatsanwalt die Verfahrensvorschriften nicht beachtet hat.«

Doch in ihrer Kolumne vom 24. März 2015 erwähnte sie die Briefe unter der Schlagzeile: »Sorry, ich vergieße keine Träne für Debra Milke«.

Am 10. April 2015 widmete sie dann ihre Kolumne allein den Briefen. »Es sind Milkes eigene Worte im Briefwechsel mit Styers, die sie als Schauspielerin in der Rolle der trauernden Mutter entlarven.«

In scharfen Worten kommentiert Roberts Zitate aus diesen Briefen. Sie leitet sie folgendermaßen ein:

»Ich kann mir allerlei vorstellen, wie eine unschuldige Mutter unter der Last ihres Kummers reagiert, wenn sie in einer Gefängniszelle sitzt und ihr einziges, geliebtes Kind betrauert.

Mir fallen auch ein paar Dinge ein, die ich gern mit einem Mann anstellen würde, der angeklagt ist, mein Kind umgebracht zu haben.

Mit ihm eine Brieffreundschaft einzugehen, zählt irgendwie nicht dazu.

Aber wenn ich überhaupt dem Mann schreiben würde, der angeklagt ist, meinem Sohn eine Waffe an den Hinterkopf gesetzt und abgedrückt zu haben, dann bestimmt nicht das:

*Mann, wie gern würde ich jetzt ein Bier trinken!* SMILE. *Wie steht's mit dir? So einen Stress habe ich noch nie durchgemacht. Aber ich halte durch. Du auch!*«

Dadurch entstand natürlich der Eindruck, dies sei der Tenor all der Briefe. Unerwähnt blieb, dass dies drei Monate nach den Verhaftungen geschrieben worden war und im achtzehnten Brief stand, den die beiden sich schickten.

Roberts gibt sich empört: »Nicht nur, dass Milke Styers' Lachen fehlt, sie vermisst Bier, Pepsi, ihre Freiheit und ihre Geburtstagsparty. Bezeichnenderweise erwähnt sie in neun langen Briefen nicht ein einziges Mal, dass sie ihren Sohn vermisst.«
Doch liest man all diese Briefe im Zusammenhang, ergibt sich ein völlig anderes Bild. Die über vierzig Schreiben bringen Unsicherheit, Kummer, Zorn, Depression, Angst und Hoffnung zum Ausdruck. Sie enthalten viele Klagen über Christophers Verlust und was er für seine Mutter bedeutete. Sie formulieren Fragen, wie und warum das geschehen konnte und wer was getan hat.
Debra sagt heute, dass diese Briefe ihre einzige Möglichkeit darstellten, etwas darüber herauszubekommen, was mit ihrem Sohn geschehen war. Für die Staatsanwaltschaft war Jim Styers der Schütze, aber Debbie konnte das nicht glauben. Als sie diese Briefe schrieb, war sie überzeugt, dass Roger Scott der Mörder war – und sie hatte ihren Ex-Mann im Verdacht, in die Sache verwickelt zu sein.
Jim schrieb ihr den ersten Brief am 19. Dezember 1989 – siebzehn Tage nach dem Mord:

*Hallo Debra, ich weiß gar nicht, ob ich dir schreiben soll, ich weiß nicht, ob du den Brief jemals bekommst. Debra, ich habe in Roger einen Freund verloren. Ich kann gar nicht glauben, was geschehen ist, was er getan hat und was er für Lügen erzählt. Lass uns darüber reden, wenn wir aus diesem Chaos raus sind. Ich bete darum, dass du mir verzeihst, ihn in dein Leben gebracht zu haben.*

Debra antwortete ihm nicht.
An Heiligabend meldete sich Jim erneut:

*Honey, ich habe gerade erfahren, was dir geschehen ist, du kannst dir gar nicht vorstellen, wie sehr ich darunter leide. Ich hoffe, du weißt, dass ich nichts damit zu tun habe, dass du im Gefängnis bist. Du hattest nichts mit dem zu tun, was passiert ist ...*
*Ich habe heute Abend etwas herausgefunden, an dem ich arbeiten muss. Und das ist, dass ich dich mehr liebe, als ich bisher dachte. Ich weiß, dass ich nie dein Geliebter sein werde. Damit kann ich leben, aber der Gedanke, dass ich dich auch als Freundin verlieren könnte, ist mir unerträglich.*

Debra beantwortete auch diesen Brief nicht.
Am 2. Januar wandte sich Jim wieder an Debra:

*Ich verstehe nicht, warum ich keine Post von dir bekomme. Ich hoffe, es liegt daran, dass du nicht schreiben kannst, und nicht daran, dass du nicht willst. Wenn du nichts mehr von mir hören willst, lass es mich wissen ...*

Am 4. Januar 1990 schrieb Debbie zum ersten Mal zurück. Ihre Verteidiger, Kenneth Ray und Kirk Fowler, hatten ihr dazu geraten, um mehr über den Ablauf des Mordes zu erfahren.
Es wäre ein kluger Schachzug der Verteidigung gewesen, die Briefe im Verfahren als Beweis für Debras Unschuld zu präsentieren. Leider war dies keine Verteidigung, die mit klugen Schachzügen glänzte. Am Ende wurden die Briefe im Verfahren nicht zugelassen. Stattdessen pickte sich die Anklage einzelne Sätze, die an die Presse gelangt waren, heraus, um Debra als Drahtzieherin und Jim als ihren willigen Helfershelfer im Mordkomplott erscheinen zu lassen.
Wie die Geschworenen überhaupt von den Briefen erfuh-

ren, blieb ein Rätsel, das erst lange nach dem Verfahren gelöst wurde.

Debras erster Brief lautete:

*Jim, ich habe deine Briefe erhalten, und ich habe nichts dagegen, dass du mir schreibst. Ich bin nur so durcheinander und wütend über alles, was passiert ist. Für Roger empfinde ich nichts als Verachtung. Mach dir keine Vorwürfe, dass du Roger in mein Leben gebracht hast. Er war schließlich ein Freund von dir. Roger kam mir von Anfang an seltsam vor, aber ich hätte nicht gedacht, dass er zu so etwas fähig ist.*
*Jim, ich kenne dich seit drei Jahren, und ich glaube nicht, dass du mir je so etwas antun könntest. Ich weiß, was du für Christopher empfunden hast ...*
*Ich vermisse meinen Sohn, und nichts und niemand wird ihn mir je zurückbringen ... Ich glaube fest daran, dass Roger hinter alldem steckt und dich und mich anschwärzt. Ich kann nicht weiterschreiben, weil mich das so aufregt. Ich bin völlig verzweifelt über die ganze Sache ...*

Am 11. Januar antwortete Jim erleichtert:

*Ich habe heute deinen Brief erhalten, und ich bin froh, dass du mir schreibst ...*
*Debbie – ich bin auch total durcheinander. Sie wollen mich zum Tod verurteilen, und dabei habe ich gar nichts getan. Es war Roger, er versucht, es uns beiden anzuhängen ...*
*Ich muss aufhören, es regt mich zu sehr auf.*

Am 18. Januar schrieb Debbie:

*Alles, was ich wissen will, Jim, ist, was passiert ist. Als du an diesem Morgen weggefahren bist, dachte ich, du fährst mit Christopher in das Einkaufszentrum. Wann und wie ist Roger dazugestoßen?*
*Ich habe erfahren, dass du zu Roger gefahren bist und ihn dann mitgenommen hast, um Medikamente zu besorgen, und dann habt ihr zusammen Pizza gegessen. Warum hast du mir davon nichts erzählt? Wenn Roger dafür verantwortlich ist, wie hat er das alleine geschafft? Womit ist er denn gefahren, und wie hast du Chris verloren? Ist Mark vielleicht in die Sache verwickelt?*
*Ich weiß, was du mir gegenüber empfindest, das ist in Ordnung. Wenn du mich wirklich liebst, dann bitte, sag mir, was geschehen ist. Mein Sohn ist tot, und ich werde ihn nie wiedersehen! Nie! Ich weiß nicht einmal, ob Christopher gelitten hat. Wusste er, was mit ihm geschehen würde? Hat er nach mir gerufen? Kannst du dir vorstellen, wie ich mich fühle? Was, wenn das Wendi passiert wäre? Bitte, Jim – Christopher war mein Kind! Alles, was ich wissen will, ist – warum? Alles, was du mir sagen kannst, lindert meinen Schmerz ...*

Am 22. Januar schickte Jim ihr wieder einen Brief, gab ihr aber keine Antwort auf ihre drängenden Fragen.

*Debbie, glaubst du, ich habe das getan? Ich war es nicht. So etwas hätte ich Christopher oder dir nie antun können. Roger hat es hinter meinem Rücken getan.*

Am 28. Januar folgte Debras dritter Brief an Jim:

*... Woher weißt du so viel über Roger? Bist du in Kontakt mit ihm? Mich macht diese ganze Geschichte völlig krank ...*

Zwei Tage später formulierte Jim eine Antwort:

> *Zu Roger. Ich möchte nichts mit ihm zu tun haben. Alles, was ich über ihn weiß, ist das, was mein Anwalt mir sagt. Übrigens tut er das nicht bloß dir an, sondern auch mir.*
> *Hier das, was passiert ist an dem Samstag. Wir haben Roger abgeholt, dann seine Medikamente besorgt, und Chris hat gesagt, er hat Hunger. Also sind wir Pizza essen gegangen und haben beschlossen, dass wir Wendi und dich abholen und zum Einkaufszentrum fahren und uns die Weihnachtsbeleuchtung im Dunkeln anschauen. Roger wollte abends weggehen, aber ich habe gesagt, nein, wir machen was mit den Kindern.*
> *Um die Zeit zu überbrücken, bis wir Wendi abholen konnten, sind wir rausgefahren, um die Gleitschirmflieger und Schlangen zu beobachten. Chris hatte Lust dazu. Wir waren eine Weile da draußen, und ich sagte dann, es ist Zeit umzukehren. Chris war direkt hinter mir, Roger hinter ihm. Ich dachte, die Pistole ist im Auto. Ich hatte gesagt, wenn Christopher dabei ist, wird nicht geschossen. Aber Roger hatte ganz andere Absichten.*

Am 3. Februar schrieb Debra:

> *Es freut mich zu hören, dass du nichts mit Roger zu tun haben willst ... Ich hoffe, er bekommt ein Todesurteil. Er hat den Tod verdient, nach dem, was er meinem Jungen angetan hat.*
> *Es tut mir leid, wenn ich egoistisch rübergekommen bin, Jim, aber mein Schmerz beginnt jeden Morgen, wenn ich aufwache. Mir wird klar, dass es auch dich betrifft. Bekommst du irgendeine Art von Therapie?*

*Mein Anwalt hat mir ein paar Bilder von Chris gegeben. Es fiel mir schwer, sie anzuschauen, aber es musste sein. Teil der Therapie ist, zu lernen, mit dem Kummer umzugehen ...*
*Außerdem, Jim – kannst du mir sagen, warum du zum Einkaufszentrum gefahren bist und mir erzählt hast, du hättest dort Chris verloren? Hattest du Angst wegen dem, was Roger gemacht hat, und wusstest nicht, was du tun sollst? ... Es macht mich total krank ...*

Am 8. Februar teilte sie Jim mit:

*Ich weiß, dass Roger mich nicht mochte, und du weißt, er konnte keine Kinder leiden. Und er hegte auch einen Groll gegen seine Mutter. Aber welches Motiv hatte er, Chris zu töten? Ich verstehe es einfach nicht. Und warum hat er uns da reingezogen?*
*... Ich glaube nicht, dass du beteiligt warst, aber du musst schreckliche Angst vor Roger gehabt haben. Also, nicht zu wissen, was in seinem Kopf vorgeht ... Ich meine, er hat Chris ohne jeden Grund erschossen, und woher hättest du wissen sollen, dass er dich nicht auch einfach abknallt?*
*Ich wünsche nur, du hättest gleich die Polizei gerufen. Es war ein wenig enttäuschend für mich, dass du mir weisgemacht hast, Chris im Einkaufszentrum aus den Augen verloren zu haben ... Du hattest damals offensichtlich Angst und wusstest nicht, was du tun sollst ...*
*Bitte erzähle mir alles, woran du dich erinnern kannst ... Denke nicht, du musst mich schonen, ich bin sicher, vor Gericht werde ich sowieso alles erfahren.*

Am Valentinstag schrieb Debra Jim einen langen Brief. Wollte sie ihm »Stichworte liefern«, wie die Anklage behauptete, oder ihm »Informationen entlocken«, wie ihre Verteidiger es sahen?

> *Jim – erinnerst du dich noch, wie ich ein paar Tage lang mein Versorgungsheft auf dem Küchentisch herumliegen ließ? Kann es sein, dass Roger da reingeschaut und von den Zusatzleistungen meines Arbeitgebers erfahren hat? Ich halte das für möglich, denn wie soll er sonst von der Versicherungssumme für Chris erfahren haben? ...*
> *Jim, ich sage dir, Roger hatte was gegen mich. Ich verstehe, warum er mich da reinziehen will, aber warum dich? Ach, diese ganze Geschichte ergibt keinen Sinn ...*
> *Letzten Monat habe ich einmal bei einem Gerichtstermin Roger gesehen, und er hat mich angeschaut und gelächelt. Ich hätte kotzen können. Er hat wahrscheinlich überhaupt kein Gewissen ...*
> *Ich bete darum, einen fairen Prozess zu bekommen. Ich habe Angst, dass sie mich verurteilen. Aber ich bin zuversichtlich, dass das nicht passieren wird. Wie könnten mich die Geschworenen verurteilen? ...*

Sie merkt auch an, dass sie in Haus D3 untergebracht ist – der psychiatrischen Abteilung.

Am 16. Februar ging Jim auf ihre Fragen ein:

> *Ich will versuchen, dir deine Fragen zu beantworten. Es tut mir leid, dass ich das nicht schon getan habe, aber ich habe nicht viele Antworten ...*
> *Honey, ich hoffe, du glaubst nicht, ich lüge dich an, denn du wärst der letzte Mensch, den ich belügen würde.*
> *Nun zu Rogers Motiv. Ich weiß es auch nicht genau,*

*aber ich habe darüber nachgedacht. Ich glaube, er hat es aus Eifersucht getan, weil ich mit dir und den Kindern was unternehmen wollte, statt mit ihm auszugehen. Da hat er beschlossen, Chris zu töten, um dich und mich zu bestrafen. Ich vermute, wenn Wendi dabei gewesen wäre, hätte er sie auch umgebracht. Er wusste, dass uns das mehr treffen würde als alles, was er sonst tun konnte. Und dann hat er uns mit reingezogen, um uns noch mehr weh zu tun. Und um sich selbst aus dem Schlamassel rauszubringen.*

*Nachdem das mit Roger und Chris passiert war, stand ich unter Schock und hatte Angst und wusste nicht, was ich tun sollte. Also habe ich aus Angst und Dummheit einen Fehler begangen und bin zum Einkaufszentrum gefahren, habe dich angerufen, und den Rest weißt du. Nun muss ich mit diesem Fehler leben ... Ich wollte dich nicht enttäuschen, aber ich stand auch unter Schock und wusste nicht, was ich tat. Wenn du deswegen noch wütend auf mich bist, kann ich das verstehen, denn ich bin selbst wütend auf mich ...*

Am 22. Februar schrieb Debra:

*Ich versichere dir, ich denke nicht, dass du mich belügst. Als das passiert ist, wusste ich am Anfang nicht, wem oder was ich glauben soll ... Ich habe darüber nachgedacht, dass du gesagt hast, Roger hat es aus Eifersucht getan ... Glaubst du, er war eifersüchtig, weil er sich ausgeschlossen fühlte?*

*Weißt du, ungefähr eine Woche bevor all das passiert ist, hat Roger mich angehauen, er wollte 250 Dollar von mir, und ich habe nein gesagt. Ich habe ihm gesagt, ich bin keine Bank, und er kann sich einen Job suchen wie alle anderen auch. Da wurde er sauer und sagte:*

*»Jim gibst du aber immer Geld.« Das ist der Grund, warum er mich da reingezogen hat. Er hat offenbar der Polizei erzählt, er würde 250 Dollar dafür kriegen. So kam Roger auf diesen Betrag. Was für ein durchgeknallter Typ.*

*Und ich glaube auch, dass Roger mein Versorgungsheft durchgeblättert und dabei herausgefunden hat, wie hoch die Versicherung auf Chris war. Er hat der Polizei erzählt, ihm wäre dafür eine Bezahlung versprochen worden. Er ist verrückt!*

*Und ja, ich glaube, er hätte auch Wendi umgebracht. Und niemand kann mir erzählen, dass es ein Unfall war, er hat dreimal auf Chris geschossen. Das ist kein Unfall. Roger hat es Spaß gemacht, und dann hat er sich hingestellt und behauptet, wir wären beteiligt!!!*

*… Ich kann nachempfinden, dass du unter Schock standst und Angst hattest. Wenn ich versuche, mich in deine Lage zu versetzen, weiß ich auch nicht, was ich getan hätte …*

*Übrigens, wem gehörte eigentlich der Revolver? Ich habe der Polizei gesagt, dass du nur einen Revolver hast, und der war zu Hause. Besaß Roger einen Revolver? …*

In einem Brief vom 24. Februar hatte Jim brandaktuelle Neuigkeiten über Roger. Er war in den Zellentrakt verlegt worden, in dem zuvor Roger zeitweise untergebracht war.

*Das Beste ist, Roger hat hier mit zwei Typen gesprochen. Dem einen hat er vier verschiedene Geschichten darüber erzählt, was passiert ist. Aber der andere sagt, Roger habe ihm gestanden, dass er geschossen hat. Und sie wollen vor Gericht aussagen …*

Für Debbie waren das sensationelle Informationen, vielleicht kam die Wahrheit doch noch ans Licht. Andererseits gab es auch Neuigkeiten, die sie »abscheulich« fand. Am 26. Februar schrieb sie:

*Heute bin ich total wütend. Ich habe erfahren, dass Mark in einer landesweiten Talkshow über all dies reden will ... Er ist sogar zu Roger nach Hause gefahren, um seiner Mutter zu sagen, dass Roger es nicht getan hat. Mark hat auch meinen Anwalt bedroht ... Mark hat sogar dem* National Enquirer *eine Geschichte erzählt. Jim, das ist furchtbar, und ich weiß einfach nicht, wie ich das alles noch durchstehen soll! Mark macht eine Menge Geld damit und nutzt jede Gelegenheit, um im Rampenlicht zu stehen! Es ist einfach abscheulich!! Und bei Christophers Beerdigung haben alle Schwarz getragen, nur Mark ist in Weiß erschienen. Er sprach wie der Satan persönlich. Jim, er ist wirklich total durchgeknallt ... Er lässt Chris nicht in Frieden ruhen ...*

*Was ich dich jetzt fragen will, ist sehr wichtig – wie heißt die Person, der gegenüber Roger gestanden hat? Finde heraus, wie vielen Leuten er es erzählt hat ... Vielleicht kann die Aussage dieser Leute dazu führen, dass Roger bestraft wird ...*

Debra schrieb ihm auch, dass er bislang nichts zu dem Revolver gesagt habe, und fragte ihn noch einmal, mit welchem Revolver denn Christopher getötet worden sei. Sie fragte auch, was es mit den »Tennisschuhen« und »Patronenhülsen« auf sich hatte, die Roger der Polizei gegeben haben soll.

Am 2. März empörte sich Debra wieder über Mark und überlegte, was er mit dem Mord zu tun haben könnte:

*Ich habe heute eine Postkarte von Mark bekommen. Er lässt es sich nach der Aufzeichnung dieser Show in New York City gutgehen. Ich sage dir was, Jim, ich glaube mehr und mehr, dass Mark bei alldem seine Finger im Spiel hatte. Er verhält sich wirklich merkwürdig. Ein Psychiater hier hat mir gesagt, wenn jemand Schuld auf sich geladen hat, dann agiert er das irgendwie aus, eher als dass er jemandem gegenüber ein Geständnis ablegt. Es sieht doch wirklich so aus, als würde Mark da was ausagieren, um Aufmerksamkeit zu bekommen.*
*Denk doch mal nach, Jim – Mark ist nicht in der Stadt, als es passiert, dann erzählt er den Reportern, dass er nun endlich das Sorgerecht für Chris hat, geht zu Rogers Haus und erklärt seiner Mutter, dass Roger es nicht getan hat. Erinnerst du dich noch an den Tag, als du mit mir und Mark zum Gericht gegangen bist? Nach der Anhörung standen wir noch draußen, erinnerst du dich noch, wie Mark gesagt hat, mich umzubringen sei es nicht wert, um Chris zu bekommen? Verstehst du, ich glaube, dass Roger und Mark sich das zusammen ausgedacht haben. Alles, was Mark mir in der Vergangenheit angetan hat, passt dazu, das war Marks Motiv, Chris umbringen zu lassen.*
*Wenn er Chris nicht haben kann, dann soll ich Chris auch nicht haben, so denkt Mark ... Es ist, als ob er auf Christophers Grab tanzt. Ich wette, Roger deckt Mark, und deshalb häng er es uns an ...*

Am 6. März schrieb Debra:

*Hast du nicht auch das Gefühl, nach Strich und Faden verarscht worden zu sein? Mir kommt es jedenfalls so vor. Und ich werde nicht zulassen, dass Mark mich fertigmacht. Er ist sehr rachsüchtig. Ich will nur noch, dass mein Sohn in Frieden ruhen kann, und das wird er. Ich bin nicht 100 Prozent sicher, dass Mark etwas mit der Sache zu tun hat, aber ich habe ihn definitiv im Verdacht ...*

Debra wusste nicht, dass Jim einen Revolver für Roger gekauft hatte, und offensichtlich wich er den Fragen zu diesem Thema aus.

*Das mit dem Revolver verstehe ich jedoch nicht ganz. Du hast gesagt, der Revolver gehörte Roger. Aber du hast ihn ihm an diesem Morgen gegeben, und du dachtest, er hätte ihn im Auto gelassen. Hattest du den Revolver dabei, als du das Haus verlassen hast? Hattest du dir den Revolver geliehen und ihm die Waffe bei dieser Gelegenheit zurückgegeben? ...*
*Außerdem, wessen Idee war es eigentlich, in die Wüste zu fahren? Soweit ich es verstehe, wolltet ihr doch später zum Einkaufszentrum fahren, nachdem du Wendi abgeholt hattest. Und später sollten wir alle dahin kommen.*
*Wenn du nichts von Patronenhülsen und Tennisschuhen weißt, wie und wann hat Roger die dann weggeworfen? ...*

Am 8. März schickte sie Jim einen aufmunternden Brief:

*Jim, ich wünschte, ich könnte dir helfen ... Hab keine Angst, dass du mir mit deinen Problemen lästig bist, das ist nicht so. Ich mache mir Sorgen um dich und wie es dir geht.*

Am 12. März notierte Jim, er habe drei Briefe auf einmal von Debbie bekommen:

*Zum Revolver. Ich habe den Revolver für Roger besorgt. Du hast ihn zu Hause gesehen. Ich habe ihn an diesem Samstag mitgenommen, um ihn ihm zu geben, aber als Chris und ich bei ihm ankamen, stand er schon abfahrbereit vor der Tür. Deshalb hat er den Revolver nicht zu sich reingenommen.*

Das war eine Lüge. Der Revolver, den er Roger gab, war ein *zweiter*, den er gekauft hatte – die Waffe, die er Debra in der Wohnung gezeigt hatte, war dort geblieben, sie selbst hatte sie am 3. Dezember der Polizei gegeben. Da sie schon über den ersten Revolver so entsetzt gewesen war, wollte er offenbar nicht zugeben, dass er noch einen zweiten erworben hatte. Dieser zweite Revolver, mit dem Christopher getötet worden war, wurde in Rogers Besitz gefunden, aber Polizei und Staatsanwaltschaft sahen daran nichts Verdächtiges. Sie glaubten so fest an Rogers Geschichte, dass sie noch nicht einmal einen Schmauchspurentest machten, um festzustellen, welcher der beiden Männer ihn abgefeuert hatte.
Am 16. März äußerte sich Jim besorgt:

*Honey, ich hatte einen Traum, oder besser einen Alptraum, dass du aus irgendeinem Grund nichts mehr mit mir zu tun haben willst. Ich bete, dass das nicht wahr ist ...*

In Debras letztem Brief an Jim vom 18. März fragte sie ihn nach seiner Schuhgröße, da die Polizei sagte, es wäre ein Schuhabdruck Größe zehn in der Nähe von Christophers Leiche gefunden worden. Und sie berichtete von ihrer neuen Freundin Tina, die sie im Gefängnis kennengelernt hat:

*Ich habe ihr erzählt, wie du Christopher verwöhnt hast. So als wäre er dein eigenes Kind ... Jim, ich weiß, in der Bibel steht, man soll vergeben. Wie soll ich Roger und Mark vergeben? Kannst du mir helfen, das herauszufinden? Ich kann ihnen einfach nicht vergeben. Wie machst du das?*

Am selben Tag schrieb ihr Jim dies:

*Ich glaube, deine Vermutung, dass Roger und Mark hinter alldem stecken, ergibt Sinn ...*

Und drei Tage später:

*Zu meiner Schuhgröße. Die ist 10 ½ oder 11. Ich weiß nicht, welche Schuhgröße Roger hat. Ich hoffe, er hat 10 oder kleiner, denn wenn er eine kleinere hat, kann er auch größere tragen, aber eine kleinere Größe kann man nicht tragen ...*
*Honey, zur Vergebung. Ich finde das auch schwer. Was du tun kannst, ist, jeden Tag zum Herrn beten, dass du vergeben willst, aber es nicht schaffst, und er wird dir helfen.*

Am 26. März:

*Ich hatte wirklich vorgehabt, Roger abzusetzen und dann um 14 Uhr Wendi und dich abzuholen. Ich hatte es schon mit Gail ausgemacht, Wendi um 14 Uhr abzuholen ...*

Am 4. April:

*Mein Anwalt hat mir gesagt ... dass die Staatsanwaltschaft mit Roger irgendeinen Deal macht. Ich weiß nicht, was für einen, aber das kann nichts Gutes bedeuten.*

Am 13. April hieß es, sein Anwalt habe ihn angewiesen, Debra nicht mehr zu kontaktieren, aber er werde nicht auf ihn hören, weil ihre Briefe ihm guttäten.
Später schrieb er: »Ich bin bereit, für dich auszusagen, wenn du willst.« Er fragte auch: »Du bist doch nicht sauer, wenn Sandy kommt und für mich aussagt, oder?«
In einem undatierten Brief vom April teilte er Debra mit, er habe ihre Briefe lieber vernichtet, als sie an offizielle Stellen auszuhändigen. Ihm war nicht bewusst, dass Debra ihm ihre Briefe über ihre Anwälte zukommen ließ, die Kopien davon anfertigten. Offenbar schickte sie ihm ihre letzten Briefe jedoch auf direktem Wege, und diese hat er tatsächlich vernichtet.
Am 28. April notierte er für sie Bibelverse, darunter Psalm 51, 1–19, »Gott sei mir Sünder gnädig.«

Am 5. Mai hieß es:

*Honey, die Pistole gehörte Roger. Ich hatte sie ihm an diesem Morgen gegeben, und ich dachte, er hätte sie im Auto gelassen. Von Patronenhülsen weiß ich nichts. Ich habe keine Ahnung, was Roger mit ihnen gemacht hat. Ich hatte ein Paar alte Tennisschuhe im Wagen, aber sie hatten mit der Sache nichts zu tun, und ich dachte, sie wären immer noch im Auto.*

Die Tennisschuhe waren von Bedeutung, weil außer den Patronenhülsen der Schuhabdruck der einzige Sachbeweis war, den die Anklage vorzuweisen hatte. Bei den Schuhen handelte es sich um ein altes Paar von Styers. Hatte er sie angehabt, als er Christopher erschoss, und dann die Schuhe angezogen, die er bei seiner Verhaftung trug?
Als Roger die Polizei zu den Schuhen in einem Müllcontainer am Metro Center führte, sagte er genau das, was Jim

Debra gesagt hatte: »Ich wusste nicht, dass sie etwas damit zu tun hatten.« Im Prozess behauptete er dann allerdings, Jim habe nach dem Mord die Schuhe gewechselt.
Am 23. Mai schrieb Jim an Debra:

*Ja, Roger hat Drohungen ausgesprochen. Deshalb habe ich getan, was er sagte. Und als er das Metro Center verließ, hat er gesagt, er würde dich erschießen, wenn ich was sage ...*
*Mein Anwalt sagt mir, du gibst alle meine Briefe deinem Anwalt, und das Büro des Staatsanwalts hat von allen Kopien. Stimmt das?*

Laut den öffentlichen Akten gab es einen letzten Brief von Jim am 6. Juni:

*Mein Anwalt fürchtet, du benutzt mich, um dich selbst zu decken, um dir das Gefängnis zu ersparen. Er denkt, du deckst dich selbst mit meinen Briefen. Ich glaube das nicht. Ich glaube, du willst nur wissen, was passiert ist ... Sie wollen Fußabdrücke von mir machen, um sie mit dem zu vergleichen, den sie dort draußen gefunden haben. Ich weiß nicht, wann sie das tun wollen. Honey, es ist mir egal, was mein Anwalt sagt oder was dein Anwalt macht ... gib alle Briefe deinem Anwalt, wenn er sie will.*

\*

Roger Scott schrieb seinen angeblichen »Mitverschwörern« nicht einen einzigen Brief. Das heißt aber nicht, dass er schwieg.
Scott präsentierte der Polizei verschiedene Geschichten, in allen wurde Styers als Todesschütze genannt. In einer Ver-

sion wollte er nicht gewusst haben, was an diesem Tag eigentlich geschehen war, er sei entsetzt und verängstigt gewesen, als er erfuhr, dass Styers Christopher getötet hatte. In einer anderen seien ihm »250 Dollar Versicherungsgeld« dafür versprochen worden, das »Fluchtfahrzeug zu fahren«, aber außer am Steuer zu sitzen habe er nichts getan.
Doch bei anderer Gelegenheit gestand Roger Scott, Christopher Milke erschossen zu haben – und zwar einem Mithäftling gegenüber.
Robert Earl Johnson, geboren am 2. Oktober 1960, war wegen einer Marihuana-Geschichte angeklagt, mit der er gegen seine Bewährungsauflagen in einem früheren Drogenfall verstoßen hatte. Der Knast war für ihn eine vertraute Umgebung. Er pendelte schon mehr als sein halbes Leben lang zwischen Haft und Freiheit hin und her, mit Einbruch, Laden- und Autodiebstahl hatte er seit 1975 vor Jugendgerichten eine beeindruckende Akte gefüllt, bis dann wegen versuchten Mordes und Drogendelikten das Erwachsenenstrafrecht zur Anwendung kam.
Er war in Phoenix aufgewachsen, war dort zur Highschool gegangen, hatte seinen Abschluss aber erst in der Haft geschafft.
Er kannte sich mit den Kniffen des Justizsystems bestens aus und galt unter den Häftlingen als eine Art Rechtsexperte. Im Gefängnis ging das Gerücht um, Scott habe ihm Anfang Februar die Tat gestanden – Styers erwähnte das Debra gegenüber erstmals in einem Brief vom Februar.
Am 26. Juni 1990, zweieinhalb Monate vor dem Beginn von Debras Prozess, schickte die Staatsanwaltschaft von Maricopa County ihren Ermittler Tom Buckner zu Johnson ins Gefängnis. Sie setzten sich um 13:42 Uhr zusammen und sprachen sechsunddreißig Minuten miteinander. Ein Tonband lief mit.
Es war für Buckner eine seltsame Befragung. Inhaftierte In-

formanten reden normalerweise nur dann mit der Staatsanwaltschaft, wenn sie sich eine Strafreduzierung davon versprechen. Mit Verteidigern reden sie hingegen so gut wie nie, weil die ihnen keine günstigen Deals anzubieten haben. Aber Buckner war vor allem gekommen, weil Johnson bereits mit einem Verteidiger gesprochen hatte, und das konnte zum Problem werden. Was Johnson sagte, hätte den Verlauf der bevorstehenden Prozesse entscheidend beeinflussen können.

Roger Scott war der einzige Zeuge der Anklage, der eine Aussage über den Mord an Christopher Milke machte. Er war der Einzige, der behauptete, dass Styers und Debra die Tat geplant und ihm 250 Dollar für seine Mithilfe bei der Ermordung des Jungen geboten hätten. Styers und Debra beteuerten ihre Unschuld, sie sagten übereinstimmend aus, sie hätten nichts mit der Sache zu tun, Scott habe die ganze Geschichte erfunden.

Doch nun erfuhr Buckner, Scott habe Johnson gegenüber gestanden, die Polizei und die Staatsanwaltschaft belogen zu haben, und er selbst sei der Schütze gewesen. Wenn das glaubhaft war, geriet die gesamte Anklage ins Wanken.

Johnson erzählte Buckner, Roger Scott habe ihn Anfang Februar um rechtlichen Rat gebeten. Ob er vielleicht geltend machen könne, nicht verhandlungsfähig zu sein? Johnson sagte ihm, dazu müsse er etwas mehr über seinen Fall wissen. Und da, so Johnson, habe sich Roger Scott offenbart: »Er hat den Revolver gezogen, der kleine Junge ging vor ihm, und er hat ihn erschossen.«

Johnson sagte auch: »Er hat es mir gegenüber dreimal zugegeben, dass er es getan hat.«

Johnson sagte, Scott habe ihm zunächst erzählt, er habe Geld für den Mord an Christopher erhalten: »Er sagte, Styers und seine Freundin hätten ihm 250 Dollar dafür gegeben.«

Es ist nicht klar, wer fälschlich Debra als Styers' »Freundin« bezeichnete – ob Scott sie so nannte oder ob das Johnsons Interpretation war.

Laut Scott, so Johnson, geschah der Mord auf dem Rückweg zum Auto: »Und dann lief der Junge voran ... und Styers sagte: ›Also, wann sollen wir es tun? Wann?‹, oder: ›Wann soll ich es tun, was meinst du?‹ Und da ist es einfach passiert, so Scott. Er hat einfach die Pistole gezogen und ihn erschossen.«

Ein anderes Mal schilderte Scott gegenüber Johnson den Mord noch detaillierter. Er habe den Jungen getötet, weil er »wütend auf Styers« gewesen sei.

Diese Wut habe zwei Gründe gehabt: Geld und Eifersucht. Scott sei sauer gewesen, weil er immer noch nicht das von Styers versprochene Geld bekommen habe. Außerdem habe er mit Styers am Samstagabend ausgehen wollen, doch der habe ihm erklärt, er habe mit Debbie und den Kindern andere Pläne.

»Und er sagte, bevor sie da rausgefahren sind ... war Scott wütend auf Styers, weil er ihm das Geld nicht gleich an Ort und Stelle geben wollte und weil sie nicht mit ihm ausgehen wollten, weil sie was anderes vorhatten, und da sagte er, er hat es getan, er hat es getan.«

Allen Versionen ist eins gemeinsam: Roger Scott erzählte Johnson gleich mehrfach, dass er derjenige gewesen sei, der Christopher Milke das Leben nahm.

Johnson erwähnte auch, Scott habe zugegeben, gegenüber der Polizei gelogen zu haben: »Mir hat er erzählt, er hat der Polizei gesagt, Styers ist es gewesen.«

Auf die Frage, welchen Eindruck Scott bei diesen Erzählungen gemacht habe, antwortet Johnson: »Er sah so aus, als würde ihm das schwer zu schaffen machen.«

Johnson erzählte dem Ermittler auch, ein weiterer Häftling habe dabeigesessen und Scotts gesamtes Geständnis mit angehört. Allerdings konnte sich Johnson nicht erinnern, wer das gewesen war.

Bei jedem, der mit dem Fall befasst war, hätten sämtliche Alarmglocken schrillen müssen, dass am 30. Januar – wenige Tage vor Roger Scotts mutmaßlichem Geständnis – Jim Styers Debra gegenüber den Mord genauso schilderte wie Scott: Sie waren auf dem Rückweg zum Auto, Jim ging vorneweg, Chris in der Mitte und Roger hintendrein. Darüber hinaus machte ein anderes Detail Roger Scotts Version der Ereignisse unglaubwürdig, denn in allen Geschichten, die er der Polizei auftischte, hatte er stets behauptet, er sei gar nicht aus dem Wagen ausgestiegen.

Johnson erwähnte gegenüber Buckner auch, dass er später persönlich mit Styers sprach.

Dessen Version des Mordes schildert Johnson folgendermaßen: »Und während Styers noch ging ... hörte er den Schuss und drehte sich um und sah Roger mit der Pistole und den Jungen am Boden liegen. Und ... dann hat er Roger gefragt, warum er das getan hatte, und er sagte, Roger [unverständlich] ›wütend auf dich, weil du mir nicht das Geld gegeben hast‹. Und er sagte, er hatte Angst, er würde ihn als Nächsten töten. Also ... Scott hat ihm gesagt, er soll genau das machen, was er ihm sagt, mit ihm zurückfahren, ins Metro Center gehen, die Polizei rufen und sich eine Geschichte ausdenken.«

Das klang fast genau so, wie Scott es Monate zuvor geschildert hatte.

Johnson fügte noch hinzu, er habe Styers' Version, in der er sich als unschuldig darstellt und behauptet, die List mit der Entführung nur angewandt zu haben, weil er Angst hatte, Scott würde ihn töten, auch in Frage gestellt. »Ich sagte: ›Na schön, du hattest Angst ... Ich meine, wenn du Angst hattest, dass er das gemacht hat, weil er wütend war oder so, weil du ihm kein Geld gegeben hast oder weil er aus einem

anderen Grund sauer war, warum hat er dann den Kleinen erledigt und nicht dich? Oder wenn es [unverständlich], warum hat er dann nicht euch beide getötet?‹«
Johnson stellte Styers außerdem dieselbe Frage, die Debra mindestens zweimal in ihren Briefen aus dem Gefängnis formuliert hatte: »Warum hast du ihn nicht einfach stehen gelassen und die Polizei gerufen und ihnen erzählt, was genau passiert ist, damit du da nicht reingezogen wirst?« Johnson sagte, darauf habe Styers keine Antwort gehabt.
»Ich hab zu ihm gesagt: ›Na, wahrscheinlich hast du es nicht getan, aber du wusstest davon, nicht wahr?‹ Und da hat er gesagt: ›Ja.‹ Er wusste davon.« An dieser Stelle seines Berichts lachte Johnson auf, zufrieden damit, Styers das entlockt zu haben.
Falls diese Schilderung der Wahrheit entspricht, hatte Styers in diesem Augenblick eine Tatbeteiligung praktisch eingeräumt. Aber wenn er etwas »wusste«, warum erklärte Roger Scott dann, er habe Christopher aus Wut erschossen?
Abgesehen davon, dass er sie einmal als »Freundin« bezeichnete, erwähnte Johnson nie Debra Milke, bis ihn der Ermittler Buckner direkt auf sie ansprach. Dann gab er an, dass in seinen ersten Gesprächen mit Styers nie von Debra die Rede gewesen sei. Erst in den späteren – nachdem Styers' Anwalt ihn gewarnt hatte, Debra könnte die Gefängnisbriefe gegen ihn verwenden – redete Styers Johnson zufolge auch über Debra. Aber die Geschichten über ihre Beteiligung waren verworren und wenig plausibel.
Zunächst soll Styers laut Johnson gesagt haben: »... ihr Ehemann hatte schon vorher versucht, ihren Sohn zu beseitigen, den kleinen Jungen, aus irgendeinem Grund, eine Versicherung oder so was, hat es aber nicht geschafft.«
Dann sagte Johnson, Styers habe ihm erzählt, Debra und Mark hätten *gemeinsam* versucht, Christopher zu töten. Reimte sich Johnson etwa seine eigene Geschichte aus dem

zusammen, was er in der Zeitung las? Schmückte er einzelne Details aus, die er aufgeschnappt hatte? Erzählte er manches davon bloß, weil er sich einen besseren Deal für seinen eigenen Prozess erhoffte? Log er einfach, und war all dies überhaupt nie gesagt worden?
Buckner war misstrauisch und fragte Johnson, wem er noch von alldem erzählt habe.
»Wie kam es, dass Kenneth Ray, der Anwalt, mit Ihnen geredet hat? Wie hat er von dieser Sache erfahren?«, wollte Buckner, der damit Debras Anwalt meinte, wissen.
Johnson sagte, er sei sich nicht sicher, mit welchem Anwalt er gesprochen habe, aber er glaube, es sei der von Styers gewesen. So war es auch.
Johnson sagte, kurz nachdem er Styers von Scotts Geständnis erzählt habe, sei der Anwalt bei ihm aufgetaucht. Styers sei »ziemlich erleichtert« gewesen, berichtete Johnson, und habe ihn gebeten, diese Information an seinen Anwalt weiterzugeben.
Tom Buckner wollte auf Nummer sicher gehen. »Okay, haben Sie jemals mit einem Anwalt namens Kenneth Ray gesprochen? Er ist ziemlich groß und hat einen Bart.«
Wieder verneinte Johnson.
Später fragte Buckner, ob Styers' Anwalt ihr Gespräch, das im selben Raum stattgefunden hatte, auf Band aufgenommen habe. Johnson sagte, es sei nicht aufgenommen worden.
Auf die Frage, ob er das, was er gehört hatte, auch vor Gericht wiederholen würde, antwortete Johnson: Ja, dazu sei er bereit.
Johnson wurde jedoch nie in den Zeugenstand gerufen.
Es ist nicht klar, weshalb Styers' Anwalt Johnson im Verlauf des Verfahrens nicht als Zeugen benannte. Dass Scotts Anwalt daran kein Interesse hatte, ist klar. Auch Debras Anwalt versuchte nicht, Johnson als Zeugen zu berufen,

allerdings wurden bei ihrem Prozess auch weder die Aussagen von Scott noch die von Styers zugelassen. Staatsanwalt Noel Levy machte durch die Veröffentlichung von Johnsons Kriminalakte klar, dass er von Johnsons Ausführungen wenig hielt. Rechtsexperten sagten, Johnsons umfangreiches Vorstrafenregister hätte ihn unglaubwürdig und im Zeugenstand angreifbar gemacht.

Levy hatte gute Gründe, diese brisanten Informationen möglichst unbeachtet zu lassen: Sein gesamter Fall ruhte auf den Schilderungen von Roger Scott. Wenn Scott aber darüber gelogen hatte, wer der Mörder war, hatte er dann vielleicht auch alles andere erlogen? Jeder halbwegs fähige Verteidiger hätte sich sofort darauf gestürzt. Doch wenn sich Scotts Geschichte als Lüge entpuppte, platzte damit womöglich der ganze Sensationsprozess gegen die attraktive junge Mutter.

Während Staatsanwalt Levy Johnson links liegen ließ, baute er erstaunlicherweise umso mehr auf Roger Scott.

Nur siebenunddreißig Tage nachdem Johnson mit Buckner gesprochen hatte – am 2. August 1990 –, machte die Staatsanwaltschaft Roger Scott ein attraktives Angebot, falls er gegen Debra Milke und Jim Styers in den Zeugenstand trat.

Ziel war es, Scott zu der Aussage zu bewegen, mit Debra persönlich die Ermordung von Christopher geplant zu haben. Weiter sollte er auch zugeben, dass er dabei war, als Styers den Jungen tötete. Im Austausch boten sie ihm an, auf Totschlag zu plädieren, was ihm nicht nur die Todesstrafe erspart, sondern auch die Möglichkeit gegeben hätte, nach fünfundzwanzig Jahren auf Bewährung freizukommen.

Doch Roger Scott schlug den Deal aus, obwohl er ihn vor der Todesstrafe bewahrt hätte.

Falls Johnson gelogen hatte, war es sicher am klügsten, ihn zu ignorieren. Wenn er aber die Wahrheit erzählt hatte, dann

hat die Staatsanwaltschaft von Arizona dazu beigetragen, die wahre Geschichte dieses Mordes zu vertuschen.
Doch das ist längst nicht alles.
Der 2. August 1990 war nicht nur der Tag, an dem die Staatsanwaltschaft Roger Scott einen zweifelhaften Deal anbot. Es war auch der Tag, an dem die Staatsanwaltschaft erfuhr, dass Scott nie mit Debra Milke über die Ermordung ihres Sohnes gesprochen hatte. Der Tag, an dem sie erfuhr, dass er niemals mit ihr konspiriert hatte.
Diese Information stammte weder von einem Berufskriminellen noch einem inhaftierten Spitzel. Sie stammte von einem respektablen Psychologen, den das Gericht selbst engagiert hatte.
Dr. Donald Tatro erkundete in intensiven Gesprächen mit Roger Scott dessen Verhandlungsfähigkeit. Er fand einen leicht verwirrten Mann vor, der ihm gegenüber, im Unterschied zu dem, was er Johnson gesagt hatte, seine Unschuld beteuerte.
»Ich bin an diesem abscheulichen Verbrechen in keiner Weise beteiligt«, zitiert Dr. Tatro Roger Scott.
Vielmehr habe er, erzählte Scott dem Arzt, keine Ahnung gehabt, dass Christopher an diesem Tag ermordet werden sollte, er sei nur ein »unfreiwilliger Beteiligter« gewesen.
Dr. Tatro bescheinigte Scott »außerordentliche Aggressivität« und charakterisierte ihn als »leicht zu manipulierenden Handlanger«. An seiner Prozessfähigkeit bestand für ihn kein Zweifel.
Doch sein sechzehnseitiger Bericht enthielt auch ausführliche Schilderungen des Verbrechens. Sie lassen alle Theorien der Staatsanwaltschaft zerplatzen.
Vor dem Bericht von Dr. Tatro verfügte die Staatsanwaltschaft über drei Dokumente, in denen stand, Debra habe persönlich den Mord ihres Sohnes mit Roger Scott abgesprochen:

– Detective Saldates Bericht seiner nicht auf Tonband festgehaltenen Befragung von Roger Scott im Polizeiwagen während der Fahrt zur Leiche des Jungen. Saldate behauptete darin, Scott habe ihm gesagt, er habe von Angesicht zu Angesicht mit Debra darüber gesprochen und sie habe sich mit ihm und Styers geeignete Tatorte angeschaut.
– Scotts Geständnis, das Detective Mills nach der Rückkehr von der Fundstelle auf Tonband aufgenommen hatte. Hier bestreitet Scott, jemals mit Debra mögliche Tatorte ausgekundschaftet zu haben, wiederholt jedoch, er habe mit ihr über die Hinrichtung geredet.
– Debras nicht auf Tonband festgehaltenes »Geständnis« auf einer Polizeiwache des Pinal County. Saldate versichert in diesem, sie habe zugegeben, mindestens einmal mit Roger Scott über die Tötung ihres Sohnes gesprochen zu haben.

Gegenüber Dr. Tatro äußerte Roger Scott, nichts davon sei jemals geschehen.
Scott erzählte dem Arzt, dass alles, was er über das »Mordkomplott« wisse, aus dem Mund von Jim Styers stamme.
Es sei Styers gewesen, der ihm gesagt habe, Debra wünsche den Tod ihres Sohnes. Von Styers habe er erfahren, dass sie die 5000 Dollar Versicherungssumme kassieren wolle. Und Styers habe ihm auch gesagt, sie würden ihm 250 Dollar zahlen.
Scott sagte, er habe anfangs die Idee, das Kind zu ermorden, nicht ernst genommen, weil »Styers ihm die Information als Beispiel für das gestörte Denken von Debbie präsentierte«, schrieb Dr. Tatro. »Was er damit zum Ausdruck bringen wollte, war: ›Ist es nicht unglaublich, wie vollkommen irre diese Frau ist?‹«
Dr. Tatro zitierte Scott mit den Worten: »Ich riet ihm, diese

Tussi aus dem Haus zu schaffen. Ich bot ihm sogar an, sie für ihn rauszuschmeißen, aber er sagte, er werde ihr erzählen, er wolle nichts mehr mit ihr zu tun haben.«

Dr. Tatro sagte, Scott habe ihm erzählt, drei Tage später habe er gedacht, alles habe sich eingerenkt, weil er Styers friedlich zusammen mit Christopher gesehen habe. »Er war sehr gut zu dem Jungen«, habe Scott gesagt. »Er war verdammt überzeugend. Er hat mich davon überzeugt, dass er das nicht durchziehen würde.«

Scott erzählte dem Psychologen, sie seien in die Wüste gefahren, um Gleitschirmflieger zu beobachten, und Styers habe ihn gebeten, sich ans Steuer zu setzen. Irgendwann habe Styers gesagt, er solle mal anhalten, weil er pinkeln müsse, und Christopher und Styers seien ausgestiegen. Styers sei allein zurückgekommen. Scott zitierte ihn mit den Worten: »Der kleine Dreckskerl geht mir nicht mehr auf die Nerven.« In diesem Moment will Scott einen Revolver in Styers' Hand gesehen haben.

Dr. Tatros Bericht fährt fort: »Er beschreibt sich selbst als jemanden, dem es schwerfällt, sich auszudrücken, besonders wenn er sich unter Druck fühlt. Mr Scott sagte, er habe seine Geschichte über das, was passiert war, der Polizei nicht sehr gut vermittelt, deshalb sei seine Rolle in diesem Verbrechen missverstanden worden. Er habe der Polizei eigentlich erzählen wollen, Styers habe die Idee als ein Beispiel dafür aufgebracht, wie verrückt Debbie sei, aber die Polizei habe ihn falsch verstanden und gedacht, er habe die Ermordung des Jungen mit Styers und Debbie verabredet.« Dr. Tatro machte auch folgende Bemerkung: »Obwohl er sich als sanfte, schwache, unsichere, von Selbstzweifeln geplagte und überaus nachgiebige Person darstellt, ist [Scott] unter der Oberfläche eine außerordentlich aggressive, kritische Persönlichkeit.« Dr. Tatro sagte, er könne sich Roger Scott nicht als Mittäter in einem komplizierten Mordkomplott vorstellen. »Was man auf jeden Fall sagen kann, ist, dass es keineswegs typisch für jemanden mit Mr Scotts zwanghafter, zu Lügen neigender, passiv-aggressiver Persönlichkeit wäre, sich aktiv an einer so gewaltsamen, allen Regeln der Gesellschaft zuwiderlaufenden Tat zu beteiligen, besonders wenn diese Tat irgendeine Art von Planung erfordert.«

Niemand fragte Dr. Tatro, ob Scott seiner Einschätzung nach ein kleines Kind im Affekt töten könnte.

Irgendwie erreichte die Bedeutung dessen, was Roger Scott über Debra Milke sagte, die Staatsanwälte nicht.

Er gab zu, nie mit ihr gesprochen zu haben.

Er behauptete, er sei, was die »Verschwörung« anging, missverstanden worden.

Dennoch hatte dies keinerlei Einfluss auf die Vorgehensweise der Staatsanwaltschaft bei den bald darauf beginnenden Prozessen. Niemand fragte sich, ob Saldate, was Debras »Geständnis« betraf, nicht doch gelogen hatte. All das minderte auch in keiner Weise den Ruf nach der Todesstrafe, die für das konservative Arizona eine Art Ehrensache ist.

Debras Ermittler Kirk Fowler zeigte sich entsetzt darüber, als er 2015 erfuhr, was Dr. Tatro im Jahr 1990 berichtet hatte. »Ihr Verteidigerteam erhielt niemals Kenntnis von diesem Dokument«, sagte er.

Ein ganzes Vierteljahrhundert lang hielt die Staatsanwaltschaft den Mythos aufrecht, Roger Scott und Debra Milke hätten von Angesicht zu Angesicht über die Tötung von Christopher gesprochen.

An diese Lüge klammerte sie sich, bis sie ihr auf die Füße fiel.

# KAPITEL 10

## »Ich notierte ›T‹, als die Richterin ›Todesstrafe‹ sagte«

Als am 12. September 1990 der Prozess gegen Debra Milke begann, waren die Leser der wichtigsten Publikationen Arizonas, der Morgenzeitung *Arizona Republic* und der Abendzeitung *Phoenix Gazette,* bereits von ihrer Schuld überzeugt.

Sämtliche Berichte stellten das »Geständnis« in den Mittelpunkt, als würde es sich um ein authentisches, unanfechtbares Dokument handeln. Nicht ein einziger Reporter hatte auch nur den leisesten Zweifel. Niemand erwähnte, dass Saldate keinerlei Beweis für dieses sogenannte Geständnis vorlegen konnte.

Niemand, weder die Medien noch das Gericht, hörte auf Debras Beteuerungen, dass sie all das überhaupt nicht gesagt habe. Selbst ihr Verteidiger focht das sogenannte Geständnis nicht als reines Fantasieprodukt an, sondern versuchte lediglich, es aus rechtstechnischen Gründen nicht als Beweismittel zuzulassen.

Während des gesamten Prozesses kamen nie Zweifel auf, dass Debra dieses sogenannte Geständnis tatsächlich abgelegt hatte.

\*

Die Anklage hatte gleich mehrere Theorien, um den entsetzlichen Mord an Christopher Milke zu erklären:

- Debra wollte 5000 Dollar aus einer Lebensversicherung haben, »die sie für ihren Sohn abgeschlossen hatte«.

Renate Janka mit Debra und ihrer jüngsten Tochter Sandy

Rechts: Zu Besuch bei den Großeltern in Berlin

Links: Weihnachten 1968 in Deutschland

*Debra im Alter von etwa fünf Jahren in Phoenix*

*Die Schwestern Debra (rechts) und Sandy*

*Aufnahmen aus Debras Schultagebuch*

*Renate, Sandy und Debra auf einem Wochenendausflug nach Mexiko*

*Debra und Sandy vor der Berliner Mauer*

*Aufnahme der Familie Sadeik.
Ihre Eltern ließen sich scheiden,
als Debra 14 Jahre alt war.*

*Debra (rechts) mit Schwester Sandy und Vater Richard*

*Debra mit Ehemann Mark Milke und Sohn Christopher.
Die Ehe wurde 1988 geschieden.*

*Christopher
als Kleinkind*

*Links: Das letzte Foto von Renate Janka und ihrem Enkel in Phoenix*

*Armando Saldate, auf dessen Aussage sich das Todesurteil für Debra Milke stützte*

*Debra bei ihrer Aussage vor Gericht. Ihr Prozess begann im Oktober 1990*

*Jim Styers im Gerichtssaal, wo das Todesurteil über ihn verhängt wurde*

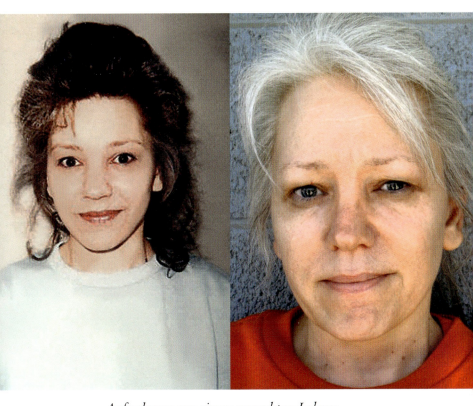

*Aufnahmen aus einem geraubten Leben:
Debra Milke als junge Frau und als Todeskandidatin*

*Presseartikel und Flyer des Unterstützerkreises von Debra Milke*

*Renate Janka bei der Vorstellung ihres Buches »Lasst meine Tochter endlich frei«*

Das Frauengefängnis von Perryville in der Nähe von Arizona. Dort verbrachte Debra Milke im Hochsicherheitstrakt 22 Jahre ihres Lebens.

Debra Milke als Gefängnisinsassin auf einem Foto der Strafvollzugsbehörde Arizona

Mark Milke 2013 während der Anhörung zur Wiederaufnahme von Debra Milkes Fall

*Auf diesen Moment mussten Mutter und Tochter jahrzehntelang warten: Am 8. September 2013 schließt Renate Janka Debra in Phoenix erstmals wieder in die Arme.*

*Am 23. März 2015 im Gerichtsgebäude in Phoenix: Debra Milke mit ihren Anwälten Lori Voepel, Rhonda Neff und Mike Kimerer*

*Die Fußfessel, die Debra Milke als Auflage nach ihrer Entlassung tragen musste. Sie wurde an diesem Tag entfernt.*

*Links: Debra Milke und Jana Bommersbach vor der finalen Anhörung im März 2015*

*Unten: Auf der Pressekonferenz anlässlich der Einstellung ihres Falls. Im Hintergrund Milkes Anwältin Lori Voepel*

*Endlich in Freiheit: Mit Hund Angel*

*Zwei Windspiele stehen für Debra Milke für die Stimmen ihrer Mutter Renate und ihres Sohnes Christopher*

*An dieser Stelle in der Wüste von Arizona wurde Christopher im Dezember 1989 tot aufgefunden. Sein Vater Mark Milke hat dort ein Kreuz aufgestellt.*

- Debra wollte sich selbst das Leben nehmen, tötete aber am Ende stattdessen Chris, damit er nicht in die Obhut von Mark gegeben wurde.
- Debra wollte Christopher töten, weil er ihrer Beziehung mit Ernie Sweat »im Weg« stand und sie und Ernie heiraten konnten, sobald der Junge weg war.
- Debra war zu feige, es selbst zu tun, daher stiftete sie Jim Styers und Roger Scott an, es für sie zu tun.

Die Anklage sah mehrere Tatmotive bei Jim:

- Jim tötete Christopher, weil »er das Kind nicht leiden konnte«.
- Jim und Debra schmiedeten ein Mordkomplott, weil sie »das Kind hasste«.
- Jim und Debra schlossen ein Mordkomplott, um sich die 5000 Dollar Versicherungssumme zu teilen.
- Jim war in Debra »verliebt« und hoffte, wenn Christopher aus dem Weg war, wäre auch Mark aus dem Spiel und Debra würde nicht ausziehen.
- Jim dachte, Debra würde der Tod von Christopher so sehr mitnehmen, dass sie in ihrem Kummer seine Nähe suchen würde.
- Jim war nur »eine Marionette« für Debra, die ihren Sohn loswerden wollte.

Niemand störte sich daran, dass diese Theorien sich teilweise widersprachen. Jim war so in Debra verliebt, dass er mit ihr übereinkam, ihren Sohn zu töten, damit sie problemlos Ernie heiraten konnte? Jim schmiedete ein Mordkomplott mit ihr und glaubte gleichzeitig, die Trauer um ihr Kind würde sie in seine Arme treiben?
Und Roger Scott, so die Anklage, war nur ein armseliger »Handlanger«, der in diesen Sumpf hineingestolpert war.

Sein einziger Beitrag sei gewesen, »das Fluchtfahrzeug zu steuern«.
Die Staatsanwaltschaft machte Debras Mittäterschaft an vier Sätzen fest, die sie laut Roger gesagt haben soll. Einmal, so Roger, habe Jim keine Zeit mehr gehabt, ihn nach Hause zu fahren, bevor er Debra von der Arbeit abgeholt habe. Roger saß auf dem Beifahrersitz, und Jim setzte sich auf die Rückbank zu Christopher und überließ Debra das Steuer. Sie schaute nach hinten und fragte Jim: »Warum ist er noch da?« Die Anklage behauptete, sie habe Chris gemeint. Debra sagte, sie habe Roger gemeint.
Ein anderes Mal hörte Roger sie sagen: »Ich muss ihn unbedingt loswerden.« Die Anklage ging davon aus, auch damit habe sie Chris gemeint. Debra sagte, der Satz habe sich auf Mark bezogen.
Dass Debbie einmal äußerte: »Ich bin einfach keine gute Mutter«, legte ihr die Staatsanwaltschaft als Schuldeingeständnis aus.
Roger behauptete auch, er habe Debra sagen hören: »Du musst dich darum kümmern.« Die Staatsanwaltschaft war der Ansicht, damit sei der »Mordplan« gemeint gewesen. Debra hielt dagegen, sie hätte dergleichen nie gesagt.

\*

Anklagevertreter Noel Levy galt als der härteste Staatsanwalt des County. Der große Mann mit der Brille war knallhart und hatte in Mordverfahren schon eine beeindruckende Reihe von Siegen erstritten. Dieser Fall gab seiner Karriere einen gewaltigen Schub – im Jahr 1990 sollte er dafür, ein Geschworenengericht von Debras Schuld und anschließend eine Richterin davon überzeugt zu haben, dass sie die Todesstrafe verdiente, zum »Staatsanwalt des Jahres« ernannt werden.

Einem Reporter gegenüber räumte Levy einmal ein, Mitleid für Debra empfunden zu haben – ein erstaunliches Bekenntnis für einen Mann, der vor Gericht behauptete, sie sei ein Ungeheuer, das gestanden habe. Doch dann, so Levy, habe er in ihre Augen gesehen: »Was ich sah, war das reine Böse.«
Verhandelt wurde der Fall vor der Richterin Cheryl Hendrix, einer attraktiven Frau, die Jura an der Arizona State University studiert hatte. Als sie diesen brisanten Fall übernahm, saß sie schon seit acht Jahren auf der Richterbank. Ihre Urteile und ihr Auftreten im Gerichtssaal waren weithin umstritten.
Ein prominenter Anwalt aus Phoenix, der Erfahrung mit ihr als Richterin hatte, bescheinigte ihr einen äußerst schlechten Ruf unter Juristenkollegen. »Ich habe in ganz Phoenix noch keinen Anwalt getroffen, der sie für eine faire Richterin hielt«, sagte er. Jedenfalls keinen Verteidiger. Die Anklagevertreter hingegen liebten sie – kein Wunder, ihre Urteile zeigen zur Genüge, dass sie meistens auf deren Seite war.
Debras Anwalt, C. Kenneth Ray, war seit sieben Jahren Verteidiger, und es war erst sein zweiter Fall, in dem seinem Mandanten die Todesstrafe drohte. Er war Debra aus einem Kreis öffentlich bestallter Verteidiger zugewiesen worden. Wie er später eidesstattlich erklärte, hatte er weder die Zeit noch das Geld gehabt, eine wirksame Verteidigung zu organisieren. Zudem war er völlig unvorbereitet auf das gewesen, was er die »unfairen Praktiken« der Staatsanwaltschaft nannte.
»Wenn meine Verteidigung von Debra Milke erfolglos blieb, lag das vor allem daran, dass die Richterin und die Staatsanwaltschaft in diesem Fall teils einzeln, teils gemeinsam gegen mich operierten«, erklärte er.
Bevor der Prozess begann, gab es eine Anhörung, in der es darum ging, ob das »Geständnis« als Beweis zugelassen werden sollte oder nicht. Diese Anhörung war der alles ent-

scheidende Moment in diesem Verfahren. Mit dem Geständnis stand und fiel der gesamte Prozess.
Saldate war der erste Zeuge. Er räumte ein, dass er über keine Verhörausbildung verfügte, behauptete aber, ein »Bauchgefühl« dafür zu haben, wenn ihm jemand Lügen auftischte, und Debra, das habe er gleich gespürt, habe ihn angelogen.
»Wenn man jemandem sagt, dass sein Kind ermordet worden ist, und die Person dann zu schluchzen anfängt, aber keine Tränen zeigt, dann ist es offensichtlich, dass sie versucht, Mitleid zu erregen, aber ich habe ihr das nicht abgenommen. Ich habe ihr das nicht abgenommen.«
Man wollte auch von ihm wissen, warum er die Befragung nicht aufgezeichnet habe.
»Ich benutze nie ein Tonband im Verhör«, erklärte er. »Ein Tonband schüchtert die verhörte Person ein, und dann ist sie – spricht sie nicht mehr so frei. Und meine Aufgabe ist es, die Information zu bekommen, so wie die Person sie mir mitteilen möchte. Und wenn sie – oder er – sich wegen des Tonbands zurückhält oder eingeschüchtert fühlt, dann bekomme ich die Information nicht.«
Ray versuchte, das Geständnis durch die Befragung von Experten zu erschüttern.
Dr. Martin Kassell, der Gefängnispsychiater, hatte mit Debra ausführliche Gespräche geführt. Seiner Aussage nach beruht viel von dem, was Saldate schildert, auf unbegründeten »Eindrücken« und »Annahmen«. Zudem sei der Detective von einer vorgefassten Meinung ausgegangen, die er dann mit »falscher Logik« zu beweisen versuchte.
Dr. Kassell bescheinigte Saldate »Arroganz« und eine »manipulative Verhörmethode«.
Dr. Kassell ist auch der Ansicht, Debra hätte ihre Miranda-Rechte und den Zweck der Befragung nicht richtig verstehen können, da sie sich nach der Nachricht vom Tod ihres Sohnes in einem Schockzustand befand.

Richterin Hendrix wollte von ihm wissen, ob er damit behaupten wolle, dass »Saldate ein Lügner« sei? Dr. Kassell räumte ein, dies nicht sagen zu können, da er bei dem Verhör nicht anwesend war.

Ray zog auch den Kriminologen Dr. John Fritz hinzu. Er fand Saldates Ausführungen unglaubwürdig. »Ich denke, der Bericht wurde entweder verfälscht oder schlimmstenfalls sogar komplett erfunden. Hätte er das Gespräch auf Band festhalten wollen, dann hätte er es getan.«

Ermittler Kirk Fowler, der über langjährige Berufserfahrung als Polizist verfügte, sagte aus, es sei Routine, dass Polizisten Verhöre entweder auf Tonband aufnehmen oder einen Zeugen hinzuziehen – beides war in diesem Fall nicht geschehen.

Erstaunlicherweise sagte Debra Milke bei dieser Anhörung nicht aus. Warum ihr Anwalt sie nicht schildern ließ, wie sich alles zugetragen hatte, ist unklar.

Nach der Anhörung entschied Richterin Hendrix, Debra sei vorschriftsmäßig über ihre Rechte belehrt worden, sie habe »zu keinem Zeitpunkt einen Anwalt verlangt« und sie habe sich »freiwillig geäußert«. Aus diesen Gründen sei das Geständnis vor Gericht verwertbar – eine fatale Entscheidung.

Debras Prozess begann mit Eröffnungsplädoyers vor den Geschworenen.

»Mutter vor Gericht wegen Mordes an Sohn: Hass oder Liebe?« überschrieb J. W. Brown seinen Bericht für die *Phoenix Gazette:* »Nach Aussage von Verteidigung und Staatsanwalt ist Debra Jean Milke entweder eine Frau mit tief sitzendem Hass, die in der Lage war, den Mord an ihrem vierjährigen Sohn zu planen, oder eine liebende Mutter, die von einem Freund getäuscht wurde, der ihr einziges Kind in der Wüste erschossen hat ... In seinem Eröffnungsplädoyer schilderte Staatsanwalt Noel Levy Milke, sechsundzwanzig, als eine Mutter, die nie eine Beziehung zu ihrem Sohn ent-

wickelte und so vom Hass gegen ihren Ex-Mann zerfressen war, dass sie glaubte, ihre einzige Chance, etwas für ihr Kind zu tun, bestünde darin, es zu töten. Verteidiger C. Kenneth Ray sagt, Milke habe ihren Sohn geliebt, die Besuchsrechte ihres Ex-Manns respektiert, und sie wünsche, dass diejenigen, die für den Mord an ihrem Sohn verantwortlich seien, bestraft werden.«
Brown zitierte Levy mit den Worten: »Debra Milke plante und wünschte den Tod ihres Sohnes.«
Brown zitiert Ray mit der Aussage, Debra stehe wegen voreiliger Schlüsse unter Anklage, er sei sich auch sicher: »Wenn alle Zeugenaussagen vorgebracht und die Beweise in diesem Fall gesichtet sind, wird sich herausstellen, dass sie unschuldig ist.«
Armando Saldate war der erste Zeuge. Er stand inzwischen nicht mehr im Dienst der Polizei von Phoenix. Er war zum County Constable aufgestiegen und verdiente doppelt so viel wie zuvor. Auf seinem neuen Posten ermittelte er nicht mehr in Mordfällen, sondern war hauptsächlich mit der Zustellung von Gerichtsakten beschäftigt: Kontaktverbote, Räumungsbefehle, Pfändungen und dergleichen. Ein Constable soll ähnlich wie ein Sheriff die Werte und Belange der Gemeinschaft repräsentieren.
Saldate machte im Zeugenstand eine gute Figur. Er war nicht nur gelassen und selbstsicher, er verstand sich auch klar und bestimmt auszudrücken. Kurzum: Er wirkte überzeugend.
Er erzählte den Geschworenen, Debra Milke hätte ihm gegenüber ein Geständnis abgelegt und fügte noch hinzu, eine Woche vor dem Mord habe sie »ihrem Sohn gesagt, Gott werde kommen und ihn mitnehmen, bald werde er im Himmel sein«.
Levy ging sämtliche Punkte des »Geständnisses« durch, und auf die anwesenden Journalisten machte Saldate einen glaubwürdigen Eindruck.

Ray versuchte Schwachpunkte des »Geständnisses« bloßzulegen. Brent Whiting von der *Arizona Republic* berichtete: »Saldate sagte den Geschworenen, dass er trotz der Anweisung eines Vorgesetzten, ein Tonbandgerät zu benutzen, darauf verzichtet habe, weil Milke eine Aufzeichnung abgelehnt habe. ›Mein Anliegen ist es, die Wahrheit herauszufinden, Sir.‹«

Kenneth Ray versuchte, Saldates Glaubwürdigkeit zu erschüttern. Er verlangte die Herausgabe von dessen vollständiger Personalakte, einschließlich etwaiger Berichte polizeiinterner Untersuchungskommissionen.

Die Staatsanwaltschaft lehnte das entschieden ab, und Richterin Hendrix ordnete lediglich die Herausgabe einiger Unterlagen über Saldates Ausbildung sowie die von Dokumenten an, die Verfahrensabläufe der Polizeiarbeit schildern. Aber selbst die bekamen nicht die Geschworenen zu Gesicht, einzig die Vertreter von Anklage und Verteidigung durften sie im Richterzimmer einsehen.

Nach außen hin erschien Armando Saldate als ehrenhafter Polizist, der sich während seiner langen, verdienstreichen Karriere eine blütenreine Weste bewahrt hatte. Die wenigen Akten über ihn, die die Polizei von Phoenix freigab, halfen Debra Milke nicht im Geringsten. Dabei sollte genau das, was die Polizei zurückhielt, letztlich zu ihrer Freilassung führen.

Doch während des Verfahrens unternahm Richterin Hendrix alles, um Angriffe auf Saldates Glaubwürdigkeit abzuschmettern.

Sie vereitelte auch sämtliche Bemühungen von Ray, Experten als Zeugen zum Nachweis der Unrechtmäßigkeit von Saldates Verhörmethoden zu laden. Von alldem erfuhren die Geschworenen nichts. Sie bekamen lediglich mit, dass ein Polizist und eine unter Anklage stehende junge Mutter um die Wette schworen, die Wahrheit zu sagen. Landesweite

Studien belegen, dass nicht nur Geschworene sich normalerweise auf die Seite des Polizisten schlagen, wenn es darum geht, wer was gesagt haben will, sondern dass auch »Richter ganz überwiegend den Polizisten Glauben schenken«.
Das war das Kalkül von Noel Levy. Um aber wirklich auf Nummer sicher zu gehen, versuchte er außerdem, Debras Glaubwürdigkeit zu untergraben und sie als schlechte Mutter darzustellen.
Acht Jahre nach dem Prozess stellte die *Phoenix Gazette* fest: »Die Staatsanwaltschaft hatte ein Problem, die Tat nachzuweisen. Ihr blieb nichts anderes übrig, als zu zeigen, dass Debra Milke eine miserable und selbstsüchtige Mutter war, die zu einer derartigen Tat fähig war. Anders ausgedrückt, zur Verhandlung stand, ob sie eine schlechte Mutter war oder nicht.«
In Debras Familie fand die Staatsanwaltschaft, was sie brauchte. Die *Phoenix Gazette:* »Milkes verworrene, teilweise schwierige, oft bittere Familienbeziehungen lieferten der Staatsanwaltschaft reichlich Munition. Alkoholismus, Instabilität, Armut, Scheidung, Rache, Zerrüttung, Hass und immerwährende unerfüllte Sehnsucht sind das Kennzeichen der komplizierten Dynamik dieser Familie, in der sie lernte, was Liebe, Mutterschaft und Verlust bedeuten.«
Der erste Verwandte, den Noel Levy in den Zeugenstand rief, war Debras Vater, Richard »Sam« Sadeik. Mit ihm begann die Parade von Familienmitgliedern und Freunden, die sie sämtlich als miserable Mutter schilderten.
Sadeik erzählte dem Gericht, dass seine Tochter ihren Sohn nicht gewollt habe – wobei er sich auf ein Telefongespräch stützte, das er mit ihr im August 1989 geführt haben will. Darin hatte sie ihm angeblich eröffnet, sie denke darüber nach, Christopher ganz in die Obhut von Mark zu geben.

Er erzählte einem Ermittler, er hätte Debra »enterbt«, hätte sie so etwas getan.
Wie er einräumte, hatte Debra die Idee kein zweites Mal aufgebracht. Debra trug eine gelbe Bluse an dem Tag, an dem ihr Vater diese Zeugenaussage machte, und sie erinnert sich, wie entsetzt sie über diese war: »Ich habe einmal im Scherz zu meinem Vater gesagt, ich würde Mark das Sorgerecht überlassen, und wir haben beide darüber gelacht.« Sie konnte nicht glauben, dass er ihre Worte nun so verdrehte. Außerdem, sagt sie: »Wenn ich Chris in die Obhut von Mark hätte geben wollen, wozu hatte ich dann per Gericht ein Kontaktverbot erwirkt?«
Richard Sadeik sagte aus, er sei Jim Styers zweimal begegnet, jeweils in seinem Haus in Florence, in Begleitung von Debra und Christopher. Das erste Mal am 3. November anlässlich von Sadeiks zweiundfünfzigstem Geburtstag – aber damals sei das Haus voller Leute gewesen, er sei kaum dazu gekommen, sich mit ihm zu unterhalten. Das andere Mal Ende November, an Thanksgiving. Sadeik gab an, er sei gegenüber Styers »voreingenommen« gewesen, hätte er doch wegen unerlaubter Entfernung von der Truppe vor einem Kriegsgericht gestanden. Das jedenfalls hatte ihm jemand gesagt. In Jim Styers' Akte bei den Marines finden sich allerdings keine Hinweise auf ein Kriegsgerichtsverfahren. Er wurde aus gesundheitlichen Gründen aus dem Dienst entlassen und lebte von einer Invalidenrente.
Sadeik sagte aus, er hätte keine Liebesbeziehung zwischen Debra und Jim beobachten können. »Sie wohnten nur zusammen, um finanziell über die Runden zu kommen.« Allerdings sei sie »total verliebt« in Ernie Sweat gewesen, führte er weiter aus und legte damit den Grundstein für eine der vielen Theorien über das Mordmotiv.
Richard und Maureen Sadeik erzählten den Ermittlern: »Sie

war verliebt in Ernie, sie dachte, Christopher sei ihr hierbei im Weg … Ernie wollte keine eigenen Kinder, er dachte vor allem an seine Karriere.«

Ernie Sweat erschütterte allerdings im Zeugenstand die Theorie, dass seine Person ein Motiv für Christophers Ermordung war. Staatsanwalt Levy wurde davon überrascht, dass Sweat, der auch von Saldate vernommen worden war, gleich fünf Behauptungen des ehemaligen Detective als Falschdarstellungen entlarvte.

Vor allem sagte Sweat aus, er und Debra hätten Christopher allein schon deshalb nicht als Hindernis für eine Ehe betrachtet, weil »von Ehe nie die Rede war«. Ihre Beziehung sei zum Zeitpunkt von Christophers Ermordung mehr oder weniger beendet gewesen, betonte er. Und im Unterschied zu dem, was Saldate behauptete, wollte Ernie Sweat nie zu Debra gesagt haben, sie würde ihr Kind vernachlässigen.

An dem Tag, an dem ihre Schwester in den Zeugenstand trat, trug Debra ein Kleid mit Paisleymuster. Sandy Pickinpaugh, die gerade ihren zweiten Sohn zur Welt gebracht hatte, stellte ihre Schwester als so ziemlich die schlechteste Mutter der Welt dar. Sie beteuerte, hauptsächlich *sie* hätte sich in den ersten Monaten um Christopher gekümmert. Debbie habe Chris nie wirklich gewollt, sie habe bedauert, nicht mehr ausgehen zu können, Debbie sei eine gleichgültige Mutter gewesen, die ihren Sohn jedem überlassen habe, der bereit war, ihn zu nehmen.

»In ihrem Leben war damals kein Platz für Chris – er war so oft bei mir, dass ich sie fragte, ob sie mich nicht besser zu seinem Vormund machen sollte«, sagte Sandy aus. Debra wäre dazu bereit gewesen, behauptete Sandy, doch Mark wollte nicht mitspielen. »Sie wusste, dass sie mit Chris nicht zurechtkam«, fuhr Sandy fort. »Vom Tag seiner Geburt an wusste sie, dass sie ihm keine gute Mutter sein konnte.«

Sandy schilderte ihre Schwester vor Gericht auch als »brutale Mutter«. Debbie habe gern »Sachen durchs Zimmer geworfen«, und einmal habe sie Chris mit einem heißen Backblech verbrannt. Mit Klebeband soll Debra dem Jungen einen Schnuller im Mund befestigt haben, und angeblich enthielt sie ihm Medikamente vor, weil es sie ärgerte, dass er krank war.

Sandy will manchmal »über Wochen«, in denen Debbie völlig verschwand, für Christopher gesorgt haben. Auf die Nachfrage, wann genau sie sich für längere Phasen allein um ihn gekümmert haben will, wusste sie keine Antwort – ein Punkt, den Kenneth Ray in seinem Schlussplädoyer besonders hervorhob.

Als die Schwestern sich eine Wohnung teilten, arbeitete Debbie in zwei Jobs, tagsüber und abends. Sandy blieb unterdessen zu Hause und versorgte Christopher und Jason – ein Arrangement, das sie nun so darstellte, als hätte sie für Chris sorgen müssen, während seine Mutter sich nicht um ihn kümmerte.

»Ich hatte nicht den Luxus, den ganzen Tag zu Hause zu hocken und Unterhaltszahlungen zu kassieren«, schreibt Debbie voll Zorn über die Darstellung ihrer Schwester. »Ich war kein Faulpelz ... Ich habe für mich und mein Kind gearbeitet. Wenn ich abends weggegangen bin, dann nur, um zu arbeiten – nicht, um mit Männern auszugehen.«

Debra Milke notierte sich Folgendes über die Zeugenaussage ihrer Schwester: »Sie durchbohrt mein Herz und sticht mir gleichzeitig einen Dolch in den Rücken. Am Tisch der Verteidigung sitzend, hörte ich ihren durchtriebenen Lügen zu und dachte nur: Was um alles in der Welt habe ich dir angetan, dass du solch widerwärtige Unwahrheiten über mich erzählst? Hasst du mich so sehr? Hebt es dein Selbstwertgefühl, dich an der Vernichtung deiner eigenen Schwester zu beteiligen?«

Kenneth Ray begann am Montag, dem 24. September 1990, mit der Verteidigung von Debra Milke. Sein erster Zeuge war ihr Scheidungsanwalt Vincent Libbon, der sie als verantwortungsvolle Mutter und »fürsorgliche Erziehungsperson« darstellte, die sich um das Wohlergehen ihres Kindes gesorgt hatte.

Auch andere sagten für Debra aus, einige Nachbarn, ein paar Freunde, aber sie waren nur ein lauer Sommerregen im Vergleich zu dem Hagelsturm, den die Staatsanwaltschaft entfesselte.

Viel wichtiger war am Ende, wer nicht für Debbie aussagte.

Ihre Mutter wurde nicht in den Zeugenstand gerufen – die einzige Person, die das vernichtende Bild, das der Vater und die Schwester von ihr zeichneten, hätte zurechtrücken können. Falls sich die Geschworenen jemals gefragt haben, warum Renate Janka nicht für Debbie aussagte – wäre es da nicht logisch gewesen, wenn sie zu dem Schluss gekommen wären, ihre eigene Mutter müsse sie für schuldig halten?

Ihre besten Freundinnen seit ihrem vierzehnten Lebensjahr, Patty Prust und Robin Ziluck, waren ebenfalls nicht als Zeugen geladen.

Die Eltern ihres früheren Freundes, Don und Josephine Jones, die ein gutes Verhältnis zu Debra und Christopher hatten, erschienen nicht vor Gericht.

Debras Mutter erinnert sich noch sehr gut, wie sie die Aussagen ihrer zweiten Tochter und ihres Ex-Manns trafen, als sie sie Jahre nach Debras Verurteilung zu Gesicht bekam.

Renate Janke bezeichnet Sandys Zeugenaussage als »stark verzerrt«. Sie sei Ausdruck von »Eifersucht und Wut« gegenüber ihrer Schwester. Auch die Zeugenaussage ihres Ex-Manns ist Renate zufolge »voller Verdrehungen und Falschdarstellungen«. Sie schrieb seine Worte einer »Verbitterung und dem Wunsch zu, mir etwas heimzuzahlen, indem er Debra weh tat«.

Aber die verheerendste Aussage im Zeugenstand, die schließlich die Geschworenen von ihrer Schuld überzeugte, stammte von Debra Milke selbst. Sie war kalt. Sie zeigte keine Gefühle. Sie weinte nicht. Sie schrie nicht. Sie machte einen abwesenden, verwirrten Eindruck. Sie beantwortete Fragen mit »tonloser Stimme«, so als ginge es um den Preis von Brot, nicht um den Tod ihres Sohnes. Paul Rubin von der *New Times* titelte in der Schilderung des Verfahrens: »Todestrakt-Debbie: Niemand wollte glauben, dass sie ihr Kind getötet hat. Jetzt hat sie alle davon überzeugt.«
Kirk Fowler erinnert sich, dass er »überrascht« über ihr Auftreten war. Er hatte sie ein ganzes Jahr lang im Gefängnis besucht, und das war nicht die Debra Milke, die er kannte.
In einer eidesstattlichen Erklärung schilderte er es so: »Ich sprach sie darauf an, dass ich mich über ihr Verhalten wunderte ... Sie antwortete mir, sie könne es sich nicht erlauben, zusammenzubrechen oder ihre Gefühle vor dem Publikum zu zeigen. Sie sagte mir, sie hätte furchtbare Angst, sie würde sich nie wieder fangen, würde sie einmal die Kontrolle über ihre Gefühle verlieren ... In den Prozesspausen wurde sie in eine Wartezelle geführt, dort weinte sie ohne Ende.«
Viele Jahre lang kannte niemand die wirklichen Gründe dafür, dass sie so emotionslos und kontrolliert wirkte. Alles, was die Geschworenen sahen, war eine Frau, die überhaupt nicht dem Bild einer trauernden Mutter entsprach.
Am 2. Oktober 1990, dem Tag, an dem Christopher seinen fünften Geburtstag gehabt hätte, versuchte Debra die Geschworenen davon zu überzeugen, dass sie keine Mörderin war. Sie sagte, dass sie in den Stunden nach Christophers Verschwinden das Schlimmste befürchtete, dass er entführt worden sei, vielleicht von einer Frau, die keine Kinder bekommen könne. Dass sie gegenüber der Frau ihres Vaters

erwähnte, sie wolle ihn einäschern lassen, wenn er tot sei, sei aus einem »Bauchgefühl« heraus geschehen. Die Geschworenen nahmen ihr das nicht ab. J. W. Brown berichtete in der *Gazette:* »Die Geschworenen hörten Debra Jean Milke fassungslos zu, als sie ihnen am Dienstag schilderte, dass sie nur wenige Stunden vor der Entdeckung der Leiche ihres vierjährigen Sohnes das Vorhaben äußerte, ihn einäschern zu lassen und die Asche im Gartens ihres Vaters zu verstreuen … Die Geschworenen folgten ihrer emotionslos vorgetragenen Zeugenaussage mit versteinerten Gesichtern.«
Nur ein einziges Mal »kam etwas Leben in ihre Stimme«, schrieben die Reporter, und zwar, als sie gefragt wurde, ob sie etwas mit dem Tod ihres Sohnes zu tun habe: »Nein, ich habe damit nichts zu tun.«
Dennis Wagner von der *Gazette* beschrieb die Szene im Gerichtssaal folgendermaßen: »Debra Milke ist seit drei Tagen im Zeugenstand. Die attraktive Frau mit den Rehaugen ist mit ihrer flachen, tonlosen Stimme im Gerichtssaal kaum zu hören. Sie muss nun bei den Geschworenen dringend Sympathie und Zweifel wecken. Sie sagt, sie habe ihren Sohn geliebt. Sie verneint jede Verwicklung in seine Ermordung. Ray zeigte Debra ein Foto von Christopher. Ihre Lippen zitterten. Am Tag seines Todes hätte sie mit ihm Zeichentrickfilme angeschaut und ihn dann verabschiedet, damit er zum Weihnachtsmann fahren konnte. Sie wischte sich Tränen aus den Augen …
Und das sollte die Geschworenen von ihrer Unschuld überzeugen?«
Am 9. Oktober ließ Richterin Hendrix eine Bombe platzen: Entweder der Prozess werde in zwei Tagen zu Ende gebracht oder er sei gescheitert und es müsse von vorn verhandelt werden. Ursprünglich waren sechzehn Geschworene gewählt worden, um sicherzustellen, dass am Ende des

Prozesses noch die erforderliche Mindestzahl von zwölf mit von der Partie war. Inzwischen waren es nur noch dreizehn Geschworene, und zwei der verbliebenen hatten für das Ende der Woche unabänderliche Reisepläne angekündigt. Die Richterin wünschte ein »rasches Ende« des Prozesses.

Die Schlussplädoyers wurden für den folgenden Tag angesetzt, doch dann beantragte Levy in letzter Minute völlig überraschend eine Zeugin – offensichtlich fürchtete er, einige der Geschworenen seien durch Debras Aussage weich geworden. Das amerikanische Justizsystem sieht vor, dass man das Recht hat, zu erfahren, wer gegen einen aussagen will. Daher müssen Verteidigung und Staatsanwaltschaft eine Zeugenliste vorlegen. Die neue Zeugin war Debras alte Freundin Dorothy Markwell, die auf keiner Zeugenliste stand. Levy behauptete, sie erst in allerletzter Minute aufgetrieben zu haben, folglich hätte er noch keine Gelegenheit gefunden, die Verteidigung zu informieren. Ray hielt dagegen, dies stelle eine klare Verletzung der Verfahrensvorschriften dar, Markwell dürfe die Aussage nicht erlaubt werden.

Richterin Hendrix wurde später vorgeworfen, mit der Zulassung dieser Aussage äußerst nachlässig mit den unerschütterlichen Regeln zur Beweisvorlage umgesprungen zu sein.

Dorothy Markwells Auftritt im Zeugenstand führte zu folgender Schlagzeile: »Freundin sagt vor Gericht aus: Mutter hasste Sohn und wünschte seinen Tod«.

Markwell schilderte ihre letzte Begegnung mit Debra und Chris, die im Sommer 1988 stattfand, siebzehn Monate vor dem Mord. Christopher beschrieb sie als »ziemlich gestörtes, ziemlich schwieriges« Kind, das sehr an seiner Mutter hing und ihre Zuneigung gesucht habe. »Doch Debra Milke habe das Kind nur immerzu angeschrien, es geschlagen und einmal sogar quer durchs Zimmer geworfen.«

Auch Kenneth Ray versuchte noch in letzter Minute, einen Zeugen aufzurufen, einen, der schon lange auf seiner Zeugenliste stand. Ray wollte, dass die Geschworenen die Aussage des Gefängnispsychologen Dr. Leonardo Garcia-Bunuel hörten, der Debra bis zum Beginn des Prozesses ein Jahr lang regelmäßig in der Untersuchungshaft gesehen hatte. Aber er war zu diesem Zeitpunkt weit weg von Phoenix, und Richterin Hendrix meinte, es bliebe keine Zeit, auf seine Rückkehr zu warten.

Dr. Garcia-Bunuel erklärte aktuell in einem Telefongespräch, er habe es immer bedauert, den Geschworenen nie sagen zu können, dass er und seine Mitarbeiter Debra Milke für »unschuldig« hielten. »Sie verhielt sich absolut nicht wie jemand, der schuldig ist.«

In seinem Schlussplädoyer hob Staatsanwalt Levy hervor, dass Debra nie eine wirkliche »Beziehung« zu ihrem Sohn gehabt hätte. Sie hätte nie ein Kind haben wollen, sei nur sehr ungern ihren Mutterpflichten nachgekommen, und der Hass auf ihren Ex-Mann sei größer als die Liebe zu ihrem Sohn gewesen. Christopher sah Mark ähnlich, und das, so Levy, »konnte sie nicht ertragen, und daher sollte er sterben«.

Er unterstrich, dass das »Fundament« des Falls das Geständnis gegenüber Detective Saldate sei. »Sie hat einen erschöpfenden, lückenlosen und fairen Prozess bekommen.«

Debras Anwalt sagte in seinem Schlussplädoyer: »Nichts deutet darauf hin, dass sie das schreckliche Ungeheuer ist, das sie sein müsste, um etwas mit dem Tod ihres Kindes zu tun zu haben ... Miss Milke möchte wissen, wer ihren Sohn getötet hat, und sie weiß, dass sie unschuldig ist.«

Auch Kirk Fowler hielt sie für »hundert Prozent unschuldig«. Das Gericht hatte ihn zum Ermittler der Verteidigung bestimmt. Er war überzeugt, die Geschworenen würden die Wahrheit sehen. Seit fast einem Jahr hatte er jeden Winkel von Debra Milkes Leben ausgeleuchtet.

Fowlers bisherige Laufbahn kam ihm bei seiner jetzigen Tätigkeit als Privatdetektiv sehr zu Hilfe. Er hatte neunundzwanzig Jahre Dienst als Strafverfolger geleistet, darunter neunzehn Jahre in verschiedenen Positionen bei der Drogenschutzbehörde DEA. Dabei hatte er an der Zerschlagung der größten Drogenringe in der Geschichte der Behörde mitgewirkt.

Schon zu Beginn seiner Ermittlungen schrillten bei ihm die Alarmglocken.

»Ich hatte kaum einen Blick auf Saldates ›Geständnis‹ geworfen, da wusste ich schon, dass er log ... Und dann die Lügen, die er Sandy auf dem Tonband erzählte. Ich war fassungslos.«

Sandys Vater empfahl seiner Tochter, das Gespräch mit Saldate, für das dieser eigens nach Wyoming reiste, aufzuzeichnen. Das erfuhr die Verteidigung während des Prozesses. Auf dem Band behauptet Saldate, Debra hätte schon zweimal versucht, ihren Sohn zu töten – einmal habe sie ihm Blausäure in seine Frühstücksflocken gemischt.

Er behauptete gegenüber Sandy auch, Debbie habe während jenes verhängnisvollen Verhörs in Florence vor ihm ihren Busen entblößt. »Und dann zieht sie vorne ihre Bluse hoch bis zu ihren Augen«, wie um sich die Tränen abzuwischen, aber mit dem Ziel, ihm ihren Busen zu zeigen. »Wenn er erst mal meine Brüste gesehen hat, kann ich mich vielleicht aus allem rausreden«, schiebt ihr Saldate als Motiv unter. Weiterhin behauptete er, Debra habe ihm auf der Rückfahrt nach Phoenix Sex im Austausch gegen ihre Freiheit angeboten und sie habe auch gegenüber Mithäftlingen in der Untersuchungshaft ein Geständnis abgelegt: »Ja, ich habe es getan, und ich würde es wieder tun.«

Nichts davon sei wahr, sagt Fowler – und dass sie ihre Brüste entblößt haben soll, sei schlicht lächerlich. Er habe selbst die Kleider abgeholt, die sie an dem Tag ihrer Verhaftung getragen habe. Sie trug überhaupt keine Bluse. Vielmehr trug sie einen BH und ein T-Shirt unter einer Strickjacke. Kenneth Ray hoffte, die Behauptung, sie hätte sich vor dem Polizisten entblößt, würde die Geschworen davon überzeugen, dass Saldate ein Lügner sei, aber als er versuchte, das Band im Gerichtssaal abzuspielen, waren die Batterien des Rekorders leer. Das Band wurde zu den Beweisstücken gelegt und dort offenbar von allen vergessen.

Noch etwas Wichtiges war auf dem Band – Saldate erzählte Sandy, dass Debra und Jim während der Untersuchungshaft einen Briefwechsel führten. Die Briefe selbst waren nicht als Beweismittel vor Gericht zugelassen, und die einzige Information über die Briefe war das, was Saldate Sandy erzählte. Er behauptete, sie verwendeten eine Art »Geheimsprache«, um ihre Geschichten aufeinander abzustimmen.

Fowler rekonstruierte für die Verteidigung Debras Leben vor der Ermordung Christophers. Was er herausfand, entsetzte ihn zutiefst. »Alles lief hervorragend für sie. Sie hatte den besten Job, den sie je in ihrem Leben gehabt hatte. Christopher war tagsüber hervorragend versorgt. Sie war auf dem aufsteigenden, nicht auf dem absteigenden Ast. Leute springen von der Brücke, wenn alles düster aussieht, nicht wenn alles prima läuft.«

»Drei Stunden lang habe ich geglaubt, dass sie schuldig ist«, erzählte er mir beim Essen in einem mexikanischen Restaurant. »Man sagte mir, eine ihrer Freundinnen hätte behauptet, Debra sei keine gute Mutter gewesen. Ich machte sie ausfindig, und sie erzählte mir, sie hätte das nie gesagt. Ich brauchte lediglich drei Stunden, um sie zu finden. Genauso lange habe ich an Debras Unschuld gezweifelt – in insgesamt fünfundzwanzig Jahren.«

Das Ergebnis war, dass er wieder und wieder für sie in die Bresche sprang – vor Gericht, in den Medien, in all den Jahren, in denen sich die Berufungsverfahren hinzogen. Und er

sagte es jedem: »Die Staatsanwaltschaft hat nicht den kleinsten Beweis gegen Debbie Milke. Dieser Fall ist ein Paradebeispiel für schlampige, miserable Polizeiarbeit. Kein Polizist, der etwas auf sich hält, würde so etwas abliefern, und kein Staatsanwalt, der etwas auf sich hält, würde so einen Fall vertreten.«
Die Geschworenen brauchten nur einen Tag, den 12. Oktober 1990, um Debra Milke in allen Anklagepunkten schuldig zu sprechen.
Kenneth Ray sagte gegenüber einem Journalisten, er sei »entsetzt« und werde in Berufung gehen.
Noel Levy sagte, er werde die Todesstrafe beantragen. »Dies ist einer der schrecklichsten, kaltblütigsten Morde, die ich je das Unglück hatte, verfolgen zu müssen.«
Laut Darstellungen der Medien empfing Debra das Urteil »stocksteif, den Rücken zum Publikum gekehrt, und zeigte keinerlei Anzeichen von Emotionen, als die aus sechs Männern und sechs Frauen bestehende Geschworenenkammer sie schuldig sprach«.
J. W. Brown von der *Gazette* berichtete: »Mehrere Geschworene blickten Milke an, als das Urteil verlesen wurde. Sie zeigte keine erkennbare Regung. Milke antwortete beim Verlassen des Gerichtssaals auch nicht auf Fragen von Journalisten.«
Debra erinnert sich, dass sie einfach nicht glauben konnte, was sie da gerade gehört hatte.
Auch Paul Huebl konnte es nicht – der Privatdetektiv und Journalist, der wenige Stunden nach ihrer Verhaftung mit ihr gesprochen hatte. Er hatte den gesamten Prozess im Gerichtssaal verfolgt und kam zu dem Schluss, dass das Justizsystem in diesem Fall versagt hatte.
Jahre später überzeugte er den Nachrichtenchef von KTVK, Phil Alvidrez, davon, mit den Geschworenen Kontakt aufzunehmen. Vielleicht ergab sich ja eine neue Geschichte?

Die ersten neun Geschworenen reagierten verärgert oder legten einfach auf. »Wir haben vereinbart, nicht darüber zu reden«, informierte ihn einer. Huebl machte sich keine großen Hoffnungen, dass sein zehnter Gesprächsversuch mit einer Frau, »die wenigstens höflich war«, besser ausgehen würde.

Bevor auch sie auflegen konnte, fragte er: »Sagen Sie mir einfach, was hat Sie und die anderen am stärksten davon überzeugt, dass Debra Milke schuldig ist?«

Die Geschworene zögerte keinen Augenblick. »Das war wohl das Tonband.«

»Welches Tonband?«, fragte er. Seiner Erinnerung nach war während des gesamten Prozesses kein Tonband vorgespielt worden.

Das im Karton mit den Beweisstücken, antwortete sie. Das von Saldate und Sandy, das Ken Ray vorzuspielen versuchte, als die Batterien leer waren.

Noel Levy hatte das Tonband keineswegs vergessen. In seinem Schlussplädoyer sagte er zu den Geschworenen: »Es gibt das Tonband. Ich sage nicht, dass Sie es sich anhören sollen. Entscheiden Sie selbst.«

Die Geschworenen, erfuhr Huebl, tendierten zur Hälfte noch zum Freispruch, bevor sie das Band angehört hatten. Doch danach stimmten sie ausnahmslos für schuldig.

Paul Huebl ist bis zum heutigen Tag der festen Überzeugung, dass die auf dem Tonband festgehaltenen Lügen, die Saldate Sandy auftischte, letztlich zu Debra Milkes Schuldspruch führten.

Mark Milke hingegen schreibt die Verurteilung Debras seinen paranormalen Fähigkeiten zu. »Die Geschworenen wurden von mir handverlesen«, erklärte er in einem Interview im Restaurant Cocos in Phoenix. »Ich habe der Staatsanwaltschaft zwölf Namen gegeben, ihr erklärt, dass Debra die garantiert nicht manipulieren könne, und zehn davon saßen dann auch tatsächlich unter den Geschworenen. Ich habe den Prozess für meinen Sohn gewonnen. Ich war jeden Tag dort und habe mir Notizen gemacht, habe per Augenzwinkern mit den Geschworenen kommuniziert. Ich bin wie Mister Spock – wir haben keine Gefühle.«

\*

Am 18. Januar 1991 kämpfte Debra vor Richterin Hendrix um ihr Leben. »Ich habe es nicht verdient, für etwas bestraft zu werden, das ich nicht getan habe.«
Sie appellierte: »Ich bin enttäuscht darüber, dass das Gericht es zugelassen hat, dass ein angebliches Geständnis gegen mich verwendet wird, obwohl es keine Beweise für dieses Geständnis gibt.«
Und sie sprach auch über Saldate: »Ein Polizist mit über zwanzig Jahren Berufserfahrung sollte wissen, dass man eine verdächtige Frau nicht ohne Zeugen in einem geschlossenen Raum vernimmt … Es ging hier um ein sehr schwerwiegendes Verbrechen, und ich bin der Meinung, dass Mr Saldate äußerst verantwortungslos handelte. Richtig ist, dass mir meine Miranda-Rechte vorgelesen wurden und ich auf das mir laut dem fünften Verfassungszusatz zustehende Recht auf einen Anwalt hingewiesen wurde. Doch als ich von diesem Recht Gebrauch machen wollte, überging er es einfach, so als hätte ich nichts gesagt.«
Ein Bewährungshelfer des Maricopa County namens Andrew Lembo verlas vor der Urteilsverkündung einen von ihm verfassten Bericht, der ein absolut düsteres Bild von Debbie zeichnete.
Er sagte, Richard Sadeik halte nichts von der Todesstrafe, finde aber, Debra solle lebenslang hinter Gitter kommen. Lembo zitierte Sadeik mit der Aussage, seine Tochter »sei nie eine gute Mutter gewesen, und wenn sie mehr Kinder

gehabt hätte, so hätte sie wahrscheinlich auch die ermordet«.

Auch Sandy, Debbies Schwester, forderte Lembo zufolge die Todesstrafe.

Vor der Urteilsverkündung ließ die Richterin den Sohn des Gerichtsdieners vor dem Publikum im Saal fünfzehn Minuten auf der Violine spielen. Das sollte ein Beitrag zur Entspannung und Unterhaltung sein. Viele schüttelten darüber den Kopf.

Dann erklärte Cheryl Hendrix: »Das Opfer war hilflos, der Mord sinnlos.« Eine Mutter, die mit anderen die Tötung ihres Kindes verabrede, sei »nach allen gesellschaftlichen Konventionen schockierend und verabscheuungswürdig«.

Dann verkündete sie, dass Debra Jean Milke für den Mord an ihrem Sohn die Todesstrafe verdient habe.

Debra erinnert sich: »Ich notierte ›T‹, als die Richterin ›Todesstrafe‹ sagte.«

\*

Im Oktober 1996 war Debra fünf Jahre lang im Gefängnis. Ihr neuer Anwalt hatte Spektakuläres für ein Wiederaufnahmeverfahren vorbereitet. Er hatte Fakten zusammengetragen, die an Armando Saldate Zweifel wecken mussten, und war zuversichtlich, dass dies allen die Augen öffnen würde.

Debra waren in den Jahren, in denen sie allein in ihrer Gefängniszelle saß, auch die Augen aufgegangen – sie hatte sich inzwischen der Theorie der Staatsanwaltschaft angeschlossen, der zufolge Jim Styers ihren Sohn getötet hatte.

Sie saß noch in Untersuchungshaft, als Styers im Oktober 1990 der Prozess gemacht wurde. Als schließlich auch Roger Scott an der Reihe war, am 15. Januar 1991, hatte man sie bereits in den Todestrakt verlegt. Sie kam schließlich zu

demselben Schluss wie die Geschworen in den Verfahren der zwei Männer: »des heimtückischen Mordes für schuldig befunden«. Beide saßen nun im Todestrakt in Florence.
Tag und Nacht machte sie sich Vorwürfe, nicht begriffen zu haben, dass Jim einer solch abscheulichen Tat fähig war. Roger hatte sie es sofort zugetraut. Warum nicht Jim? Sie war eben doch eine miserable Mutter, wenn sie nicht erkennen konnte, wie gestört dieser Mann war.
Ihr war auch klargeworden, dass es als Eingeständnis ihrer Komplizenschaft gewertet wurde, wenn sie Jim verteidigte: »Nie würde er mir oder meinem Sohn weh tun.«
Debra war verzweifelt. Ihr Wiederaufnahmeverfahren zog sich hin. Am 4. Oktober 1996 schrieb sie direkt an Richterin Cheryl Hendrix.
»Ich schreibe und sende Ihnen diesen Brief ohne Kenntnis meines Anwalts, Anders Rosenquist. Mir ist klar, dass vermutlich jeder Anwalt seiner Mandantin von so etwas abraten würde und auch Mr Rosenquist es nicht billigen würde, aber es liegt mir dennoch daran, Ihnen zu schreiben …
Ich möchte Ihnen sagen, dass ich mit dem Mord an meinem Sohn Christopher nichts zu tun habe. James Styers und Roger Scott sind für seinen Tod verantwortlich. Im Dezember werden sieben Jahre seit seinem Tod vergangen sein, und ich habe ihn immer noch nicht richtig verarbeiten können. Der Schmerz und die Trauer sind riesig und unvorstellbar. Ich muss mit meinem Heilungsprozess beginnen, aber ich kann es nicht, weil ich die ganze Zeit um mein Leben kämpfen muss.
Diese Tragödie war unerträglich, sowohl persönlich als auch juristisch. Ich bitte Sie um die Gelegenheit, meine Unschuld an der Tat zu beweisen, derer ich angeklagt bin. Alles, was ich verlange, ist Gerechtigkeit.«
Sie legte dar, dass Saldate das Geständnis »erlogen« habe, und betonte noch einmal: »Ich habe weder diesem Mann

noch gegenüber sonst jemandem je ein Geständnis abgelegt, weil ich mit diesem Verbrechen nichts zu tun habe.
Christopher hat mir alles bedeutet, und ich habe stets versucht, das Beste für ihn zu tun. Ich behaupte nicht, dass ich die perfekte Mutter war, aber ich habe Verantwortungssinn gezeigt. Christophers Wohlergehen war mir immer das Wichtigste, weil ich ihn liebte.
Richterin Hendrix, ich war eine alleinerziehende Mutter, die hart gearbeitet hat, zeitweise auf zwei Arbeitsstellen, um für Chris zu sorgen und meine Lage zu verbessern. Ich habe keine Fürsorge in Anspruch genommen, keine Drogen konsumiert, ich habe mich nicht herumgetrieben, bin in keine Schwierigkeiten geraten. Ich nahm meine Verantwortung als Mutter sehr ernst, weil ich mein Kind liebte.
Trotz der Drogenprobleme meines Ex-Manns wollte ich, dass mein Sohn Kontakt zu seinem Vater hat. Ich habe Mark nicht bedrängt, Unterhalt zu zahlen, was er selten tat, weil mir Geld nicht wichtig war. Mir kam es darauf an, dass mein Sohn und sein Vater eine Beziehung haben, und ich habe das immer unterstützt, als Mark seine Entziehungskur machte. Ist das so verwerflich?
Ich habe so gut es geht versucht, Christopher Probleme zu ersparen, und als es zunehmend schwieriger wurde, mit Mark vernünftig auszukommen, beschloss ich, mit Chris nach Tempe zu ziehen, damit er unbeschwert aufwachsen könnte. Ich habe mit niemandem Verabredungen getroffen, meinen Sohn umzubringen. Ich habe ihn sehr geliebt.
Ich hatte außerdem keine Ahnung, dass James Styers eines Mordes fähig war oder überhaupt nur gefährlich werden konnte. Niemals hätte ich mein Kind einem Menschen wie ihm überlassen oder das Angebot angenommen, mit Chris vorübergehend in seine Wohnung zu ziehen, wenn ich geahnt hätte, wie er wirklich ist. James Styers hat sein wahres Ich vor mir verborgen.«

Sie bat die Richterin, mit Offenheit an ihren Fall heranzugehen. »So übel mir das Justizsystem mitgespielt hat, ich habe immer noch die Hoffnung und glaube auch daran, dass Wahrheit und Gerechtigkeit zusammengehören.«

Fünfundvierzig Tage nachdem dieser Brief geschrieben worden war, lehnte Richterin Hendrix den Antrag auf Wiederaufnahme des Verfahrens ab.

Sie bestätigte Debras Schuldspruch und das Todesurteil. »Das Gericht hält die Einlassungen der Beklagten für gänzlich unbegründet«, erklärte sie.

# KAPITEL 11

## »Oma und Opa – ist nicht wahr«

Alles im Gefängnis ist hart.
Alles ist kalt.
Wenn man in Arizona ein Gefängnis betritt, merkt man gleich, dass man an einem Ort ist, wo man weder sein sollte noch sein möchte.
Es dauert eine Weile, bis man erkennt, warum es sich so seltsam anfühlt, so menschenfeindlich.
Es liegt nicht daran, dass die Wärter in den grauen Uniformen nur selten lächeln oder Befehle brüllen.
Nicht daran, dass man ständig vor verschlossenen Türen warten muss, bis jemand sie aufschließt.
Auch nicht daran, dass man beim Blick in den Himmel den Stacheldraht auf dem endlosen Zaun sieht.
Nein, es dauert eine Weile, bis man kapiert, dass alle Oberflächen hart sind.
Aus Metall oder Kunststoff. Überwiegend in Grau- und Brauntönen, Farben, die wohl an dem Tag, als gestrichen wurde, im Sonderangebot waren. Und nach den vielen abgeblätterten Stellen zu urteilen, wird hier nicht sehr oft gestrichen.
Nichts im Gefängnis ist aus Stoff; es gibt keine Textilien, die dem Auge schmeicheln oder den Nachhall der Metalltüren dämpfen, wenn sie zugeschlagen werden.
Debra Milke sah diese harte, kalte Welt zum ersten Mal durch den Schleier eines Beruhigungsmittels. Man hatte es ihr verabreicht, um sie für die fünfundvierzigminütige Fahrt von Phoenix nach Perryville ruhigzustellen.
Bis dahin hatte sie schon vierzehn Monate in Untersuchungshaft verbracht und auf ihren Prozess und das Urteil

gewartet. Sie war mit anderen Gefangenen, die ebenfalls auf Gerichtstermine warteten, in einem Trakt mit acht Zellen in Durango untergebracht gewesen.

»Anfangs waren die Wärter fies – sie knallten die Türen, legten mir die Handschellen extra eng an und taxierten mich mit anzüglichen Blicken, aber ich blieb immer ich selbst, und mit der Zeit nahmen sie mich als Menschen wahr und behandelten mich auch so. Ich weiß noch, wie einer zu mir sagte: ›Warum bist du hier – du gehörst hier nicht her.‹ Sie standen mir während des Prozesses zur Seite, und einige waren ehrlich entsetzt, als ich verurteilt wurde. Als ich nach dem Urteil wegen Selbstmordgefahr unter Beobachtung stand, habe ich zu ihnen gesagt: ›Ich werde mir nichts antun – ich habe allen Grund zu kämpfen, ich gebe nicht auf.‹ Am nächsten Tag kamen sie und sagten, sie hätten schlechte Nachrichten. Sie müssten mich isolieren, ich hätte die Todesstrafe erhalten. Das war der Vorgeschmack auf die Einzelhaft.«

Fünfzehn Tage dauerte es, bis man entschieden hatte, wo Debra nach dem Todesurteil untergebracht werden sollte – die Behörden mussten eine provisorische Lösung für ihre einzige Todeskandidatin finden.

Perryville war 1991 noch ein gemischtes Gefängnis; dort saßen sowohl Männer als auch Frauen ein. Im Jahr 2000, als das neue Sam-Lewis-Gefängnis weiter im Westen fertiggestellt wurde, verlegte man die Männer dorthin, und Perryville wurde zum einzigen Frauengefängnis in Arizona. Man beschloss, Debra im Straftrakt des Santa-Maria-Flügels unterzubringen. Dorthin kamen die »Problemfälle«, das heißt Frauen, die selbstmordgefährdet oder gewalttätig waren. Debra bekam eine Einzelzelle.

»Dort stand eine Pritsche mit einer dünnen, hässlichen Matratze, es gab eine Waschbecken-Toiletten-Kombination, eine Klappe in der Tür und ein winziges Fenster. Man bekam dort Platzangst. Es war das erste Mal, dass ich mir wie ein Tier im Käfig vorkam.«

Als sie an dem Tag in ihre Zelle eskortiert wurde, riefen einige laut »Babykiller« (»Kindermörderin«).

»Das war schrecklich. Der reinste Alptraum. Ich hatte Angst. Zuerst dachte ich, warum sagen die so was? Wen sie auch damit meinten, ich konnte es nicht sein – auch niemand, den ich kannte. Es war, als würde ich durch das Leben einer Fremden spazieren.«

Und noch aus einem anderen Grund nahm sie die Kälte und Härte im Gefängnis deutlich wahr. Denn von dem Tag an, als sie dort ankam, war Debra Milke buchstäblich mutterseelenallein.

Ihr Vater und ihre Schwester hatten sich gegen sie gestellt. Ihre Mutter hatte sich abgewandt. Sie durfte einmal in der Woche telefonieren, aber es gab niemanden, den sie hätte anrufen können.

Sie hoffte, im Schlaf Zuflucht zu finden – einfach die Augen zumachen und alles vergessen –, aber dann kamen die Alpträume.

Sie saß wieder mit Armando Saldate im Vernehmungszimmer. Sie schaute ihm ins Gesicht, als er die ersten Worte sagte: »Dein Sohn ist tot …«

Sie fing an zu schreien und zu weinen. Er brüllte, sie solle still sein, nannte sie eine Lügnerin, sagte, er würde solches Benehmen nicht dulden. Und die ganze Zeit versuchte sie, ihm begreiflich zu machen, was in ihr vorging.

»Je mehr er mich beschuldigt, desto verzweifelter versuche ich, mich zu verteidigen. Ich sage ihm immer wieder, dass ich nichts getan habe. Ich muss so heftig weinen, dass ich kaum sprechen kann. Mein Gesicht spannt, und meine Nase ist verstopft, sodass ich kaum Luft bekomme. Ich hyperventiliere beinahe. Ich bitte ihn, mir Taschentücher zu geben, denn wir sind ja in einem Krankenzimmer. Im Schrank ste-

hen jede Menge Sanitätsartikel. Er weigert sich, aufzustehen und mir etwas zu geben. Also muss ich mir mit dem Pullover die Nase putzen und die Tränen wegwischen.«
Aber am schlimmsten waren die Träume von Christopher. »Sie sind immer gleich. Wieder und wieder der gleiche Traum. Ich sehe ihn ganz deutlich. Er steckt in Schwierigkeiten und ruft nach mir, aber ich kann nicht zu ihm. Ich will ihm helfen, aber ich kann nicht, es ist immer irgendetwas im Weg. Es ist schrecklich, denn er schreit: ›Hilf mir, hilf mir doch!‹, und ich kann ihn nicht erreichen. Sosehr ich mich auch anstrenge. Ich fange in diesen Träumen an zu weinen, weil ich nicht zu ihm komme, um ihm zu helfen. Tränenüberströmt wache ich auf. Mir bricht der Schweiß aus. Und dann liege ich da. Dann kommt der Schmerz und wird ständig stärker.«
Kulturschock. Das war ihre erste Reaktion auf das Gefängnis. Diesen seltsamen, grotesken Ort. Sie hatte nie darüber nachgedacht, wie es dort wohl wäre. Aber jetzt war sie da.
»Was mich am meisten verblüffte, war die Gewalttätigkeit einiger Frauen. Solche Gewalt war mir in meinem Leben nie begegnet, und ich war darüber total schockiert.«
Sie sah, wie Insassinnen das Wachpersonal körperlich angriffen, ihnen ins Gesicht spuckten, sie mit blutigen Tampons bewarfen. »So viel Zorn und Gewalt hauten mich um, und auch die vulgäre Sprache und das ständige Fluchen. Manche Frauen waren so aggressiv, dass die Wärter Pfefferspray anwenden mussten, um sie in den Griff zu bekommen.«
Sie sah Frauen, die sich selbst verstümmelten. Eine Frau drei Zellen weiter erhängte sich mit ihrem Bettlaken. »Ich kannte sie gar nicht, aber ich habe den ganzen Tag geweint. Ich war erstaunt, was für drastische Sachen die Frauen aus Zorn oder Schmerz taten, oder auch nur, um beachtet zu werden. Doch meistens war ihr Verhalten einfach nur erbärmlich. Sie

hatten überhaupt keinen Respekt, vor nichts und niemandem. Es war der reine Wahnsinn.«

Mit der Zeit konnte sie bei ihren Mitgefangenen bestimmte Verhaltensmuster unterscheiden.

»Ich habe Frauen gesehen, für die war das Gefängnistor eine Drehtür. Die betrachten das Gefängnis als zweites Zuhause, als ein Zuhause weit weg von zu Hause. Raus und rein, rein und raus. Wenn sie die Nase voll haben vom Leben auf der Straße, gönnen sie sich eine kleine Verschnaufpause im Gefängnis, wo sie Essen und ein Dach über dem Kopf haben und kostenlose medizinische Versorgung erhalten. Ich habe auch Frauen gesehen, die definitiv ins Gefängnis gehören und niemals draußen in der Gesellschaft leben sollten, auf keinen Fall. Gefährlich, berechnend, gewalttätig, skrupellos. Und ich habe Frauen gesehen, die eindeutig nicht ins Gefängnis gehörten.«

Sie beobachtete das alles aus der Einzelzelle. Sie wusste, dass sie nie »mit dem Strom schwimmen« würde, nie Teil einer »Gefängnisfamilie« geworden wäre. Sie schwor sich, nie als Kurier zu dienen und Kassiber und Schmuggelware von einer Zelle zur anderen zu bringen. Sie war bestürzt, wie ungebildet viele der Insassinnen waren – einige konnten weder schreiben noch lesen. Wenn sie über ganz normale Dinge sprach – die Highschool, den Abschlussball –, schauten sie sie nur mit großen Augen an.

Sie lernte, dass die Atmosphäre im Gefängnis sich am treffendsten mit dem Wort »Apathie« beschreiben ließ.

»Oft kam ich mir vor wie ein Topf voll Wasser kurz vor dem Überkochen. Wut und Hass brodelten in mir und drängten an die Oberfläche, aber ich musste schnell den Deckel auflegen. Es gab kein Ventil, durch das ich Dampf ablassen und mit diesen Gefühlen umgehen konnte. Ich hatte nicht die Möglichkeit, bei Bedarf einen Spaziergang zu machen oder zum Telefon zu greifen und eine Freundin anzurufen; es gab niemanden, mit dem ich reden konnte und der mich verstehen würde. Meine einzige Zuflucht war, einen Brief zu schreiben oder laute Musik zu hören. Mit der Zeit wurde die Musik mein einziges Mittel gegen die Wut, die Depressionen und die Panikattacken, unter denen ich litt. Ich hätte um Medikamente bitten können, aber ich wollte mich nicht auf Tabletten verlassen. Ich wurde sehr geschickt darin, alles in mich hineinzufressen. Ich unternahm einen Versuch, mit einer Psychologin zu sprechen, aber mir wurde sofort klar, dass das nur Zeitverschwendung war, als sie sagte, ich hätte Wahnvorstellungen, nachdem ich ihr erklärt hatte, ich sei zu Unrecht verurteilt worden. Ich verweigerte jede ärztliche Behandlung. Keine Untersuchungen, nichts. Ich war nie erkältet, hatte nie die Grippe. Ich habe die ganze Zeit gehofft, dass ich keine Blinddarmentzündung bekommen würde, denn dann wäre ich bestimmt aufgrund der langsam reagierenden Gefängnisbürokratie daran gestorben.«

Die ersten Jahre des Eingesperrtseins waren besonders hart, die anderen Frauen begegneten ihr feindselig.

»Sie behandelten mich anfangs wie eine gefährliche Schwerverbrecherin, so als wäre ich Hannibal Lecter oder Charles Manson. Die Wärterinnen taten so, als hätten sie Angst, die Essensklappe zu öffnen, als wollte ich ihnen etwas ins Gesicht schleudern oder sie schlagen. Ehe sie meine Tür öffneten, überprüften sie alle anderen Türen, um sicherzugehen, dass sie abgeschlossen waren. Die anderen Gefangenen durften nicht dicht an meiner Tür vorbeigehen oder dort stehen bleiben. Als hätte ich die Pest oder so etwas. Sie kündigten es im gesamten Gefängnis über Lautsprecher an, wenn sie meine Tür aufmachen wollten. Als Warnung! Immer wenn ich meinen Trakt verlassen musste, um wegen irgendwas ins Verwaltungsgebäude zu gehen, sagte der Be-

amte in der Überwachungszentrale über die Sprechanlage: ›Einschluss. Einschluss. Alarmstufe Rot, Einschluss!‹ Diese Ansage konnte für die anderen Häftlinge nur zwei Dinge bedeuten: Entweder es gab einen ernsten Notfall oder Debra Milke wurde irgendwo hingebracht. Es war so peinlich und entwürdigend.«
Der ehemalige Gefängniswärter Tim Ring erinnert sich an diese Schikanen. Seine Frau war Aufseherin in Debras Trakt und erzählte ihm, dass sie nie ihren Freigang in Anspruch nahm, weil die anderen sie beschimpften und bedrohten. Als er einmal dort einen Vertretungsdienst machte, wollte er ihr helfen. »Ich bin zu Milke gegangen und habe ihr gesagt, wenn sie rausgehen will, dann würde ich mich in ihren Hofbereich setzen und sicherstellen, dass die anderen sie in Ruhe lassen. Sie lehnte ab.«
Auch Debra hat über Rings Mitgefühl geschrieben; eine der wenigen positiven Erinnerungen aus der ersten Zeit: »Eines Tages, so um das Jahr 1994 herum, wollte ein sehr netter und besorgter Wärter mir helfen, aus meinem Schneckenhaus herauszukriechen. Nach dem Abendessen forderte er mich auf, nach draußen zu gehen, um frische Luft zu schnappen. Er sagte, es sei sehr ungesund, nie nach draußen zu gehen. Ich sagte nein. Er versuchte, mich zu überreden, aber ohne Erfolg. Er tat das immer wieder, sagte sogar, ich bräuchte nicht in den üblichen Käfig. Ich könne bei ihm bleiben und ›ein bisschen plaudern‹. Das reizte mich, vor allem weil er sagte, ich müsse nicht in den Käfig. Diese Käfige waren etwas, womit ich nicht klarkam. In so ein Ding gesperrt zu werden, um Bewegung zu haben, gab mir das Gefühl, wie ein Tier behandelt zu werden. Auf dieses Niveau wollte ich mich nicht begeben.
Schließlich stimmte ich zu und ging mit ihm nach draußen, und das war der Anfang der ›Freiheit‹, die ich genießen durfte.«

Später erlaubte man ihr, während der Nachmittagsschicht ihre Zelle zu verlassen und sich in ihrem Zellenblock frei zu bewegen. Sie durfte mit den Häftlingen in den Nachbarzellen sprechen. Sie meldete sich freiwillig für kleine Aufgaben, und die Wärter gestatteten ihr, die Duschen zu putzen, leere Zellen zu streichen oder das Essen zu verteilen.

Aber nicht alle waren wie Officer Ring – der selbst am Ende als Mörder im Todestrakt landete und Jahre später etwas Wichtiges über Debra Milke mitzuteilen hatte.

»Es gab andere Wärter, die einfach nur grob und fies waren, ganz egal, wie höflich ihnen jemand begegnete.« Manche schlugen mit ihren Schlüsseln gegen die Tür, manche knallten die Essensklappe zu – beides unangenehme Geräusche, die Debra »durch Mark und Bein gingen«. Manche – zum Glück nur wenige – verlangten sexuelle Gefälligkeiten von den weiblichen Gefangenen oder schauten sie lüstern an.

»So wie sich einige dieser Wärter benahmen, reichte offenbar ein Führerschein, um im Strafvollzug angestellt zu werden. Und ausgerechnet die bezeichneten dann die Gefangenen als Abschaum der Gesellschaft.«

Aber es gab auch solche Erlebnisse: »Ich erinnere mich an eine Wärterin, die ab und zu vor meiner Zellentür stehen blieb, die Essensklappe öffnete und ihre Hände hindurchschob. Sie forderte mich auf, sie anzufassen. Als ich beim ersten Mal fragte, warum, sagte sie, damit ich nicht vergesse, wie es sich anfühlt, einen anderen Menschen zu berühren. Ich fing unwillkürlich an zu weinen.«

Ihre Erinnerungen an diese ersten Jahre hat sie später festgehalten, wenn sie morgens in ihrer Zelle saß und ihr Leben in allen Einzelheiten niederschrieb. Aber im Rückblick fiel ihr etwas Wichtiges ein.

»Die meisten Menschen glauben vermutlich, dass ich in der schlimmstmöglichen Lage war. Aber ich hatte etwas, das die meisten anderen Häftlinge nicht hatten. Ich hatte Hoffnung.«

Die Hoffnung, rauszukommen, mein Leben und meine Freiheit wiedererlangen zu können.«
Sie fing an, Ratgeber zu lesen – der Psychologe Wayne Dyer war einer ihrer Lieblingsautoren. Sie sammelte Weisheiten und Sprüche.
»Wir haben die Wahl. Steh auf und kämpfe oder leg dich hin und stirb.«
»Wer ein Warum zum Leben hat, erträgt fast jedes Wie.« Nietzsche
»Wer gewinnt, gibt nicht auf, und wer aufgibt, gewinnt nicht.«
»Man darf nicht den Glauben an die Menschheit verlieren. Die Menschheit ist wie ein Ozean; wenn einige Tropfen des Ozeans schmutzig sind, dann wird der Ozean deshalb nicht schmutzig.« Mahatma Gandhi
»Vergeben bedeutet nicht vergessen, sondern nur, den Schmerz loszulassen.« Mary Mcleod Bethune
Immer wieder schrieb sie das Gelassenheitsgebet auf: »Gott, gib mir die Gelassenheit, Dinge hinzunehmen, die ich nicht ändern kann, den Mut, Dinge zu ändern, die ich ändern kann, und die Weisheit, das eine vom anderen zu unterscheiden.«
Am schwersten tat sie sich mit dem Folgenden – »Aufgestauter Groll wirkt wie Gift in unserem Körper.«
Eines war klar – sie wusste nicht genug über das Rechtssystem, um selbst für ihre Freiheit zu kämpfen, deshalb beschloss sie, sich weiterzubilden.
In ihrem ersten Jahr begann sie ein Fernstudium, um Anwaltsassistentin zu werden. Die Studiengebühr betrug 989 Dollar. Sie wählte die Ratenzahlung von 35 Dollar im Monat. Jetzt hatte sie nicht nur ihre Häftlingsnummer 83533, sondern auch eine Matrikelnummer: L921258.
Sie belegte siebzehn Kurse zu verschiedenen juristischen Themen. Neun davon schloss sie mit der Höchstpunktzahl

ab, die anderen mit 95 Prozent. Sie machte ihren Abschluss »mit Auszeichnung«. Durch die Kurse entwickelte sie ein Verständnis für die rechtlichen Aspekte ihres Falls und für die Regeln des Strafvollzugs. Im Mai 1992 verbot die Gefängnisleitung elektrische Wasserkocher im Santa-Maria-Trakt mit dem Argument, das sei ein Privileg, auf das »Gefangene im Maßregelvollzug« kein Anrecht hätten. Debra war wütend, denn sie benutzte ihren Kocher für alles Mögliche, vom Kaffeekochen bis zum Aufwärmen von Suppe. Inzwischen war sie in juristischen Fragen gewitzt genug, um einen Protestbrief an die Gefängnisleitung zu schreiben, in dem sie darauf hinwies, dass sie nicht in diesem Trakt saß, weil sie gemaßregelt wurde, sondern weil er als provisorischer Todestrakt diente. Sie schrieb, sie sollte »wie die Männer in den Todeszellen in Florence« behandelt werden und argumentierte: »Ich bin der Meinung, ich sollte meinen Wasserkocher behalten dürfen, wenn die Männer dort auch einen haben dürfen. Ich bitte nicht um eine Sonderbehandlung, ich respektiere die Notwendigkeit, die Vorschriften einzuhalten, aber ich bin nicht der Ansicht, dass ich bestraft werden sollte wie diejenigen, die zur Disziplinierung hier einsitzen.«
Ihrem Antrag wurde stattgegeben, und sie behielt ihren Wasserkocher.
In einem weiteren Brief beklagte sich Debra darüber, dass »jedes Mal, wenn Außenstehende unseren Trakt besichtigen, seien es Wärter von anderswo oder Leute in Zivil, diese schnurstracks zu meiner Zelle gehen. Einer nach dem anderen schaut durch die Klappe und starrt mich an. Die Leiter dieser Gruppen tun so, als sei das bei allen der Fall, aber das stimmt nicht. Es ist offensichtlich, dass die Leute nur neugierig sind. Es hat rein gar nichts mit Sicherheitsfragen zu

tun. Meine Zelle sieht genauso aus wie alle anderen, und ich lebe hier genauso wie die anderen Häftlinge; es gibt also keinen Grund für diese Peepshow. Ich bin kein Ausstellungsobjekt, und ich bitte noch einmal darum, dass das abgestellt wird. Vor ein paar Monaten passierte das, als ich gerade die Toilette benutzte. Ich wurde wütend und informierte meinen Anwalt. Vor etwa einem Monat ist es erneut passiert. Ein Mann erklärte unumwunden, er hätte sehen wollen, wie ich lebe. Ich informierte eine Wärterin darüber. Sie sagte, sie fände das unerhört. Es ist auch unerhört. Ich habe genug davon … Ist es zu viel verlangt, ein Mindestmaß an Professionalität zu erwarten?«

Diese entwürdigenden Vorführungen wurden daraufhin eingestellt.

Debra war fest entschlossen, nicht zuzulassen, dass »mein Hirn zu Brei wird«. Also belegte sie Kurse in Krankenpflege und Algebra, lernte das Periodensystem der Elemente, versuchte, mit Hilfe von Kassetten Deutsch zu lernen, frischte ihre Spanischkenntnisse auf. Sie wurde Mitglied in einem Buchklub und las im Laufe ihrer Gefangenschaft viele Klassiker. »Je dicker, desto besser«, scherzte sie. Bei Tolstois *Krieg und Frieden* war sie froh, dass sie genügend Zeit dafür hatte.

Sie las alle Romane von Diana Gabaldon, Bücher über Katharina die Große und Maria Stuart, Ratgeber für Menschen in Lebenskrisen. Sie löste Tausende von Sudokus und unzählige Kreuzworträtsel. Sie stellte sich aus Rezepten, die sie aus Zeitschriften ausriss und kochen wollte, wenn sie wieder frei war, ihr Traumkochbuch zusammen.

Doch all die Kurse, die dicken Bücher und selbst ihre Musik konnten die Leerstellen in ihrem Herzen nicht ausfüllen. Eine davon würde für immer leer bleiben. »Mein Leben endete, als ich fünfundzwanzig war. Mit dem Tod meines Sohnes starb auch ein Teil von mir, und mein Leben war vorbei.«

Die andere Leerstelle war noch einen Versuch wert.
Fast zwei Jahre lang hatte Debra keinerlei Kontakt zu ihrer Mutter gehabt. Ihre Stimme hatte sie zum letzten Mal bei den panischen Telefongesprächen am Tag von Christophers Ermordung gehört. In der Untersuchungshaft hatte man behauptet, ihre Mutter wolle sie nicht sehen.
Aber im Herbst 1991 entschloss sich Debra, noch einen Anlauf zu wagen.
Sie schrieb ihrer Mutter einen zweiunddreißig Seiten langen Brief, in dem sie alles darlegte, was geschehen war. Sie erzählt von dem »Geständnis«, von ihrer Verhandlung, vom Gefängnisalltag. Sie berichtete in allen Einzelheiten, wie ihr Vater und ihre Schwester sie verraten hatten.
Sie flehte ihre Mutter an, »die Wahrheit« zu erkennen und zu sehen, dass sie, Debra, von einem unehrlichen Polizisten und einem ungerechten System vorschnell verurteilt worden war. Sie bat sie, ihr Herz zu befragen. Auf verschiedene Art und Weise fragte sie Renate: »Wie kannst du nur glauben, dass ich so etwas tun würde?«
Doch wohin sollte sie den Brief schicken?
»Die einzige Adresse, an die ich mich erinnerte, war die von meinen Großeltern in Berlin. Auf den Umschlag schrieb ich in meinem schlechten Deutsch: ›Oma und Opa – ist nicht wahr. Für meine mütter und Alex! Bitte Oma!! Bitte!‹«
Renate erinnert sich: »Der Brief kam auf den Tag genau am Geburtstag meiner Mutter an. Sie hat mich sofort angerufen und mir unter Tränen von dem Umschlag erzählt ... Meine Mutter versprach mir, ihn sofort auf die Post zu bringen, sodass ich ihn am nächsten Tag haben sollte. Ich konnte es kaum erwarten und stand am nächsten Tag den halben Vormittag an der Haustür und hielt nach unserem Postboten Ausschau.«
Renate Janka glaubte, sie warte auf den Brief einer Tochter, die den Mord an ihrem Enkel gestanden hatte.

Sie hatte keine Ahnung, dass ihre jüngere Tochter und ihr Ex-Mann so vernichtende Aussagen gegen Debbie gemacht hatten. Und dass Sandy den Tod ihrer Schwester gefordert hatte.

Als der schwere Umschlag eintraf, riss Renate ihn sofort auf. »Meine Hände zitterten und Tränen liefen mir über die Wangen, als ich Seite um Seite umwendete. Ich muss diese 32 Seiten wohl zehn Mal gelesen haben, bevor mir dämmerte, was wirklich passiert war. Mein Gehirn wollte nicht so schnell arbeiten, wie ich es forderte. Was für eine Tragödie, was für eine Tragödie, dachte ich immer wieder.«

Sie setzte sich sofort an ihren Schreibtisch und verfasste einen sechsunddreißigseitigen Antwortbrief.

»Ich versuchte ihr klarzumachen, wie ich dieses Drama erlebt, wie ich immer wieder versucht hatte, Fakten in Erfahrung zu bringen, ihren Pflichtverteidiger zu kontaktieren und mit ihr in Verbindung zu treten. Ich wollte ihr Mut machen, versprach, dass ich mich um alles kümmern würde, wenn sie es wollte.«

Auf Debbies Vorschlag hin schickte Renate diesen Brief an Rechtsanwalt Kenneth Ray. Später rief Renate in seiner Praxis an, und die Sekretärin sagte ihr, der Brief sei eingetroffen und weitergeleitet worden.

Niemand weiß, wo dieser Brief abgeblieben ist. Wurde er in der Rechtsanwaltspraxis weggeworfen, ging er in der Post verloren? Jedenfalls hat Debra ihn nie erhalten.

Sie erinnert sich, wie sie ungeduldig auf Antwort von ihrer Mutter wartete. Als nichts kam, dachte sie, ihre Mutter habe sie gänzlich abgeschrieben.

Renate erging es in der Schweiz ähnlich. »Vier Monate vergingen, und ich erhielt keine Antwort … Irgendwann begann ich zu zweifeln. Ob sie vielleicht doch nichts mehr mit mir zu tun haben wollte? Vielleicht hatte sie mit ihrer Familie abgeschlossen, weil sie zu sehr von uns enttäuscht worden war. War ihr Brief am Ende eine Art Abschiedsbrief? Gab es andere Menschen, die ihr beistanden, denen sie vertraute? Oder hatte sie sich völlig in ihr Schneckenhaus zurückgezogen, so wie sie es auch als Kind getan hatte, wenn sie kritisiert oder verletzt worden war?«

Irgendetwas brachte Debra dazu, noch einen letzten Versuch zu unternehmen. Ein Sozialarbeiter hatte ein paar Nachforschungen angestellt und die Schweizer Adresse herausgefunden, die sie brauchte.

Sie schrieb ihrer Mutter einen zweiten Brief. Warum lässt du mich so im Stich? Ich bin unschuldig. Ich habe alles verloren. Ich leide unter Christophers Tod. Sie schrieb ihrer Mutter, dies sei ihr letzter Brief.

Aus Renates Trauer wurde Bitterkeit, als ihr klarwurde, dass ihre Tochter ihren Brief nie erhalten hatte.

Schnell schrieb Renate ihrer Tochter noch einen Brief, den sie diesmal direkt ans Gefängnis schickte. Er kam bei Debra an. Er war die erste gute Nachricht, die sie seit langem erhalten hatte.

Von dem Tag an, an dem ihre Mutter wieder zu ihr hielt, hatte Debra zum ersten Mal eine Chance auf Gerechtigkeit. Leider sollte Renate nicht mehr erleben, dass sie ihr auch gewährt wurde.

# KAPITEL 12

»Ich wusste gar nicht, dass ich im Gefängnis einen Fürsprecher hatte«

Rechtsanwalt Anders Rosenquist tauchte im Jahr 1993 völlig unverhofft auf, um Debra Milke zu helfen. Seit dem Todesurteil im Januar 1991 hatte sie sich auf einen Pflichtverteidiger verlassen, um das routinemäßige Berufungsverfahren beim Obersten Gerichtshof von Arizona zu verfolgen.

Die Aufgabe wurde dem Strafverteidiger James Kemper zugewiesen, und er hätte Mitte 1992 ein Gesuch einreichen sollen. Doch da er mit siebzig Fällen hoffnungslos überfordert war, bat er mehrfach um Aufschub. Die gerichtliche Anhörung fand schließlich am 6. Mai 1993 statt, und es sollte noch über sieben Monate dauern, bis das Gericht die von ihm vorgebrachten Argumente für nicht überzeugend erklärte.

Am 21. Dezember 1993 lehnte das höchste Gericht des Staates Arizona ihr Gesuch ab und befand, an ihrem Prozess sei nichts zu beanstanden. Es bestätigte den Schuldspruch für Mord, Verschwörung und Kindesentführung.

Ein Antrag auf Überprüfung dieser Entscheidung beim Obersten Gerichtshof der USA wurde abgelehnt.

Wenn sie weiter auf dem Rechtsweg gegen das Urteil ankämpfen wollte, brauchte sie entweder Geld für einen eigenen Rechtsanwalt, oder sie war auf die staatlichen Pflichtverteidiger angewiesen. Doch Debra hatte kein Geld, und niemand hatte ihr Hilfe angeboten. Und so tat sich erst einmal nichts.

Und dann erschien eines Tages Anders Rosenquist im Gefängnis von Perryville und verkündete, er werde ihr helfen. Wie es dazu kam, ist bis heute ungeklärt.

Rosenquist war in den juristischen Kreisen Arizonas kein Unbekannter. Er hatte 1971 seinen Abschluss am College of Law der Arizona State University gemacht – im selben Jahr wie Richterin Cheryl Hendrix – und nahm zunächst eine Stelle bei der Staatsanwaltschaft von Maricopa County an. Anschließend wirkte er in der Kommission mit, die das Strafgesetzbuch von Arizona überarbeitete. Geleitet wurde die Kommission von der damaligen Senatorin Sandra Day O'Connor, die später als erste Frau an den Obersten Gerichtshof der USA berufen werden sollte. Im Anschluss an diese Tätigkeit wurde Rosenquist Pflichtverteidiger in Maricopa County, wo er sich durch eine Serie von acht in Folge erwirkten Freisprüchen bald einen Namen machte. 1983 gründete er schließlich seine eigene Kanzlei als Strafverteidiger.

Während Debras Prozess war er vorübergehend nach Kalifornien gezogen und hatte dem Fall deshalb kaum Beachtung geschenkt. Doch kaum war er nach Arizona zurückgekehrt, saß er auf einmal im Frühjahr 1994 im Besucherraum des Gefängnisses von Perryville.

»Ich habe nie verraten, wer mich auf diesen Fall aufmerksam gemacht hat«, sagt er am Esstisch in seinem Haus im Norden von Phoenix. »Dieses Geheimnis habe ich all die Jahre über gehütet. Aber ich bekam einen Anruf von einem Häftlingsberater der Strafanstalt. Er sagte: ›Würden Sie sich den Fall Debra Milke bitte mal ansehen – ich glaube nicht, dass sie schuldig ist.‹«

Rosenquist erinnert sich, dass er bei diesen Worten blass wurde. »Ich dachte, wie, soll das jetzt ein Witz sein? Jemand aus dem Strafvollzug lehnt sich so weit aus dem Fenster? Doch wenn sich jemand auskennt, dann sind es diese Leute, die Tag für Tag in den Strafanstalten mit den Gefangenen zu tun haben. Der Mann erzählte mir: ›Ich halte sie nicht für fähig, ihr Kind zu töten. Ich kenne zwar die Geschichte,

aber ich kenne auch sie.‹ Ich glaubte ihm. Es klang für mich angesichts der Beweislage in diesem Fall nach einer äußerst plausiblen Einschätzung.«
Also hörte Rosenquist sich ein bisschen um.
»Als Erstes befragte ich die Insider zu dem Fall.« Er besuchte mehrere Anwälte, ein paar gewiefte und erfahrene Privatdetektive, seine alten Kollegen aus dem Büro der Pflichtverteidiger. Überall bekam er die gleiche Antwort: »Detective Saldate ist ein mieser Polizist. Er lügt. Man kann ihm nicht trauen.«
Dann besorgte er sich ein Protokoll der Verhandlung, und bei der Lektüre wurde ihm übel. Statt eines wasserdichten Mordfalls hatte er einen windigen Fall von Rufmord ohne echte Beweise vor sich. Ein angebliches Geständnis, für das es keinen Nachweis gab. Und abgesehen von diesem Geständnis lag gegen Debra Milke rein gar nichts vor.
»Ich dachte: Um Himmels willen, das läuft ja auf Aussage gegen Aussage hinaus. Die Frage war im Wesentlichen: Wem will man glauben, Saldate oder Debbie?«
Er wusste, dass nicht nur die Geschworenen, sondern auch die Presse Saldate geglaubt hatte. Er erinnerte sich noch an sein Gespräch mit Paul Rubin von der *New Times.* »Er war knallhart«, erinnert sich Rosenquist. »›Sie war's. Schluss, aus!‹ Die Sache stank zum Himmel. Sie bekam Unmengen schlechter Publicity.«
Er fuhr zur Strafanstalt, um mit Debbie zu sprechen, und war sehr erstaunt darüber, wie sie dort behandelt wurde.
»Auf dem Weg über den riesigen Hof zum Besuchsraum wurde sie von drei bewaffneten Wärtern begleitet, fast wie ein Sondereinsatzkommando. Sie trug Handschellen und war an den Füßen gefesselt, sodass sie nur trippeln konnte.«
Er stellte fest, dass es ihm nicht schwerfiel, ihr zu glauben. »Ich habe genügend Verbrecher kennengelernt, um zu wissen, wann ich einen vor mir habe und wann nicht. Ich

kannte die Hintergründe, hörte mir ihre Version der Geschichte an und kam zu dem Ergebnis, dass der Anrufer richtig lag mit seiner Einschätzung. Ich war absolut sicher, dass sie unschuldig war.«
Er übernahm den Fall »pro bono«.
Es gab aber noch eine Sache, die ihm keine Ruhe ließ.
»In allen Berichten über den Prozess wurde erwähnt, wie gleichgültig sie vor Gericht gewirkt hatte, überhaupt nicht wie eine trauernde Mutter. Der Presse nach zu urteilen schien sie eher die Haltung gehabt zu haben: ›Der Kleine ist tot – na und?‹«
Das passte nicht zu der Debra, die er kannte. Warum wurde sie von der Jury so wahrgenommen? Wie konnte eine trauernde Mutter so gefühllos wirken?
Er wandte sich an den Mann, von dem er wusste, dass er Debra Milke besser kannte als jeder andere im gesamten Justizapparat: Dr. Leonardo Garcia-Bunuel. Der war Leiter des psychologischen Dienstes der Strafanstalt und seit 1974 beim Gesundheitsdienst von Maricopa County angestellt und wegen seiner Professionalität hoch angesehen.
Rosenquist besuchte Garcia-Bunuel 1995 zum ersten Mal zu Hause, um mit ihm über Debra Milke zu sprechen, und die beiden Männer verstanden sich auf Anhieb. Dort erfuhr Rosenquist, warum Debra im Zeugenstand so »emotionslos« gewirkt hatte.
Dr. Garcia-Bunuel erzählte, er habe »mit Debra Milke gearbeitet, damit sie nicht verrückt wurde«. Das heißt, er brachte ihr bei, wie sie ihre Gefühle in den Griff bekommen konnte.
»Er sagte«, so erinnert sich Rosenquist, »er habe wirklich ein schlechtes Gewissen gehabt, weil die Geschworenen ihr Verhalten falsch gedeutet hatten, und er sei bereit gewesen, zu ihren Gunsten auszusagen, aber er habe sich damals im Urlaub befunden, und Richterin Hendrix habe sich geweigert, seine Rückkehr abzuwarten.«

Bis heute macht der Fall Debra Milke Dr. Garcia-Bunuel zu schaffen. Bei einem Anruf in Reno, Nevada, wo er inzwischen lebt, betonte er erneut, er habe nie an ihre Schuld geglaubt.

Die Sache war ihm so wichtig, dass er Rosenquist 1995 eine eidesstattliche Erklärung anbot, um Debra zu helfen. Die begann mit den Worten: »Ich kenne die in dieser Erklärung dargelegten Fakten aus eigener Anschauung ...« Dann schreibt er, er habe Debra zum ersten Mal am 7. Dezember 1989 getroffen – fünf Tage nach Christophers Tod – und sie fünfzehn Monate lang, bis zum 4. Februar 1991, regelmäßig gesehen.

»Als sie in die psychiatrische Abteilung kam, war sie depressiv. Sie weinte viel und über lange Zeiträume hinweg. Die Befragungen durch ihren Anwalt Ken Ray machten ihr sehr zu schaffen. Mehr als einmal regte sie sich dabei so auf, dass sie das Gespräch abbrach.

Es gab etliche Vorfälle, die darauf hinwiesen, dass sie eine tiefe Trauer empfand, die auch mit der Zeit nicht nachließ ... Oft fing sie an zu weinen und sagte: ›Ich hab meinen Sohn im Stich gelassen, als ich ihn mit diesem Mann ins Einkaufszentrum fahren ließ. Es ist meine Schuld, weil ich ihm erlaubt habe mitzufahren.‹ Nie hat sie auch nur das Geringste gesagt oder getan, was mich glauben ließ, sie habe mit dem Tod ihres Sohnes irgendetwas zu tun. Im Gegenteil, sie beharrte immer wieder auf ihrer Unschuld und sagte: ›Wie können diese Leute mir das antun, wie können sie mich beschuldigen, meinen eigenen Sohn getötet zu haben?‹

Ich bin fest davon überzeugt, dass sie echte Trauer empfand – und keine Schuld ... Sie war nicht schuldig, sie hatte keine Kenntnis von dem, was ihrem Sohn zustoßen würde und war in keiner Weise daran beteiligt.«

Dr. Garcia hielt fest, dass Debra bis zum Prozessbeginn gelernt hatte, ihre Gefühle im Zaum zu halten.

»Meine Mitarbeiter und ich instruierten sie, dass sie ›cool‹ bleiben, ihre Gefühle unter Kontrolle behalten müsse. Sie sollte sich auf die Fragen konzentrieren und sie so genau wie möglich beantworten. Das ist die übliche Vorgehensweise, wenn wir mit Menschen arbeiten, die eine Gerichtsverhandlung mit schweren Anschuldigungen vor sich haben. Wir versuchen, sie so vorzubereiten, dass sie dem Stress der Verhandlung gewachsen sind und nicht zusammenbrechen ... Ich selbst habe Debra mehrfach gezeigt, wie sie im Gerichtssaal nicht die Nerven verliert. Sie hatte sich lange darauf vorbereitet, ihre Gefühle während der Verhandlung nicht zu zeigen.«

Er räumte ein, ihr auch Medikamente verabreicht zu haben, die ihr helfen sollten, ruhig zu bleiben – eine Tatsache, die den Geschworenen nicht bekannt war.

»Die Antidepressiva, die Debra während der Prozesszeit einnahm, dürften nicht bewirkt haben, dass sie während der Verhandlung emotionslos ist, aber sie dürften ihr geholfen haben, keine Gefühle zu zeigen, so wie sie es geübt hatte.«

Es gab noch etwas, das Dr. Garcia-Bunuel überzeugt hatte: »Zu dem Zeitpunkt, als Debra der Prozess gemacht wurde, glaubte sie fest daran, dass man sie nicht für schuldig befinden würde. In meiner einundzwanzigjährigen Erfahrung im Umgang mit Menschen, die mit einem Todesurteil oder einer lebenslangen Haftstrafe rechnen mussten, habe ich eine Reaktion, wie Debra sie zeigte, nie erlebt, es sei denn, die betreffende Person war von ihrer Unschuld überzeugt. Wenn jemand schuldig ist, dann akzeptiert er diese Tatsache irgendwann und geht mit der Erwartung in den Prozess, auch schuldig gesprochen zu werden ...«

Dr. Garcia-Bunuel wurde am Telefon gefragt, was er Debra jetzt gerne sagen würde. »Ich würde sie fragen, wie sie überlebt hat«, antwortete er. »Ich würde sagen: ›Ich bin sehr froh, dass Sie draußen sind, und ich hoffe, Sie können jetzt ein glückliches Leben führen.«

\*

Anders Rosenquist fand es unglaublich, dass das routinemäßige Berufungsverfahren mit keinem Wort die Gültigkeit des »Geständnisses« in Frage stellt. Ihm war klar, dass genau hier der Dreh- und Angelpunkt lag.
Wie aber sollte er beweisen, dass es eine Fälschung war? Es waren nur zwei Personen im Raum gewesen, und beide behaupteten völlig gegensätzliche Dinge.
Doch ihm klangen Debras Worte in den Ohren: »Saldate ist ein Lügner. Wenn er mir das angetan hat, hat er es bestimmt auch noch anderen angetan.«
Rosenquist brauchte sich also bloß weitere Fälle anzuschauen, die Saldate in der Vergangenheit bearbeitet hatte, um festzustellen, ob sich da ein Muster von Lug und Trug entdecken ließ.
Leichter gesagt als getan. Saldates Laufbahn umspannte fünfundzwanzig Jahre; man konnte unmöglich wissen, welche Fälle er in all der Zeit übernommen hatte.
Aber Rosenquist war gut mit dem Gerichtspräsidenten Ron Rhinestein befreundet, der dafür sorgte, das ihm ungehinderter Zugang zu den Akten aller Kriminalfälle in Maricopa County seit 1970 gewährt wurde. Der Richter stellte ihm einen Arbeitsraum im Gericht zur Verfügung. Rosenquist mietete zehn Mikrofiche-Geräte – damals wurden die Akten und Unterlagen noch nicht in Computerdateien gespeichert – und stellte zehn Jurastudenten ein.
Die gingen achtzehntausend Fälle durch. Die Arbeit nahm fast siebentausend Stunden in Anspruch. Am Ende hatten sie etwa dreihundert Fälle gefunden, mit denen Saldate zu tun gehabt hatte. Ein weiterer Mitarbeiter verbrachte einen

Monat damit, in den Unterlagen und Prozessprotokollen nach Hinweisen auf regelwidriges Verhalten oder sonstige Verfehlungen zu suchen. Insgesamt achtzehn fragwürdige Fälle wurden gefunden. In sieben dieser Fälle hatten Gerichte in Arizona geurteilt, Saldate habe unter Eid gelogen oder bei Vernehmungen gegen den 4. oder den 5. Zusatzartikel zur Verfassung der USA verstoßen. Sechs von diesen Fällen lagen zeitlich vor Debra Milkes Prozess. Der andere ereignete sich parallel zu ihrer Verhandlung und Verurteilung.

Zum Zeitpunkt von Debras Prozess hatte die Staatsanwaltschaft von Maricopa County also schon seit sieben Jahren immer wieder Probleme mit Armando Saldate gehabt.

Einige Beispiele:

– 1983, im Fall *Arizona gegen Yanes,* vernahm Saldate einen Verdächtigen, der an ein Krankenhausbett gefesselt war und nach einer Schädelfraktur nur unzusammenhängend sprechen konnte. Die Ärzte sagten, der Patient könne weder den eigenen Namen noch das Jahr noch den Namen des amerikanischen Präsidenten angeben. Dennoch hatte der Staatsanwalt Saldate in den Zeugenstand gerufen, damit er aussagte, was der Mann ihm erzählt hatte. 1984 hob das Berufungsgericht das daraufhin ergangene Urteil auf und ordnete ein neues Verfahren an, und in diesem ließ es keine Aussagen mehr zu, »die der Angeklagte gegenüber Armando Saldate gemacht hat«.
– Im Oktober 1989, nur zwei Monate vor Christophers Ermordung, war Saldate erneut mit genau dem gleichen Problem konfrontiert. Im Fall *Arizona gegen Conde* befragte er einen Verdächtigen, der auf der Intensivstation lag und an Infusionsschläuchen hing. Das Gericht stufte die aus dieser Vernehmung resultierenden Aussagen als »unfreiwillig und unzulässig« ein.

– Im Fall *Arizona gegen Rangel,* auch im Oktober 1989, kam ein Richter zu dem Schluss, dass Saldate und der Staatsanwalt eine Grand Jury in die Irre geführt hatten, indem sie die Aussagen eines Angeklagten selektiv wiedergaben. Es wurde beschieden, dass erneut überprüft werden musste, ob überhaupt ein zu einer Anklage hinreichender Tatverdacht vorlag.

– Im Juni 1990, also nach Debras Prozess, wies ein Richter einen Teil des Vernehmungsprotokolls im Fall *Arizona gegen King* ab, als herauskam, dass Saldate die Befragung des Verdächtigen fortgesetzt hatte, obwohl der sich auf seine Miranda-Rechte berufen und einen Anwalt verlangt hatte. Der Richter wies alle danach gemachten Aussagen als unzulässig zurück.

– Und im Fall *Arizona gegen Jones* im November 1990 verwarf das Gericht ein von Saldate erwirktes Mordgeständnis mit dem Hinweis, es sei durch eine »gesetzwidrige Festnahme« und »offenkundiges Fehlverhalten« von Saldate zustande gekommen. Diese Entscheidung fiel in einem Gerichtssaal im selben Gebäude, in dem auch Debras Verhandlung stattgefunden hatte.

Selbst auf den Fall Jones, der in einem Moment, in dem die Staatsanwaltschaft für Debra Milke die Todesstrafe forderte, extrem relevant war, wurden ihre Verteidiger nicht aufmerksam. Hätten sie davon gewusst, sollte ein hohes Gericht später urteilen, »hätte das Ergebnis sehr wohl anders ausfallen« können.

Als all diese Dinge 1995 ans Licht kamen, jubelte Rosenquist. »Das war der entscheidende Beweis, jetzt mussten sie uns glauben. Ich war ganz aus dem Häuschen.«

Er beantragte ein Wiederaufnahmeverfahren, legte in dem Antrag alle bekannten Problemfälle dar, zeigte klar und deutlich auf, warum der Polizist, dessen alleinige Aussage eine Frau in die Todeszelle geschickt hatte, alles andere als vertrauenswürdig war.

Den Vorschriften zufolge muss ein Antrag zur Wiederaufnahme eines Verfahrens an das Gericht gehen, das den Fall ursprünglich verhandelt hat. Richterin Hendrix erhielt Rosenquists Bericht am 1. November 1995. Er beantragte, sie wegen Befangenheit vom Verfahren auszuschließen. Allein dieser Punkt löste ein juristisches Hickhack aus, das sich ein ganzes Jahr lang hinzog. Richterin Hendrix wehrte sich am Ende erfolgreich gegen diese Forderung und erklärte, sie werde selbst über den Antrag auf Wiederaufnahme des Verfahrens entscheiden.

Zusätzlich zu der »neuen Beweislage«, die sich aus Saldates Fehlverhalten ergab, hatte Rosenquist beanstandet, dass Debra sowohl im Prozess als auch beim ersten Berufungsverfahren einen »ineffektiven Rechtsbeistand« gehabt habe. Bis heute mag niemand ihrem Verteidiger Kenneth Ray Schlechtes nachsagen. Ray war damals ein unerfahrener Anwalt, der nach dem Rotationsprinzip an der Reihe war, als Debra einen Pflichtverteidiger brauchte. Debra selbst sagt, sie habe immer den Eindruck gehabt, er habe unter den gegebenen Umständen sein Bestes gegeben. Rosenquist bezeichnet ihn als »netten Typen«, der einfach »keine Ahnung hatte, worum es ging«. Dass er der Gegenseite haushoch unterlegen war, ist offensichtlich, ebenso wie die Tatsache, dass er nur wenige Ressourcen zur Verfügung hatte, um Untersuchungen anzustellen.

Ken Ray selbst möchte über den Fall nicht sprechen, er hat Dutzende von Nachrichten auf seinem Anrufbeantworter ignoriert. Er hat jedoch eine eidesstattliche Erklärung verfasst, in der er angibt, er habe unter Zeitdruck und ohne ausreichende (finanzielle und personelle) Mittel arbeiten müssen und sei von Staatsanwälten überrumpelt worden, die sich nicht an die Regeln hielten.

Erfahrene Strafverteidiger wie Mike Kimerer äußern sich mitfühlend, denn sie wissen, dass er einem eingespielten Team von Staatsanwälten gegenüberstand, das mit harten Bandagen kämpfte.
»Am schlimmsten ist letztlich, dass man zur damaligen Zeit keinerlei Qualifikation nachweisen musste, um als Anwalt einen Mordfall übernehmen zu dürfen – solche Fälle wurden sogar Kollegen übertragen, die frisch von der Uni kamen«, erklärte Rosenquist. »Das hat sich geändert. Der leitende Strafverteidiger muss heute Erfahrungen mit Mordfällen nachweisen können, und ihm muss ein zweiter leitender Strafverteidiger zur Seite stehen. In Debras Fall gab es weder einen zweiten Anwalt noch hatte Ken Ray irgendwelche Erfahrung mit ähnlichen Fällen vorzuweisen.«
Sein eigenes Maß an Unbedarftheit wurde Rosenquist schmerzlich bewusst, als Richterin Cheryl Hendrix am 18. November 1996 seinen Antrag auf Wiederaufnahme des Verfahrens für gänzlich unbegründet erklärte und in allen Punkten abwies.
Er war verblüfft darüber, dass sie die neuen Beweise, die er zutage gefördert hatte, so einfach ignorieren konnte. Er war wütend, weil sie damit seine ganze Arbeit einfach vom Tisch wischte und für überflüssig erklärte. Erst ließ sie den Antrag ein Jahr lang liegen, dann wies sie ihn ab.
Es war kaum zu glauben, aber sie behauptete, Debras und Saldates Version des »Geständnisses« besagten »im Wesentlichen dasselbe«.
Sie entschied, die Beweise für Saldates früheres Fehlverhalten seien keine Beweise, sondern »lediglich Einlassungen und Zeugenaussagen aus anderen Fällen, in denen Saldate die Vernehmungen geführt hatte.«
Richterin Hendrix stellte fest: »Ungeachtet der verhetzenden Vokabeln, mit denen Detective Saldate und sein Verhalten beschrieben werden (übereifrig, maßlos übervorteilend,

unzulässige Vernehmungen, Erzwingung von Aussagen, zweifelhafte Befragungstaktiken, Manipulation von Beweismitteln, Meineid, zwielichtige Praktiken, gewaltsame und unprofessionelle Verhörmethoden), haben die Geschworenen sowohl seine Version der Vernehmung als auch die Version der Angeklagten gehört. Die Jury hat entschieden.«

Rosenquist wurde speiübel, als er das las.

Er reichte sofort einen Antrag auf Revision beim Obersten Gerichtshof von Arizona ein. Der Antrag wurde abgelehnt, allerdings nicht aus inhaltlichen Gründen, sondern mit der Begründung, er umfasse siebenunddreißig Seiten, nach den Verfahrensrichtlinien der Strafprozessordnung seien jedoch maximal zwanzig Seiten zulässig.

Rosenquist formulierte seinen Text neu, um innerhalb der erlaubten Seitenzahl zu bleiben, und reichte den Antrag im Juli 1997 erneut ein.

Er hatte es mit einem der bösesten Tricks im amerikanischen Rechtssystem zu tun – es gibt Fälle, in denen *nie* nach Lage der Fakten, sondern nur aufgrund von Formalitäten geurteilt wird. In der Öffentlichkeit wird dieser Unterschied jedoch nur selten wahrgenommen. Fällt ein Berufungsgericht eine Entscheidung, geht das Publikum davon aus, dass es den Fall sorgfältig geprüft hat.

Rosenquist wartete, ungeduldig, aber hoffnungsvoll.

Im November 1997 verfolgte Rosenquist mit großem Interesse, wie der Oberste Gerichtshof Richterin Cheryl Hendrix die Zuständigkeit in Straffällen entzog. »Umstrittene Richterin vom Strafgericht an Zivilgericht versetzt«, berichtete die *Republic* am 8. November 1997. Der Oberste Gerichtshof war der Ansicht, Hendrix habe in mehreren Fällen »ein schlechtes Urteilsvermögen« gezeigt.

Ihr schlechter Ruf wegen ihrer selbstherrlichen und unberechenbaren Auslegung der Verfahrensregeln vor, während und nach Debras Prozess rückte ins Zentrum des lokalen und landesweiten öffentlichen Interesses. Auch wenn der Oberste Gerichtshof Richterin Hendrix' Fehlverhalten im Fall Debra Milke nicht explizit erwähnte, stellten ihre Anwälte sicher, dass das Berufungsgericht darüber informiert wurde, dass sie aus Rücksicht auf die Urlaubspläne eines Geschworenen den Prozess beschleunigt und zudem unmittelbar vor Debras Verurteilung ein fünfzehnminütiges Geigenvorspiel im Gerichtssaal arrangiert hatte.

Anders Rosenquist war zuversichtlich, dass sein Berufungsantrag beim Obersten Gerichtshof Erfolg haben würde. Er rechnete fest damit, dass die Ablehnung des Wiederaufnahmeverfahrens durch Richterin Hendrix jetzt korrigiert werden würde. Er war sicher, das Gericht würde erkennen, dass der Schuldspruch ein Irrtum war, dass es Debras Todesurteil aufheben oder zumindest den Fall zur Neuverhandlung ansetzen müsse.

Stattdessen lehnte es am 19. Dezember 1997 die Prüfung seines Antrags auf Wiederaufnahme des Verfahrens ab. Das bedeutete, sie hielten die neuen Indizien nicht für überprüfenswert.

Eine Anhörung fand nicht statt.

Das Gericht bat nicht um weitere Informationen.

Es teilte einfach mit, es sei nicht bereit, sich mit dem Fall zu beschäftigen.

Es fegte im Namen des Gesetzes alle neuen Hinweise über Saldate vom Tisch.

»Ich dachte, ich kriege einen Herzinfarkt«, entsinnt sich Rosenquist. »Sie hatten alles gesehen – die ganze Arbeit –, und es war ihnen einfach egal.«

Mit der Ablehnung kam die schockierende Nachricht, das Gericht habe für den 29. Januar 1998 die Vollstreckung des Todesurteils angeordnet.

Rosenquist erinnert sich an Debras Anrufe. »Sie war entsetzt. Ich war es ebenfalls. Die Uhr tickte. Es war ein furchtbares Weihnachtsfest.«
Es gibt nur einen Weg, eine gerichtlich verfügte Hinrichtung zu verhindern, und der besteht darin, ein Bundesgericht dazu zu bewegen, die Notbremse zu ziehen. Rosenquist rannte direkt zum Bundesgericht.
»Ich kannte einige Bundesrichter und erklärte ihnen, was da vor sich ging. Für den ganzen Papierkram bleibt in so einem Fall keine Zeit.«
Er musste auf Bundesebene eine Habeas-Corpus-Berufung einlegen. Hierbei geht es um die Überprüfung der Haftgründe, und diese Berufung ist stets der erste Schritt, einen Fall vor ein Bundesgericht zu bringen, das dann entscheidet, ob das Urteil mit dem Verfassungsrecht in Einklang steht.
»Sie hatte niemanden außer mir«, sagt Rosenquist. »Das staatliche Justizsystem hatte sie verurteilt. Die Presse hatte sie verurteilt. Alle hassten sie. Und jetzt ignorierte der Staat ihren Berufungsantrag und erteilte einen Hinrichtungsbefehl.«
Er erinnert sich an jeden einzelnen der fünfundzwanzig Tage, die er darauf wartete, dass die Bundesjustiz den Countdown zur Hinrichtung beendete.
»Mein Glaube an das Gesetz geriet ins Wanken. Ich war in meinen Grundfesten erschüttert und verlor das Vertrauen in unser Rechtssystem.« Er dachte an seine Zeit als Pflichtverteidiger zurück – daran, wie er und seine Kollegen sich als »Hüter der Gerechtigkeit« verstanden hatten. Und nun erlebte er, wie eindeutige Hinweise auf die Unschuld einer Verurteilten ignoriert wurden.
Er weiß noch, wie Debra am Telefon brüllte: »Wo bleibt der Aufschub? Die machen hier Ernst.« Er war ebenso entsetzt wie sie.
Der Aufschub wurde schließlich am 12. Januar 1998 ge-

währt – siebzehn Tage vor Debras Hinrichtungsdatum. Die Uhr wurde angehalten. Rosenquist machte sich wieder daran, jemanden zu finden, der sein Berufungsgesuch ernst nahm.
»Ich kannte Richter Broomfield auf der Bundesebene und stellte den Antrag, alle Polizisten befragen zu dürfen, die am Tag von Debras Festnahme mit Saldate im Dienst waren. Der Antrag wurde genehmigt. Ich war beschwingt. Ich wusste einfach, dass diese Jungs Saldate nicht decken würden. Ich konnte es kaum erwarten, Debra am Telefon von diesem neuen Durchbruch zu erzählen. Aber sie nahm meinen Anruf nicht entgegen.«
In diesem entscheidenden Moment beschloss Debras Mutter, dass sie genug von Anders Rosenquist hatte, und warf ihn hinaus. Der Grund für den Konflikt war entweder Geld oder mangelnder Respekt, je nachdem, wem von beiden man glauben will.
»Sie hat mich nicht respektiert, weil ich umsonst gearbeitet habe«, sagte Rosenquist. »Ab und zu hat sie mir Geld geschickt, aber die meiste Zeit habe ich auf eigene Kosten gearbeitet. Ich habe mehrere tausend Dollar investiert.«
Renate hingegen beklagte sich oft, Rosenquist sei hinter ihrem Geld her, und sie war der Meinung, dass er nicht genug für ihre Tochter tat. Sie und Debra fanden, dass er für eine vertrauensvolle Zusammenarbeit zu wenig kommunizierte. Rosenquist hat die Polizisten, die mit Saldate Dienst gehabt hatten, nie befragt. Er wurde aus dem Fall hinausgedrängt und kam auch nicht wieder zurück, denn Debras Mutter fand neue, sehr kompetente Anwälte für ihre Tochter. Sie überzeugte Mike Kimerer, einen der führenden Strafverteidiger von Arizona, unter Mitwirkung von Lori Voepel Debras Berufungsgesuch beim Bundesgericht zu übernehmen.
»Ich schleppte fast zwanzig Kisten mit Akten in Kimerers

Büro und übergab sie Lori Voepel«, sagt Rosenquist. Er gibt zu, dass das neue Anwaltsteam ein »Segen« war, denn die beiden hatten Erfahrung mit Bundesgerichten und Kapitalverbrechen. »Ich hatte noch nie auf Bundesebene an einem Todesurteilsprozess mitgearbeitet, und ehrlich gesagt konnte ich es mir auch nicht leisten.«

\*

Gary Bowen konnte sich das, was er tat, eigentlich auch nicht leisten. Er setzte seine Karriere aufs Spiel. Er ist der geheimnisvolle Mann aus dem Gefängnis, der Debra Milke gerettet hat.
1991 war Bowen einunddreißig Jahre alt und Häftlingsberater im Santa-Maria-Trakt. Er arbeitete seit sieben Jahren bei der Strafvollzugsbehörde. Nie hatte er mit einer Todeskandidatin zu tun gehabt, denn in diesem Trakt saßen ja die weiblichen »Disziplinarfälle« ein.
»Die meisten Frauen waren Bikerbräute – grob, ruppig. Debra war nicht so«, erzählt er in einem Starbucks-Café in Phoenix.
Er sah, wie deprimiert Debra war, wie fehl am Platze sie wirkte – wie ein von Scheinwerfern geblendetes Reh –, und er holte sie oft aus ihrer Einzelzelle in sein Büro, um mit ihr zu reden.
Trotzdem ging er vorsichtig an die Sache heran. »Wenn man mit männlichen Insassen zu tun hat, geht es viel um Imponiergehabe. Frauen inszenieren stattdessen Dramen – Frauen sind zehnmal so manipulativ wie Männer. Von Frauen wird man sehr leicht ausgetrickst.«
Debra allerdings war nicht manipulativ, sagte Bowen – sie widersprach völlig dem Bild, das der Prozess von ihr gezeichnet hatte, dem einer Drahtzieherin, die zwei Männer dazu gebracht hatte, für sie zu töten.

»Je länger ich mit ihr sprach, desto weniger glaubte ich, dass sie es getan hatte«, erinnerte er sich. Er kannte Rosenquist von anderen Fällen und setzte sich mit ihm in Verbindung, um ihr zu helfen.

Das sprach sich herum, und für seine Karriere war es nicht gerade förderlich.

In den zwölf Jahren bei der Strafvollzugsbehörde war Debra Milke jedoch die einzige Gefangene, für die Bowen sich je stark gemacht hat. Und er ist froh, dass er es getan hat. Jetzt wünscht er ihr alles Gute.

»Ich bin nur ein kleiner, unbedeutender Teil ihres Lebens, aber ich würde mich freuen, wenn ich mit ihr sprechen und ihr irgendwie behilflich sein könnte.«

# KAPITEL 13

»Was soll ich bloß mit
meiner Schwester anfangen?«

Verfahren, verzwickt, verworren, verhängnisvoll.
Mit diesen Wörtern könnte man die Beziehung von
Debra Milke und ihrer Schwester Sandy Pickinpaugh charakterisieren. Als Mädchen waren sie Nebenbuhlerinnen,
als Erwachsene Konkurrentinnen. Am Ende wurden sie
einander zu Fremden.
Sandy schilderte Debra im Zeugenstand als brutale und
herzlose Mutter. Auf die Frage, welche Strafe sie angemessen finde, antwortete sie: »Die Todesstrafe.«
Vor diesem Hintergrund ist es erstaunlich, dass Sandy ihrer
Schwester 1991, nicht lange nach ihrer Verurteilung, sechsunddreißig Briefe ins Gefängnis schickte.
Wenn man Sandys Aussagen im Zeugenstand kennt, würde
man erwarten, dass jeder Kommunikationsversuch von
Sandy mit Debra nur zum Inhalt haben konnte: »Warum
hast du meinen geliebten Neffen getötet, warum hast du ihn
nicht mir oder der Familie überlassen – wie sollen wir dir je
eine solch abscheuliche Tat verzeihen?«
Stattdessen enthüllen die Briefe, dass Sandy nie glaubte, ihre
Schwester habe Christopher getötet. Sie zeigen, dass zwei
Jahre nachdem Debra in den Todestrakt geschickt wurde,
ihre Schwester nun alles daranzusetzen schien, sie aus dem
Gefängnis zu holen.
Debbie hat die Briefe ihrer Schwester noch. Von ihren eigenen an Sandy gibt es keine Kopien, aber ihr Inhalt lässt sich
zum großen Teil Sandys Antworten entnehmen.
Im Herbst 1992, nachdem Debbie wieder mit ihrer Mutter
Kontakt hatte, schickte sie auch ihrer Schwester eine lange

Botschaft auf einer Kassette nach Green River, Wyoming, wo Sandy damals wohnte. Daraus entwickelte sich ein zweijähriger Briefwechsel.

»Ich glaube an dich und auch daran, dass ich das Richtige tue«, schrieb ihr Sandy am 20. Februar 1993. Debra und ihrer Mutter hatte sie versichert, diese Korrespondenz vor Richard Sadeik verborgen zu halten. »Wenn mein Vater mich nicht genug liebt, um das zu verstehen, muss er eben leiden.«

Fünf Tage später las Debbie: »Ich wünsche mir so sehr … ich könnte mich um deine Angelegenheiten kümmern, wenn du langsam wieder ins normale Leben findest. Ich biete dir an, zu mir zu kommen, wenn du willst.«

Aus späteren Briefen geht hervor, dass Sandys Ehemann Ron im Untergeschoss ein Badezimmer einbaute, damit Debbie dort einziehen konnte.

»Niemand wünscht sich mehr als ich, dass das alles bald vorbei ist (außer dir und Mom natürlich)«, so Sandy am 6. März 1993.

Kurze Zeit darauf, als Debbie von einer Depression gepackt wurde, sprach ihr Sandy Mut zu: »Wir verstehen deinen Schmerz und deine Enttäuschungen … aber wir alle kämpfen hier draußen mit Zähnen und Klauen, du darfst nicht aufgeben, besonders nicht dich selbst.«

Doch Sandy schrieb ihrer Schwester nicht bloß aufmunternde Briefe. Sie versuchte auch, Kontakt zu der renommierten kalifornischen Anwältin Gloria Allred aufzunehmen, die schon etliche Frauen in Sensationsprozessen vertreten hatte. »Wenn ich ihr deinen Fall schildern und ihr begreiflich machen kann, welcher Ungerechtigkeit und Schlamperei du zum Opfer gefallen bist«, dann, so meinte Sandy, würde Allred vielleicht ihren Fall übernehmen.

Weit skeptischer beurteilte Sandy die Aussichten, ihrem Vater die Augen über das Unrecht zu öffnen, das Debbie

widerfuhr. »Dad von deiner Unschuld zu überzeugen ist eine harte Nuss«, so Sandy am 24. Mai 1993. »Ich kann nur hoffen, dass er sich irgendwo tief in seiner gestörten Seele noch damit quält oder wenigstens Zweifel hegt, aber wir wissen ja beide, dass Dad Gefühlen nicht viel Raum in seinem Leben einräumt, und das ist nicht zu seinem Vorteil.«
Schließlich empfahl Sandy ihrer Schwester mehr oder weniger, ihren Vater aufzugeben: »Wir wünschen und hoffen alle, dass er uns noch einmal überrascht und uns unterstützt, aber so oft wie er uns in der Vergangenheit hängen gelassen hat, würde ich nicht darauf zählen, dass er sich noch einmal ändert.«
Sie schrieb, Richard Sadeik habe ihr mit »Enterbung« gedroht, weil er vermutete, dass sie Debra helfe. »Ich weiß inzwischen, dass ich so oder so verlieren werde, ob ich zu dir halte oder mich Dad beuge, und das zerreißt mich schier. Aber mein Gefühl sagt mir, dass ich die Verpflichtung habe, das ›Richtige‹ zu tun, und das ist dafür zu sorgen, dass dir Gerechtigkeit widerfährt. Entweder Dad und die anderen lieben mich und die Kinder genug, um zu verzeihen und zu verstehen, oder sie müssen auf uns verzichten.«
Aus den Briefen geht hervor, dass Sandy Sachen für Debra kaufte – einen neuen Pullover, einen Büstenhalter, Briefmarken – und ihr anbot, für sie Dinge in ihrem Haus in Wyoming einzulagern. Die meisten Briefe brachten zum Ausdruck, dass Sandy und Ron sehnsüchtig auf Debbie warteten.
Manche der Briefe enthielten einen typischen Gedankenaustausch unter Schwestern. Sandy schrieb häufig über ihre Söhne Jason und Cody, sie erzählte von ihrem Mann Ron, einem »Cowboy«, und gab Kommentare über die Männer in Debbies Leben ab – unter anderem, dass sie nie verstanden hätte, wie sie an Mark geraten konnte.
Als Debbie ihr gegenüber erwähnte, dass sie überlege, sich

im Gefängnis ein Tattoo von Chris machen zu lassen, riet ihr Sandy ab. »Warum um alles in der Welt willst du dir sein Andenken in den Körper einbrennen lassen, wenn es dir so schwerfällt, ihm einen friedvollen Platz in deinem Herzen einzuräumen? Deine Liebe zu ihm und deine Erinnerungen werden ewig Bestand haben. Ich verstehe nicht, warum du überall seinen Tod verkünden willst. Außerdem sehen Frauen mit Tattoos einfach billig aus.«

Als Debbie sich damit quälte, sie sei kein Wunschkind gewesen und ihre Eltern hätten überhaupt nur ihretwegen geheiratet, widersprach ihr Sandy – ihr Vater und ihre Mutter hätten sich anfangs wirklich geliebt. Sie führte ihre eigene Geburt als Beweis ihrer Liebe an.

Sandy deutete auch eine möglicherweise wichtige Entwicklung an: Dorothy Markwell, die überraschend in letzter Minute gegen sie ausgesagt und Debra als gewalttätige Mutter dargestellt hatte, schien bereit zu sein, von ihrer Zeugenaussage abzurücken.

Alle wollten die Chance ergreifen, als Sandy und Dorothy, zwei der Debbie am stärksten belastenden Zeugen, Bereitschaft zeigten, ihre Aussagen zu korrigieren. Renate zahlte Sandy einen Flug nach Las Vegas, wo Dorothy mittlerweile lebte, damit sie mit ihr besprechen konnte, wie man Debbie helfen könnte.

Sandy klagte in mehreren Briefen darüber, dass Dorothy nicht kooperationsbereit sei, und legte ihrer Schwester nahe, keine weiteren Hoffnungen auf diese Möglichkeit zu setzen. Doch schließlich unterzeichnete Dorothy Markwell eine eidesstattliche Erklärung, in der sie ihre Aussage abzumildern versuchte. »Ich habe ausgesagt, Debbie habe einmal zu Chris gesagt, sie könne ihn umbringen. Debbie war in dem Moment, als sie das sagte, wütend auf Chris, aber ich habe die Äußerung nie ernst genommen.

Ich weiß nichts über Debbies Leben in Phoenix in dem Jahr

vor Chris' Tod. Ich weiß nicht, ob sie etwas mit dem Tod von Chris zu tun hatte oder nicht. Ich weiß nicht, wie die Geschworenen angesichts der Informationen, über die sie verfügten, Debbie schuldig sprechen konnten.«

In vielen Briefen teilte Sandy Debras Traum, dass die Wahrheit an Licht kommen wird. »Ich hoffe, sie ermöglichen dir zumindest einen neuen Prozess. Dann kannst du es allen zeigen!«

Geschildert wurde auch das, was die Familie durch den Verlust von Christopher und Debbies Prozess durchgemacht hatte. Manches davon brachte Debra zum Weinen – besonders, was der vierjährige Jason erdulden musste: »Wir versuchten ihn so gut wie möglich abzuschirmen, doch ein Reporter lauerte ihm auf dem Weg zum Kindergarten auf und fragte ihn, wie er es finde, dass seine Tante seinen geliebten Cousin getötet habe. Danach war vielleicht was los. Wir haben sechs Monate Therapie durchgestanden und ein ganzes Jahr Bettnässen und Alpträume.«

Für den Herbst plante Sandy eine Reise nach Arizona zu einem Klassentreffen, und bei dieser Gelegenheit bat sie ihre Schwester, ihr die nötigen Besuchsanträge zu schicken. Debbie fiel es offensichtlich schwer, sich dazu durchzuringen. Mal stimmte sie zu, dann lehnte sie wieder jeglichen Besuch ab.

Sandy brüstete sich gegenüber Debbie, ihr wäre es zu verdanken, dass Mark Milkes Auftritt in der populären Oprah Winfrey Show ziemlich zusammengestutzt worden sei. Ob dem wirklich so war, ist zweifelhaft. Sandy behauptete, ihre frühere Babysitterin kenne Oprah persönlich. »Als sie Marks Namen hörte, wusste sie gleich, um wen es sich handelte, und informierte Oprah über den Typen. Anstatt auf ihrem Sofa durfte er so nur im Publikum Platz nehmen und erst in den allerletzten beiden Minuten den Mund auf-

machen, viel sagen konnte er allerdings nicht. Ich war meiner Babysitterin so was von dankbar dafür.«
Rosenquist lachte, als er diese Geschichte hörte, und sagte, dies sei wieder mal ein Beispiel dafür, zu welchen Aktionen Sandy fähig sei.
Renate war völlig erstaunt, als sie zum ersten Mal von Sandys Wandlung hörte. Sie hielt es aber ihrer jüngeren Tochter zugute, dass sie versuchen wollte,»die Sache geradezurücken«. Sie sah, dass sie ein schlechtes Gewissen hatte, weil sie im Zeugenstand gelogen hatte. Allerdings verwunderte es sie schon ein bisschen, dass Sandy die Folgen ihres Tuns gar nicht richtig begriff.
Sandy legte nämlich Wert darauf, zu betonen, dass sie an Debbies Verurteilung keine Schuld treffe, das teilte sie auch Debbie mit.»Ich bin meine Zeugenaussagen noch mal durchgegangen ... Und ich sage dir ehrlich und entschieden, dass <u>nichts</u> davon gelogen war. Im Gegenteil, es war die reine Wahrheit, und vielleicht tut es dir deshalb so weh, ich weiß nicht. Ich war nicht da, um dir weh zu tun, ich war da, um die Fragen *beider* Seiten zu beantworten. Tut mir leid, wenn dabei nicht das herausgekommen ist, was du hören wolltest ... Ich kann dir nur noch einmal versichern, ich habe es nicht aus Hass getan oder um dich zu verletzen, denn wenn das so gewesen wäre, dann hätte ich mich verdammt noch mal freiwillig als Zeugin gemeldet; aber du kannst es ja nachprüfen, ich erhielt eine Zwangsvorladung ...«
Debbie machte es ihrer Schwester nicht so einfach, sich herauszuwinden. Nach anderthalb Jahren verlor sie offenbar die Geduld und warf Sandy vor, ihre Zeugenaussage sei voller Übertreibungen und Falschdarstellungen gewesen. Wahrscheinlich zitierte sie den Arzt, der Christopher operiert hatte und der Debra als überdurchschnittlich gute Mutter bezeichnet hatte. Und sicherlich wies sie auch darauf

hin, dass alle Nachbarn, die sie täglich mit dem Jungen sahen, sie als gute und fürsorgliche Mutter beschrieben. Wie also kam Sandy dazu, in den Zeugenstand zu treten und einfach zu behaupten, sie hätte Christopher absichtlich verbrannt, ihm einen Schnuller mit Klebeband am Mund befestigt und bei Betreuern absichtlich falsche Adressen hinterlassen? Wie konnte ihre eigene Schwester, die nun versuchte, ihr zur Gerechtigkeit zu verhelfen, vor Gericht sagen, sie verdiene den Tod?

Was immer Debbie auch geschrieben haben mag, es öffnete bei Sandy eine Schleuse und entfesselte einen Protestschwall, der zeigt, dass die »gute Sandy«, die ihrer Schwester helfen wollte, nicht weniger scheinheilig war als die »böse Sandy«, die die Geschworenen davon zu überzeugen versucht hatte, dass Debra des Mordes fähig sei.

Sandys Antwort war ein geharnischter Brief, der das Datum vom 30. Juli 1994 trägt. Es ist der letzte Brief, den Debbie von ihrer Schwester besitzt. Und er hatte es in sich: »Anscheinend soll ich jetzt dankbar dafür sein, dass du mir meine Zeugenaussage ›verziehen‹ und dich herabgelassen hast, wieder mit mir Kontakt aufzunehmen, aber ich soll mir bloß nicht einbilden, ich könne mehr von dir erwarten als leeres Geplapper, bevor ich nicht deinen Standpunkt zu Dad und den anderen einnehme und mich mit Mom versöhne. Bis dahin willst du mir weder Vertrauen schenken noch dich überhaupt mit mir einlassen.

Deshalb frage ich dich, was du von mir willst, und darum sage ich, es ist ein Spiel, denn offensichtlich bist du es ja, die hier die Regeln macht und über alles bestimmt, gerade wie es dir gefällt.

Ich habe es so satt, von dir über die möglichen Schlampereien in deinem Fall ›aufgeklärt‹ zu werden, wie zur Bestrafung dafür, dass wir alle geglaubt haben, was uns am Anfang gesagt wurde ...

Du hast kein Recht, irgendjemanden von uns für das zu bestrafen, was wir getan haben. Wir haben uns an das gehalten, was wir damals wussten. Du hast auch kein Recht, zu sagen, du hättest es ganz anders gemacht, wenn es um mich gegangen wäre, in der Lage bist du einfach nicht. Da, wo du stehst, kannst du nicht über mich urteilen …
Wenn du verbittert bist, weil niemand von uns dir beigestanden hat, so kann ich das verstehen. Ich konnte nur aus meiner Situation heraus handeln, und die war, dass ich mich nicht in Arizona befand, und meine Informationen nur von Dad oder den Polizisten bekam …
Wir alle sind schuld, dass wir geglaubt haben, was man uns gesagt hat, einschließlich Mom. Und da frage ich mich, warum wir (Mom und ich) die Einzigen sind, denen du verzeihst, wo wir doch alle dazu beigetragen haben, dass du im Gefängnis bist?
Nun gut, Mom weniger. Sie hat sich wie üblich aus dem Staub gemacht und den ganzen Schlamassel uns überlassen …
Versteh doch, wir hatten keine Wahl, wir hatten bloß spärliche Informationen, mit denen wir klarkommen mussten, und wenn du uns nun unsere Aussagen vorwirfst, dann kann ich dich nur fragen, warum … Vielleicht habe ich nicht gesagt, was du hören wolltest, aber ich habe geschworen, die Wahrheit zu sagen, und das habe ich getan.«
Sandy wusch ihre Hände ganz in Unschuld.
»Ich finde, es war falsch von den Geschworenen, anzunehmen, dass die Art, wie du dein Kind erzogen hast, dazu geführt hat, es am Ende umzubringen, aber das ist nicht mein Fehler. Das haben die Geschworenen falsch gemacht.«
Am Ende ihres Briefs äußerte sie die Hoffnung auf eine bessere Zukunft.
»Ich liebe dich von Herzen, Debbie, und nichts in der Vergangenheit oder Gegenwart kann daran etwas ändern. Mein

einziger Wunsch ist, dass du, egal was geschieht, bekommst, was du brauchst und was dich erfüllt. Es liegt mir daran, dass du mir das glaubst ... Ich hoffe, wir können gefühlsmäßig klarkommen. Das wäre mein Traum, aber ich überlasse das jetzt dir, okay?«
Dieser Traum sollte sich nie auch nur ansatzweise verwirklichen.

Debbies Entrüstung über ihre Schwester wuchs sich zu tiefer Abneigung aus. Jahrelang hatte sie zu verstehen versucht, wie all das hatte geschehen können. Und dann musste sie feststellen, dass ihre Schwester sie schon wieder im Stich ließ.

Rechtsanwalt Rosenquist kommentierte das Zerwürfnis, das sich in diesen Briefen auftat, nicht. Von Renate wusste er, dass ihre jüngere Tochter »Probleme« hatte. Im Jahr 1994 bekam er davon anlässlich eines Essens in einem Restaurant in Scottsdale einen Eindruck. Renate war mit ihrem Ehemann Alex angereist, Rosenquist kam in Begleitung seiner Frau, und auch Sandy und ihr Mann Ron waren mit von der Partie.

»Sandy und ihre Mom saßen an einem Ende des Tisches. Plötzlich stand Sandy auf und rief etwas wie: ›Du hast Debbie immer mehr geliebt als mich!‹, und stürmte davon«, erinnert sich Rosenquist. »Ihrem Mann war es peinlich, er zuckte nur mit den Schultern, als wollte er sagen: ›Das war ja zu erwarten!‹«

Rosenquist war mit der Dynamik dieser Familie vertraut. »Als Kind fühlte sich Sandy ständig zurückgesetzt, Debbie war immer die, die im Rampenlicht stand. Die meisten Menschen kommen über so etwas hinweg, wenn sie erwachsen werden, nicht so Sandy.«

Dennoch erlebte er sie als »sehr kooperativ und hilfsbereit«, als er den ersten Berufungsantrag vorbereitete. Im Laufe der Jahre sprachen sie oft miteinander. So schien es ihm eine

Formsache, als er sie am 19. Oktober 1995 anrief und sie für eine eidesstattliche Aussage befragte, die ihre Zeugenaussage erklären sollte. Er machte sich Notizen zu diesem Gespräch, arbeitete die Erklärung schriftlich aus und schickte sie an Sandy zur Unterschrift. Sie lautete wie folgt:
»Ich war im neunten Monat schwanger, als mich Armando Saldate und ein weiterer Ermittler wiederholt anriefen. Sie waren verstimmt, weil ich das Gespräch immer wieder verschob. In meinem Zustand wollte ich mir diese unangenehme Sache eigentlich nicht zumuten. Detective Saldate wirkte frustriert, er ließ nicht locker und fragte immer wieder, wann das Baby zur Welt komme.

Besonders unser letztes Gespräch habe ich in Erinnerung. Detective Saldate teilte mir mit, er habe einen Flug gebucht und werde am folgenden Tag kommen. Als ich ihm sagte, dass mir das nicht recht sei, antwortete er: ›Nun, entweder Sie erledigen das jetzt oder Sie bekommen eine gerichtliche Vorladung und müssen die Entbindung eben ein bisschen früher einleiten.‹

Detective Saldate sagte mir, er brauche mich für eine Zeugenaussage über Debbies Charakter, weil ich sie besser kenne als meine Eltern. Debbie und ich standen uns nie sehr nahe, aber wir wussten stets, was die andere so fühlte und dachte.

Detective Saldate sagte mir, er mache sich Sorgen um Debbie. Er benutzte dabei einen spanischen Ausdruck, der, wie er mir erklärte, so viel wie ›gespaltene Persönlichkeit‹ bedeutet.

Bevor ich von Detective Saldate befragt wurde, führte er mich über die Beweise, die die Staatsanwaltschaft gegen Debbie in der Hand hatte, in die Irre. Er sagte mir, sie hätte gestanden. Er behauptete, Debbie hätte schon auf der Fahrt von der Wohnung ihres Vaters zur Polizeistation des Pinal County angefangen zu gestehen. Er behauptete auch, Debra

hätte ihm gesagt, sie fühle sich nun viel besser, nachdem sie das Geheimnis so lange für sich behalten habe. [Rosenquist wusste, dass dies nachweislich eine Lüge war, da Saldate überhaupt nicht mit Debra zur Polizeistation gefahren war.]
Detective Saldate sagte mir auch, Debra hätte schon zuvor zweimal versucht, Chris umzubringen, einmal, als meine Mutter und Alex da waren. Ein anderes Mal seien sie zu der Stelle rausgefahren, um es zu tun, aber es habe zu viel Verkehr geherrscht. [Rosenquist sah darin weitere nachweisliche Lügen, da es dafür keinerlei Beweise gab – falls doch, wären sie im Prozess zur Sprache gekommen.]
Detective Saldate sagte mir weiter, dass ihm Debbie auf der Fahrt von Florence nach Phoenix im Austausch gegen ihre Freiheit sexuelle Dienste angeboten habe. Er sagte, sie überlegte, ob sie sich als eine Art Bestrafung sterilisieren lassen sollte. Detective Saldate behauptete weiterhin, in der Untersuchungshaft hätte Debbie auf Schmähungen der anderen Gefangenen geantwortet: ›Ja, ich habe es getan, und ich würde es wieder tun.‹
Im Verlauf des Gesprächs zeigte Detective Saldate mehr Interesse für Debbies sexuelle Beziehungen zu anderen Männern als an ihren Eigenschaften als Mutter. Die Fragen, die mir Detective Saldate in meiner Wohnung stellte, hatten meiner Ansicht nach nichts mit Debbies Fall zu tun. Er wirkte mehr wie ein Typ, der an meiner Schwester interessiert ist, er wollte wissen, was sie gerne unternahm, wenn sie ausging. Das kam mir sehr seltsam vor.
Als ich die Vorladung zur Zeugenaussage erhielt, ging ich damit zu meiner Frauenärztin. Wir kamen überein, die Geburt mindestens eine Woche vor dem Aussagetermin einzuleiten, sodass mir ein paar Tage blieben, um mich zu erholen. Wir legten als Geburtstermin für meinen Sohn den 14. August 1990 fest, vor allem wegen des Gerichtstermins.

Auf der Reise nach Phoenix schrie mein Sohn viel, und ich bekam wenig Schlaf. Ich war außerordentlich müde und wollte so schnell wie möglich nach Wyoming zurück. Ich fühlte mich nicht wohl. Das Team von Noel Levy sagte mir, wie ich meine Aussage machen sollte. Jeden Tag sagten sie mir direkt vor Prozessbeginn, was ich tun und sagen sollte. Sie rieten mir, nicht lange zu überlegen, möglichst ausführlich und nur auf die Fragen zu antworten. Sie sagten mir, wie ich sitzen und wie und wohin ich schauen sollte, wann ich Mitgefühl ausdrücken, wann Verärgerung zeigen solle. Ich kam mir vor wie eine Marionette.«

Aber Sandy Pickinpaugh unterzeichnete diese eidesstattliche Erklärung nie. Stattdessen bekam Rosenquist einen Brief des stellvertretenden Generalstaatsanwalts Randall Howe. Er schrieb, Sandy habe sich wegen des Telefongesprächs an sein Büro gewandt und beklagt, sie habe sich »belästigt« gefühlt.

»Der Brief von Mr Howe war ein schwerer Schlag, hatte sich Sandra doch im Telefongespräch in der Woche zuvor sehr kooperativ gezeigt«, sagte Rosenquist. »Sie hat mit keinem Wort angedeutet, dass sie den Kontakt als Belästigung betrachtete, im Gegenteil.«

Howe belehrte Rosenquist, dass Sandy in diesem Fall zu den »Opfern« zähle.

Rosenquist fand diese Einschätzung »höchst ungewöhnlich«. Schließlich hatte die Staatsanwaltschaft nicht versucht, Sandy davon abzuhalten, ihrer Schwester ins Gefängnis zu schreiben, und es waren auch sonst keine Familienangehörigen als Opfer eingestuft worden.

»Ich hatte den Eindruck, dass die Staatsanwaltschaft mir unter dem Vorwand des Opferschutzes den Zugang zu einer Zeugin verwehren wollte«, sagte Rosenquist. »Ich frage mich, was sie ihr erzählt haben, um ihr Angst einzujagen.«

Doch Rosenquist hielt sich an die Verwarnung und versuchte nicht noch einmal, Sandy zu erreichen.

Es ist nicht bekannt, warum Sandy die eidesstattliche Aussage nicht unterzeichnete. Man kann nur spekulieren, dass die Staatsanwaltschaft ihr drohte, sie wegen Meineids zu belangen, wofür in Arizona zwischen zwei und fünf Jahren Haft drohen.

Drei Jahre später sollte sich die ganze Geschichte wiederholen. Im März 1998 erhielt Sandy Besuch von Ermittler Kirk Fowler. Sie war inzwischen von Ron geschieden und wohnte wieder in Arizona. Ihr Vater, der im Sterben lag, hatte ihr gesagt, sie solle mit Fowler reden – die Familie war bereit, den Fall neu zu überdenken.

»Sie zeigte sich sehr herzlich und offen mir gegenüber, ihre Freundlichkeit überraschte mich«, sagte Fowler in einer eidesstattlichen Erklärung. »Ich dachte, sie redet vielleicht zehn oder fünfzehn Minuten mit mir, aber dann unterhielten wir uns an die vier Stunden.«

Fowler, der ihre verheerende Zeugenaussage im Prozess kannte, kam aus dem Staunen nicht heraus. »Ich hörte zu meiner Verblüffung, dass weder sie noch ihr Vater jemals dachten, Debra hätte etwas mit Christophers Tod zu tun ... Ich fragte Sandy, ob sie bereit sei, das als eidesstattliche Erklärung zu unterzeichnen. Sie antwortete, sie werde es mit ihrem Freund besprechen und sich bei mir melden.«

Eine Woche darauf rief Sandy an, aber Fowler war nicht zu Hause. Er versuchte mehrmals, sie zurückzurufen, ohne Erfolg.

Es gab noch einen weiteren Versuch, Sandy dazu zu bewegen, zuzugeben, was sie getan hatte. So schrieb Renate Janka einen Brief am 20. Juli 1998, und er begann so: »Hallo Sandy, ich bin's, deine Mom. Du bist vielleicht überrascht, von mir zu hören, und ich kann dich nur bitten, diesen Brief sorgfältig und mit offenem Herzen zu lesen.«

Es waren sieben eng beschriebene Seiten. Das war der erste Kontaktversuch zwischen Renate und Sandy seit dem missglückten Abendessen in Scottsdale. Jemand hatte die Vermittlerrolle übernommen, Renate eine E-Mail geschrieben und ihr mitgeteilt, Sandy und ihre Freunde wollten »Debbie helfen«.
Renate begrüßte das Hilfsangebot, wenn sie auch ihre Zweifel hatte. Der Briefwechsel zwischen den Schwestern war längst zum Erliegen gekommen. Rosenquist und Fowler hatten erst Sandys Zusage und dann eine Absage bekommen. Renate machte sich keine allzu großen Hoffnungen, dass es ihr anders ergehen würde.
Aus ihrem Brief sprach deutlich ihre Empörung über die Lage. »Du weißt ja seit vielen Jahren, dass ich von Debbies Unschuld überzeugt bin und dass Alex und ich die letzten sechs Jahre damit verbracht haben, das zu beweisen. Wir glauben fest daran, dass die Gerechtigkeit siegen wird. Vielleicht hast du auch einmal an das Justizsystem geglaubt. Nach unserem europäischen Justizsystem wäre einiges, das in Debras Prozess gelaufen ist, nicht möglich gewesen. Trotzdem kommen anscheinend niemandem Zweifel am ›allmächtigen‹ demokratischen System der USA, deren Präsident sich nicht scheut, mit dem Finger auf andere Länder zu zeigen und dort Menschenrechtsverletzungen zu kritisieren. Ich bin mittlerweile der Ansicht, dass die USA dringend einmal vor ihrer eigenen Haustür kehren sollten.«
Sie sagte ihrer Tochter, sie könne nicht verstehen, warum sie immer wieder einen Rückzug machte.
»Als ich dich fragte, ob du mit mir und unserem neuen Anwalt zusammenarbeiten willst, und du ja sagtest, stiegen meine Zuversicht und mein Glaube an den Sieg der Gerechtigkeit. Der ganze Alptraum hätte mit dem Wiederaufnahmeverfahren beendet sein können, doch im letzten Augenblick hast du entschieden, die eidesstattliche Erklärung nicht

zu unterzeichnen, und hast Anders Rosenquist sogar gerichtliche Maßnahmen angedroht. Ich verstehe bis heute nicht, warum du das getan hast.
Es geht über meinen Horizont, wie jemand sich in solch lebensbedrohlicher Weise gegen seine eigene Schwester stellen kann. Als ich dich darauf ansprach, wurdest du zornig und hattest immer noch nicht begriffen, dass es hier um Leben und Tod geht und nicht um einen Beliebtheitswettbewerb zwischen Schwestern.
Du hattest vielleicht vor etwas Angst, du hattest vielleicht einen Groll, du magst vieles empfunden haben, aber die schlichte Wahrheit ist, dass du deine Schwester zum Tode verurteilt hast.«
Es sei Sandys Aussage gewesen, »die die Geschworenen umgestimmt habe, Schluss und aus«.
Aber sie gab Sandy nicht allein die Schuld, einen Teil sah sie auch bei sich selbst. »Unsere gesamte Familie und unsere Freunde wurden von den Lügen eines Polizisten übertölpelt, und niemand hat überhaupt nur den Versuch unternommen, in Frage zu stellen, was er an die Presse gegeben hat«, schrieb sie. »Niemandem in unserer Familie kam es in den Sinn, dass das alles ein reines Lügenmärchen war ... auch mir nicht.«
Sie versuchte Sandy mit einer Liste von Leuten zu beeindrucken, die sich im Kampf für Debbie engagiert hatten. »Die Ungeheuerlichkeit von Debbies Geschichte hat nicht nur in den [europäischen] Medien für Wirbel gesorgt, sondern auch auf höchsten Regierungsebenen. Die amerikanischen Botschafter in Europa wurden mit Hunderten Briefen überschüttet. Man will das Thema in Brüssel aufbringen. Der deutsche Außenminister Klaus Kinkel hat an seine Amtskollegin in Washington, Madeleine Albright, geschrieben. Und ich habe beinahe täglich Kontakt mit dem deutschen Generalkonsulat und dem Außenministerium.«

Und dann trug sie ihre Bitte vor. »Sandy, du solltest wissen, dass mir alles daran liegt, Debbie freizubekommen und meine Familie zu beschützen. Ich habe nicht die Absicht, dir und deinen Kindern zu schaden. Für was hältst du mich, ein kinderfressendes Ungeheuer? Ich kann mir ein Bein ausreißen und alles in meiner Macht Stehende tun, um deiner Schwester zu helfen, aber wenn du es ernst meinst damit, dass du sie liebst, dann brauchst du nur unsere Verteidiger zu kontaktieren ...«

Doch dazu kam es nie. Sandy wollte sich nicht engagieren, und Mutter und Tochter sprachen nie mehr miteinander.

Renates jüngere Tochter heißt heute Sandy Smith, und sie meldet sich zum ersten Mal öffentlich zu Wort. Sie möchte allerdings kein direktes Interview, sondern Fragen per E-Mail beantworten.

Auf die Frage, ob sie Detective Saldate glaubte, als er ihr sagte, Debra habe »gestanden« und sie habe schon zuvor versucht, Christopher zu töten, antwortete sie: »Es traf mich wie ein Schock. So etwas zu hören macht jedem zu schaffen, und ich hatte eine Weile mit seinen Worten zu kämpfen. Mir war klar, was meine Schwester in ihrem Leben durchgemacht hatte. Die Ereignisse vor Christophers Tod brachten mich dazu, es für möglich zu halten, dass sie schuldig war, wenn ich es als ihre Schwester auch nicht glauben wollte.«

Sie erwähnt, dass sie bei ihrer Zeugenaussage nur auf die Fragen antworten durfte. Wenn sie sich frei an die Geschworenen hätte wenden können, was hätte sie dann aber gesagt? »Ich hätte den Geschworenen Beispiele für die Schwierigkeiten gegeben, mit denen sie nach der Scheidung unserer Eltern zu kämpfen hatte, von den andauernden Spannungen berichtet, die sie mit ihrem früheren Ehemann hatte, davon, dass sie allein ein Kind großgezogen hat.«

Auch zu den eidesstattlichen Erklärungen wurde Sandy

befragt: »Warum haben Sie einen Rückzieher gemacht? Wurden Sie bedroht?« Ihre Antwort: »Dass ich die eidesstattlichen Erklärungen nicht unterzeichnet habe, liegt zum großen Teil an dem Druck, der von allen Seiten auf mich ausgeübt wurde. Alle lagen mir ständig in den Ohren, bedrängten mich mit ihren Meinungen, äußerten Drohungen oder versuchten mich mit irgendwas zu bestechen. Es war einfach nicht auszuhalten. Ich kann mit Fug und Recht sagen, dass ich mich von allen Seiten ›belästigt‹ fühlte. Alle verfolgten ihre eigenen Absichten, niemand schien sich für Christophers Tod zu interessieren … Ich hatte das Gefühl, alle hatten die Tragödie vergessen, die sich ereignet hatte, und benutzten sie nur noch für ihre eigenen Zwecke. Mir war das zutiefst zuwider, bis auf den heutigen Tag.«

Sie teilte mit, dass ihrer Meinung nach sowohl ihr Vater als auch ihre Mutter »problematische Seiten« hätten, und versuchte dann, die Geschichte mit ihrer Mutter neu zu deuten.

»Meine Mutter und ich haben uns seit langer Zeit entfremdet, was überhaupt nichts mit Debbie zu tun hat.«

Was sie für ihre Schwester wünsche? »Debbie gehört und wird immer zu meiner engsten Familie gehören. Ich liebe sie so sehr, wie ich sie immer geliebt habe.«

Das tragische Ende der Geschichte mit Sandy ist: Renate starb im Jahr 2014 an Sandys achtundvierzigstem Geburtstag.

# KAPITEL 14

## »In Liebe, Debbie«

Das Jahr 1998 fing furchtbar an.
Ein Hinrichtungsdatum.
Der Testlauf für die Hinrichtung.
Das panische Warten.
Erleichterung, als ein Bundesrichter die tickende Uhr anhielt.
Dann Depressionen.
Der schlechte Gesundheitszustand ihres Vaters.
Sorge um ihre Mutter.
Überraschung: Die Presse klopfte plötzlich doch noch an.
Und neben alldem der Gefängnisalltag. »Verbringen Sie mal Jahre in Ihrem Badezimmer, dann werden Sie sehen, wie sich das auswirkt.«
Von all den Jahren im Gefängnis war 1998 dasjenige, das Debra am allerwenigsten noch einmal durchleben wollte. Es war die schlimmste Achterbahnfahrt, die man sich vorstellen kann: Auf Schrecken folgte Kummer, auf Kummer Hoffnung, auf Hoffnung Schmerz, auf Schmerz Hilflosigkeit.
Als Debra in diesem Jahr vierunddreißig wurde, schrieb sie einen verzweifelten letzten Brief an ihren sterbenden Vater. Sie nahm Kassetten auf und wandte sich an Journalisten, die neuerdings Fragen nach ihrer Schuld stellten. Sie verfasste lange Schreiben an einen Fremden, der ihr Fürsprecher werden sollte. Und in Briefen an ihre Mutter offenbarte sie ihr Innerstes.
All diese Dokumente erlauben eine ungeschönte Einsicht in Debra Milkes Seele. Keines ist aber so herzzerreißend wie der zweiseitige Brief, den sie am 15. März an ihren Vater schickte.

»Lieber Dad. Bestimmt hast du nicht damit gerechnet, noch einmal von mir zu hören, und vielleicht willst du das auch gar nicht, aber ich muss dir einfach diesen Brief schicken. Es ist absolut nicht meine Absicht, dich damit aufzuregen. Ein Brief von mir mag dir im ersten Moment vielleicht nicht viel bedeuten, aber wenn du meine Zeilen gehört oder gelesen hast, werden sie hoffentlich doch Bedeutung für dich haben und dich trösten.
Ich bin sehr sehr traurig über die Nachricht von deiner Krankheit. Der tiefe Schmerz, den ich empfinde, lässt sich nicht in Worte fassen.
Dad, ehe du aus diesem Leben scheidest, muss ich dir noch ein paar Dinge von Tochter zu Vater mitteilen.
Als Erstes: Ich liebe ich. Das war immer so. In diesen letzten acht Jahren ist kein Tag vergangen, an dem ich nicht an dich gedacht habe …
Schon vor langer Zeit habe ich beschlossen, dir für alles, was in der Vergangenheit geschehen und gesagt worden ist, zu vergeben, und das habe ich getan. Ich meine das ehrlich und aus tiefstem Herzen. Ich hege keinen Groll und keine feindseligen Gefühle gegen dich.
Zweitens sollst du trotz allem, was du in den vergangenen acht Jahren vielleicht geglaubt hast, wissen, dass ich die Verbrechen, für die man mich verurteilt hat, nicht begangen habe …
Mag sein, dass ich in meinem Leben ein paar dumme Fehler gemacht und ein paar dumme Sachen getan habe, die dich enttäuscht und verletzt haben, aber an etwas so Bösem wie dem Verbrechen an meinem Sohn, deinem Enkel, war ich niemals beteiligt. Du hast keine Tochter großgezogen, die zu so etwas fähig ist, und ich bitte dich sehr, mir das zu glauben.
Ich möchte, dass du Frieden findest und im Herzen und vom Verstand her weißt, dass ich unschuldig bin und der Tag kommen wird, an dem deine Tochter rehabilitiert wird.

Ich hatte gehofft, du würdest diesen Tag noch erleben, doch leider hat das Schicksal es anders bestimmt. Du hast mir beigebracht, ehrlich und wahrheitsliebend zu sein, immer an mich zu glauben und niemals aufzugeben. Diese wertvollen Lektionen haben meinen Charakter geprägt, und obwohl du nicht gesehen hast, was für eine starke Frau aus mir geworden ist, danke ich dir, Dad, dafür, dass du diese Eigenschaften in mir gefördert hast. Sie werden immer ein Teil von mir sein.
Ich liebe dich, mein Vater, und mögest du in Frieden ruhen. Ich werde dich schrecklich vermissen, aber wir werden uns wiedersehen. Möge Gott mit dir sein, Dad.
In Liebe, deine Tochter Debra Jean (Debchen).«
Der Brief kam ungeöffnet zurück. Debra ist überzeugt, dass ihre Stiefmutter ihn abgefangen und mit dem Vermerk »Unzustellbar« zurückgeschickt hat. Sie weinte darüber, dass ihr Vater ihre Worte nie gelesen hat.

Aber Richard Sadeik selbst hat vor seinem Tod zumindest die Möglichkeit in Betracht gezogen, dass seine Tochter unschuldig sein könnte. Am 20. März, fünf Tage nachdem Debra ihren Brief geschrieben hatte, rief Privatdetektiv Kirk Fowler bei ihm in Florence an.

»Er war sehr zugänglich und sofort bereit, sich mit mir zu treffen, denn er wusste, dass er bald sterben würde. Er wollte erfahren, welche Indizien dafür sprachen, dass Debra kein Geständnis abgelegt hatte«, so Fowler in einer eidesstattlichen Erklärung.

»Mr Sadeik sagte mir, falls sich herausstellen sollte, dass Debra nicht schuldig ist, dann (in Bezug auf Saldate) ›bringe ich den Scheißkerl um für das, was er mir angetan hat und meiner Familie‹.«

Debras Mutter schrieb später ihre Version dieses Gesprächs auf. Sie hatte an dem Tag bei Kirk Fowler im Büro gesessen und dem Telefonat zugehört.

»Wir alle wussten, dass Sam nur noch wenige Wochen zu leben hatte. Er hatte bereits 1966 ... einen kleinen Herzinfarkt erlitten, kurz nach Debbies Verurteilung noch einen. Es stand nicht gut um ihn. Fowler hat ... den Lautsprecher angestellt, sodass ich hören konnte, was Sam sagte. Fowler hat ihm erklärt, was sie mittlerweile an Beweismitteln zusammengetragen hatten und dass alles auf Debbies Unschuld hindeutete. Sam hat sich dann bereiterklärt, Fowler in seinem Haus in Florence zu treffen, und machte noch die traurige Bemerkung, dass ihm nicht mehr viel Zeit bleibe, er sich aber unbedingt dessen Ausführungen anhören wolle. Sinngemäß sagte er, wenn Fowler ihn mit seinem Material überzeugen könne, dann hoffe er, dass er lange genug leben würde, um diesen Hurensohn Saldate eigenhändig zu bestrafen. Sie planten ihr Treffen für den kommenden Mittwoch. Sam starb am Dienstag.«

Debra trauerte in dem Wissen, dass ihr Vater gestorben war, ohne von ihrer Unschuld überzeugt zu sein. Er war der dritte ihr nahestehende Mensch, den sie so verloren hatte. Ihre Schwiegermutter Ilse Milke war schon 1992 gestorben. Die Frau, die sie so gemocht hatte – die Großmutter, die Christopher so sehr geliebt hatte –, hatte sie zum letzten Mal im Gerichtssaal gesehen. Debra erinnert sich, wie verzweifelt und traurig die alte Mrs Milke sie damals anschaute. Sie hat nie erfahren, ob die alte Dame ihr glaubte oder nicht. Später, 1994, erfuhr sie noch vom Tod ihrer Großmutter mütterlicherseits, Lieselotte Seiler, 1996 von dem ihres Großvaters Hans Seiler.

Ein neuer Hoffnungsschimmer zeigte sich im April, als sie in ihrer Zelle einen vierseitigen Brief von Peter Aleshire erhielt, einem freien Redakteur beim *Phoenix Magazine*. Der fünfundvierzigjährige Aleshire hatte zwanzig Jahre Erfahrung als Zeitungsreporter auf dem Buckel, er schrieb jetzt nur für Zeitschriften, wo er, wie er sagte, sich nicht so einschränken musste, sondern »den Dingen auf den Grund gehen« konnte.

Die Gefängnisvorschriften gestatteten kein Live-Interview, und auch Telefonate mit der Presse waren nur eingeschränkt erlaubt, aber er hoffte, sie würde fürs Erste seine Fragen schriftlich beantworten.

Unumwunden gab er zu, dass er ihren Fall ursprünglich gar nicht eingehender hatte untersuchen wollen, sondern nur einen Artikel über die Ungereimtheiten, was die Todesstrafe betraf, schreiben wollte: Warum saß Debra Milke in der Todeszelle, andere Frauen, die ihre Kinder getötet hatten, dagegen nicht? Doch inzwischen hatte er das gesamte Protokoll ihres Prozesses und auch die Mitschriften der Verhandlungen von Styers und Scott gelesen. Ihren Rechtsanwalt, Anders Rosenquist, hatte er bereits interviewt, auch den Ermittler Kirk Fowler, der auf eigene Rechnung weiter an ihrem Fall arbeitete. Er hatte ebenfalls mit ihrer Mutter gesprochen.

»Ich muss gestehen, dass ich äußerst skeptisch war, als Andy [Rosenquist] darauf beharrte, dass Sie unschuldig seien und man Sie vorschnell verurteilt habe«, schrieb er. »Dennoch bemühte ich mich, die Niederschriften aus den Gerichtsverhandlungen unvoreingenommen zu lesen. Nach der Lektüre kam ich jedoch zu dem Schluss, dass die Geschworenen recht hatten.«

Ja, räumte er ein, er habe bemerkt, dass es keine direkten Beweise gegen sie gab. Er sah, dass James Styers Debra »mit keinem Wort belastet hat«. Auch die »Unstimmigkeiten in Rogers Aussage« waren ihm aufgefallen, als er die Geschichten miteinander verglich. Und er erkannte, dass Scott in seiner eigenen Verhandlung versuchte, sein auf Band aufgezeichnetes Geständnis, in dem er behauptet hatte, Debra habe etwas mit der Tat zu tun, zu korrigieren.

Auf der anderen Seite, schrieb Aleshire, »kam es mir seltsam

vor, dass Ihr eigener Vater und Ihre Schwester so verheerende Aussagen über Sie gemacht hatten. Wenn die beiden nicht an Ihre Unschuld glauben konnten, wie sollte ich es dann können?«
Aber dem gestandenen Reporter kam die Sache schließlich nicht stimmig vor. »Und doch habe ich inzwischen meine Zweifel, was den Schuldspruch angeht«, schrieb er.
Am überzeugendsten fand er die Meinung von Privatdetektiv Fowler, der ihm sagte: »Fast jeder Beschuldigte beteuert seine Unschuld, aber sie ist *wirklich* unschuldig. Das ist die reinste Horrorstory. Ich bin mir da absolut und hundertprozentig sicher.«
Aleshire erzählte Debbie: »Kirks Gewissheit veranlasste mich dazu, darüber nachzudenken, ob es möglich war, dass Saldate tatsächlich gelogen hatte – mit dem Hintergedanken, die Riesenpublicity, die dieser Fall ihm brachte, ausnutzen und in Stimmen für seine Wahl zum Constable ummünzen zu können, die es ihm ermöglichen würde, vorzeitig aus dem Polizeidienst auszuscheiden ...«
Er sei, schrieb er, »über die Phase des Zweifels noch nicht hinausgekommen. Ein paar hartnäckige Fragen sind geblieben.« Er recherchierte weiter, grub Fakten aus und hoffte, Debra würde ihm bei seinem Artikel helfen.
Nachdem sie sich mit ihrer Mutter beraten hatte, entschied sich Debbie, diesem Journalisten, der versprach, ehrlich und fair zu sein, ihr Vertrauen zu schenken.
Sie machte sich sogleich an seine Liste, die sechsundvierzig Fragen umfasste. Über das Leben im Gefängnis. Über Christopher. Über den Prozess. Sie verbrachte Stunden damit, ihre Antworten auf Band aufzunehmen.
»Es fällt mir sehr schwer, darüber zu reden«, sagt sie auf einem der Bänder. »Ich behalte sonst alles für mich ... Und darüber zu sprechen bedeutet, die Wunde wieder aufzureißen. Das ist ausgesprochen qualvoll.«

An ihre Mutter schrieb Debbie am 11. Mai: »Kannst du dir vorstellen, wie anstrengend es für mich war, diese Bänder aufzunehmen? Wie schmerzhaft es war, über meine Erinnerungen zu *sprechen*, noch dazu mit einem Fremden?«
Renate Janka wohnte inzwischen nur ein paar Meilen von der Strafanstalt entfernt. Sie hatte ihren Job aufgegeben, ihren Ehemann in der Schweiz zurückgelassen und sich eine Wohnung in Goodyear gemietet, um in der Nähe ihrer Tochter sein zu können. Dort empfing sie die Briefe, die meist mit »In Liebe, Debbie« unterzeichnet waren. Sie kamen in Umschlägen mit dem Absender: Debbie Milke #83533, Arizona State Prison, Perryville, Santa Maria, P.O. Box 3400, Goodyear, Arizona.
Der Brief vom 11. Mai zeugte von Debbies Qualen.
»Es tut so weh, und ich habe solche Angst. Der Schmerz, den ich seit dem Tod meines Sohnes empfinde, wird immer größer und frisst mich auf. All die Jahre habe ich durchgehalten, aber jetzt entgleitet mir alles. Niemand weiß, wie furchtbar und vernichtend diese Tragödie für mich war … Einen Augenblick lang habe ich daran gedacht, allem ein Ende zu setzen, mich aus diesem Elend zu befreien. Ich habe es satt, als Verbrecherin gesehen zu werden, satt, dass unwahre Dinge über mich geschrieben werden, satt, immer zu verlieren und nur von der aussichtslosen Hoffnung zu leben, dass mir eines Tages Gerechtigkeit widerfahren wird … Ich könnte mich einfach selbst abmurksen und in aller Stille gehen. Aber Mom, *du* bist der Grund, warum ich es nicht tue! So schlimm auch alles ist, ich kann dir und Alex das einfach nicht antun.«
Ihre Mutter organisierte eine Website, um »die andere Seite der Geschichte« zu erzählen – die Seite, die von der Presse bis dato ausgelassen worden war. Dort wurde Debras Unschuld betont und das groteske Szenario des »Geständnisses« dargelegt.

Debra und ihre Mutter waren überzeugt davon, dass die Website den Leuten die Augen öffnen würde; und sie waren ebenso überzeugt, dass die Berufung beim Bundesgericht, die sie derzeit vorbereiteten, diesem Alptraum endlich ein Ende setzen würde.

Rechtsanwalt Rosenquist arbeitete an einem Habeas-Corpus-Antrag, den er im Juli einreichen wollte. Er sollte dem Bundesbezirksrichter Robert C. Broomfield in Phoenix vorgelegt werden. Aus dem Briefwechsel zwischen Debra und ihrer Mutter wird deutlich, dass die beiden irrtümlich glaubten, Richter Broomfield könne ihre Freilassung erwirken. Doch so funktioniert die amerikanische Justiz nicht. Erst nach einer langen, schmerzvollen Zeit sollte den beiden klarwerden, wie so etwas ablief:

– Die Staatsanwaltschaft von Arizona hatte fünfundvierzig Tage Zeit, auf den Entlassungsantrag Debras zu antworten. Aber sie hatte auch die Möglichkeit, eine Verlängerung dieser Frist zu erbitten.
– Nach dieser Erwiderung – in der natürlich behauptet würde, sie habe einen fairen Prozess bekommen und sei da, wo sie hingehöre – hatten ihre Anwälte Gelegenheit zum Widerspruch.
– Die Staatsanwaltschaft würde sodann dem Widerspruch widersprechen.
– Selbst wenn Broomfield entschied, dass Debra im Recht war, stand es nicht in seiner Macht, sie einfach aus der Haft zu entlassen. Seine Macht beschränkte sich darauf, der Staatsanwaltschaft von Arizona aufzutragen, ihr erneut den Prozess zu machen oder sie freizulassen.
– Dann würde die unterlegene Seite sofort bei der nächsthöheren Instanz – dem Bundesberufungsgericht für den neunten Bezirk – vorsprechen, wo alles wieder von vorne beginnen würde.

– Falls eine Seite mit der dortigen Entscheidung nicht zufrieden wäre, könnte diese noch den Obersten Gerichtshof der USA anrufen, die letzte und höchste Instanz.

Ein solches Verfahren dauert nicht Wochen, sondern Jahre. Debra konnte nicht wissen, dass es für sie fünfzehn leidvolle Jahre sein sollten.

Doch Debra und Renate sahen schon Licht am Ende des Tunnels und glaubten, das Jahr 1998 würde die Wende bringen.

»Mit etwas Glück könnte ich Weihnachten schon frei sein. Wäre das nicht wunderbar?«

Entweder hat niemand versucht, die beiden von dieser Fantasievorstellung abzubringen, oder sie wollten es nicht hören.

Debras Briefe an ihre Mutter zeigen, dass sie im Mai der Veröffentlichung von Aleshires Artikel im *Phoenix Magazine* mit Besorgnis entgegensah, ihr Horoskop aus der Tageszeitung jedoch ermutigend fand: »FISCHE: Alles hängt davon ab, wie gut Sie Ihre Geschichte kommunizieren können.«

Sie hoffte, Richter Broomfield würde den Artikel lesen. »Er soll über meinen Schmerz und meine Trauer Bescheid wissen.«

Am 19. Mai schrieb sie, dass der Hinrichtungsbefehl sie noch immer verfolgen würde: »Dieser verheerende Schlag des Obersten Gerichtshofs von Arizona liegt jetzt schon fünf Monate zurück, und ich habe mich immer noch nicht davon erholt. Ich bin nicht mehr ich selbst. Ich fühle mich schon lange wie benommen, und diese dumpfe Benommenheit ist seit Dads Tod noch schlimmer geworden. Es ist, als könne ich gar nichts mehr fühlen.

Tag für Tag sitze ich hier und starre ins Leere. Ich habe seit über einer Woche keine Gymnastik mehr gemacht. Mein

Körper will einfach nicht funktionieren, und es stört mich total. Ich frage mich, was die kommenden Monate wohl bringen werden, einen Sieg oder nur eine weitere Niederlage. Ich frage mich, was das Leben überhaupt bedeutet, und ob ich je wieder in der Lage sein werde, ein Leben zu führen. Wenn ja, dann frage ich mich, was ich damit anfangen soll. So viele Gedanken, die mich tagein, tagaus beschäftigen und belasten.
Ich weiß, dass da draußen viel für mich gearbeitet wird, aber diese Arbeit hat keine Auswirkungen auf mich. Ich spüre den Enthusiasmus nicht, den die anderen spüren. Ich wünschte, ich könnte einfach mit den Fingern schnippen und aus diesem Zustand erwachen, wieder voll dabei sein, aber so einfach ist das nicht. Was im Dezember geschehen ist, hat mir mehr zugesetzt, als ich anfangs dachte.«
Sie schloss den Brief mit den Worten: »Ich halte noch an meinen Träumen fest, Mom. Nicht mehr so fest wie zu Anfang, aber noch lasse ich sie nicht los.«
Eine Sache, über die sie sich nicht freute, war ein bevorstehender Artikel im deutschen Wochenmagazin *Der Spiegel*. Ihre Mutter hatte in Clemens Höges einen engagierten Journalisten gefunden und war begeistert darüber, dass er für die Millionen *Spiegel*-Leser etwas über ihre Tochter schreiben wollte. Debbie hatte Stunden damit verbracht, ihre Antworten auf seine Fragen auf Band aufzunehmen. Aber sie war nicht überzeugt davon, dass es ihr viel nützen würde.
»Mom, ich verstehe schon, dass *Der Spiegel* ähnlich angesehen ist wie das Magazin *Time*, aber mir ist nicht klar, wie eine Story im *Spiegel* es in alle Nachrichtensendungen schaffen soll. Kirk meinte, meine Geschichte wird einen internationalen Aufschrei auslösen. Aber wie? Und wie soll sie von Europa in die USA gelangen?«
Während das Jahr 1998 langsam verstrich, hatte Debra mit Depressionen zu kämpfen.

Am 11. Juni schrieb sie an ihre Mutter: »Jetzt, da der Juli langsam näher kommt, bin ich mal wieder das reinste Nervenbündel. Ich mache mir so viele Gedanken wegen diesem Richter. Ich denke die ganze Zeit, wenn alle anderen den Justizirrtum sehen, muss er ihn doch auch erkennen.«
Am 12. Juni: »Vorhin habe ich am Fenster gesessen. Ich habe die Augen geschlossen und den warmen Wind im Gesicht gespürt, und ich habe mir vorgestellt, ich läge an einem Pool. Meine Freundin Tina blieb vor meiner Tür stehen und sah mich am Fenster sitzen. Sie weiß, dass ich im Geiste zu entfliehen versuche, und wollte wissen, wo ich heute gewesen bin. Ich habe so viele Dinge im Kopf, dass ich ab und zu einfach wegdriften muss.«
Am 14. Juni: »Mom, ich bin total angespannt und versuche verzweifelt, nicht durchzudrehen. Was ich hier mitmachen muss, ist mit Misshandlung gleichzusetzen, und ganz ehrlich, ich halte es nicht mehr aus. Mein (Habeas-)Antrag wird für sich sprechen, und mehr brauche ich auch nicht zu wissen. Ich kenne das Vorgehen des Bezirksgerichts bereits. Wenn der Richter nach der Antwort der Staatsanwaltschaft und den ganzen anderen Justizprozeduren meine Entlassung anordnet, dann bin ich bereit zu gehen … Mein Gefühl der Vorfreude ist aber nicht dasselbe wie deins oder Anders' oder das von jemand anderem. Meine Unruhe ist so groß, dass sie mich buchstäblich krank macht.«
Inzwischen schritt die Arbeit an der Website voran, und der damalige Webmaster schrieb an James Styers und bat ihn um einen Beitrag. »Danke, dass Sie mithelfen, die Unschuld von Debra Jean Milke zu beweisen«, schrieb Styers am 22. Juni zurück. »Und dass Detective Armando Saldate gelogen hat.« Er unterschrieb mit den Worten: »Gottes Segen, James L. Styers, #82792.«
Am 9. Juli klagte Debra über die furchtbare Hitze und die hohe Luftfeuchtigkeit – doch sie war fest entschlossen, sich

fit zu halten. Jemand hatte ihr ein Fitnessbuch von Jane Fonda geschenkt, und Debra hatte bereits mit den Übungen angefangen. »Das ist echtes Training!« Sie machte sich Sorgen, dass dieses jedoch allein nicht ausreichte. »Gesunde Ernährung ist auch sehr wichtig, aber die kriegen wir hier leider nicht.«

Inzwischen besaß Debra auch eine Schreibmaschine. Damit konnte sie Tag und Nacht Briefe schreiben, ein großer Vorteil, da wegen der hohen Luftfeuchtigkeit die mit einem Stift aufgeschriebenen Wörter verschmierten.

Anstaltsleiterin Frigo brachte Debra höchstpersönlich eine Vorabausgabe des *Phoenix Magazine* von Juli 1998. Aleshires Artikel hatte die Überschrift »Tödlicher Irrtum? Ist die einzige Frau im Todestrakt von Arizona unschuldig?« und begann mit den folgenden Sätzen: »In einem kleinen Raum wartete Debbie Milke, 24, übernächtigt, durcheinander und am Rande der körperlichen und psychischen Erschöpfung auf Detective Armando Saldate und eine Nachricht von ihrem vermissten Sohn. Das Leben hatte sie an diesen Punkt geführt ...«

Es war ein umfassender Bericht, der alle wichtigen Punkte des Prozesses beleuchtete. Dargestellt wurde auch die neue Beweislage, die Rosenquist den Bundesgerichten in seinem Habeas-Antrag geschildert hatte, und die früheren Verfehlungen Saldates, die seinen Charakter in ein zweifelhaftes Licht rückten.

Aleshire brachte lange Zitate von den Kassetten, die Debra aufgenommen hatte. Wenn sie von Christopher sprach, erkannte er nirgends die eiskalte Rabenmutter wieder, als die man sie im Prozess hingestellt hatte.

»Der Mord an dem vierjährigen Christopher Milke, der den Weihnachtsmann sehen wollte, ist und bleibt eine Tragödie griechischen Ausmaßes«, schrieb Aleshire. »Doch wie sie am Ende ausgeht, ist unklar. Ist die Mutter die Mörderin –

oder werden wir alle jetzt zu Mördern? Hat sie es getan? Und sollten wir tatsächlich eine Gefangene nur aufgrund der durch nichts gestützten Aussage eines einzelnen Polizisten hinrichten? Ist das eine Grundlage, auf der wir in Arizona über Leben und Tod entscheiden wollen?«

Jahre später erinnert sich Aleshire daran, wie erstaunt er über seine eigene Schlussfolgerung war: »Dieser Fall war so unglaublich und erschreckend. Ich war angetreten mit der Frage: ›Wie konnte sie das nur tun?‹, und am Ende stand die Frage: ›Wie konnte das System ihr das nur antun?‹«

Debra saß mit der druckfrischen Zeitschrift in ihrer Zelle, und ihr stockte beim Lesen der Atem. Endlich erzählte jemand die ganze Geschichte. Endlich wies jemand aus Arizona auf all die Ungereimtheiten hin. Endlich hatte jemand die Möglichkeit aufgeworfen, dass eine unschuldige Frau im Todestrakt saß.

Am 26. Juni schrieb sie an ihre Mutter: »Peter hat seine Sache hervorragend gemacht, und ich bin sehr froh, dass mich endlich jemand unterstützt. Mir gefällt besonders jener Absatz: ›Je mehr man sich in den Windungen und Wendungen dieses Falls verliert, desto mehr sehnt man sich nach Gewissheit – einem Mitschnitt, einem unterschriebenen Dokument, einem Zeugen. Sollte eine Hinrichtung nicht wenigstens so viel erfordern? Sollte die Polizei nicht wenigstens so viel verlangen? Sollten wir das nicht alle tun?‹ Diese Fragen sollten unseren Politikern gestellt werden. Du kannst sicher sein, wenn einem Verwandten oder Freund eines Politikers so etwas passiert wäre, dann würde man das mit Sicherheit nicht hinnehmen. Arizonas Generalstaatsanwalt Grant Woods würde das niemals dulden …

Mom, die Bilder von Chris und mir zu sehen hat mir fast das Herz zerrissen. Ich vermisse ihn so sehr. Ich möchte wissen, warum mein kleiner Schatz nur vier kurze Jahre auf dieser Welt sein durfte. Er war mein einziges wirkliches Glück.

Das einzig Sichtbare, was mir von ihm geblieben ist, ist meine Kaiserschnittnarbe. Ich schaue sie jeden Tag an.«
Auf ihrem kleinen Fernseher sah sie einen Nachrichtenbeitrag über Aleshires Artikel in der Sendung *Good Morning Arizona*. »Ich war sehr zufrieden damit«, schrieb sie anschließend in einem Brief an eine Freundin. »Es tat gut, zur Abwechslung mal auf Interesse zu stoßen, aber auf der anderen Seite sitzt mein Groll gegen die Fernsehmoderatoren sehr tief. Vor achteinhalb Jahren und die ganze Zeit seitdem haben sie mich alle verdammt, und jetzt, da die Wahrheit ans Licht gekommen ist, sind sie plötzlich interessiert und rufen: ›Oh nein! Wie schrecklich, dass so etwas passieren konnte!‹ Aber ein läppisches ›Tut uns leid‹ reicht mir nicht. Meine Wunden sitzen tief, und sie schmerzen noch immer sehr. Doch ich bin dankbar, dass wenigstens ihr Interesse geweckt ist.«

Der Artikel im *Spiegel* war schon Ende Juni erschienen, sie erhielt ihn aber erst im Juli. Getitelt war er mit den Worten: »Monströs, diabolisch, böse: Eine deutsche Mutter will beweisen, dass ihre Tochter, die in Arizona auf die Hinrichtung wartet, unschuldig ist«. Höges' Artikel endete mit den Zeilen: »Fünf Minuten pro Woche kann Debbie Milke mit ihrer Mutter telefonieren. Besuch will sie nicht mehr haben, weil die Prozedur sie quält. Die Wachen legen ihr vorher Stahlketten – nicht Handschellen – um Hände und Füße und brüllen über die Flure: ›Milke coming.‹ Andere Gefangene werden weggesperrt, und dann rasselt sie wie ein Gespenst mit Tippelschritten durch die Gänge.

›Die behandeln Debbie, als wäre sie Adolf Hitler‹, sagt Detektiv Fowler, ›dabei ist sie ebenso ungefährlich wie Mutter Teresa.‹«

Die deutschen Zeitungen sprangen auf den Zug auf und brachten ebenfalls Berichte über Debra Milkes Notlage.

Die Reaktionen auf die Artikel im *Phoenix Magazine*, im

*Spiegel* und anderen deutschen Zeitungen kamen alle auf einmal. »Ich ertrinke in Post!«, schrieb Debbie ihrer Mutter am 14. Juli. »An einem Tag bekam ich elf Briefe, gestern trafen sechsunddreißig ein, und wer weiß, wie viele es heute sein werden. Es ist der reinste Wahnsinn, wie besorgt die Leute um mich sind … Ich musste mich aufs Bett setzen und weinen. So viel Mitgefühl und Unterstützung sind einfach überwältigend. Die deutsche Regierung setzt sich tatsächlich für mich ein?! Mom, das ist ja unglaublich. Ich weiß gar nicht, was ich sagen soll. Ich bin sprachlos. Diese hochgestellten Leute wollen sich mit unserem Land anlegen? Na, ich kann nur hoffen, dass ihnen hier jemand zuhören wird. Es wäre wirklich schön, wenn das Justizministerium Grant Woods und seinen Clan mal in die Schranken weisen würde. Die haben absolut nichts gegen mich in der Hand. Ach, wäre das nicht wunderbar? Diese Mistkerle haben wirklich eine Blamage verdient.

Wie kann ich mich bloß bei dem [deutschen] Paar bedanken, das für mich Unterschriften sammelt? Ich bin echt gerührt, dass fremde Leute ihre Zeit opfern, um so etwas für mich zu tun … Wenn alles vorbei ist und ich die USA verlassen kann, dann würde ich gerne in Berlin ein Fernsehinterview geben, um mich persönlich und öffentlich bei all den Leuten zu bedanken, die mich unterstützt haben. Ich möchte nicht, dass irgendjemand das Gefühl hat, dass ich seine oder ihre Mühe und Hilfe nicht zu schätzen gewusst habe.«

Aleshires Artikel führte dagegen nur zu wenigen Reaktionen. Debra konnte sich das nicht erklären. Abgesehen von *Channel 3* berichtete kein weiterer Sender in Phoenix darüber. »Wieso reagieren die örtlichen Medien nicht?«, fragte sie ihre Mutter. »Vielleicht warten sie, bis mein Antrag [an Richter Broomfield] gestellt ist, damit sie mehr Informationen haben, die sie verwenden können.«

Es brauchte keine Zeitschriftenartikel, um eine ihrer ältesten Freundinnen zu motivieren, ihr ins Gefängnis zu schreiben, und das tat Patty Prust im Juli 1998.

Debbie, Patty und Robin Ziluck waren seit Beginn der Highschool ein unzertrennliches Kleeblatt gewesen, WG-Genossinnen, nachdem Renate zurück nach Europa gezogen war.

»Deine Verurteilung lässt mich nicht los«, schrieb ihr Patty. Sie versicherte Debbie, dass ihre Familie wisse, dass sie unschuldig sei. Sie weckte Erinnerungen an glückliche Tage und schrieb scherzend, Debbie sei eine solche Glucke gewesen, dass sie, »sobald Christopher mal ein bisschen die Nase lief, gleich sagte: ›Oh nein, ich glaube, er wird krank.‹«

Der Brief erneuerte eine Freundschaft, die bis heute Bestand hat.

Debras Brief an ihre Mutter vom 15. Juli, als sie noch darauf warteten, dass der Habeas-Antrag gestellt wurde, bringt drei Dinge zum Ausdruck: den Glauben, dass die Medien in Arizona, sobald sie ihren Antrag gelesen hatten, endlich die Wahrheit erkennen müssten, die Zuversicht, dass Richter Broomfield ihre Freilassung anordnen würde und, sollte dies nicht geschehen, dass dann wenigstens die Gouverneurin von Arizona, Jane Dee Hull, sie begnadigen würde. Rechtsanwalt Anders Rosenquist wollte den Antrag am 31. Juli einreichen.

»Wenn die Presse kommt und du mit den Reportern sprichst, dann sag bitte, sie sollen meine Begnadigung verlangen«, riet sie ihrer Mutter.

Sie war sich ganz sicher, dass der Bundesstaat Arizona schließlich erkennen würde, was er getan hatte. »Die Todesstrafe ist ein kontroverses Thema, aber wenn ein Bundesstaat jemanden für ein Verbrechen hinrichtet, bei dem es keine Beweise gibt, die diesen Menschen mit der Tat in Verbindung bringen – nun, dann ist das schlicht und einfach

Mord. Arizona würde mich lieber ermorden als sich eine Blöße geben. Eine Schande ist das.«
Sie hatte so große Hoffnung. »WENN mir das Glück zuteil wird, Gerechtigkeit zu erfahren und von Gouverneurin Hull begnadigt zu werden, dann könnte die Nachricht von meiner Freilassung jeden Moment eintreffen. Würdest du bitte meine Kartons durchgehen und ein Paar Jeans für mich rauslegen? Wenn du mich abholen kommst, kannst du mir ein Set Sachen mitbringen, dann kann ich mich vorne schnell umziehen, ehe ich das Gefängnis verlasse.
Ich habe einen Riesenkloß im Magen und gehe hier auf und ab wie eine streunende Katze. Ich spüre schon die nahende Freiheit, und es macht mich verrückt!«
Der Sommer war in dem Jahr in Arizona besonders heiß. Der Komfort von Klimaanlagen ist in den Strafanstalten von Arizona eine Seltenheit, zumindest in den Zellen. Verdunstungskühler, bei denen die Luft durch ein feuchtes Tuch geblasen wird, funktionieren nur bei geringer Luftfeuchtigkeit. Bei hoher Luftfeuchtigkeit machen sie ihrem Spitznamen, »Sumpfkühler«, alle Ehre. Debra berichtete, es sei ein Sumpfkühler-Sommer.
Wer je einen Sommer in Arizona erlebt hat, weiß, wie schwer es fällt, in diesem Inferno zu funktionieren. Man ist ständig müde; Lethargie setzt ein. Debra hatte erwartet, dass die Aufregung über ihren Habeas-Antrag ihr durch diesen furchtbaren Sommer hindurchhelfen würde – Ende Juli war er tatsächlich gestellt worden –, doch alles blieb ruhig.
Die Medien von Arizona gingen überhaupt nicht auf Jagd. Es gab keine Hatz.
Niemand forderte die Staatsanwaltschaft von Arizona auf, die Fehler und die Ungerechtigkeit zu erklären, die in dem Habeas-Antrag dargestellt wurden.
Es gab keinen Aufschrei.
Es passierte gar nichts.

Debra erkannte, dass ihr Traum von einer Begnadigung nichts als ein naiver Wunschtraum gewesen war. Sie verbrachte die schlimmsten Monate eines der schlimmsten Sommer im Staate Arizona in dem Bewusstsein, dass sich niemand um ihr Schicksal scherte.

Dann wandte sich ihre Mutter an eine junge *Republic*-Reporterin, flehte sie an, sich Debras Geschichte anzuhören – und Karina Bland hörte sie sich an.

Bland besichtigte die Strafanstalt, durfte durch die Klappe in der Stahltür in Debras Zelle schauen. Bei einem Mittagessen in Phoenix erinnert sie sich: »Sie saß auf ihrem Bett. Ich konnte sehen, wie klein ihre Welt war. Es war, als schaute ich ein Tier in einem Zookäfig an. Ich weiß noch, wie ich dachte: Hier möchte ich niemals sein müssen.«

Sie interviewte Debra telefonisch. »Sie wirkte sehr ernst und sehr entschlossen. Selbst damals, acht Jahre später, war sie noch entsetzt, dass irgendjemand glauben konnte, sie hätte es getan.«

Debra verstand sich gut mit Bland – beide Frauen hatten im März Geburtstag, Bland war ein Jahr jünger. Und zum Zeitpunkt des Interviews war Bland schwanger; sie hatte sich entschieden, allein ein Kind zu bekommen. Sie erwartete einen Jungen.

In einem Brief an Renate vom 17. September berichtete Debbie, dass das Leben im Gefängnis seinen gewohnten Gang ging. Es gab neue Anweisungen, nach denen die Gefangenen keine Turnschuhe mit Schnürsenkeln und keine Zahnbürsten mehr haben durften. Und noch schlimmer, die Gefängnisleitung verbot den Gefangenen Essen aus Konservendosen, auch den Thunfisch, den Debra regelmäßig anstelle der Gefängnismahlzeiten verzehrte.

Ein weiterer Brief von Anfang Oktober offenbarte, dass Debra versuchte, ihre Dämonen im Zaum zu halten.

»Ich habe wieder mit meinen täglichen Fitnessübungen be-

gonnen. Ich muss meine Tage besser strukturieren, damit mich diese furchtbaren Depressionen nicht überwältigen. Und nicht nur das, ich spüre auch langsam eine gewisse Panik, weil der Moment näher rückt, an dem Richter Broomfield meinen Fall prüfen wird. Ich schlafe schlecht, und wenn ich schlafe, dann verfolgen mich Alpträume von einem weiteren [Gerichts-]›Termin‹. Deshalb muss ich Stress abbauen und diesen Wahnsinn irgendwie in den Griff kriegen. Ich bin das reinste Nervenbündel, wenn ich daran denke, was Broomfield wohl tun wird. Ich glaube, noch einen Rückschlag könnte ich nicht verkraften ...
Mehr Kummer ertrage ich einfach nicht, und Gott sei mir gnädig, wenn ich noch einen Testlauf (für die Hinrichtung) durchmachen und auf das Bundesberufungsgericht warten muss. Wenn ich über alles nachdenke, dann möchte ich am liebsten laut aufschreien, denn es gibt keinen Grund, warum ich dieses Mal nicht gewinnen sollte. Er hat die Macht, diese Türen für mich zu öffnen.«
Ausnahmsweise hatte sie auch etwas Positives zu berichten. Der Wärter, der damals Tränen in den Augen hatte, als er ihre Zelle während der Hinrichtungsprobe durchsuchen musste, kam am Ende seiner letzten Schicht an ihre Tür. Er verließ den Strafvollzug, um eine andere Arbeit aufzunehmen.
»Er schüttelte mir die Hand und sagte, ich sei einer von den besseren Menschen und ich würde hier nicht hingehören. Er sagte, er hoffe sehr, dass ich bald rauskomme. Ich fing an zu weinen, als ich mich bei ihm bedankte, weil er so nett zu mir war und mich wie einen Menschen behandelt hatte.«
Karina Blands Artikel, der am 4. Oktober 1998 erschien, war eine schreckliche Enttäuschung. Die Überschrift lautete: »Milke: Allein in der Todeszelle – einzige Frau in Arizonas Todestrakt kämpft gegen das Urteil wegen Mordes an Sohn«. Debra brachte es kaum über sich, nach dieser schrecklichen Titelzeile weiterzulesen.

Renate rief Bland an und las ihr die Leviten. Wie könne sie so etwas schreiben, nachdem sie Debra kennengelernt und ihre Geschichte gehört hatte? Bland erinnert sich, dass Renate sehr »zornig« war, und sie hatte dafür vollstes Verständnis. Bland war im Urlaub, als ihr Beitrag redaktionell bearbeitet wurde.

»Ich hatte einen Artikel eingereicht, bei dem ich das Gefühl hatte, dass sie hinreichend zu Wort kam, dass ihre Mutter hinreichend zu Wort kam, und in dem Wissen, dass er neue Informationen enthielt«, sagt Bland heute und gibt zu, dass all das nicht mehr zutraf, nachdem der Beitrag gekürzt worden war.

In Debras Augen hatte Bland sie nur ein weiteres Mal öffentlich fertiggemacht.

Doch trotz aller Angst, die der Artikel bei ihr auslöste, machte er einen Punkt sehr klar: Es gab keinen Beweis dafür, dass Debra Milke irgendetwas mit dem Tod ihres Sohnes zu tun hatte, und trotzdem saß sie in der Todeszelle. Andere Frauen in Arizona hingegen hatten ihre Kinder erhängt, erschlagen oder sogar verbrannt, ohne dafür die Todesstrafe zu erhalten.

Della Saleem zum Beispiel erschlug 1992 ihre acht Wochen alte Tochter, brach ihr dreimal den Schädel, dann die Rippen, den linken Arm, beide Beine und einen Fuß. Sie wurde wegen Totschlags zu zehn Jahren Gefängnis verurteilt. Auch sie saß in Perryville ein, im allgemeinen Strafvollzug.

Debra standen die Haare zu Berge angesichts der Tatsache, dass sie mit Frauen verglichen wurde, die »tatsächlich ihre Kinder getötet haben«, und sie war stinksauer darüber, dass ihr Ex-Mann in dem Artikel das letzte Wort bekam. Mark Milke wurde mit den Worten zitiert: »Sie ist da, wo sie hingehört.«

Am 13. Oktober machte Debra ihrem Zorn in einem Brief an ihre Mutter Luft. Sie nahm Bland ihre Rechtfertigung,

die Redaktion habe die Stellen, die Debra mitfühlend darstellten, herausgestrichen, nicht ab.
»Ich hasse die hiesige Presse, und ich sag dir was, wenn Broomfield Saldates Bericht für unzulässig erklärt und meine Entlassung anordnet, dann rede ich mit *keinem einzigen Menschen von der hiesigen Presse,* nie und nimmer. Das ist mein voller Ernst. Meine Entlassung wird zweifellos eine große Nachricht sein, aber von mir werden sie nichts bekommen, gar nichts.«
Ihre ganze Hoffnung ruhte nun auf Richter Broomfield.
»Ich kann nicht noch ein Jahr lang auf das Bundesberufsgericht warten, wenn er mich dorthin verweist«, schrieb sie. »Ich bin jetzt schon so furchtbar ausgelaugt.«
Und sie wusste, da war sie nicht die Einzige. »Ich schaue oft aus dem Fenster und denke daran, wie müde du sein musst und wie müde ich bin und dass das alles hier endlich aufhören muss. Ich sehne mich so sehr danach, mich neben dich aufs Sofa zu kuscheln und mich in Sicherheit zu wissen. Ich stelle mir den Flug nach Europa vor und das schöne Gefühl, aus diesem Land herauszukommen und von Menschen umgeben zu sein, die warmherzig sind.«
In ihrem Brief vom 14. Oktober gestand Debra schließlich ihre Naivität hinsichtlich dessen, was in Richter Broomfields Büro vor sich ging, ein. Sie erkannte: Selbst wenn Broomfield ihre Freilassung anordnete, so konnte der Staat Arizona diese Anordnung vor dem Bundesberufungsgericht für den neunten Bezirk anfechten und verlangen, dass sie im Gefängnis blieb.
»Bei dem Gedanken ... wird mir übel ... Weißt du, wie brutal das wäre, noch ein Jahr oder so im Gefängnis bleiben zu müssen, obwohl klar ist, dass ich den Kampf gewonnen habe und sie in eine Berufung gehen, die jeder Grundlage entbehrt? Hier geht es schließlich nicht um einen Streit über echte Beweise, die wir so und die anderen anders interpre-

tieren. Es geht darum, dass sie das Gesicht wahren wollen, und zwar auf meine Kosten!
Ich glaube kaum, dass der Staat etwas gegen einen neuen Prozess hätte, falls Richter Broomfield das vorschlagen sollte. Wogegen sie aber definitiv etwas hätten, wäre, wenn er Saldates Bericht [das ›Geständnis‹] für unzulässig erklären und im weiteren Verlauf seine Verwendung verbieten würde. Dagegen würden sie vorgehen, denn das ist das Einzige, was sie gegen mich in der Hand haben.
Diese Gedanken bringen mich innerlich zum Kochen, weil es in diesem Fall überhaupt nicht um Schlupflöcher geht. Es geht nur um die Wahrheit – um Recht und Unrecht, und der Staat ist eindeutig im Unrecht. Saldate hat Mist gebaut, und die Staatsanwaltschaft sollte das endlich zugeben.
Ob es ihnen gefällt oder nicht, Tatsache bleibt, dass es da draußen böse Polizisten wie Saldate gibt, und wenn diese Polizisten nicht für ihr Verhalten zur Verantwortung gezogen werden, dann wird so etwas immer wieder vorkommen. Die Frage lautet also, wenn der Generalstaatsanwalt so etwas toleriert, wie können dann die Bürger von Arizona geschützt werden? Sie müssen endlich aufwachen und erkennen, dass einer von ihnen nicht so anständig und ehrlich ist, wie man meinen sollte. Warum hat mich keiner davor geschützt?«
Am 21. Oktober schrieb sie an ihre Mutter: »Ich bin so froh, dass gestern ein Brief von dir kam. Den habe ich echt gebraucht. Ich kämpfe schon wieder gegen diese schrecklichen Depressionen ... Seit Tagen sitze ich völlig abgestumpft herum und tue nichts außer essen und schlafen. Ich habe ein echtes Problem mit dieser Krankheit und hoffe, sie eines Tages überwinden zu können, ehe ich mich geschlagen gebe und mich ihr völlig unterwerfe.«
Sie freute sich, weil ihre Mutter im November in Chicago an einer Konferenz teilnehmen wollte, die sich mit Fehlurtei-

len und der Todesstrafe beschäftigte. Debra hoffte, ihr Anwalt und andere, die sie unterstützten, würden ebenfalls hinfahren, um ihren Fall weithin bekannt zu machen.

»Ich sehe diese Konferenz als ausgezeichnete Gelegenheit, den Menschen zu sagen, was für eklatante Fehlurteile immer wieder vorkommen. Ich bin der lebende Beweis dafür … Was mir zugestoßen ist, war kein kleines Versehen, sondern eine absichtliche Rechtsverdrehung, die mit Saldate begann …«

Der ausgedehnte Aufenthalt ihrer Mutter in Phoenix, weit weg von ihrem Ehemann und ihrem Zuhause in der Schweiz, lastete schwer auf ihr. »Ich denke oft daran, wie viel ihr beide aufgegeben habt, um mir zu helfen. Es macht mich sehr traurig, zu wissen, dass du nicht wie vorher dein normales Leben führen kannst.

Neulich habe ich gedacht, wenn ich noch ein Jahr oder länger hierbleiben und auf das Bundesberufungsgericht warten muss, dann solltest du zurück nach Hause gehen und dein altes Leben wieder aufnehmen. Warum sollst du auch noch ein Jahr leiden und dich mit diesem Schlamassel beschäftigen? Mir wäre es lieber, du wärst dort, wo du dich zu Hause fühlst.«

In Arizona sollte in Kürze ein neuer Generalstaatsanwalt gewählt werden, und Debra hoffte, der Nachfolger von Grant Woods würde ihren Gesuchen mehr Aufmerksamkeit schenken. Sie schlug ihrer Mutter vor, das Opferbüro des neuen Generalstaatsanwalts anzurufen. »Irgendwie muss dem Staat doch klargemacht werden, dass ich zweimal zum Opfer geworden bin, ob es ihnen gefällt oder nicht. Saldate hat Dreck am Stecken, und die Staatsanwaltschaft versucht, ihn reinzuwaschen. Das ist nicht rechtens und darf nicht hingenommen werden.«

Ihr Brief vom 1. November zeigt, dass ihre depressive Stimmung durch überraschende Neuigkeiten aufgehellt wurde.

Ihr Anwalt hatte einen Anruf von James Duke Cameron erhalten, einem pensionierten Richter des Obersten Gerichtshofs von Arizona, der ihre Akte einsehen wollte. Cameron hatte einundzwanzig Jahre lang am höchsten Gericht des Staates gedient, war von 1975 bis 1979 dessen Vorsitzender gewesen. 1992 war er in den Ruhestand gegangen, ein Jahr nachdem Debra zum Tode verurteilt worden war.

Am 2. November berichtete sie, dass ein Produzent der landesweiten Fernsehshow *Extra* ihr geschrieben und um ein Interview gebeten hatte. Nachdem er einen Artikel über Debras Fall gelesen hatte, sagte er: »Ich kann mir nicht mal annähernd vorstellen, was Sie durchgemacht haben. Sie haben nicht nur Ihren Sohn verloren, sondern auch Ihre Freiheit.« Weiter wollte er wissen, ob Debra im Gespräch mit anderen Fernsehshows sei, ob sie ihm ein Interview geben würde.

Debra blieb unerbittlich: »Ich bin nicht daran interessiert, mit diesen Leuten zu reden.«

Die Leute, mit denen sie sprechen wollte, versammelten sich gerade in Chicago zur Konferenz über Fehlurteile. Am 5. November teilte Debra ihrer Mutter ihre Gedanken zu dieser Konferenz mit.

In einem Artikel in *Newsweek* hieß es, bei der Konferenz stünden vier »Reformen« auf dem Programm. Debra wollte eine fünfte hinzufügen: »Die polizeilichen Verfahren sollen so abgeändert werden, dass sie keinen Raum für Missbrauch oder skrupelloses Verhalten von Polizisten mehr bieten. Nicht alle Polizisten sind korrupt, aber solange Menschen wie Saldate unter ihnen sind und Praktiken wie seine toleriert werden, wird das, was mir passiert ist, mit Sicherheit auch anderen passieren …

Es war viel mehr als ein schlichter Fehler. Es war ein absichtliches Vergehen von Saldate, das mit Hilfe der Presse, des Staatsanwalts und Richterin Hendrix lawinenartig angewachsen ist … Ich weiß, du lässt nichts unversucht …«

Am 15. November antwortete die Staatsanwaltschaft von Arizona endlich auf Debras Habeas-Antrag. Man hatte eine Fristverlängerung nach der anderen erbeten, sodass der vorgeschriebene Zeitraum von fünfundvierzig Tagen schließlich auf drei Monate ausgedehnt worden war. Wie es vorauszusehen war, wies der Staatsanwalt das Gericht an, den Schuldspruch und das Todesurteil aufrechtzuerhalten.

Debras Anwalt würde nun Widerspruch gegen die Zurückweisung des Antrags einlegen. Daraufhin würde der Staatsanwalt seinerseits Widerspruch gegen den Widerspruch einlegen. Das alles gehört zum normalen Ablauf im Justizsystem – dieses Vorgehen soll sicherstellen, dass der jeweilige Fall einer umfassenden Prüfung unterzogen wird. Leider dauert es dadurch auch qualvoll lange, bis ein Ergebnis erzielt wird.

Renate war enttäuscht darüber, dass man ihr nicht erlaubte, öffentlich auf der Konferenz in Chicago zu sprechen. Das Organisationskomitee meinte, ihre Bitte sei zu spät gekommen und entspräche zudem nicht den Regularien. Laufende Fälle würde man nicht unterstützen, nur solche, in denen jemand bereits aus der Todeszelle entlassen worden war.

Renate wurde jedoch gestattet, gedruckte Materialien zu Debras Fall zu verteilen und Fragen von Teilnehmern zu beantworten, die sich für den Fall interessierten.

Eine landesweit ausgestrahlte Nachrichtensendung, in der über die Konferenz berichtet wurde, ließ Debra aufhorchen. »Es wurde demnach über die Forderung diskutiert, dass Geständnisse auf Tonband oder Video aufgezeichnet werden müssen, damit es nicht zu erzwungenen oder fingierten Geständnissen kommen kann«, schrieb sie an ihre Mom. »Als ich das hörte, lief mir ein Schauer über den Rücken, denn es klang für mich so, als hätten sie auch meinen Fall erwähnt.«

Debras Gedanken drehten sich nur um eins: freizukommen und mit ihrer geliebten Mutter nach Deutschland zu fliegen.

In ihrem Brief vom 29. November gab Debra zu: »Meine Nerven sind zum Zerreißen gespannt, und meine Angst droht außer Kontrolle zu geraten.«

Renate schickte ihr Bilder von der Wohnung, die sie in Phoenix gemietet hatte, und Debra wurde wehmütig: »Ich könnte auf deinem Balkon stundenlang einfach nur dasitzen. Die Aussicht scheint toll zu sein. Ich kann es kaum erwarten, bis ich deine Wohnung mit eigenen Augen sehen darf.«

Am 1. Dezember schrieb sie: »Es sind jetzt schon neun Jahre, und ich kann es kaum glauben. Manchmal habe ich das Gefühl, mein Leben ist vorbei, weil ich so viel verloren habe. Es wäre so schön, wenn es bald einen Abschluss gäbe. Es wird immer schwieriger durchzuhalten.«

Eine Frau in einer der umliegenden Zellen hatte ihr erzählt, ihr eigener Habeas-Antrag laufe schon acht Monate, und ihr Anwalt meinte, es würde noch Monate dauern, bis eine Entscheidung gefällt würde, »weil die Gerichte überlastet sind. Ich frage mich, ob das endlose Warten auch auf meinen Fall zutreffen könnte.«

Der Dezember war der Monat, den sie am schlimmsten fand; die Zeit im Jahr, die sie am meisten fürchtete. Sie fühlte sich wie in einem Schwebezustand, während sie darauf wartete, dass ihr Anwalt die Antwort auf den Befund der Staatsanwaltschaft, Debra habe einen fairen Prozess gehabt und sei rechtmäßig verurteilt worden, einreiche. Die Gedanken daran drückten sie nieder, und deshalb richtete sie ihre Aufmerksamkeit auf erfreulichere Dinge.

»Ich bin so gerührt von der Zuwendung und Unterstützung der Menschen in Deutschland. Es ist herzerwärmend ... Ich frage mich auch manchmal, was Oma und Opa wohl zu die-

ser großen Unterstützung sagen würden, wenn sie noch am Leben wären. Ach, ich vermisse sie so sehr.« Ihre Mutter hatte ihr geschrieben, dass einige Leute in Deutschland eine Gedenkfeier für Christopher abhalten wollten. »Das rührt mich zutiefst. Bitte sag ihnen, dass ich ihnen sehr für ihre Anteilnahme danke.« Ihre Sorge um Richter Broomfields Entscheidung beherrschte schließlich alles. »Ich denke so viel darüber nach, was Richter B. wohl tun wird. Ich kann mir nicht vorstellen, dass er gegen mich entscheidet und der Staatsanwaltschaft recht gibt. Das wäre einfach unbegreiflich.«
Sie beendete den Brief mit den Worten: »Ich werde so froh sein, wenn dieser Monat um ist und wir ein ganz neues Jahr beginnen können. Anders muss den Widerspruch gleich Anfang Januar einlegen, damit der Ball ins Rollen kommt. Ich möchte keine Zeit vergeuden, denn ich möchte nicht mehr hier drinnen sein, wenn das neue Jahrtausend anbricht.«
Die vierunddreißigjährige Frau, die »kein weiteres Jahr aushalten« konnte, saß in ihrer Einzelzelle, ohne ein Wort von »Richter B.« zu hören.
Das neue Jahrtausend kam, und sie musste weiter ausharren.
Das Gericht schwieg auch 2001.
Erst 2002 rührte sich die Justiz – das Gericht verfügte, dass die Polizei von Phoenix die Personalakte von Detective Saldate aushändigen müsse. Debras Anwaltsteam nahm das als gutes Zeichen. Bis die Polizeibehörde behauptete, die Akte enthielte so gut wie keine Unterlagen – und das Gericht nicht weiter nachfragte.
Debra saß das Jahr 2003 in ihrer Zelle und wartete auf eine Reaktion des Gerichts.
Sie saß das Jahr 2004 in ihrer Zelle und wartete auf eine Reaktion des Gerichts.
Sie saß das Jahr 2005 in ihrer Zelle und wartete auf eine Reaktion des Gerichts.

Erst im November 2006 – vier Monate vor ihrem zweiundvierzigsten Geburtstag – traf Richter Broomfield eine Entscheidung. Er stimmte der Staatsanwaltschaft von Arizona zu, dass sie den Schuldspruch und die Todesstrafe verdient hatte.

Dieser verheerende Bescheid stürzte Debra in einen Abgrund.

Ihre Anwälte schickte er vor das Bundesberufungsgericht für den neunten Bezirk der USA.

# KAPITEL 15

## »Frankie war das Licht am Ende des Tunnels«

Patrick E. Galbraith ist ein hochdekorierter Offizier und jemand, der mit Verbrechern nicht gerade zimperlich umgeht. Er ist Colonel im Ruhestand der United States Air Force und überzeugter Republikaner. Er hat immer an die Todesstrafe geglaubt. Die ersten einundsechzig Jahre seines Lebens glaubte er fest daran, dass Amerikas Justizsystem gerecht ist.

Doch sein Leben veränderte sich drastisch, als die Ehefrau eines Freundes ihn im März 1998 fragte: »Sagt dir der Name Debra Milke etwas?«

Heute fällt es schwer, nicht an Pat Galbraith zu denken, wenn irgendwo das Wort »Fürsprecher« fällt.

Der Vietnamveteran ging im Oktober 1986 nach siebenundzwanzig verdienstvollen Jahren in den Ruhestand. Zu diesem Zeitpunkt hatte er in etwa neuntausend Flugstunden so gut wie jedes Flugzeug der Air Force geflogen, einschließlich B-52-Bomber und KC-135 Stratotanker. Er war Kommandeur etlicher Luftstützpunkte gewesen und mit den höchsten Orden dekoriert worden.

Zu Pats engsten Freunden zählte Oberstleutnant Alex Janka von der deutschen Luftwaffe. Die beiden waren sich als junge Männer während der Militärausbildung begegnet und hatten schließlich beide wichtige Posten übernommen – Alex war von 1976 bis 1980 Kommandeur der Deutschen Luftwaffenausbildungsstaffel in der Nähe von Goodyear in Arizona.

Pat und seine Frau Patti freuten sich für Alex, als er in Renate seine große Liebe fand. Immer wenn Alex und Renate nach Arizona reisten, waren sie als Gäste im Hause Galbraith herzlich willkommen.

Als Alex Anfang des Jahres 1998 aus der Schweiz anrief und erzählte, dass seine Frau nach Perryville reisen wollte, luden Pat und Patti Renate ein, bei ihnen zu wohnen. Sie nahmen an, sie käme, um ihre beiden Töchter zu besuchen. Soweit sie wussten, lebten die Mädchen in der Nähe von Phoenix. Sie holten Renate vom Flughafen ab, und auf der Fahrt stellte diese ihnen besagte Frage.

Nein, der Name Debra Milke sagte ihnen nichts.

Als sie zu Hause bei den Galbraiths eintrafen, meinte Renate, sie »sollten sich lieber hinsetzen, sie habe ihnen etwas zu erzählen«.

An jenem Abend saßen sie stundenlang in ihrem geräumigen Wohnzimmer, während Renate ihnen ihre fast unglaubliche Geschichte erzählte. Eine unschuldige Frau in der Todeszelle? Renates ältere Tochter? Wie war das möglich?

Pat hörte höflich zu, vermutete aber, dass an der Geschichte mehr dran sein musste – die trauernde Mutter, die da vor ihm auf der Couch saß, sah sicher nur das, was sie sehen wollte. Die Staatsanwaltschaft von Arizona würde niemals eine junge Frau aufgrund einer so mageren Beweislage, wie Renate sie schilderte, zum Tode verurteilen.

Renate sagte, sie wolle »so lange wie es dauert« in Arizona bleiben, um beim Aufsetzen einer Berufungsklage gegen die Verurteilung ihrer Tochter zu helfen. Pat erleichterte mit seinem Organisationstalent Renate den Start. Er half ihr bei der Wohnungssuche, der Anschaffung eines Computers und eines Autos.

»Sie forderte unzählige Gerichtsunterlagen an und kopierte alle möglichen Dokumente, die ihr bei der Recherche helfen sollten«, erinnerte sich Pat. »Anfangs arbeitete sie sieben Tage in der Woche, sodass wir schließlich darauf bestanden, dass sie sonntags zu uns zum Essen kam, um mal für ein

paar Stunden auszuspannen. Anfangs brachte sie sich Arbeit mit, aber dann schob sie den Fall doch für eine Weile beiseite, wenn sie bei uns war. Ich bat sie, einige der Gerichtsprotokolle lesen zu dürfen. So begann meine Beschäftigung mit dem Fall, und mit der Zeit wuchs mein Interesse.«
Pat konnte kaum glauben, was er da las.

»Die Lektüre der Akten erzeugte mehr Fragen als Antworten, und so las ich immer weiter und erfuhr mehr und mehr über das, was in diesem Fall so entsetzlich schiefgelaufen war.«
Er bat darum, mit Debra direkt Kontakt aufnehmen zu dürfen, und Renate war darüber hocherfreut. Er fing an, Debra Briefe ins Gefängnis zu schreiben.

»Von ihrer ersten Antwort an hatte ich das Gefühl, dass sie ehrlich zu mir war und mir wahrheitsgemäß schilderte, was damals passiert ist«, erinnerte er sich. »Im Laufe der Monate stellte ich ihr viele Fragen, und sie beantwortete sie alle gewissenhaft, ohne irgendeinem Thema auszuweichen.«
Nach monatelangem Aktenstudium und eingehender Befragung wollte Pat sich selbst ein Bild machen. Im August 2000 fuhren er und Patti zu ihrem ersten Besuch in die Strafanstalt.

»Da ich mit allen Arten von Menschen in Disziplinarverfahren zu tun gehabt hatte, verfügte ich über ein recht gutes Gespür dafür, wann mir jemand eine Lüge auftischte und wann nicht«, sagte er. »Die Berichte über Debra waren bis dahin alle extrem negativ gewesen; sie wurde als Ungeheuer hingestellt, als eine Mutter, die fähig war, ihren Sohn töten zu lassen.«
Doch dieses Ungeheuer sahen sie nicht bei diesem ersten Besuch, bei dem sie durch eine Plexiglasscheibe von Debra getrennt waren und über eine Telefonanlage kommunizieren mussten. Pat sagt, er habe dieses Ungeheuer nie in ihr entdecken können.

In seinen Erinnerungen über den Fall schrieb er später: »Nach einigen Besuchen und nachdem ich ihr viele Fragen immer wieder und zum Teil aus wechselnden Blickwinkeln gestellt hatte, wurde offensichtlich, dass sie ihre Geschichte stets genau gleich erzählte. Ich suchte nach Widersprüchen in dem, was sie sagte, konnte aber nie auch nur den kleinsten finden.

Ich konnte auch das ›Böse‹ in ihren Augen nicht sehen, von dem der Staatsanwalt behauptet hatte, es habe die Geschworenen während des Prozesses so entsetzt. Die Person, die ich inzwischen recht gut kennengelernt hatte, hatte nichts Boshaftes an sich, bei keinem meiner vielen Besuche in fünfzehn Jahren.

Ich war schließlich absolut überzeugt davon, dass sie an diesem Verbrechen unschuldig und zu Unrecht verurteilt worden war. Ich sprang auf den Zug auf, fest entschlossen, bis zum Ende mitzufahren, wohin der Weg uns auch führte.«

Pat wurde der offizielle »Logistik-Direktor« in Debras Leben. Die Familie vertraute ihm, er wohnte in der Nähe, und er hatte sich vorgenommen, am Beweis ihrer Unschuld mitzuwirken.

Dreimal in der Woche durfte Debra zehn Minuten telefonieren. Die Nummer, die sie in den letzten fünfzehn Jahren am häufigsten anrief, war die von Pat und Patti.

Die beiden schauten traurig zu, wie Debra unter Depressionen litt, wie ihre Hoffnungen sich immer wieder zerschlugen. Aber sie erlebten nie, dass sie den Glauben verlor, letztendlich freizukommen.

»Sie gehört zu den wenigen Menschen, von denen man wirklich sagen kann, dass sie an sich selbst glauben«, sagte Pat.

Jahrelang bekam er aber auch ausführliche Briefe von Debra, in denen sie ihrer Wut Luft machte und über die Ungerechtigkeit der Justiz schimpfte.

Am 29. Mai 1998 zum Beispiel verdammte Debra in einem Brief an Pat das höchste Gericht Arizonas in Grund und Boden. Sie berichtete, wie der Oberste Gerichtshof von Arizona – ohne die neuen Indizien und Beweise, die Saldate belasteten und in ihrem Berufungsantrag erwähnt wurden, auch nur genauer anzuschauen – einen Hinrichtungsbefehl ergehen ließ. Ironischerweise, bemerkte sie, wurde der Vorsitzende Richter nur zwei Wochen später in der *Republic* mit den Worten zitiert, die Todesstrafe »mache ihm Angst«, weil sie eine Entscheidung über Leben und Tod erfordere.
»Die Todesstrafe macht ihm Angst?! Was glaubt er denn, wie ich mich fühle? Hätte er sich meinen Fall genauer angesehen, hätte er wohl kaum diesen Vollstreckungsbefehl erteilt. Und jetzt, nachdem dieser Befehl ergangen ist, glauben alle, mein Fall wäre eingehend geprüft worden, obwohl das gar nicht stimmt.«
Pat selbst schrieb zahllose Briefe – an Zeitungen im ganzen Land, an Politiker in Arizona und Washington, an Organisationen, die sich um unrechtmäßig Verurteilte kümmerten. Ihm gefiel Peter Aleshires »objektiver und tiefschürfender« Beitrag im *Phoenix Magazine,* und er schrieb einen Brief an die Redaktion: »[Sein Artikel] zeigt, dass im Justizsystem unseres Bundesstaats ernste Probleme bestehen. Das, was Menschen wie Debbie Milke zugestoßen ist, als eine Tragödie griechischen Ausmaßes zu bezeichnen, dürfte noch maßlos untertrieben sein. Es ist kaum zu glauben, dass Debbie Milke an der Schwelle zum einundzwanzigsten Jahrhundert mit einer Justiz konfrontiert wurde, die noch so ist wie damals im Wilden Westen.«
Von 2001 an war Pat Galbraith nicht mehr der Meinung, dass es in Amerika die Todesstrafe geben sollte. Er hoffte, sein Land würde sich eines Tages der Europäischen Union und anderen Ländern anschließen und sie abschaffen.

Und er ermutigte immer wieder andere, sich zu Wort zu melden. Viele taten es.

»Pat und Patti wurden meine Ersatzeltern«, sagt Debra heute. Wenn man sieht, wie sie miteinander umgehen, dann erkennt man, dass Debra den beiden tatsächlich den gleichen Respekt zollt wie einem geliebten Elternteil.

Aber es gab auch noch einen anderen Helfer. Frank Aue ist ein groß gewachsener Deutscher mit dem Charisma eines Rockstars, der tatsächlich einst von einer Musikerkarriere geträumt hatte. Stattdessen stieg er ins Familiengeschäft ein – Grundbesitz und Autohandel – und befriedigte seine Liebe zur Musik durch das Sammeln von Gitarren, von denen er schließlich über dreißig besaß.

Als Vertreter des Familienunternehmens bei Rechtsstreitigkeiten lernte Frank im Laufe der Jahre, wie wichtig es ist, vor Gericht mit guten, starken Argumenten und harten Fakten aufwarten zu können.

Seit 1995 begeisterte er sich dafür, Websites zu entwerfen. Mit Gewaltverbrechen war er bis dato nicht in Berührung gekommen, und niemand, der ihm nahestand, befand sich im Gefängnis. Er hatte nur einmal ein Buch über einen Mann gelesen, der in Texas unschuldig im Todestrakt saß. Dann las er 1998 im *Spiegel* den Artikel von Clemens Höges. Darin wurde die Geschichte von Renate Janka erzählt, die versuchte, ihre Tochter aus dem Todestrakt in Arizona zu befreien. Renate äußerte sich sehr leidenschaftlich, und was gegen ihre Tochter vorlag, wirkte ausgesprochen dürftig. Frank fühlte sich Renate sogleich verbunden. Sie war ein Jahr älter als seine eigene Mutter und stammte wie er aus Berlin. Außerdem waren Debra und er beide vierunddreißig Jahre zuvor in Berlin geboren worden – er am 3. Januar 1964, sie am 10. März.

Es gab eine Stelle in dem Artikel, die ihm »das Herz gebrochen hat«, erinnert er sich. Die flehentliche Nachricht, die Debra für ihre Großeltern auf den Briefumschlag geschrieben hatte: »Oma und Opa – ist nicht wahr. Für meine mütter und Alex! <u>Bitte</u> Oma!! Bitte!«

»Das war noch nicht mal richtiges Deutsch«, bemerkte er, aber die Ehrlichkeit, die daraus sprach, rührte ihn. »Ich habe mir geschworen, dass sie nie mehr so sehr würde betteln müssen, um die Unterstützung zu bekommen, die sie verdiente.«

Er schickte eine E-Mail an Renate in Arizona und bot seine Hilfe bei der Website an, die sie gerade aufbaute. Das Angebot kam genau zum richtigen Zeitpunkt.

Die Tochter einer Freundin in New Jersey hatte Renate versprochen, bei der Website zu helfen, aber das Mädchen steckte mitten im Examen und konnte nicht die nötige Zeit investieren. Dann hatte eine Freundin aus Arizona ihre Hilfe angeboten, doch mit ihr hatte Renate sich im Sommer 1998 zerstritten. Sie stand also wieder allein da. Und dann erreichte sie die Nachricht, die das Leben vieler Menschen verändern sollte.

Renate schrieb darüber: »Eines Tages meldete sich Frank Aue, ein Computerexperte aus Berlin, per E-Mail bei mir und bot mir an, die Bearbeitung und Entwicklung der Website zu übernehmen. Ich konnte mir nicht vorstellen, dass ein derartiges Vorhaben über diese Distanz hinweg möglich sein sollte, aber ich war erst einmal froh, überhaupt Hilfe zu bekommen. Schon bald zeigte sich auch, dass Frank einfach unbezahlbar war.«

Bald war Frank Detektiv, Spürhund und investigativer Journalist in einer Person.

»Eins war ganz klar: Dieser Fall und was über ihn berichtet worden war, ergab in meinen Augen absolut keinen Sinn«, sagte Frank. »Wieso fuhren zwei Detectives mit dem Auto nach Florence, während Saldate den Hubschrauber nahm?

Wieso hatte der Polizist die Vernehmung nicht aufgezeichnet? Wieso brauchte Jim Styers einen Fahrer? Dennoch hätte ich mir nie träumen lassen, dass ich mit der Zeit noch viel tiefer in die Sache verwickelt werden würde.«
Auf der Website standen ursprünglich viele Briefe von Leuten, die darauf hinwiesen, dass mit dem Fall etwas nicht stimmte. Frank war der Meinung, es wäre wirkungsvoller, wenn die Leser die Unstimmigkeiten selbst entdecken könnten. Doch ihm waren die Hände gebunden.
»Als ich diese Website übernahm, hatte ich nur das zur Verfügung, was Renate mir gab. Und sie hatte nur das, was Anders Rosenquist ihr gegeben hatte.«
Frank und Renate trafen sich zum ersten Mal persönlich im Herbst 1998, als sie nach Berlin reiste, um dort öffentlich über Debras Fall zu sprechen. Er stellte fest, dass sie noch mehr gemeinsam hatten als zunächst angenommen. »Meine Wohnung liegt direkt zwischen dem Schrebergarten von Debs Großeltern und dem Krankenhaus, in dem sie geboren wurde. Zufall?«
Er begann einen »intensiven« Briefwechsel mit Debra, in dessen Verlauf sie seine Fragen beantwortete und ihm von ihrem Leben erzählte. Nach beinahe zwei Jahren bat sie ihn, sie zu besuchen. Im November 2000 flog Frank mit Renate zum ersten Mal nach Arizona.
»Das Gefängnis von Perryville kam mir beim ersten Besuch fast surreal vor«, erinnerte er sich. »Wir fuhren um 6:30 Uhr von Pat los. Das ganze Gelände, die sterile Umgebung – alles gab mir das Gefühl, auf einem fremden Planeten zu sein. Aber ich habe mich schnell daran gewöhnt, und als Renate Debbie und mich dann allein ließ, verstanden wir uns bestens.«
Durch ihren Briefwechsel war er schon auf die hübsche junge Frau eingestellt, die er im Gefängnis kennenlernte. »Ich hatte bereits eine recht genaue Vorstellung davon, wie

Debbie so war«, sagt er. »Ich wusste, dass sie sehr sarkastisch sein konnte, und ich wusste, dass sie und ich in vielen Dingen der gleichen Meinung waren. Außerdem hatten wir einen ähnlichen Humor, und der half uns über die sterile Atmosphäre im Besucherbereich hinweg.«

Er kam meistens mit einer Plastiktüte voller Münzen für die Automaten im Besucherbereich an und gab jedes Mal zehn bis fünfzehn Dollar für überteuerte Artikel aus, die dann von einem Wärter zu Debra in ihren »Käfig« hinter der Plexiglaswand gebracht wurden. Sie unterhielten sich per Telefon.

Stundenlang hörte er sich ihre Geschichten an. Sie erzählte ihm ihr Leben in allen Einzelheiten, und sie sprach auch über Christopher und die letzten Tage vor seinem Tod. Sie berichtete von ihrer Vernehmung und Festnahme – er weiß noch, wie entsetzt er über einige Dinge war, die er da zu hören bekam.

Weil er sie kannte und weil er ein respektvoller Mensch war, hatte Frank eine Frage, die er ihr stellen wollte. »Ich bat Debbie ganz offiziell um die Erlaubnis, in ihrem Fall zu recherchieren, denn ich wusste, dass sie sich schnell ausgenutzt fühlte. Ich war mir sicher, ich könnte bei meinen Nachforschungen erkennen, wer uns eine dreiste Lüge auftischte und wer die Wahrheit sagte.«

Er machte sich an die Arbeit, forderte weitere Unterlagen von öffentlichen Stellen an, entdeckte Schwachpunkte und Widersprüche. Er flog nach Berlin zurück und setzte von dort aus Debras Anwälten zu, ihm noch mehr Dokumente zu liefern. Dabei gelangte er allmählich zu der Überzeugung, dass Anders Rosenquist nicht der richtige Anwalt für seine neu gewonnene Freundin war.

Im Februar 2001, als Renate sich gerade zu Hause in der Schweiz aufhielt, fuhr Frank nach Emmetten, um ein offenes Gespräch mit ihr und Alex zu führen. »Ich wollte die beiden überzeugen, dass Anders Rosenquist nicht der Richtige war, um Debbie freizubekommen, und schließlich stimmten sie mir zu.«

Die Vorbehalte gegen Rosenquist waren zwar berechtigt, doch das Timing war äußerst ungünstig. Niemand aus dem engeren Kreis wusste, dass Rosenquist soeben die offizielle Genehmigung erhalten hatte, alle in diesen Fall involvierten Polizisten, die auch Saldate gut kannten, zu vernehmen. Er war sicher, dass sie mit wichtigen Informationen herausrücken würden, die zeigten, dass Saldate gelogen hatte. Fünfzehn Jahre später sollte sich diese Vermutung als zutreffend erweisen, doch jetzt verlor Rosenquist gerade in diesem Moment sein Mandat, und so führte er die Vernehmung der Polizisten nicht mehr durch.

Renate flog zurück nach Arizona, kündigte Rosenquist und wandte sich an Mike Kimerer. Aber dieses Mal hatte Renate dem Anwalt, von dem sie hoffte, er würde den Fall übernehmen, obwohl sie sich sein Honorar nicht leisten konnte, mehr zu bieten als die Klage einer Mutter. Dieses Mal konnte sie auf die Website verweisen, die alle Dokumente enthielt, die zeigten, was im Fall Milke geschehen war.

Frank jubelte, als er die Nachricht von Mike Kimerers Zusage erhielt.

Im April 2001 war Frank wieder in Arizona und stellte sich in Kimerers Kanzlei vor. »Wie kann ich helfen?«, wollte er wissen.

Kimerer und seine Mitarbeiterin Lori Voepel verzweifelten gerade angesichts des Durcheinanders von Unterlagen in den siebzehn Aktenkisten, die Rosenquist ihnen überlassen hatte. Und Frank erging es auf den ersten Blick nicht anders. »Als ich mir den Inhalt der Kartons ansah, wurde mir klar, wie chaotisch und unsortiert die Papiere waren.«

Er bot seine Hilfe an und begann damit, die Papiere zu ordnen. »Wochenlang ging ich jeden Morgen in Mikes Büro und arbeitete mich durch alle siebzehn Kisten hindurch«, erinnert sich Frank.

Die neuen Anwälte erteilten ihm auch die Erlaubnis, die Website zu erweitern, »solange alles, was ich einstellte, den Tatsachen entsprach, so wie es bisher auch der Fall gewesen war«. Etwas anderes kam für ihn ohnehin nicht in Frage.

Wie bei vielen berühmten Fällen erwies sich auch hier das Bundesarchiv als Fundgrube. Ein amtliches Dokument nach dem anderen erschien auf der Website. Je mehr Frank recherchierte, desto größer wurde seine Gewissheit. »Ich zeigte den Leuten, wo all die Lügen, Verfälschungen und Übertreibungen zu finden waren. Das vollständige Bild von dem, was wirklich passiert war, trat langsam hervor.«

Rechtsanwältin Lori Voepel: »Die Leute waren entsetzt, als sie diese Dokumente lasen, und Franks Website veränderte die öffentliche Meinung über den Fall ganz erheblich.«

Debra erfuhr dadurch Dinge, von denen sie gar nichts gewusst hatte, und gewann etliche neue Einsichten. Und sie fand in Frank jemanden, mit dem sie lachen, weinen und gemeinsam hoffen konnte.

Frank fand in Debbie eine intelligente, entschlossene, unschuldige Frau, die wusste, was sie wollte.

Er stellte aber auch fest, dass sie genauso pedantisch wie er sein konnte. Sie schickte ihm Seiten für die Website mit der Anmerkung zurück, dass sie Tippfehler enthielten. »Weißt du noch, wie du mir gesagt hast, meine Website sei meine Visitenkarte? Nun, meine Visitenkarte darf absolut keine Tippfehler enthalten. Wenn du detailgenau arbeiten willst, musst du dich auch an die Rechtschreibregeln halten.«

Frank stellte außerdem fest, dass Debra oft zwischen Hoffnung und Verzweiflung schwankte, und wenn es ihr nicht so gut ging, konnte sie einem ganz schön die Hölle heißmachen.

Ebenso wie Renate war Frank überzeugt davon, dass für

Debras Freispruch auch das »Urteil der Öffentlichkeit« nötig war. Er ermutigte die Besucher der Website, sich an der Diskussion über die Beweislage zu beteiligen. Er teilte Renates Wunsch, der überregionalen amerikanischen Presse die Augen für das zu öffnen, was in Arizona vor sich ging.

Ein entscheidender Durchbruch kam Anfang 2002, als in der landesweit ausgestrahlten Sendung *American Justice* über ihren Fall berichtet wurde. Bill Kurtis präsentierte alle Seiten der Geschichte. Die Zuschauer verfolgten, wie Staatsanwalt Noel Levy Debra als »Drahtzieherin« bezeichnete und erklärte, der Fall sei »solide, die Ermittlungen gründlich und der Prozess weitestgehend fehlerfrei« verlaufen.

Sie hörten Mark Milke sagen, seine Ex-Frau sei »schuldig wie die Hölle« und habe die Strafe erhalten, die sie verdiene – während er sich selbst als guten Vater darstellte, der immer um die Sicherheit seines Sohnes besorgt gewesen war. Sie sahen ihre Schwester Sandy im Zeugenstand, die sagte: »Sie kam mit Christopher nicht zurecht. Christopher war ziemlich anstrengend. Er reizte sie oft so sehr, dass sie Angst bekam, ihn zu schlagen.«

Aber sie hörten auch ihre Mutter, die voller Leidenschaft die wahre Debbie beschrieb und die Problematik des »Geständnisses« ansprach. Sie vernahmen den Ermittler Paul Huebl, der erzählte, wie schockiert er war, als Debra schuldig gesprochen wurde, denn er fragte sich: »Wo war der Beweis? Ich konnte nirgends einen Beweis entdecken.« Und den Privatdetektiv Kirk Fowler, der die Ermittlungen als die »schludrigste, beschämendste Polizeiarbeit, die ich je erlebt habe« bezeichnete.

Und sie hörten Debra Milke, die wieder und wieder ihre Unschuld beteuerte und davon sprach, wie sehr sie ihren Sohn geliebt hat.

Nach der Sendung ging auf der Website eine Flut von Kommentaren ein. Die Zuschauer fragten sich, wie es sein konnte, dass ein Mensch nur aufgrund eines unbestätigten, nicht aufgezeichneten Geständnisses in der Todeszelle landete – wieso allein die Aussage eines einzelnen Polizisten jemanden in den Tod schicken konnte. Der engere Kreis derer, die für Debra kämpften, war sehr froh darüber, wie die Sendung die Geschichte, die alle Welt hören sollte, behandelt hatte.

Für Debra war die Sendung nur ein weiteres Beispiel dafür, dass alle sich immer Hoffnungen machten, die kurz darauf wie Luftballons zerplatzten. Sie ließ ihre Enttäuschung in einem Brief vom 21. Januar 2002 an Frank aus: »Mittlerweile bin ich extrem sauer, und ohne unhöflich sein zu wollen, sage ich dir und Mom jetzt ein für alle Mal, dass ihr mit diesem ganzen Sherlock-Holmes-Zeug aufhören sollt, mit der Website, mit dem Einschleimen bei fremden Leuten durch diese idiotischen ›Diskussionen‹, die ihr da betreibt, und wer weiß, was sonst noch alles vor sich geht. HÖRT AUF DAMIT!!!!«

Sie fand die Sendung von Bill Kurtis »unter Niveau«. »Ich habe ja gleich gesagt, die amerikanischen Medien sind gar nicht daran interessiert, eine Geschichte vollständig zu erzählen«, schrieb sie an Frank. »Sie machen aus allem eine Sensation, sie wollen ständig Aufregung, und sie benutzen den Schmerz und das Leid der Menschen zu Unterhaltungszwecken.

DEN LEUTEN IST SO ETWAS TOTAL EGAL! Kapierst du das nicht?!! Die öffentliche Meinung wird mich nie und nimmer aus dem Gefängnis herausholen, wieso müssen wir dann ständig dieses und jenes auf die Website stellen und diese blöden Diskussionen über mich und meinen Sohn führen, so als wären wir Kadaver, an denen alle herumpicken?

… Ich habe einen Habeas-Antrag laufen, über den Richter Broomfield entscheiden wird, nicht die Meinung von angeblich ›einfühlsamen Amerikanern‹.

Ich will, dass ihr dieses ganze Thema, die Wahrheit zu zeigen, fallenlasst!!! Ihr könnt mir meinen toten Sohn nicht wiedergeben, also lasst die Sache bleiben ... Hört auf, die Öffentlichkeit zu bedienen, und lasst Lori [Voepel] ihre Arbeit machen, damit Broomfield mich hier rausholen kann. Ich bin ein Mensch mit Gefühlen, nicht irgendein Gegenstand, der von aller Welt ausgeschlachtet, untersucht und durchleuchtet werden muss.«

Frank, Pat und Renate setzten alles daran, sie zu beruhigen. Und Frank ermittelte weiter. Er konnte nicht anders, denn er hatte bereits das Aha-Erlebnis gehabt, das ihm zeigte, dass er auf der richtigen Spur war.

Der Moment kam beim Anhören der Aufzeichnung des Gesprächs zwischen Detective Saldate und Sandy in ihrem Haus in Wyoming im Jahr 1990 – das Band wurde ja im Gerichtssaal nie abgespielt, aber es beeinflusste dennoch die Entscheidung der Geschworenen.

Sandy machte ihre Schwester darin nicht von Anfang an schlecht – Detective Saldate hatte es geschickt eingefädelt –, sondern sie lieferte ihm erst nach und nach die Aussage, auf die er abzielte: Debra sei eine lieblose, brutale Mutter gewesen. Sandy bestätigte auch eine Theorie, die die Anklage vertrat: Debra sei so geschickt im Umgang mit Menschen, dass sie Schwachköpfe wie Jim Styers und Roger Scott mühelos dazu überreden konnte, für sie zu töten.

»Sie ist eine Meisterin im Manipulieren«, sagte Sandy. Ihre Schwester besitze die Gabe, jeden dazu zu kriegen, »alles für sie zu tun«.

Saldates Polizeibericht ging jedoch viel weiter, und Frank erkannte diese Diskrepanz.

»Pat hatte mir die wortgetreue Niederschrift des Bandes gegeben«, erinnert sich Frank. »Ich habe gleich gesehen, dass diese Niederschrift in etlichen Punkten von dem narrativen Bericht, den Saldate erstellt hatte, abwich, und für die

Homepage habe ich tatsächlich etwa zwanzig gravierende Abweichungen zwischen der Originalniederschrift und Saldates Bericht zusammentragen können.«
Der Unterschied zwischen Bandaufzeichnung und Bericht war erhellend, denn er spiegelte die »Abweichungen« wider, über die sich Debbie hinsichtlich ihres angeblichen Geständnisses beklagt hatte. Nur, dass es dazu keinen Mitschnitt auf Band gab, den man zum Vergleich heranziehen konnte. Hier jedoch konnte man sich anhören, was gesagt wurde, und dann lesen, was Saldate daraus gemacht hatte.
Zum Beispiel steht in Saldates Bericht, dass die Schwestern sich zum letzten Mal am 11. November gesprochen hatten, als Debbie anrief, um Jason zum Geburtstag zu gratulieren. Dann erfindet Saldate folgenden Satz: »Sandra sagte, das sei ungewöhnlich gewesen, denn normalerweise habe Debbie nicht an andere gedacht, und sie verstehe gar nicht, warum Debbie angerufen hat.« Stattdessen hatte Sandra den Anruf als übliche Geste am Geburtstag ihres Sohnes bezeichnet.
Manchmal hat Saldate Sandras Worte ins genaue Gegenteil verkehrt: Über Debras Pläne, zur Fortbildung nach Colorado zu gehen, behauptet er, »Sandra kicherte darüber und sagte, das sei doch nur ein Witz gewesen«. Tatsächlich sagte Sandra: »Es war ihr damit sehr ernst.«
Eine wichtige Sache, die Saldate in seinem Bericht über das aufgezeichnete Gespräch ausließ, war Sandys Entsetzen darüber, dass Jim in ein Komplott zur Ermordung von Christopher verwickelt gewesen sein könnte – ausgerechnet Jim, der für sie und Debbie doch fast eine Art Ersatzvater gewesen war.
»Es gab dafür keine Anzeichen. Jim und ich waren sehr, sehr, sehr gute Freunde, verstehen Sie? Ich meine, er kam jeden Tag bei mir vorbei. Selbst nach unserem Umzug habe ich mindestens dreimal pro Woche mit Jim gesprochen. Und ich habe keine Anzeichen gesehen. Ich meine, er hat sich

überhaupt nichts anmerken lassen, und das sieht Jim ganz und gar nicht ähnlich. Ich meine, man kann Jim wirklich jedes Geheimnis entlocken, wenn man es drauf anlegt ...«

Franks penibler Vergleich von Saldates polizeilichem Bericht über dieses Gespräch mit dem, was Sandy tatsächlich gesagt hatte, zeigte, wie der Detective Worte verdreht und den Sinn entstellt hatte. Frank kam es so vor, als hätte er damit ein Fenster zur Wahrheit über Debras Fall aufgestoßen.

Was Frank Aue jedoch bis ins Mark erschütterte, war eine einfache Darstellung des angeblichen Tathergangs auf der Zeitachse.

Er unterteilte ein Blatt Papier in zwei Spalten. Auf die eine Seitenhälfte schrieb er die Stunden und Minuten, die laut Staatsanwaltschaft die letzten im Leben des kleinen Christopher gewesen waren.

Die Anklage gab an, Christopher und Jim hätten die Wohnung – wie Debra ausgesagt hatte – gegen elf Uhr vormittags verlassen, dann Roger abgeholt und eine Pizza bei Peter Piper Pizza in der Glendale Avenue gegessen.

Angestellte der Pizzeria konnten Scott und Styers auf Polizeifotos einwandfrei identifizieren, Christopher erkannten sie allerdings nicht. Sie gaben jedoch an, die Männer hätten einen »kleinen Jungen« bei sich gehabt, fügten aber hinzu, das Restaurant sei an dem Tag voller Kinder gewesen, denn es fand dort gerade ein Kindergeburtstag statt.

Die Polizisten sahen sich die Kassenbelege an und entdeckten einen von 12:13 Uhr über eine Pizza, zwei Softdrinks in mittlerer Größe und einem »Softdrink small«. Auf dem Beleg war kein Name angegeben, aber die Polizei vermutete, dass es sich um die Rechnung von Styers und Scott handelte. Ein Angestellter gab an, es dauere zwanzig bis fünfundzwanzig Minuten, bis eine Pizza fertig ist. Addiert man weitere zwanzig Minuten für den Verzehr, weiß man, dass die

Personen, die diese Bestellung aufgegeben hatten, bis fast dreizehn Uhr in dem Restaurant gewesen sein müssen. Die Staatsanwaltschaft sagte, nach dem Pizzaessen seien die drei vierzig bis fünfundvierzig Minuten gefahren, bis sie die Stelle in der Wüste erreichten, wo Christopher zwischen dreizehn und vierzehn Uhr dreimal in den Hinterkopf geschossen wurde. Dann fuhren Styers und Scott in fünfundzwanzig Minuten zum Einkaufszentrum. Ungefähr um 14:30 Uhr meldete Styers dem Sicherheitspersonal Christophers »Verschwinden«, und rief um 14:45 Debra an.

In der zweiten Spalte des Zeitplans notierte Frank in Stunden und Minuten die Zeitangaben verschiedener Zeugen, die Jim Styers oder Roger Scott am Tag des Mordes gesehen hatten. Er gelangte zu der Überzeugung, dass die Theorie der Anklagevertreter zum Tathergang völlig falsch war.

Denn nach dieser Theorie wurde Christopher zur falschen Zeit aus dem falschen Grund und vom falschen Mann getötet. Sie ist inzwischen als die »Fünf-bis-sieben-Schüsse-Theorie« bekannt.

Anwohner aus der Umgebung der Stelle, wo Christophers Leiche gefunden wurde, gaben an, an jenem Samstag zwischen halb elf und elf fünf bis sieben Schüsse gehört zu haben, die in zwei Salven abgefeuert wurden: zuerst drei oder vier »spontane« Schüsse, einige Minuten später drei präzise gesetzte Schüsse kurz hintereinander nach folgendem Muster: Schuss, Pause, Schuss, Schuss. Die Zeugen beharrten darauf, dass an jenem Wochenende keine weiteren Schüsse abgefeuert wurden, was ungewöhnlich war, denn die Gegend gilt bei Sportschützen als beliebtes Übungsgelände.

Jean Pugh wohnte an einem Hügel in der Nähe des Tatorts, und sie reagierte besorgt, als sie die ersten Schüsse hörte, denn sie wusste, dass in der Nähe jemand zeltete, und hoffte, die Leute seien nicht in Gefahr. Die Schüsse klangen für sie so, »als sei Daddy mit seinem Kleinen rausgefahren, um

ihm das Schießen beizubringen«. Sie ging vor die Tür, um nachzusehen, sah ein weißes Auto, ging wieder hinein und hörte die letzten drei Schüsse. Sie sagte, sie habe der Polizei das alles erzählen wollen, als sie in der Zeitung von dem Mord las. Man verwies sie an den »leitenden Detective«.
»Er meinte, das kann nicht sein. Unmöglich, ich müsse mich irren«, sagte sie. »Dieser Mordermittler war wirklich unhöflich und nannte mich fast eine Lügnerin.« Sie erinnerte sich nicht an den Namen des leitenden Detectives, aber es war »kein Name, der sich leicht aussprechen lässt«. Und sie erinnerte sich noch, dass jemand behauptete, sie irre sich, weil bei dem Mord ein rotes Auto im Spiel gewesen sei. Diese Information war falsch. Debra Milkes Wagen war weiß.
Pugh fand es seltsam, dass niemand von der Polizei aus Phoenix zu ihr nach Hause kam, niemand die umliegenden Häuser abklapperte, um die Nachbarn zu befragen – sie hätte gedacht, das sei das übliche Vorgehen. Wäre das geschehen, hätte die Polizisten festgestellt, dass nicht nur sie, sondern auch der Freund ihres Sohnes und eine Nachbarin von gegenüber das Gleiche gehört hatten wie sie.
»Ich war ganz baff darüber, wie die Polizei mit der Sache umging«, sagte Pugh.
Sie entschied sich abzuwarten, doch nachdem Debras Prozess begonnen hatte, rief sie Verteidiger Kenneth Ray an.
»Mein Bauch sagt mir, wenn sie keine Informationen wollen, wenn sie nicht wollen, dass sich Zeugen melden, dann ist da etwas faul, verdammt noch mal«, erklärte sie ihm. »Wenn sie in einem Punkt lügen und etwas vertuschen, was vertuschen sie sonst noch alles?«
Sie sagte zu Ray, sie habe sich gemeldet, weil sie Gerechtigkeit wolle. Ist Debra schuldig, sagte Jean Pugh, dann soll sie auch verurteilt werden, aber ist sie unschuldig, will ich nicht zusehen, wie man sie vorschnell schuldig spricht.
Am letzten Prozesstag rief Kenneth Ray Jean Pugh und ihre

Nachbarin Carol Griffin in den Zeugenstand, um den Geschworenen eine alternative Theorie über den Mord aufzuzeigen. Griffin sagte aus, über die Uhrzeit sei sie sich ganz sicher, denn sie war an dem Tag um elf von zu Hause aufgebrochen, um zu einer Modenschau zu fahren, und sie habe die Schüsse gehört, ehe sie losfuhr.

Noel Levy versuchte, die Aussagen der beiden Frauen zu verhindern. Bei einer Unterredung im Richterzimmer argumentierte er, diese Zeugen seien »irrelevant«, weil Debra eindeutig angegeben habe, dass Jim und Chris die Wohnung nicht vor elf verlassen hatten.

Debras Anwälte fanden es interessant, dass Levy in diesem Fall auf der Richtigkeit von Debras Aussage beharrte, während er bei allen anderen Punkten behauptete, dass sie log.

Durch die Aussagen von Pugh und Griffin wollte Ken Ray den Geschworenen deutlich machen, dass jemand, der einen Mordplan hegt, vor den Todesschüssen nicht erst noch eine Salve ins Leere abfeuert. Die Geschworenen sollten erkennen, dass die Theorie der Anklage – die auf der Aussage von Roger Scott fußte – nur stimmig war, wenn nicht mehr als die drei tödlichen Schüsse abgefeuert wurden.

Aber Levy wischte diesen Einwand vor Gericht vom Tisch, indem er ihn als verzweifelten Versuch, die Schuld anderen in die Schuhe zu schieben, hinstellte. Er erklärte, es stünde außer Frage, dass Christopher zwischen dreizehn und vierzehn Uhr erschossen worden war. Auch sagte er, der Kassenbeleg aus der Pizzeria beweise, dass alle *drei* um 12:13 Uhr in der West Glendale Avenue gewesen waren.

Levy schloss mit der Feststellung, dass das, was die Anwohner gegen elf gehört hatten, nichts mit Christopher Milke zu tun haben konnte.

Doch nachdem Frank alle Informationen über diesen Tag gesammelt hatte, sah er, dass der von der Anklage aufgestellte zeitliche Ablauf so gar nicht möglich war.

Erstens sprach die Aussage von Carmen Santana dagegen, die darauf beharrte, dass sich Debbie über die Abfahrtszeit von Chris und Jim geirrt hatte, vermutlich weil sie eben erst aufgestanden und noch schläfrig war. Santana sagte aus, sie habe gegen neun an jenem Morgen mit Debra telefoniert und Debra habe ihr erzählt, Chris und Jim seien schon unterwegs zum Einkaufszentrum.

Dann war da noch der Polizeibericht von W. Criswell. Am Sonntag, dem 3. Dezember, als Christopher offiziell noch als vermisst galt, ermittelte Criswell in dem Fall und befragte einige Leute. Mindestens vier Personen sagten aus, Roger Scott am Tag zuvor gesehen zu haben:

Zwischen 11:30 Uhr und 11:40 Uhr war Scott im Osco-Drugstore, Ecke 34th Avenue/Glendale Avenue, gewesen. Ein Mitarbeiter, Daryl Barkley, sagte dem Polizisten, er habe acht bis zwölf Minuten mit Scott nach einer Yardley-Seife gesucht, dann aber festgestellt, dass sie ausverkauft war. Er konnte die Uhrzeit genau angeben, da ihn seine Kollegin Trini Stern daran erinnert hatte, dass er sein Gespräch mit Scott abbrechen müsse, um einen Telefonanruf entgegenzunehmen. Barkley sagte, ein Mann habe Scott begleitet, aber kein kleiner Junge. Er erkannte Jim Styers jedoch auf dem Foto nicht wieder. Barkley wusste noch, dass Scott sehr verärgert war, weil die Seife nicht vorrätig war, deshalb habe er sogar den Filialleiter Paul Grebba gerufen. Grebba wiederum erinnerte sich, dass Barkley ihn nach der Yardley-Seife gefragt hatte, war aber an dem Tag sehr beschäftigt gewesen und hatte sich einzelne Kunden nicht gemerkt.

Um 11:53 Uhr bezahlte Scott in der nahe gelegenen Walgreen-Apotheke, Ecke 43rd Avenue/Glendale, ein rezeptpflichtiges Medikament für seine Mutter. Detective Kevanaugh fand den zugehörigen Kassenbeleg in Roger Scotts Wohnung. Die Apotheke liegt genau gegenüber von Peter Piper Pizza.

Und dann gab es drei Zeugen, die bei der Polizei angaben, Roger Scott Meilen vom Tatort entfernt gesehen zu haben, und zwar genau um die Zeit, zu der Christopher der Anklage zufolge getötet wurde.

Die Mitarbeiterin der Drogerie Osco, Trini Stern, sagte aus, sie habe Roger zwischen 13:15 Uhr und 13:20 Uhr nochmals gesehen, dieses Mal in der Spirituosenabteilung. Sie sagte, sie habe ihn beobachtet, weil sie befürchtete, er könne etwas stehlen.

Maxine Edwards, die im Circle K, Ecke 42nd Avenue/Bethany Home Road, arbeitete, sagte aus, Scott, »der sehr oft hier im Laden ist«, habe »irgendwann am Nachmittag« eine Dose Limonade gekauft und sie gefragt, ob sie eine nette Bar in der Nähe kenne. Sie sagte, sie habe ihm den Arabian Room, Ecke 43rd Avenue/Bethany Home Road, empfohlen und beobachtet, wie er in diese Richtung gegangen war.

Zwischen halb zwei und zwei hat Scott im Arabian Room nach Aussage der Barfrau Bonnie Engstrom Cola-Rum bestellt.

Hatten diese Zeugen recht, konnte Roger Scott unmöglich zur angeblichen Tatzeit am Tatort gewesen sein.

Um den Geschworenen weiszumachen, dass der zeitliche Ablauf so war, wie in der Anklage behauptet, deutete Noel Levy an, eine Autopsie habe ergeben, dass Christopher vor seinem Tod Pizza gegessen hatte.

Doch Ken Ray rief den Gerichtsmediziner nochmals in den Zeugenstand, um zu beweisen, dass der Mageninhalt des Jungen gar nicht untersucht worden war. Der Arzt war auch nicht gebeten worden, den Zeitpunkt des Todes festzustellen – er hatte sich bei der Angabe nach dem gerichtet, was die Polizei ihm gesagt hatte.

Den Geschworenen gaben diese Aussagen nicht zu denken, und bis heute sind einige von ihnen der Meinung, eine Autopsie habe bewiesen, dass Christopher Pizza gegessen hatte.

Frank war aufgrund der Indizien davon überzeugt, dass Christopher schon am Vormittag ermordet wurde und Styers und Scott anschließend in die Stadt fuhren, Scott seine Einkäufe erledigte und die beiden dann in das Pizzarestaurant gingen.

Stammte der Kassenbeleg von ihnen oder war er von jemand anderem und passte nur zufällig in den Ablaufplan, den die Polizei vermutete? »Die Polizisten haben nur nach Belegen von drei Gästen gefragt«, merkte damals Frank an. »Sie hatten bereits eine Theorie und suchten nur nach Beweisen, die ihrem Szenario entsprachen.«

Frank war sich sicher, dass Roger Scott Christopher getötet hatte. Da war Scotts »überzeugendes« Geständnis, das der Informant im Gefängnis gehört hatte; Scott hatte die Tatwaffe; Scott war derjenige, der Chris nicht leiden konnte, und jetzt lag der Beweis vor, dass Scott eine Falschaussage über den Mordzeitpunkt gemacht hatte.

Frank Aue glaubte, Jim Styers habe sich den Trick mit der Vermisstenmeldung im Einkaufszentrum ausgedacht – nicht, um ein Mordkomplott zu vertuschen, sondern damit Debra nicht merkte, was vorgefallen war und nie erfahren würde, dass er Chris leichtfertig in große Gefahr gebracht hatte.

Frank stellte jede neue Information, die er erhielt, auf die Website und schrieb einen leidenschaftlichen Text über das »furchtbare Verbrechen« an Christopher und über die »unglaubliche« Verurteilung seiner Mutter. Ab 2010 folgten YouTube-Videos, wie er in seinem Berliner Büro saß und über den Fall berichtete, während er wichtige Dokumente in die Kamera hielt. Er fügte Links zur Sendung *American Justice* und zu anderen Fernsehberichten hinzu. Auch die Plädoyers aus der Verhandlung konnte man dort einsehen. »Im Laufe der Jahre haben sich über eine Viertelmillion verschiedene Besucher unsere Seite angeschaut.«

Viele Menschen riefen die Seite auf in der Annahme, etwas über eine Kindsmörderin zu erfahren, doch wenn sie die Seite wieder verließen, hatte sich ihre Meinung ins Gegenteil verkehrt.

Cindy aus Texas schrieb: »Soll das ein Witz sein? Wie kann es angehen, dass man eine Mutter schuldig spricht, die seit der Geburt ihres Kindes versucht hat, es vor seinem drogensüchtigen Vater zu beschützen? Spinnen die denn total?«

Ein Mann namens Paul schrieb aus Kalifornien: »Die Justiz von Arizona scheint süchtig nach schnellen, einfachen Schuldsprüchen zu sein, und wie bei jeder Sucht besteht der erste Schritt zu ihrer Überwindung darin, sich die Sucht einzugestehen ... Wenn das geschieht und das System zurechtgerückt wird, dann glaub ich, wird selbst Debra das Gefühl haben, dass sie etwas erreicht und das Leben vieler Menschen nach ihr gerettet hat. Ich hoffe, dieser Gedanke kann euch ein klein wenig Trost spenden.«

Robert stammte ebenfalls aus Kalifornien und schrieb: »Ich habe fünfundzwanzig Jahre Erfahrung als Privatdetektiv, und ich kann euch sagen, dass niemand mit einem siebenseitigen, einzeilig beschriebenen Bericht aus einer dreißigminütigen Vernehmung [wie Saldate nach Debras angeblichem Geständnis] herausgeht ... das Geständnis kommt mir daher absolut unglaubwürdig vor.«

Es hatte mit der Website angefangen, weil Frank ihrer Mutter helfen wollte; es ging weiter, weil Frank und Debbie sich ineinander verliebten.

Er kaufte sich ein Haus in Goodyear, um in der Nähe des Gefängnisses zu sein, denn er besuchte sie oft. Er blieb manchmal vier Stunden. Anfangs sprachen sie von der Vergangenheit, doch mit der Zeit fingen sie an, auch über die Zukunft zu reden.

Sie wollten zusammen sein, wenn sie entlassen wurde. Sie wollte mit ihm nach Deutschland gehen. Dort würden sie sich gemeinsam ein neues Leben aufbauen. Sie könnte sich dann auch persönlich bei Wolfram Giesenstein bedanken, der für sie Petitionen ins Leben gerufen, T-Shirts verkauft und ihre Geschichte mit Hilfe von Broschüren in Berlin bekanntgemacht hatte. Auf Franks Motorrad wollten sie durch ganz Europa reisen. Sie wollten gemeinsam Musik hören, und er würde für sie Gitarre spielen. Sie wünschte sich einen Garten – ein Hobby, das sie mit ihrer Mutter gemeinsam hatte –, und sie wollten mindestens einen Hund, vielleicht sogar noch eine Katze haben.

Sie hatten ihre eigene Sprache. Frank schickte ihr regelmäßig alberne Witze, die sie beide komisch fanden. Er machte ein Video von seinen »Versprechern« auf der Website – er nannte es: »Ein Deutscher versucht englisch zu reden«. Er konnte ihr Sachen sagen, die er noch nie jemandem erzählt hatte, und umgekehrt war es genauso.

Jeder, der Debbie und Frank zusammen sah, konnte die Liebe in ihren Augen erkennen, wenn sie einander anschauten. Doch alle direkten Fragen zu ihren gemeinsamen Plänen quittierten die beiden nur mit einem lächelnden Schulterzucken. Seit fünfzehn Jahren kämpften sie vereint um die Freiheit für Debbie, und im Stillen um ihre Beziehung. Fünfzehn Jahre sind eine sehr lange Zeit für ein Paar, das sich noch nie berührt hat.

»Frankie war für mich das Licht am Ende des Tunnels«, sagte Debra. »Ich kann nie wieder gutmachen, was er alles für mich getan hat. Ich werde ihn immer lieben.«

Zu den Menschen, die von der Website ergriffen waren, gehörte auch Michael H. Fox, ein Mann aus Michigan, der als Lehrer in Japan lebte, als er von einem berüchtigten Mordfall und einer unschuldigen Frau hörte, die sich seit zwanzig Jahren in den Fängen der Justiz befand. Dieser »furchtbare Justizirrtum« veranlasste ihn, eine gezielte Recherche über Fehlurteile aufzunehmen – in deren Verlauf er feststellte, dass vor allem Frauen davon betroffen waren. Er gründete schließlich das Worldwide Womens Criminal Justice Network, das Frauen unterstützt, »die vorschnell angeklagt, fälschlich schuldig gesprochen und zu Unrecht verurteilt worden sind«.

Er erinnert sich noch, wie er damals dachte: »In meinem eigenen Land könnte so etwas nicht passieren.« Dann stieß er auf die Debra-Milke-Website und war wie vor den Kopf gestoßen. 2007 fing er an, ihr zu schreiben.

»Ich schickte Debra ein paar von den Artikeln über Fehlurteile in Japan, und schon bald beantragte ich die Erlaubnis, sie im Gefängnis zu besuchen. Ihre Geschichte, die sie mir mit gefesselten Händen und Füßen, hinter einer Glasscheibe sitzend, erzählte, ähnelte der so vieler anderer Frauen, die ebenso wie sie aufgrund fadenscheiniger Beweise verurteilt worden waren«, schrieb er später.

Als er weitere Nachforschungen in seinem Heimatland anstellte, war er schockiert von den Ergebnissen. Sein Netzwerk umfasste schließlich eine Liste mit einundsiebzig Namen von Frauen weltweit, die seinen Kriterien entsprachen. Neunundfünfzig davon kamen aus den Vereinigten Staaten von Amerika.

Fox glaubt inzwischen, dass die unrechtmäßigen Anklagen und Urteile gegen Frauen oft auf eine fatale Kombination zurückzuführen sind: die Gier der Presse nach Sensationsfällen und den Ehrgeiz der Strafvollzugsbeamten, Karriere zu machen.

»Männliche Mörder sind nichts Besonderes, weibliche dagegen schon. Die Presse liebt solche Femmes fatales. Die beteiligten Polizisten und Staatsanwälte stehen im Rampenlicht der Medien, und die Tatsache, dass ihr Name im Zusammenhang mit einem spektakulären Fall auftaucht, fördert ihre Karriere ganz entscheidend. Mit dem Aufkommen der Prozessübertragungen im Fernsehen stieg auch der Bedarf an Mörderinnen ... Eine Hexe einzubuchten, gilt in der Justiz als ultimativer Triumph.«

Fox fuhr noch oft nach Arizona. Er und Frank gingen stundenlang die Einzelheiten von Debras Fall durch und setzten die Puzzleteile zusammen. Fox verbreitete die Fakten über ihre Haft über sein weltweites Netzwerk.

Die Website half auch dabei, eine überraschende neue Freundin in Debras Leben zu bringen – Mark Milkes zweite Ex-Frau mit ihren beiden Kindern.

Michelle Bayes schrieb zum ersten Mal am 30. April 2008 an Debbie, und die war nach der Lektüre des Briefes völlig schockiert.

»Vor Jahren kam Mark nach Hause und zeigte mir deine Website. Ich brauchte nicht sehr weit zu lesen, bis mir klarwurde, dass du unschuldig bist«, schrieb Michelle. »Ich habe immer Angst gehabt, Mark meine Meinung dazu zu verraten, denn wir kämpften gerade vor Gericht um die Kinder, und Mark ist sowieso schon rachsüchtig und schadenfroh genug, also wollte ich ihn nicht noch mehr verärgern ... Ich besuche deine Seite ab und zu, und ich finde es interessant, dass du ihn genauso beschreibst, wie ich es inzwischen tue. Und was noch interessanter ist – er beschreibt mich mit GENAU den gleichen Worten, mit denen er auch dich beschrieben hat ...

Ich wünschte, ich könnte etwas tun, um deine Unschuld zu beweisen ... Wenn jemand über dich spricht, sage ich jedes Mal, auch wenn es nicht viel bringt, geh auf ihre Website und lies die TATSACHEN, ehe du glaubst, was geredet wird!!!!!«

Michelle hatte noch einen anderen Grund, an Debbie zu schreiben. Sie wollte wissen, wie Mark als Vater war. Sie hatte soeben das gemeinsame Sorgerecht für ihre beiden Kinder, die zwölfjährige Ariane und den zehnjährigen Eric, zurückerlangt. Michelle erzählte Debbie, beide Kinder hätten Angst vor ihrem Vater, weil er sie misshandelt hatte.

Michelle hatte keine Ahnung, dass Debra bereits Fotos von Ariane und Eric in der Zelle hatte – Mark hatte sie ihr Jahre zuvor mit einem höhnischen Kommentar geschickt, der sie, so nahm Debbie an, verletzen sollte. Und Debbie wusste alles über Michelle – vor allem, dass Michelle 2005 fünf Monate lang wegen einer Drogengeschichte in Perryville eingesessen hatte.

Michelle verlor das Sorgerecht für ihre Kinder an Mark, während sie in Haft war, aber als sie entlassen wurde, schwor sie, es sich zurückzuholen. Als sie anfing, Debbie zu schreiben, konnte sie sich damit brüsten, seit zweieinhalb Jahren »clean« zu sein. »Das habe ich für meine Kinder geschafft«, sagte sie. Sie hatte inzwischen wieder das gemeinsame Sorgerecht, fürchtete aber noch immer um die Sicherheit der Kinder.

Sie schockte Debbie auch mit einer verstörenden Offenbarung: Sowohl Ariane als auch Eric waren als Kind sexuell belästigt worden, und zwar von Cody Peckinpaugh – Sandys jüngstem Sohn. Am 20. Dezember 2007 war der siebzehnjährige Cody dafür vor einem Gericht in Phoenix zu einer Haftstrafe verurteilt worden. Bei der Strafvollzugsbehörde von Arizona ist seine Entlassung für das Jahr 2018 vorgemerkt.

Debra konnte kaum glauben, was sie las. Sie hatte keine Ahnung gehabt, dass Sandy die ganze Zeit über eine Freundschaft mit Mark und seiner Familie gepflegt hatte. Sie hatte auch nicht gewusst, dass Cody solche Probleme hatte. Sie erinnerte sich, dass ihr damals ganz flau im Magen wurde. Es war ein Gefühl, das sie aus ihrer Zeit mit Mark nur zu gut kannte.

In der ersten Zeit nach ihrer Festnahme schien er zu verstehen, dass sie nichts mit dem Mord zu tun hatte – er schrieb ihr mit »Dein Mark« unterzeichnete Briefe ins Gefängnis, überwies ihr Geld und schickte ihr ein Selbsthilfebuch.

Doch dann begab er sich während des Prozesses auf den Kriegspfad und behauptete, Debra habe Chris schon immer tot sehen wollen, und er, Mark, sei in Wirklichkeit der liebende Elternteil gewesen. Und nach ihrer Verurteilung schloss er sich einer Gruppe von Eltern ermordeter Kinder an, wurde jedoch von den Treffen ausgeschlossen, nachdem er einen der Gründer der Gruppe bedrohte und der vor Gericht ein Kontaktverbot erwirkte.

Und Mark Milke änderte seinen Namen. Er erklärte, er hätte das Gericht gebeten, Debra die weitere Verwendung seines Nachnamens zu verbieten. Als das keinen Erfolg hatte, änderte er seinen eigenen Namen – wohlgemerkt seinen eigenen *Vornamen* – und nannte sich fortan »Arizona Milke«.

Falls Debbie Bedenken gehabt hatte, mit Michelle Kontakt aufzunehmen, traten diese angesichts ihres Appells, ihr beim Schutz ihrer Kinder zu helfen, in den Hintergrund. Die Frauen schrieben sich von da an regelmäßig. Michelle erzählte von den Erlebnissen mit ihren heranwachsenden Kindern, und Debbie kam irgendwie mit diesen belastenden Bildern zurecht.

Als Ariane sechzehn war, fing sie an, Debra selbst zu schreiben. Heute arbeitet sie als Fotojournalistin und betrachtet Debra als ihre »Tante«. Bei einem Besuch in Arizona erzählte Ariane von den frühen Jahren mit ihrem Vater.

»Mindestens zweimal im Jahr nahm Dad uns mit zu der Stelle, an der Christopher ermordet wurde – immer an seinem Todestag Anfang Dezember. Dad hatte dort ein riesiges weißes Kreuz aufgestellt, und er brachte Stofftiere mit. Dauernd hat er uns mit Chris verglichen und gesagt, wir könnten es niemals mit ihm aufnehmen. Hatten wir etwas falsch gemacht, sagte er: ›So was hätte Chris nie getan.‹ Ich war total auf der Hut, wenn es um Chris ging. Eric und ich schwiegen lieber, wenn Chris erwähnt wurde.

Ich war zwölf, als Dad mich fragte, wie ich sterben wollte – schnell oder langsam. Wir waren an der Mordstelle. Ich hatte Angst. Die Möglichkeit, dass er uns weh tun würde, lag immer in der Luft. Er wurde oft verletzend, sowohl körperlich als auch emotional.«
Michelle erhielt schließlich das alleinige Sorgerecht für die Kinder. Debbie wurde ein Teil ihrer »Familie«. Heute haben weder Ariane noch Eric Kontakt zu ihrem Vater.
Mit den neuen Freunden, einer neuen Familie und neuer Unterstützung kam Debra ihre winzige Zelle nicht mehr ganz so einsam vor. Sie war stolz darauf, jeden Unterstützerbrief, den sie erhielt, zu beantworten.
Von all dieser Unterstützung und Liebe war sie am Morgen des 1. Januar 2013 erfüllt, als sie einen zuversichtlichen, fröhlichen Brief schrieb:

*Hi Frankie.*
*Frohes neues Jahr und herzlichen Glückwunsch zum Geburtstag, mein Liebster.*
*Heute Morgen, am ersten Tag des Jahres 2013, bin ich aufgewacht und habe mir inständig gewünscht, dieses Jahr endlich dich, Mom, Pat und Patty und all die anderen, die mir viel bedeuten, umarmen zu können.*
*Ich gehe optimistischer in dieses Jahr als in die vorherigen. Möge es uns endlich den ersehnten Erfolg bringen.*

Sie musste nur noch dreiundsiebzig Tage darauf warten.

# KAPITEL 16

»Mike und Lori haben an mich geglaubt, Gott sei Dank«

Nach allem, was die Medien über Debra berichteten, hielt ich sie für ein Ungeheuer.«
Das war der erste Gedanke, den Lori Voepel über Debra Milke hatte.
Als Debra in Phoenix verurteilt wurde, war Voepel neunundzwanzig und hatte in Tucson gerade ihr Jurastudium begonnen. Nur am Rande nahm sie Notiz von dem Sensationsprozess. Aber soweit sie dem *Arizona Daily Star* und den Fernsehberichten glauben konnte, war sie mit ihrer Einschätzung nicht allein.
Lori Voepel hatte sich erst spät für ein Jurastudium entschieden, zuvor hatte sie unter anderem als Journalistin gearbeitet. Als sie drei Jahre alt war, zog ihre Familie von Iowa nach Page im Norden Arizonas, wo ihr Vater die Leitung eines Kohlekraftwerks übernahm. Nach Abschluss der Highschool arbeitete sie acht Jahre lang für einen Radiosender in Page, erst als Sprecherin, später als dessen Direktorin. Dann begann sie an der Northern Arizona University in Flagstaff Kommunikations- und Politikwissenschaften zu studieren. Sie war im Debattierclub der Universität und absolvierte ein Praktikum bei der demokratischen Fraktion im Repräsentantenhaus von Arizona. Im Mai 1990, vier Monate bevor Debras Prozess begann, schloss sie dieses Studium ab und fing kurze Zeit später ein Jurastudium an der University of Arizona in Tucson an. Ihr Ziel war es, Staatsanwältin zu werden. Im dritten Studienjahr engagierte sie sich in einer Beratungsstelle des Obersten Gerichtshofs von Arizona.

Ihr Partner war damals Dennis Murphy, der im Pima County als Pflichtverteidiger tätig war. »Er brachte mir bei, dass vieles nicht so ist, wie es zunächst scheint, und dass es im Strafrecht nicht nur Schwarz und Weiß gibt, sondern viele Grautöne«, erinnert sie sich.
Im Mai 1993 schloss sie ihr Jurastudium mit magna cum laude ab. In der fingierten Gerichtsverhandlung eines hypothetischen Falls erntete sie großes Lob für ihre Debattierfähigkeiten. Dieses Training sollte ihr im Fall Debra Milke noch zugutekommen.
Nach dem Studium assistierte sie Thomas Zlaket, Richter am Obersten Gerichtshof von Arizona. Sie half ihm bei der Ausarbeitung der Schriftsätze zur Bestätigung von Debras Todesurteil. »Auch damals dachte ich noch, Debra sei ein Monster.« Erst viel später sollte sie mit Schrecken feststellen, was in diesem ersten Berufungsversuch alles unberücksichtigt geblieben war.
»All die Probleme mit Saldates Verhör, die Tatsache, dass er mehrfach unter Eid gelogen und Verfassungsrechte missachtet hatte, wurden dem Obersten Gerichtshof gar nicht vorgetragen«, sagte sie. »Zudem gab es keinerlei Hinweise darauf, wie sozial gestört und psychisch krank sowohl Scott als auch Styers vor und während der Ereignisse, die zu Christophers Tod führten, waren.«
Ihre zweite Assistenz vor der Zulassung zur Anwältin absolvierte sie für einen Richter am Berufungsgericht von Arizona. Hier erhielt sie einen Anruf des renommierten Strafverteidigers Michael Kimerer.
Er suchte jemanden, der Karriere im Berufungsrecht machen wollte, und Lori Voepel schien dafür wie geschaffen. Sie war begeistert, für eine derart namhafte Kanzlei und einen Anwalt wirken zu können, dessen Arbeit in Arizona Eindruck machte. So fing sie im Oktober 1996 bei der Kanzlei Kimerer & Derrick an.

Mike Kimerers Weg zum Strafverteidiger war eher untypisch. Aufgewachsen in Kalifornien in einer Familie von »ärmlichen Farmern in dritter Generation«, träumte er zunächst davon, Schauspieler zu werden. Doch dann reizte ihn ein Jurastudium, insbesondere die Aussicht, Strafverteidiger zu werden. Er studierte an der University of California in Davis, die heute stolz darauf ist, ihn zu ihren herausragenden Alumni zählen zu können, und zog 1970 mit seiner Frau und zwei Kindern nach Arizona, um in die namhafte Kanzlei Lewis & Roca einzutreten.

Hier hatte Kimerer Gelegenheit, mit einem berühmten Anwalt zusammenzuarbeiten: John Flynn, der den Fall Miranda vor den Obersten Gerichtshof der USA gebracht und durchgesetzt hatte, dass Polizisten allen Tatverdächtigen ihre Rechte verlesen müssen.

Die beiden wurden Freunde, Schwäger, Partner. Sie eröffneten ihre eigene Strafrechtskanzlei, die in den siebziger Jahren viel zu tun hatte. Später arbeitete er mit anderen Partnern zusammen. Gebeten, seine Karriere zusammenzufassen, sagte er: »Ich habe Landstreicher, Promis, Sportstars, Richter und Politiker vertreten. Es hat mich immer beflügelt, die Ungerechtigkeit unserer Strafjustiz zu bekämpfen.«

Diverse Bewertungslisten von Anwälten auf lokaler, bundesstaatlicher und nationaler Ebene führen ihn als »bester Anwalt«, »herausragender Anwalt« oder auch als »überragender Anwalt«. Kurz und gut, in der Welt der amerikanischen Strafjustiz ist Mike Kimerer ein Superstar.

Renate Janka nahm 1998 Kontakt zu ihm auf, als sie zum ersten Mal nach Phoenix flog, um ihrer Tochter zu helfen. Ihr war klar, dass sie sich seine Dienste nicht leisten konnte, sie hoffte aber dennoch, ihn für den Fall interessieren zu können. Er las sich in die Akten ein und erkannte auch gleich die Probleme, hatte damals aber andere Fälle um die Ohren. Zu diesem Zeitpunkt war schon Anders Rosenquist mit dem Fall befasst, und Kimerer wünschte ihm alles Gute.

Am 28. August 2000 bekam Kimerer einen Brief von Debbie Milke, Häftling Nummer 83533. Sie hatte gelesen, dass er Mitglied einer Kommission geworden war, die sich mit der Todesstrafe in Arizona beschäftigen sollte. Sie hoffte, er würde auch ihren Fall berücksichtigen.

In einem langen, trostreichen und freundlichen Brief drückte er Mitgefühl für ihre Misere aus und meinte: »Ich bin der Ansicht, dass Sie nicht dorthin gehören, wo Sie jetzt sind.« Und er stimmte ihr darin zu, dass das Strafjustizsystem Mängel aufwies.

»In Arizona gibt es unehrliche Polizisten, übereifrige Staatsanwälte und mutlose Richter«, schrieb er. »Ich bin nicht sonderlich optimistisch, dass die Kommission zur Todesstrafe hier viel ausrichten wird. Ich fürchte, ihre Einsetzung dient in erster Linie politischen Zwecken und weniger dem Kampf gegen die Probleme der Todesstrafe. Ich danke Ihnen dafür, dass Sie mir geschrieben haben und werde Ihre Überlegungen sicherlich bei meiner Kommissionsarbeit berücksichtigen.«

Er hatte recht: Die Kommission war eine reine Schauveranstaltung.

Im Jahr 2001 reiste Renate Janka wieder in die USA und bat ihn inständig, ihre Tochter zu retten. Er zog Lori Voepel zu diesem Gespräch hinzu. Renate erklärte Lori und Mike, es gehe nicht darum, eine Frau aufgrund eines »Formfehlers« aus dem Todestrakt zu holen. Es gehe darum, eine »Unschuldige« vor der Todesstrafe zu bewahren.

Lori war zu diesem Zeitpunkt immer noch skeptisch. Schließlich hatte sie die Schriftsätze des Obersten Gerichtshofs in Debras Berufungsverfahren gelesen, in dem ihr Todesurteil bestätigt wurde. Mike Kimerer erkannte, dass

vieles an dem Fall sehr fragwürdig war, aber auch er war sich nicht sicher, ob er es nur mit einer kämpferischen Mutter zu tun hatte, die entgegen allem Anschein an das Gute in ihrer Tochter glauben wollte.
Schließlich nahmen sie den Fall an. Lori Voepel kämpfte sich durch die Aktenberge, und Mike Kimerer lief sich die Schuhsohlen ab.
Er spannte sein ausgedehntes Netzwerk von Anwälten ein, um mehr über Saldate herauszufinden. »Immer wieder hörte ich, wenn die Polizei von Phoenix aus einem Verdächtigen kein Geständnis herausbekam, schickten sie ihm Saldate auf den Hals und gaben ihm anschließend Rückendeckung«, erinnerte er sich. »Und ich wurde den Gedanken nicht los: Was außer Saldate haben sie denn gegen diese Frau in der Hand? Da war dieses grausame Verbrechen – der Mord an einem süßen kleinen Jungen, der den Weihnachtsmann sehen wollte. Aber wenn man versuchte, hinter diese entsetzliche Geschichte zu kommen und zu verstehen, inwiefern die Mutter mit der Mordtat zusammenhing, dann stieß man auf weiter nichts als Armando Saldate.«
Lori hatte damals gerade zum zweiten Mal geheiratet. Es war eine seltsame Zeit für sie: Auf der einen Seite das Glück mit ihrem neuen Ehemann Terry, auf der anderen die schockierenden Enthüllungen, die sie Tag für Tag auf dem Schreibtisch hatte.
»Nachdem ich die gesamte Akte studiert hatte, war mir klar, dass dies einer jener Fälle war, die Dennis Murphy gemeint hatte, als er sagte, dass nicht immer alles so ist, wie es zunächst zu sein scheint«, erinnerte sie sich. »Als Mike und ich uns mit Debra trafen, war ich weiterhin argwöhnisch, aber je mehr ich zu ihrem Fall las und je besser ich Debra kennenlernte, desto klarer wurde mir, dass sie unschuldig war. Natürlich hätte ich so oder so mein Bestes gegeben, aber dass sie wirklich unschuldig war, war eine besondere Moti-

vation, mich ganz für sie ins Zeug zu legen und für ihre Freiheit zu kämpfen.«
Ein Blick in die Akten der Berufungsverfahren genügte, um zu erkennen, dass das leichter gesagt als getan war.
Das amerikanische Rechtssystem verlangt bei der Anfechtung eines Schuldspruchs die Einhaltung sehr genauer Regeln. Unterm Strich fordert es, *alle* Problempunkte gleich von Anfang an zu benennen – was im ersten Berufungsverfahren nicht angesprochen wurde, darf auch in den folgenden Instanzen nicht mehr vorgebracht werden. Eine Ausnahme bilden »neue Beweise«, die im ursprünglichen Prozess nicht zur Verfügung standen. Mike und Lori stellten bald fest, dass die Staatsanwaltschaft von Arizona gegen Debra Milke diese Regel mit Zähnen und Klauen verteidigte.
»Nachdem ich mich durch die Aktenberge gekämpft, mit zahlreichen Zeugen, Sachverständigen und anderen gesprochen und die Begründung für die Berufung aufgesetzt hatte, war mir klar, dass in Debras Fall etwas ganz furchtbar schiefgelaufen war«, erinnerte sich Lori.
Sie nahm dann jeden einzelnen Aspekt des Falls auseinander. Dabei vergaß sie nicht, dass es fast genauso wichtig sein würde, Debra auf dem Weg durch diesen juristischen Dschungel fest an die Hand zu nehmen.
Lori machte sich Sorgen, denn ihr war klar, dass Debras Erwartung einer baldigen Freilassung überzogen war – aber wie erklärte man einer Unschuldigen, die schon dreizehn Jahre im Todestrakt verbracht hatte, dass womöglich noch etliche Jahre Gefängnis vor ihr lagen? Sie und Mike taten, was sie konnten, Debras Wunschdenken auf den Boden der Tatsachen zurückzuholen, ohne sie zu entmutigen. Sie kannten den Ablauf eines Berufungsverfahrens. Debra träumte, es würde jetzt ganz schnell gehen, sie aber wussten, dass es im Schneckentempo dahinkriechen würde.

Im Jahr 2005, als die Habeas-Corpus-Berufung beim Bundesgericht in Phoenix vor sich hin dümpelte, wurde Lori von einer anderen Kanzlei umworben. Jones, Skelton & Hochuli vertraten ebenfalls Mandanten in Berufungsverfahren, aber keine Strafsachen. Die Kanzlei war auf Staats-, Wirtschafts- und Versicherungsrecht spezialisiert.

Lori stimmte dem Wechsel in die andere Kanzlei unter einer Bedingung zu – sie wollte weiterhin mit Mike Kimerer an Debras Fall arbeiten.

Lori und Mike teilten Debras Einschätzung, dass Richter Broomfield zu ihren Gunsten urteilen würde. Die Habeas-Corpus-Berufung war im August 1998 von Anders Rosenquist angestrengt worden. Als Lori und Mike an Bord kamen, versuchten sie den Fall mit dem Argument zu erweitern, es gäbe mehr »neue Beweise« zu bewerten.

Nachdem das Gericht vier Jahre lang untätig geblieben war, erlaubte Richter Broomfield im Jahr 2002 endlich, die Beweisliste zu erweitern. Seine wichtigste Entscheidung war, dass er die Herausgabe von Saldates Personalakte bei der Polizei von Phoenix anordnete.

Richter Broomfield erlaubte auch, dass zwei *Amici Curiae* (»Freunde des Gerichts«) als Sachverständige von außen hinzugezogen wurden: das Center on Wrongful Convictions der Northwestern University School of Law, das sich mit dem Problem von Fehlurteilen befasste, und die Bürgerrechtsgruppierung Arizona Civil Liberties Union. Er ließ außerdem sechsundzwanzig zusätzliche Beweise und eidesstattliche Aussagen von Renate und dem Journalisten Paul Huebl zu. Und er genehmigte, dass der Vernehmungsexperte Richard Leo als Zeuge auftrat.

Dies war der erste »Sieg« für Debra – das erste Mal, dass ein Gericht anerkannte, dass die Argumente, die ihre Anwälte seit vielen Jahren vortrugen, überhaupt der Erwägung wert waren.

Professor Leo, dessen Ausbildungsstationen, Leistungen und Ehrungen eine einundvierzigseitige Liste füllen, zerriss Saldates »Geständnis« in der Luft. Saldates Schilderung seines Gesprächs mit Debra bezeichnete er als »problematisch, verwirrend und stellenweise schlicht unplausibel«. So hatte Saldate vor Gericht ausgesagt, er sei nicht von Anfang an von Debras Schuld ausgegangen. Dazu stellte Professor Leo nun fest: »Sein Verhalten und seine Äußerungen widersprechen dieser Behauptung.«
Als »vielsagend« bezeichnete er, dass Saldate gleich zu Beginn der Befragung zu Debra sagte, sie würde nicht wahrheitsgemäß antworten, wenn sie das Verbrechen leugne. Für Professor Leo waren das Anzeichen, dass Saldate dies als eine Vernehmung nach einer Verhaftung, nicht als simple Befragung ansah. Er führte dazu aus:
»Ziel einer Befragung ohne Verhaftung ist es, die Wahrheit zu erfahren, indem ohne Drohungen offene Fragen gestellt werden. Zweck einer Vernehmung nach einer Verhaftung ist es hingegen, ein Geständnis unter Anwendung von Verhörtechniken zu erreichen, zu denen auch gehört … die verdächtige Person zu beschuldigen, ein Verbrechen begangen zu haben, ihr bei Leugnung das Wort abzuschneiden und sie unter Druck zu setzen, endlich zu gestehen.«
Saldates Behauptung, er habe Debra nur befragt, um die Wahrheit zu erfahren, bezeichnete er als »unglaubwürdig«. Deutliche Worte fand Professor Leo insbesondere für Saldates Entscheidung, die Befragung nicht aufzuzeichnen. Dies sei »gleichbedeutend mit der Vernichtung der wichtigsten Informationsquelle in diesem Verfahren«.
Ganz und gar nicht nahm er Saldate die Behauptung ab, Debra habe sich nach dem Geständnis »erleichtert« gefühlt. Dies sei »geradezu lächerlich – diese Äußerung widerspricht jeglicher Vernunft, Logik und Erfahrung«.

Professor Leo fügte hinzu: »Jeder Polizist weiß, dass Verdächtige bei so schweren Verbrechen wie einem Mord niemals spontan und unaufgefordert einfach so den Tathergang preisgeben. Doch genau das soll laut Detective Saldate bei seiner Befragung von Miss Milke geschehen sein.«
Unterdessen wartete man noch immer darauf, dass die Polizei von Phoenix Saldates Personalakte herausgab. Lori und Mike waren überzeugt, dass sich darin klare Anhaltspunkte finden ließen, die Saldates Glaubwürdigkeit erschütterten – warum sonst hätte die Polizei all die Jahre so erbittert darum gekämpft, die Akte für den Fall nicht freizugeben?
Als die Polizei von Phoenix schließlich der richterlichen Anordnung nachkam und die Akte herausrückte, fand sich darin Folgendes:
1973 wurde Armando Saldate für fünf Tage vom Polizeidienst suspendiert und erhielt einen schweren Tadel, weil er eine Autofahrerin sexuell belästigt und seine Vorgesetzten über den Vorfall belogen hatte. Das hatte ein Lügendetektortest ergeben. »Dieser Vorfall stellt Ihre Ehrlichkeit, Kompetenz und Zuverlässigkeit in Frage«, hieß es in der Rüge, die vom Polizeichef wie vom Verwaltungsleiter der Stadt unterzeichnet war.
1973 war Saldate noch im Streifendienst. Juristisch gesehen war das, was er getan hatte, »Amtsmissbrauch« gewesen – faktisch zeigte es, dass es mit Saldates Charakter und seiner Wahrheitsliebe nicht weit her war. Im Unterschied dazu präsentierte Staatsanwalt Levy den Geschworenen in Debras Prozess Saldate als Mann mit blütenreiner Weste, und Richterin Hendrix setzte alle Hebel in Bewegung, um ihm seinen untadeligen Ruf zu erhalten.
Doch das war auch schon das Einzige, was die Polizeiverwaltung herausrückte – obwohl aus öffentlichen Akten hervorging, dass aufgrund von Saldates illegalen Methoden Gerichte des Bundesstaats bereits wiederholt Urteile gekippt

und Geständnisse nicht als Beweise zugelassen hatten. Richter Broomfield bezweifelte, dass das alles sein könne, und verlangte eine intensivere Suche. Das förderte ein paar Anerkennungsschreiben zutage, mehr nicht. Alles andere sei routinemäßig in den Reißwolf gewandert, behauptete die Polizei.

Lori und Mike hielten das für absurd. Doch Richter Broomfield legte sich nicht weiter ins Zeug.

Immerhin hatten sie nun dieses eine Vergehen, und das Verschweigen des sexuellen Missbrauchs war eine klare Verletzung der ehernen Regeln des Beweisverfahrens. Sie konnten nun mit Fug und Recht behaupten, dass Armando Saldate bereits von seinen eigenen Kollegen als Lügner entlarvt worden war. Fügte man dies zu all den Fällen hinzu, die die Jurastudenten in ihren siebentausend Stunden Recherche zutage gefördert hatten, ergab sich ein deutliches Bild.

In Debras Team war man zuversichtlich, dass es nun endlich voranging, doch dann geriet alles wieder ins Stocken.

Tim Ring, der Wärter, der Debra gegenüber so freundlich gewesen war, als sie in Perryville einsaß, war von einem Richter wegen Mordes zum Tode verurteilt worden. In seinem Berufungsverfahren argumentierte Ring, dass es allein einer Geschworenenkammer und nicht dem Richter zustehe, darüber zu entscheiden, ob die Gründe für die Rechtfertigung eines Todesurteils vorlägen. 2002 gab ihm der Oberste Gerichtshof der USA recht.

Nun war die Frage, ob diese Entscheidung auch rückwirkend galt, also auch für Todeskandidaten, die erst vor kurzem verurteilt worden waren, oder sogar noch für Debra Milke? Schließlich wurde entschieden, dass dies nur auf neue Fälle Anwendung finden sollte. Die Klärung dieser Frage kostete Debra weitere vier Jahre hinter Gittern.

In der Zwischenzeit gab es einen neuen Fall, der Hoffnung

schöpfen ließ: Ray Krone, der Welt eher als »Snaggletooth Killer« (»Krummzahn-Mörder«) bekannt.

Im Dezember 1991, ein Jahr nach Debras Verurteilung, wurde Ray Krone als mutmaßlicher Mörder der Kellnerin Kim Ancona verhaftet. Er war damals dreiunddreißig, ehrenhaft aus der Air Force entlassen worden, arbeitete bei der Post und fuhr eine rote Corvette. Er kannte Kim, weil er gelegentlich Darts in der Bar spielte, in der sie arbeitete, bestritt aber standhaft, sie getötet zu haben.

Ein Experte für Bissspuren behauptete, die ungewöhnlichen Bisse an Kims Körper stammten von jemandem mit ausgeprägt schiefen Zähnen. Zähnen, wie Ray Krone sie hatte.

Noel Levy, der gerade dafür, Debra Milke in den Todestrakt gebracht zu haben, zum Ankläger des Jahres gekürt worden war, klagte auch ihn an – und erwirkte auch für ihn ein Todesurteil.

Rays Mutter war von seiner Unschuld überzeugt. Sie verkaufte ihr Haus und brauchte ihre Ersparnisse auf, um Anwälte anzuheuern. Ein betuchter Cousin stellte ebenfalls Zehntausende Dollar für seine Verteidigung bereit.

Ray setzte eine Neuverhandlung durch. Bevor sie begann, erklärten zwei der renommiertesten Experten für Dentalforensik gegenüber Levy, dass die gefundenen Bissspuren »auf keinen Fall« von Ray Krone stammen könnten, dass Levys Experte völlig falsch gelegen habe und offenbar unter Verwendung eines selbst gestrickten Computerprogramms zu seinen Schlüssen gekommen sei. Doch Levy setzte den Prozess ungerührt fort, erreichte einen erneuten Schuldspruch und beantragte wieder die Todesstrafe.

Am 8. April 2002 verließ Ray Krone das Gefängnis als freier Mann – der hundertste Unschuldige, der in den USA einem Todestrakt entrinnen konnte. Ein DNA-Gutachten hatte zweifelsfrei ergeben, dass er nicht der Mörder war. Der

wahre Mörder saß bereits im Gefängnis von Florence – und er hatte nach Kim Ancona eine weitere Person getötet.
Debra verfolgte den Fall Ray Krone sehr gespannt. Sie jubelte, als er freigelassen wurde. Jetzt kam es darauf an, der Welt zu zeigen, dass Noel Levy auch in ihrem Fall falsch gelegen hatte.
Am 28. November 2006 lehnte Richter Broomfield Debra Milkes Berufungsantrag ab. Der Bundesstaat Arizona habe richtig entschieden, sagte er, sie sei eine Mörderin und verdiene den Tod.
Debra verfiel in eine tiefe Depression.
Auch für Lori und Mike war dies ein harter Schlag. Doch sie rappelten sich rasch auf, entschlossener denn je.
Trotzdem hatten beide viele schlaflose Nächte. »Das Beängstigendste für einen Strafverteidiger ist ein wirklich unschuldiger Mandant«, notierte Mike. »Sein Leben liegt in unserer Hand.«
Lori Voepel hatte auch damit zu tun, ein anderes Leben in die Hände zu nehmen. Mitte August 2009 adoptierten sie und ihr Mann ein Baby. Sie nahm drei Monate Mutterschaftsurlaub, versicherte Debra aber, telefonisch erreichbar zu sein, falls das Bundesberufungsgericht sich rührte.
Nach dem Mutterschaftsurlaub stürzte sich Lori wieder auf den Fall. Dabei gewann sie zunehmend den Eindruck, dass auch Roger Scott übel mitgespielt worden war. Auch er war von Saldate bedrängt worden, auch ihm hatte er Worte in den Mund gelegt oder seine Aussagen verdreht. Alles, was sie in Debras Fall über Saldate herausfanden, konnte auch Roger helfen.
Für Jim Styers galt das nicht, denn er hatte niemals gestanden, und Saldate hatte mit ihm nur wenig zu tun gehabt. Außerdem war Styers' Urteil mittlerweile auf lebenslänglich reduziert worden, ihm drohte nicht länger die Todesstrafe.
Lori ließ das keine Ruhe, und so suchte sie Roger Scotts

Pflichtverteidiger auf. Sie informierte ihn über die Verfehlungen von Saldate, die auch seinem Mandanten nutzen konnten, vor allem »angesichts seiner psychischen Verfassung und des eindeutigen Drucks, den Saldate nach Christophers Ermordung auf ihn ausübte«.

Sie wies darauf hin, dass Scott der Polizei gegenüber zwar widersprüchliche Darstellungen abgegeben, aber wiederholt betont hatte, »dass Debra nie etwas zu ihm gesagt habe, das andeutete, sie wolle, dass ihr Sohn getötet werde«.

Scotts Anwalt aber wollte von Loris neuen Informationen nichts wissen. Scotts derzeitiger Pflichtverteidiger Michael Burke glaubt immer noch daran, dass sein Mandant durch Intrigen von Jim und Debra in die Sache hineingezogen worden war. »Er ist allenfalls ein willenloses Werkzeug«, sagte Burke. »Er ist bloß eine unglückliche Figur, krank und mit beschränkter Einsicht. Von den dreien trifft ihn am wenigsten Schuld, und doch ist er der Einzige, dem noch die Hinrichtung droht.«

Einen Monat bevor Lori ihre Argumente vor dem Bundesberufungsgericht vortrug, »zeichneten Scotts Anwälte in ihren mündlich vorgetragenen Einlassungen ein düsteres Bild von Debra«. Begreiflicherweise machte sie sich Sorgen, dass das Gericht davon nicht unbeeindruckt geblieben war, und tatsächlich empfand sie die Atmosphäre der Befragung als »feindselig«.

Sie erinnert sich noch gut, wie schrecklich ihr Vortrag vor dem Bundesberufungsgericht in San Francisco begann. »Debra Milke wurde zum Tod verdammt nur aufgrund einer unbewiesenen ...«, setzte sie an, nur um sogleich vom Richter unterbrochen zu werden.

»Sie fangen mit einer interessanten Formulierung an«, sagte dieser. »Warum sagen Sie ›verdammt‹? Sie wurde zum Tode verurteilt. Ersparen Sie uns bitte einen Leitartikel, und kommen Sie zur Sache.«

Es blieb nicht die einzige Unterbrechung und nicht die einzige Gelegenheit, bei der sie ins Straucheln geriet, aber sie hielt durch und brachte ihren Redebeitrag zu Ende.

Der hundertvierunddreißigseitige Berufungsantrag, der von Mike und Lori am 11. Dezember 2007 unterzeichnet worden war, konzentrierte sich vor allem auf einen Aspekt. »Debra Milkes Todesurteil sendet eine Botschaft aus, die mit einem Rechtsstaat unvereinbar ist: Wenn ein Polizist mit jemandem dreißig Minuten ohne Zeugen und Tonbandgerät in einem Raum verbringt, dann kann man in diesem Bundesstaat allein auf der Grundlage der Behauptungen des Polizisten, was in diesem Raum geschehen ist, hingerichtet werden.«

Die neuen Erkenntnisse über Saldates Akte veranlassten das Berufungsgericht, den Fall an Richter Broomfield zurückzuverweisen und ihn mit der Beweisaufnahme zu diesen neuen Erkenntnissen zu beauftragen.

Das war der zweite »Sieg« für Debras Lager.

Die Beweisaufnahme fand im Januar 2010 statt. Lori Voepel erinnert sich an die »feindselige« Stimmung, auf die sie in Richter Broomfields Gerichtssaal traf. Ganz offensichtlich war er wenig begeistert davon, dass das Berufungsgericht den Fall an ihn zurückverwiesen hatte.

Für Debra bedeutete es eine Abwechslung in der Eintönigkeit ihres Haftalltags, wurde sie doch für diese Anhörungen in die Zellen des Gerichtsgebäudes verlegt. »Am ersten Tag machte Saldate seine Aussage. Der Wärter, der für meinen Transport zuständig war, hörte sie sich an und fragte mich dann in einer Pause: ›Um Himmels willen – wieso sind Sie im Gefängnis?‹ Am zweiten Tag begleitete mich ein anderer Wärter und wohnte der Aussage von Professor Leo bei. Hinterher sagte er: ›Mein Gott – *damit* wurden Sie verurteilt?‹«

Es tat Debra gut, zu erleben, was in Richter Broomfields

Gerichtssaal vor sich ging. Mike Kimerer heizte Armando Saldate im Zeugenstand gehörig ein und arbeitete überzeugend das Fehlverhalten der Strafverfolgungsbehörden in ihrem Fall heraus.

Aber was Debra, die Gefängniswärter, die Anwälte, die Vertreter der Amerikanischen Bürgerrechtsunion ACLU so deutlich sahen – Richter Broomfield sah es nicht. Er entschied erneut, an dem Fall Debra Milke sei nichts zu beanstanden, und lehnte die Berufung ab.

Das hieß: zurück zum Bundesberufungsgericht für den neunten Bezirk, auf zum letzten Versuch.

Inzwischen erfuhr die Staatsanwaltschaft von Arizona, dass Saldate wieder einmal mit seinen alten Unarten aufgefallen war. Aber sie hielt diese Information unter Verschluss.

Im April 2009 stellte er Belinda Reynolds einen Räumungsbefehl zu. Ein Jahr später, am 28. Juni 2010 – fünf Monate nach der Anhörung vor Richter Broomfield –, reichte sie bei der Polizei von Phoenix eine Beschwerde gegen ihn ein. Darin schilderte sie, wie sie Saldate, den sie nur als »den Constable« kannte, inständig gebeten habe, sie und ihre Kinder wegen ihres Mietrückstands nicht einfach auf die Straße zu setzen. Saldate habe ihr gegenüber daraufhin angedeutet, »dass es außer Geld auch noch andere Möglichkeiten gibt«. Belinda Reynolds sagte, Saldate habe den Blick auf ihren Schoß gerichtet, und als sie ihn fragte, ob er »Muschi« meine, habe er mit »Ja« geantwortet. »Das ist nicht Ihr Ernst«, habe sie gesagt, aber er sei einfach ins Haus spaziert und in ihr Schlafzimmer gegangen.

»Der Constable lag auf dem Rücken, Hose und Unterhose zu den Knöcheln heruntergezogen«, berichtete sie. »Ich hatte wahnsinnige Angst, ich wollte nicht, dass meine Kinder was mitkriegen, aber die Szene war mir vertraut, weil ich mal im Gewerbe tätig war, ich habe noch ein Verfahren wegen Prostitution vor mir.«

Sie habe sich auf ihn gesetzt, und »wir haben es dann gemacht«, sagt sie. Sie sei überzeugt gewesen, dass Saldate wusste, dass sie vorbestraft war.
Sie sagte der Polizei: »Er sollte für sein Verhalten zur Rechenschaft gezogen werden.«
Die Polizei von Phoenix fasste die Vorwürfe so zusammen: Saldate »machte sich der Bestechlichkeit und Erpressung schuldig, als er andeutete, Belinda Reynolds könnte im Austausch für Beischlaf über den Räumungstermin hinaus ihre Wohnung behalten«.
Man überwies den Fall an den Generalstaatsanwalt von Arizona, der sich im Juli und August 2010 damit beschäftigte. »Aber das führte zu nichts«, klagte Belinda Reynolds. Man teilte ihr mit, der Generalstaatsanwalt habe entschieden, den Fall zu schließen, weil Saldate in den Ruhestand gehe.
Während die Staatsanwaltschaft eben noch vor Gericht erfolgreich argumentiert hatte, Saldate sei ehrlich genug, um Debra Milke im Todestrakt zu behalten, und sich anschickte, dies auch vor dem Bundesbezirksgericht zu vertreten, führte sie klammheimlich eine Untersuchung gegen Saldate wegen eines weiteren Sexualvergehens.
Debras Verteidiger erfuhren davon erst Jahre später, als Belinda Reynolds sie auf ihre Geschichte ansprach.
Der Sommer 2010 brachte schlechte Neuigkeiten. Renate schrieb ihrer Tochter, dass bei ihr ein Eierstockkarzinom diagnostiziert worden sei und sie sich unverzüglich einer Totaloperation unterziehen müsse. Sie machte dazu keine genaueren Angaben, sondern bat ihr Debchen nur, sich keine Sorgen zu machen.
Lori rechnete mit dem Schlimmsten. Sie ging davon aus, dass Renate nicht mehr allzu lange leben würde. Vielleicht noch fünf Jahre? Zehn, wenn sie Glück hatte. Den Gedanken, dass Mutter und Tochter für immer durch eine Plexiglasscheibe getrennt sein sollten, sich nie mehr umarmen, an

den Händen halten, küssen konnten, empfand sie als unerträglich. »Mein Ziel ist es, Debra freizubekommen, solange ihre Mutter noch lebt«, sagte sie. Sie stürzte sich in die Arbeit für das nächste Berufungsverfahren.

Lori und Mike argumentierten mit der simplen Tatsache, dass Debra Milke zumindest einen neuen Prozess, wenn nicht gar eine Entlastung vom Tatvorwurf verdiene, weil ihr das von der Verfassung garantierte Recht auf einen fairen Prozess verweigert worden war.

Sie sagten, der Staatsanwalt habe dadurch, dass er Saldates Akte verborgen habe, zwei grundlegende Prinzipien des amerikanischen Rechts verletzt. Das eine war die Brady-Regel, die von der Staatsanwaltschaft verlangt, alle »entlastenden« Beweise an die Verteidigung weiterzureichen. Das andere war die Giglio-Regel, die darüber hinaus der Staatsanwaltschaft aufträgt, alles, was die Glaubwürdigkeit ihrer Zeugen beeinträchtigen könnte, der Verteidigung mitzuteilen. Die Brady-Regel gilt in den USA seit 1963, die Giglio-Regel seit 1972.

*

Am Vormittag des 14. März 2013, einem Donnerstag, ging Lori Voepel gerade auf das Hochhaus zu, in dem sich ihr Büro befand, als sie mit einem Blick auf ihr Handy bemerkte, dass eine E-Mail von Dan Pochoda, einem Anwalt der ACLU, eingegangen war. Er hatte einen Amicus-Schriftsatz zugunsten von Debra verfasst.

»Herzlichen Glückwunsch, Lori, das war ein harter Kampf, diesen Sieg hast du verdient«, stand in der Mail. Im Anhang fand sich die Entscheidung des Bundesberufungsgerichts für den neunten Bezirk: Es hatte dem Habeas-Antrag stattgegeben.

Damit war Debras Verurteilung wegen Mordes vom Tisch –

und damit auch das Todesurteil. Die Staatsanwaltschaft von Arizona hatte nun die Wahl, ihr umgehend einen neuen Prozess zu machen oder sie freizulassen.

»Mit Tränen in den Augen eilte ich zu meinen Kollegen, um ihnen zu verkünden, dass wir gewonnen hatten«, erinnerte sich Lori. »Anschließend hatte ich die Ehre, Debra im Gefängnis anrufen und ihr die Neuigkeit mitteilen zu dürfen, auf die sie seit über dreiundzwanzig Jahren wartete.«

Frank, Debbies Webmaster, Ermittler und Freund, war an diesem sonnigen, warmen Tag schon früh aufgestanden. Er hatte vor, mit dem Motorrad zu Pat und Patti zu fahren, aber erst einmal wollte er seine »Lil' Blacky« putzen.

Gegen Viertel vor acht klingelte sein Handy. Pat war dran. »Duke, komm her, wir haben gewonnen!«, tönte es aus dem Telefon.

Frank freute sich riesig. »Ich sagte Pat, ich wäre in zehn Minuten da. Ich schaffte es in fünf.« Sie gingen frühstücken, und um halb elf hatten sie dann Kopien der »unglaublichen sechzig Seiten« des Berufungsgerichts.

»Ich war vollkommen aus dem Häuschen. Das, was ich da las, würde in den USA Rechtsgeschichte schreiben, davon war ich überzeugt«, erinnerte sich Frank. »Am Ende hatte sich doch alles gelohnt: Loris hervorragende Arbeit, Mikes brillante Strategie! Diesmal waren wir alle auf der Straße des Sieges!«

Debras früherer Anwalt Anders Rosenquist war mit seiner Frau Lee auf einem Geburtstagsessen, als Privatdetektiv Kirk Fowler ihm die frohe Botschaft telefonisch überbrachte.

Rosenquist fing zu weinen an. Als er die Begründung des Gerichts las, wurde ihm klar, dass seine Nachforschungen über Saldates Verfehlungen die Grundlage für die Entscheidung des Gerichts gelegt hatten. »Das war der wichtigste von all meinen Fällen«, sagte er. »Dass ich geholfen habe, Debbie zu retten.«

Am nächsten Tag bekam er per E-Mail Glückwünsche mitgeteilt. »Ich bin mir sicher, Miss Milkes Fall hätte ohne Ihre Bemühungen nicht diese Wendung genommen«, schrieb Gary Bowen, der Gefängnisberater, der ursprünglich Rosenquist angeworben hatte, um der »unschuldigen Insassin« zu helfen.

Debra selbst erinnert sich, dass ihr Herz zu rasen anfing, als sie hörte, ihre Anwältin rufe an. Sie hatten eine Abmachung darüber getroffen, wie ihr Neuigkeiten mitgeteilt werden sollten: Waren es gute Nachrichten, würden Lori oder Mike sie anrufen, waren es schlechte, würden sie ihr einen Brief schreiben. Schlechte Nachrichten können warten.

Doch offenbar hatte Lori es eilig, ihr etwas mitzuteilen. »Ich zitterte am ganzen Körper, als ich die Neuigkeit hörte. Ich weinte. Endlich. Endlich.« Lori versprach, ihr so schnell wie möglich eine Kopie der Gerichtsentscheidung zu schicken.

Debra ging in ihre Zelle zurück. Sie legte sich auf den Fußboden und sprach mit ihrer Zellennachbarin über das »Knasttelefon« – den Lüftungsschlitz zwischen den beiden Zellen. In der anderen Zelle saß Wendi. Sie erzählte ihr, was sie von Lori erfahren hatte. Die Nachricht verbreitete sich in der Strafanstalt Perryville wie ein Lauffeuer.

Die damalige Leiterin des Gefängnisses, Judy Frigo, kam zu ihr, um ihr zu gratulieren. Mehrere Wärter erschienen und wünschten ihr Glück, darunter die beiden, die sie 2010 zu Richter Broomfield eskortiert hatten. Mitgefangene jubelten, als das Fernsehen von der sensationellen Entwicklung berichtete.

Debbie wollte die Fernsehberichte nicht sehen, sie verbrachte den Abend auf dem Fußboden und ließ sich von Wendi erzählen, was berichtet wurde.

Ihre ersten Gedanken galten ihrer Mutter, die mit dem Tod rang. Ich werde Mom umarmen können, dachte sie in der Hoffnung, dass Renate noch in der Lage war, von ihrem

Haus in der Schweiz nach Arizona zu reisen. All ihre Bemühungen haben sich ausgezahlt.

Dann dachte sie an Frankie, der so viel dazu beigetragen hatte, dass die Welt die wahre Geschichte erfuhr, der auch sonst für sie so wichtig geworden war.

Ihre Gedanken wanderten weiter zu Pat und Patti und dem lang gehegten Traum, in ihrem Pool zu schwimmen und den beiden lieben Ersatzeltern die Hand reichen zu können.

Sie dachte an Schokoladeneis.

Sie dachte an Christopher. »Dreiundzwanzig Jahre lang hatte ich jeden Morgen einen Grund aufzustehen – um den Kampf für die Gerechtigkeit fortzusetzen, nicht bloß für mich, auch für Christopher.«

An diesem Tag wollte sie vor allem eins: nach vorn blicken.

Sie wollte an das Leben denken, das noch vor ihr lag, nicht an das Leben, das ihr gestohlen worden war, seit sie vierundzwanzig war. Nur drei Tage zuvor hatte sie ihren neunundvierzigsten Geburtstag gefeiert. Sie würde noch Jahrzehnte als freie Frau leben können.

Wenn es nach Debra gegangen wäre, hätte sie das Gefängnis augenblicklich verlassen.

Sie war keine verurteilte Straftäterin mehr.

Sie war keine zum Tode Verurteilte mehr.

Mit der Gerichtsentscheidung in der Hand wollte sie sofortige Freilassung.

Doch wie sie bald feststellen sollte, war Arizona noch nicht mit ihr fertig.

# KAPITEL 17

## »Ich hätte wissen sollen, dass Arizona bis zum Äußersten geht«

Die Entscheidung des Bundesberufungsgerichts für den neunten Bezirk, die Debra Jean Milkes Schuldspruch aufhob und damit das Todesurteil hinfällig machte, war ein schwerer Schlag für den Bundesstaat Arizona. Damit hatte die Staatsanwaltschaft nicht gerechnet, nachdem sie zwei Jahrzehnte lang jeden Kampf vor Gericht gewonnen hatte. Die Entscheidungsgründe des Bundesberufungsgerichts des neunten Bezirks waren eine schallende Ohrfeige:

- Wie konnte eine Staatsanwaltschaft so viele Verfahrensfehler machen?
- Wie konnte eine Staatsanwaltschaft so blind gegenüber der Gerechtigkeit sein?
- Wie hatte es überhaupt zur Verurteilung dieser Frau kommen können?

Debras Verteidigerteam konnte sich nicht erinnern, jemals so deutliche Worte von einem Gericht gehört zu haben.
Die Bundesrichter konnten nicht fassen, dass die Staatsanwaltschaft Saldates Akte zurückgehalten und Richterin Hendrix alle Versuche von Debras Anwälten, Saldates Glaubwürdigkeit in Zweifel zu ziehen, abgeblockt hatte.
Diesen Fehler machte das Bundesberufungsgericht für den neunten Bezirk nicht. Es diskutierte anhand acht verschiedener Fälle, wie Saldate vorging, dann kommentierten die Richter:
»Milkes angebliches Geständnis, das Saldate schilderte, war

der einzige direkte Beweis, der Milke mit dem Verbrechen in Zusammenhang brachte. Aber das Geständnis war nur so glaubwürdig wie Saldate selbst ... Für die Entscheidung der Geschworenen – oder auch der Richterin –, ob sie Saldate Glauben schenken wollten, gab es also kaum etwas Wichtigeres als Erkenntnisse darüber, dass Saldate unter Eid gelogen und die von der Verfassung garantierten Rechte Verdächtiger in Vernachlässigung seiner Amtspflichten mit Füßen getreten hatte.

Wenn auch nur ein einziger Geschworener Saldate aufgrund dieser wiederholten Lügen oder der Tatsache, dass er Frauen gegenüber seine Machtposition ausnutzte, die Glaubwürdigkeit abgesprochen hätte, wäre es nicht zu einem Schuldspruch gekommen. Genauso gut hätte es geschehen können, dass die Richterin unter dem Eindruck dieser Information einen neuen Prozess angeordnet oder zumindest mit dem Urteil unter der Todesstrafe geblieben wäre. Die Staatsanwaltschaft unternahm alles, um Milkes Glaubwürdigkeit zu erschüttern. Sie war nicht berechtigt, gleichzeitig Erkenntnisse zu unterdrücken, die Saldates Glaubwürdigkeit untergruben.«

Hätten die Geschworenen hiervon Kenntnis gehabt, so die Überzeugung der Richter, wäre der ganze Prozess womöglich anders verlaufen.

Das Bundesgericht wunderte sich auch, wie der Oberste Gerichtshof von Arizona die Todesstrafe bestätigen konnte, ohne sich die neuen Beweise anzuschauen. Es erinnerte Arizona an die einfachsten Grundsätze des Strafrechts: »Die Verfassung verlangt einen fairen Prozess. Davon kann im Fall Milke keine Rede sein ...«

Der offiziellen Entscheidung beigefügt war ein Kommentar des Vorsitzenden Richters Alex Kozinski, eines konservativen, für seine Fairness bekannten Richters, der seinerzeit von Ronald Reagan ernannt worden war.

»Dies ist ein bedenklicher Fall«, schrieb er. »Es gibt keine Sachbeweise, die Debra Milke mit der Tat in Verbindung bringen, und sie hat seit dem Tag ihrer Verhaftung an ihrer Unschuld festgehalten.«
Er merkte auch an, dass weder Scott noch Styers gegen sie ausgesagt hätten.
»Der *einzige* Beweis, der Milke mit dem Mord an ihrem Sohn in Verbindung brachte, war die Aussage von Detective Armando Saldate – eines Polizisten mit einer langen Geschichte von Verfehlungen, darunter Lügen, Meineid, Erpressung zu sexuellen Handlungen und Vertuschung dieser Vorfälle.«
All dies fand sich im ersten Absatz einer siebenseitigen Standpauke.
Dafür, dass Saldate sagte, er würde kein Tonband benutzen, weil es ihn daran hindere, »die Wahrheit herauszufinden«, hatte Richter Kozinski nur noch Sarkasmus übrig.
»Für *uns* ist es ein Hindernis, der Wahrheit auf die Spur zu kommen, weil wir keine Tonaufzeichnung haben, doch Saldate sagt dazu nur, wir sollen uns darum keine Sorgen machen: ›[Das] Gespräch sollte von mir wahrheitsgetreu notiert werden, eine Tonbandaufzeichnung war daher nicht nötig.‹ Ach so.«
Kozinski fuhr fort: »Im Prinzip verwandelte Saldate das Verhörzimmer in eine Black Box; niemand kann mehr sagen, was dort vor sich ging. Kein Rechtssystem eines zivilisierten Landes sollte sich auf solch zweifelhafte Beweise, die mit hoher Wahrscheinlichkeit durch Unehrlichkeit oder Übereifrigkeit beeinträchtigt sind, stützen, wenn es darum geht, ob jemandem das Leben oder die Freiheit genommen wird.
Die Polizei von Phoenix und Saldates dortige Vorgesetzte sollten sich schämen, einen Gesetzeshüter, der derart auf das Gesetz pfeift, nicht gestoppt, sondern ihm immer wieder die

Gelegenheit zu neuerlichem Fehlverhalten gegeben zu haben. Dadurch wurde die Integrität des ganzen Systems untergraben, auf dessen Erhaltung sie einen Diensteid abgelegt haben. Dasselbe gilt für die Staatsanwaltschaft des Maricopa County, die ungerührt in Fällen, an denen Saldate beteiligt war, die Strafverfolgung fortsetzte, ohne sich darum zu kümmern, sein wiederholtes Fehlverhalten öffentlich zu machen.«

Richter Kozinski stellte eine vernichtende Frage. »Ist das für die Polizei von Phoenix normal oder wurde Saldate von seinen Vorgesetzten absichtlich deshalb an seinem freien Tag zum Dienst beordert, weil man auf ihn zählen konnte, wenn es galt, die Regeln zu missachten oder gar zu lügen, um einen Schuldspruch in einem Sensationsfall zu erreichen?

Wenn man es der Polizei durchgehen lässt, dass sie falsche Geständnisse produziert oder jemandem Beweise unterjubelt, dann riskiert man damit nicht nur, unschuldige Menschen ins Gefängnis zu bringen, sondern man hilft auch den Schuldigen, unentdeckt zu bleiben und weitere Verbrechen zu begehen.

Ist es im Sinne der Bürger von Arizona, Milke das Leben zu nehmen, wenn ihr Schuldspruch nur am seidenen Faden der Behauptungen eines Polizisten hängt, der für seine Unehrlichkeit und seine Schludrigkeit im Umgang mit dem Gesetz bekannt ist? Schlechte Polizisten und jene, die sie decken, bringen uns alle in eine unhaltbare Position.

Milke mag schuldig sein, auch wenn Saldate sich das Geständnis aus den Fingern gesaugt hat. Schließlich ist schwer verständlich, aus welchem Grund Styers und Scott einen vierjährigen Jungen getötet haben sollen. Andererseits, welchen Grund hätten sie gehabt, sie zu schützen, wenn sie wussten, dass sie schuldig war? Aber ich bezweifle ernstlich, dass die Geschworenen Milke überhaupt ohne das Geständ-

nis schuldig gesprochen hätten. Ohne das Geständnis gibt es einfach nicht genügend Beweise, die für einen Schuldspruch sprechen.«
Wenn es nach ihm ginge, sagte Richter Kozinski, würde er das Geständnis vor Gericht überhaupt nicht zulassen.
»Das ›Geständnis‹, wenn es denn überhaupt eines gibt, wurde mit unrechtmäßigen Mitteln erzielt. Man kann auf keinen Fall behaupten, dass die Zulassung des Geständnisses vor Gericht ohne Einfluss auf den Prozess war. Ich würde daher den Schuldspruch gegen Milke auch aus dem Grund aufheben, dass er auf einem mit illegalen Mitteln erzielten Geständnis beruht, das es wahrscheinlich nie gegeben hat, und die Verwendung dieses sogenannten Geständnisses während jeder Neuverhandlung gegen Milke untersagen.«
Seine Richterkollegen gingen nicht ganz so weit. Aber immerhin hatten sie Arizona deutlich gesagt: Macht dieser Frau entweder einen neuen Prozess oder lasst sie frei!
Wer nun glaubte, die Staatsanwaltschaft von Arizona würde den Schwanz einkneifen und sich verschämt in die Ecke zurückziehen, der hatte keine Ahnung von der dortigen Politik. Auch nicht von den dortigen Medien.
Rick Romley, ehemaliger Staatsanwalt des County, erklärte gegenüber dem Fernsehsender KPHO: »Sollte sie freikommen, wäre das eine Justizposse. Daran gibt es nichts zu drehen und zu deuteln.«
Debras Ex-Mann polterte, er sei »stinkwütend«, er würde den Bundesstaat auf Millionen Dollar verklagen, falls er sie freiließe.
In den sozialen Medien tobten heiße Diskussionen; einige Leute fanden, dass eine Unschuldige nun endlich Gerechtigkeit gefunden habe, andere behaupteten, eine Mörderin hätte das System ausgetrickst.
Die Staatsanwaltschaft von Arizona wollte es sogleich noch einmal probieren.

Die Entscheidung war von einem dreiköpfigen Richtergremium gefällt worden, das im Namen des gesamten Gerichts entschied – das Bundesberufungsgericht für den neunten Bezirk war das größte der dreizehn Bundesberufungsgerichte und es zählte neunundzwanzig aktive Richter. Arizona verlangte nun, dass das gesamte Bundesberufungsgericht des neunten Bezirks sich des Falles annahm. Doch das Gericht verwarf diesen Antrag einstimmig.

Blieb noch die Möglichkeit, vor den Obersten Gerichtshof der USA zu ziehen, doch Generalstaatsanwalt Tom Horne entschied sich dagegen. Dafür kündigte Bill Montgomery, Staatsanwalt des Maricopa County, an, Debra einen neuen Prozess zu machen und sie »zurück in den Todestrakt« zu schicken. Bis zum Beginn des neuen Prozesses, so entschied er, solle sie in ihrer Einzelzelle im Gefängnis von Perryville bleiben.

Dan Pochoda von der ACLU bezeichnete es als »empörend«, ihr erneut den Prozess machen zu wollen. »Wenn ein langjähriger konservativer Richter des Bundesberufungsgerichts so klar Position bezieht, wie es hier geschehen ist, dann versucht man es nicht mit einem neuen Prozess«, erzählte er der *Republic*. »Das ist eine Kurzschlussreaktion. Entweder sie wollen sich ihre Niederlage nicht eingestehen, oder sie wollen, dass Milke sich zu irgendwas schuldig bekennt. Wie auch immer, richtig ist das nicht.«

Pochoda war auf der richtigen Spur. In einer Pressekonferenz hatte Montgomery angedeutet, der Fall könne auch ohne neuen Prozess geklärt werden, womit er nichts anderes meinen konnte, als dass man Debra einen Deal vorschlagen würde. In anderen gekippten Urteilen in Arizona war man so verfahren, dass der Angeklagte gegen die Vorwürfe »keinen Einspruch« mehr erhob, worauf man sie fallengelassen hatte. Das gab den Betroffenen zwar ihre Freiheit zurück, ließ aber den Schuldspruch unangetastet.

Mike Kimerer und Lori Voelpel stellten sogleich beim Gericht den Antrag, Debra auf Kaution aus dem Hochsicherheitsgefängnis zu entlassen und sie in ein weniger strenges Untersuchungsgefängnis zu verlegen. Während sie auf die Antwort warteten, erhielt Lori überraschend Post. Timothy Ring schrieb ihr am 14. April 2013 aus dem Gefängnis: »Ich gratuliere dazu, das Bundesberufungsgericht für den neunten Bezirk dazu gebracht zu haben, etwas gegen die Korruption der Staatsanwaltschaft des Maricopa County und der Polizei von Phoenix zu unternehmen.« Aber was er eigentlich mitteilen wollte, war, was ihm Jim Styers über Debra Milke gesagt hatte. Die beiden Männer hatten in Florence im selben Trakt gesessen. Eines Tages im April 2004 sprachen sie über Debra: »Irgendwann fragte ich Styers ganz direkt: ›Wusste sie davon?‹ Nach einer langen Pause antwortete er: ›Nein. Sie wusste nichts davon.‹« Styers offenbarte ihm auch, er würde vielleicht, falls man ihn hinrichten sollte, in letzter Minute erklären, dass Debra unschuldig sei.

Lori heftete den Brief ab.

Unterdessen wartete Debra den ganzen April, Mai, Juni und den halben Juli in ihrer Einzelzelle auf ihre Verlegung. Sie vertrieb sich die Zeit so, wie sie das schon ein Vierteljahrhundert lang getan hatte – sie verfasste lange Briefe.

»Nein, ich habe an keinem einzigen Tag je aufgegeben«, schrieb sie am 19. Mai 2013. »Es gab allerdings viele Tage, an denen ich dachte, dies würde nie ein Ende finden. Besonders schlimm, frustrierend und quälend war es im Berufungsverfahren, wenn um Fristverlängerung zur Ausfertigung von Schriftsätzen gebeten wurde.

Die dreißig, sechzig oder neunzig zusätzlichen Tage fühlten sich für mich immer wie Jahre an. Ich heulte vor Enttäuschung und fühlte mich völlig mutlos, aber ich gab trotzdem nie auf.

Ich musste weiterkämpfen. Ich habe kein Verbrechen begangen. Ich weiß nicht, was wirklich mit meinem Sohn geschehen ist, wer für den Mord an ihm verantwortlich ist und warum er passiert ist. Ich musste die Fakten herausfinden, und da sich die Staatsanwaltschaft nicht darum kümmerte, musste ich mit meinen Bemühungen um Gerechtigkeit durchhalten, für Christopher und für mich.«
Sie sorgte sich beständig um ihre Mutter, deren Gesundheitszustand sich immer mehr verschlechterte. Chemotherapie. Medikamente. Müdigkeit. Debra betete darum, dass ihre Mutter ihre Freilassung noch erleben würde.
Als sie schließlich am 12. Juli 2013 Perryville verlassen konnte, war Debra ganz überrascht, wie sauber, ordentlich und ruhig es im Untersuchungsgefängnis von Estrella war. Dort verbrachte sie den Sommer – mit Klimaanlage. Sie war dankbar für dieses Stückchen Komfort.
Ihr Fall wurde Rosa Mroz übertragen. Sie war seit neun Jahren Richterin und hatte früher bei der Staatsanwaltschaft des County unter Rick Romley gearbeitet. Neben dem Antrag von Debras Anwälten, eine Kaution stellen zu können, hatte sie einen weiteren aus Montgomerys Büro vorliegen, das Staatsanwalt Vince Imbordino den Fall zugeteilt hatte. Er verlangte vom Gericht, die Entscheidung des Berufungsgerichts für den neunten Bezirk schlicht zu »ignorieren«. Richterin Mroz lehnte dies ab.
Am 5. September 2013 stimmte sie der Stellung einer Kaution mit folgender sensationeller Begründung zu: »Das Gericht ist der Ansicht, dass die vorgelegten Beweise und Annahmen es nicht wahrscheinlich erscheinen lassen, dass die Beklagte die ihr zu Last gelegten Verbrechen begangen hat.«
Richterin Mroz verknüpfte die Kaution mit mehreren Auflagen:

- Debra musste eine elektronische Fußfessel tragen.
- Sie musste zwischen abends einundzwanzig Uhr und sechs Uhr morgens zu Hause bleiben.
- Sie durfte keinen Kontakt mit ihrem Ex-Mann aufnehmen.
- Sie durfte nicht unter Alkoholeinfluss und nicht ohne gültigen Führerschein Auto fahren.
- Sie musste innerhalb von fünf Tagen nach ihrer Freilassung eine DNA-Probe abgeben.
- Sie durfte ohne Genehmigung des Gerichts Maricopa County nicht verlassen.

Am folgenden Donnerstag, als dieser Beschluss offiziell zugestellt wurde, besuchte Frank Debra im Gefängnis. »Wäre es nicht wunderbar, wenn wir am Sonntagmorgen zusammen aufwachen und frühstücken gehen könnten?«, sagte er zu ihr.
Als er gerade gehen wollte, tauchten Mike und Lori auf. Debra sah, wie sie in den Besucherbereich kamen, aber sie musste erst warten, bis die Wärter sie von dem kleinen Raum, wo Frank sie besucht hatte, in den größeren führten, der für Anwaltsgespräche vorgesehen war. Frank wartete unterdessen vor der Tür, unruhig von einem Fuß auf den anderen tretend.
Debra traute ihren Ohren nicht, als sie ihr erzählten, dass sie am nächsten Tag mittags um zwölf freigelassen würde. Völlig überwältigt brach sie in Tränen aus.
Frank raste auf seiner »Lil' Blacky« zu Pat und Patti, um ihnen die Neuigkeit zu verkünden. Beide waren überglücklich. Auf diesen Augenblick hatten sie sich seit sechs Monaten vorbereitet und auch schon einen Kautionsagenten ausfindig gemacht, der die erforderlichen 250 000 Dollar hinterlegen würde, die sicherstellen sollten, dass Debra an Ort und Stelle blieb und zu den Gerichtsterminen erschien.

Frank verpfändete sein Haus als Sicherheit für die Kaution. Dabei achtete er darauf, dass in den Dokumenten nirgends seine Adresse auftauchte. Er fürchtete, Mark Milke könnte herausfinden, wo Debra wohnte und Unruhe stiften.
Pat schickte eine E-Mail an die Unterstützer, manche rief er auch persönlich an.
Freitag, der 6. September, sollte einer der längsten Tage in Debra Milkes Leben werden:
»Im Gefängnis gibt es keine Uhren, und niemand sagt einem, wie spät es ist. Schließlich sagte mir jemand, es sei schon fünf Minuten nach eins, und ich dachte, herrje, was ist schiefgelaufen? Ich sollte doch schon um zwölf hier raus sein!«
Endlich kam eine Wärterin und erklärte, sie könne jetzt gehen, aber sie müsse einen weißen Einwegoverall tragen.
»Oh nein!«, protestierte Debra. »Man hat mir doch gesagt, meine Anwälte dürften mir Kleider bringen.« Sie erreichte schließlich, dass die Wärterin Rücksprache mit ihrem Vorgesetzten hielt und so herausfand, dass Lori eine schwarze Hose und eine bunte Seidenbluse geschickt hatte.
Debra lächelte, als sie schließlich aus dem Gefängnis trat, wo Mike mit dem Auto auf sie wartete. »Warum bist du denn so fröhlich?«, scherzte er.
Sie stieg hinten ein und setzte ein strahlendes Lächeln auf. So sollten sie die Medien in Arizona sehen.
Mike sagte ihr, sie würden jetzt zum Büro von Lori fahren, dort warteten Gerichtsbeamte, um ihr die elektronische Fußfessel anzulegen. »Wenn du Maricopa County verlässt, explodiert das Ding«, witzelte er.
Debra schaute aus dem Fenster des Wagens und sagte unentwegt: »Oh mein Gott – das Haus war noch nicht da, dieses Hochhaus gab es noch nicht.« Sie war völlig verblüfft, wie sehr sich die Stadt verändert hatte.
In Loris Büro wartete ein Avocado-Sandwich auf Debbie. So etwas Gutes hatte sie seit über zwei Jahrzehnten nicht

mehr gegessen. Loris Kolleginnen hatten Schminkzeug für sie mitgebracht und halfen ihr, sich zu frisieren.

Debra verließ dann in Fußfesseln Loris Büro und ließ sich zu Pat und Patti fahren. Als sie dort gegen achtzehn Uhr ankam, wartete Frank auf sie. Sie gaben sich scheu die Hand und umarmten sich kurz vor dem Haus. Pat und Patti schlossen sie wie eine Tochter in die Arme.

Pat und Patti hatten Luftballons, einen Kuchen, Chicken Nuggets, Früchte und Gemüse vorbereitet. Frank überreichte ihr ein Dutzend rote Rosen.

»Wie viel Uhr ist es?«, fragte sie zigmal, weil sie wusste, dass sie um einundzwanzig Uhr zu Hause bei Frank sein musste. Er wohnte nur wenige Minuten entfernt, aber um sie zu beruhigen, stellte er auf seinem Handy den Alarm auf 20:15 Uhr.

»Bist du sicher, dass das Ding funktioniert, manchmal ist ja auch der Akku leer«, fragte sie besorgt. Er versicherte ihr, dass sie rechtzeitig bei ihm sein würden.

Sie lächelte und gab sich gut gelaunt, aber wer genau hinsah, dem entging nicht, wie anstrengend dieser Tag für sie war.

Sie kamen mehr als rechtzeitig vor der Ausgangssperre bei Frank an. Debra sah sich die ganze Nacht die Kleider durch, die ihre Unterstützer geschickt hatten, auch die Sachen, die sie in Katalogen ausgesucht und die Frank für sie bestellt hatte. Irgendwann legte sie sich doch hin, aber es gelang ihr nicht, einzuschlafen. »Mir machten zwei Dinge zu schaffen, die ich seit dreiundzwanzig Jahren nicht mehr erlebt hatte: die Dunkelheit und die Stille. Im Gefängnis ist es nie dunkel, immer brennt irgendwo ein Licht. Und die Gefangenen machen ständig Lärm. Tag und Nacht.«

In den nächsten Tagen, als Frank sie in einen Lebensmittelladen mitnahm, war sie völlig überwältigt von dem Angebot an Obst und Gemüse. Aber es versetzte ihr auch einen Stich, als sie eine Mutter mit einem etwa vierjährigen Jungen sah.

Dann wollten sie frühstücken gehen, aber es waren ihr zu viele Leute in dem Café. Im Einkaufszentrum wiederum wurde sie nervös, weil es so viel Platz gab. Also zog sie es vor, zu Hause zu bleiben, in dem Zimmer, in dem Frank alle ihre Briefe aufgehoben hatte.

All die Jahre war sie in einem Raum eingesperrt worden, der die Größe eines Badezimmers hatte. Und jetzt: überall so viel Platz und so viele Menschen – sie würde Zeit brauchen, um sich an die »Freiheit« zu gewöhnen.

So schwach und krank Renate war, innerhalb von achtundvierzig Stunden nach Debras Freilassung saß sie im Flugzeug. »Niemand hätte mich davon abhalten können, zu kommen«, sagte Renate später.

Am Sonntagabend gab es dann im Wohnzimmer von Pat und Patti ein bewegtes Wiedersehen zwischen Debbie und ihrer Mutter. Ihre Anwälte gaben der Presse ein Foto, auf dem die beiden Hand in Hand zu sehen sind. Sie hatten sich viel zu erzählen, und natürlich wurde auch viel geweint.

Renate blieb mehrere Wochen. Viele Stunden lang sprach sie mit Debbie über das, was sie durchgemacht hatten, die vielen Tiefen und Höhen ihres Lebens, die Familiengeschichte in guten und schlechten Zeiten.

Renate schaffte es schließlich, Debra zu bewegen, ein kleines chinesisches Restaurant aufzusuchen, das ganz in der Nähe von Franks Wohnung lag. Debbie konnte es dort aushalten, und so kehrten sie in den nächsten Monaten öfter in dem Lokal ein, wenn sie mal ausgehen wollten.

Doch auch wenn sich später ihre Auswahl an Restaurants vergrößerte, immer war Debbies größte Sorge, sie könnte die Ausgangssperre verletzen. Alle zwölf Stunden musste sie die elektronische Fußfessel an ein Ladegerät anschließen. Sie trug stets nur Hosen, um sie zu verbergen.

In diesen Septembertagen dachten alle, nun würde die Ge-

schichte ihr Ende finden, und die endgültige Freiheit könne nicht mehr lange auf sich warten lassen.
Die Aussichten für Renate waren nicht gut. Sie war sehr schwach, und sie hatte Schmerzen. Ihr großer Wunsch war, dass ihre Tochter sie in der Schweiz besuchen würde. In ihrem Haus wartete immer noch die nette kleine Wohnung auf sie, die sie all die Jahre bereitgehalten hatte.
Am 23. September 2013 berief Richterin Mroz die Parteien in den Gerichtssaal, um das weitere Vorgehen in diesem Fall zu besprechen. Als Datum für einen Prozess setzte sie Februar 2015 fest, was zu diesem Zeitpunkt grotesk klang.
Am nächsten Tag gab Michael Kiefer, Arizonas angesehenster Gerichtsreporter, in der *Arizona Republic* seine Eindrücke aus der Anhörung wieder:
»Debra Milke … trug normale Kleidung, keine orangefarbene oder gestreifte Gefängniskluft. Ihr Haar war ordentlich frisiert, im Unterschied zu der wilden, grauen Mähne, mit der sie zuletzt zu Gerichtsterminen erschienen war. Sie trug Make-up und hatte ihre Brille abgelegt, wodurch sie weicher wirkte, als sie im Todestrakt erschienen war.
Selbst wenn die Staatsanwaltschaft sich mit einer Neuanklage durchsetzen sollte, es wird Monate, wenn nicht Jahre dauern, bevor sie wieder hinter Gittern ist.«
Bill Montgomery, der Staatsanwalt des County, war wild entschlossen, ihr einen neuen Prozess zu machen, um sie wieder in den Todestrakt zu bringen. Der Presse gegenüber äußerte er, das Bundesberufungsgericht für den neunten Bezirk sei »weit übers Ziel hinausgeschossen«. Es stütze sich auf »falsche Informationen«. So seien die Akten, die über Saldates Amtsverfehlungen vorgelegt worden seien, »ungenau«. Im Grunde war er der Ansicht, das Bundesberufungsgericht habe sich übers Ohr hauen lassen, und er wollte dafür sorgen, dass diese Kindsmörderin nicht frei herumlief.
Inzwischen wurde Roger Scott auf der Liste jener, die als

Nächste mit ihrer Hinrichtung rechnen mussten, als Nummer eins oder zwei gehandelt. Angesichts seines drohenden Todes war es möglich, dass er sich doch noch entschloss, als der »Kronzeuge« aufzutreten, den die Staatsanwaltschaft so dringend benötigte.

Im Sommer 2014 fuhren Staatsanwälte und Verteidiger dann schließlich nach Florence, um Roger Scott zu befragen. Der vierundsechzigjährige Scott betrat den streng gesicherten Besucherraum im obligatorischen orangefarbenen Overall. Er war klapperdürr, und er zitterte.

Auf die Frage, was Debra Milke mit dem Mord an ihrem Sohn zu tun hatte, antwortete er, dazu könne er nichts sagen. »Alles, was ich weiß, habe ich von Jim.« Hätten die Staatsanwälte alle Aussagen des Falls sorgfältig gelesen, so wäre ihnen nicht verborgen geblieben, dass Roger Scott *genau das* in all den Jahren gesagt hatte.

Diesen »Kronzeugen« konnten sie vergessen.

Doch Montgomery glaubte, noch ein anderes Ass im Ärmel zu haben: Armando Saldate, den er im Zeugenstand all die Dinge wiederholen lassen wollte, die Debra Milke ihm angeblich am 3. Dezember 1989 im Vernehmungszimmer gesagt hatte. Die Medien hielten dies für eine verrückte Idee. Es gab kaum einen Bericht, in dem Saldate nicht als »verlogener Polizist« oder »in Verruf geratener Detective« bezeichnet wurde.

Viele fragten sich, wie Geschworene wohl auf ihn reagieren würden. Mike Kimerer jedenfalls begann in Gedanken die Messer zu wetzen, wenn er sich vorstellte, Saldate im Zeugenstand ins Kreuzverhör zu nehmen.

Saldate meldete sich schließlich über seinen Anwalt zu Wort, den Strafverteidiger Larry Debus. Debus ist bekannt für seinen nüchternen, schnörkellosen Argumentationsstil. Und er hat nur wenige Fälle verloren. Er ließ keine Zweifel aufkommen: Sein Mandant stand als Zeuge nicht zur Ver-

fügung, er würde sich auf das ihm nach dem fünften Verfassungszusatz zustehende Recht berufen, die Aussage zu verweigern, um sich nicht selbst zu belasten.
Rechtsexperten verstanden sofort, wieso. Nach den harschen Worten des Bundesberufungsgerichts für den neunten Bezirk würde eine Zeugenaussage Saldates unweigerlich Fragen zu den anderen vom Gericht aufgeführten Fällen aufwerfen. Kein Verteidiger, der etwas von seinem Handwerk verstand, würde seinen Mandanten unter diesen Umständen in den Zeugenstand treten lassen.
Montgomerys Büro versuchte, Saldate umzustimmen. Zu diesem Zweck hielt Montgomery eine Pressekonferenz ab, in der er verkündete, er würde Saldate niemals wegen irgendetwas unter Anklage stellen. In den Medien wurde dies als »Du kommst aus dem Gefängnis frei«-Karte bezeichnet.
Kurz darauf berief Montgomery eine weitere Pressekonferenz ein, in der er den Medienvertretern erzählte, er hätte einen Brief des Justizministeriums in Washington erhalten, der ihm mitteile, dass man auch dort nicht vorhabe, in Sachen Milke gerichtlich gegen Saldate vorzugehen.
Richterin Mroz erfuhr davon in der Morgenausgabe der *Republic*. Warum war sie nicht vorab informiert worden? Warum waren Debras Anwälte nicht informiert worden? Warum wandte sich der Staatsanwalt des County an die Medien anstatt an das Gericht, wie es vorgeschrieben war? Mroz berief eine Gerichtssitzung zu dieser Regelverletzung der Staatsanwaltschaft ein, die durchaus mit Sanktionen hätte geahndet werden können. Dort erklärte sie geradeheraus, dass sie den Medienrummel um diesen Fall beendet sehen wolle, und wies alle Parteienvertreter an, sich mit Äußerungen an die Presse zurückzuhalten.
Im Dezember 2013 entschied Richterin Mroz, dass Saldate sich auf sein Aussageverweigerungsrecht berufen durfte.

Montgomery ging gegen diese Entscheidung in Berufung. Lori und Mike beantragten, das Verfahren komplett einzustellen. Debra hoffte nun jeden Tag darauf, freizukommen und in die Schweiz fliegen zu können. Sie wollte noch so viel Zeit wie möglich mit ihrer todkranken Mutter verbringen.

Im März 2014 nahm Renate noch einmal die beschwerliche Reise nach Arizona auf sich, um Debras fünfzigsten Geburtstag am 10. März feiern zu können.

»Sie opferte ihre Gesundheit, um zu mir kommen«, erinnerte sich Debra später. »Sie hatte eine Woche Chemotherapie, dann drei Wochen Pause. In den drei Wochen kam sie zu mir. Die vergangenen Jahre konnten wir nicht zurückholen, auch wenn wir es in diesen drei Wochen, so gut wir konnten, versuchten.«

Als die drei Wochen um waren, musste Renate wieder zurück in die Schweiz.

Das Jahr 2014 verging für Debra hauptsächlich mit dem Warten darauf, dass sich in ihrem Fall etwas bewegte. Lori und Mike hatten eine neue Strategie entwickelt. Sie argumentierten nun damit, dass die Verfahrensfehler der Staatsanwaltschaft im ersten Prozess so »ungeheuerlich« gewesen seien, dass es auf eine »Doppelbestrafung« hinausliefe, würde man Debra ein zweites Mal für dasselbe Verbrechen vor Gericht stellen. Nach amerikanischem Recht ist das nicht erlaubt. Manche hielten das für etwas weit hergeholt, andere fanden es brillant. Montgomerys Leute hielten die Doppelbestrafungs-Strategie für ein fruchtloses Manöver.

Im Sommer 2014 wurde klar, dass Renate nur noch wenige Tage vergönnt blieben. Mike stellte bei Gericht den Antrag, Debra einen Flug in die Schweiz zu erlauben. Er schwor, sie würde nach Arizona zurückkehren und das Verfahren bis zum Ende durchziehen, da es darum gehe, »Genugtuung« zu erhalten.

Montgomery lehnte dies als »absurdes Ansinnen« ab.
Dem schloss sich das Gericht an.
»Das war kein ›absurdes Ansinnen‹«, empörte sich Mike Kimerer. »Das war eine Frage der Menschlichkeit.«
Renate Janka starb am 9. August 2014. Sie war einundsiebzig Jahre alt.
Debra war an diesem Tag allein zu Hause in Goodyear. Frank weilte in Deutschland. Sie rollte sich mit Angel, ihrem Hund, der aus dem Tierheim stammte, auf dem Sofa zusammen und weinte. Dann fuhr sie zu Pat und Patti, die ihren Kummer teilten.
Als der Herbst verging und der Winter nahte, wurde klar, dass die Zeit davonlief, den Bundesstaat auf Haftentschädigung zu verklagen. Debras Anwälte sorgten sich, dass Montgomery absichtlich auf Zeit spielte und die Entscheidung in die Länge zu ziehen versuchte.
Im Dezember 2014 kam das Berufungsgericht von Arizona endlich zu einer Entscheidung. Es »schäme« sich des Falls Debra Milke, erklärte es.
Das Gericht bestimmte, dass Richterin Mroz alle Anklagepunkte fallenlassen sollte, und zwar »verbindlich«, also für alle Zeiten.
Das Gericht war zu der Überzeugung gekommen, das Vorgehen der Staatsanwaltschaft sei so unfair gewesen, dass ein neues Verfahren einer Doppelbestrafung gleichkäme. Es nannte den Fall »einen Schandfleck in Arizonas Justizsystem«.
Debra war außer sich vor Freude. »Ich empfand Genugtuung. Die Richter hatten es kapiert!« Staatsanwalt Bill Montgomery war wiederum außer sich. Das Berufungsgericht habe seine Kompetenzen überschritten, behauptete er, und neue Regeln darüber geschaffen, welche Informationen Staatsanwälte weiterzugeben hätten. Unter Juristen löste Montgomerys Behauptung, diese Entscheidung stelle eine

»neue Forderung an Staatsanwälte dar«, sämtliche Erkenntnisse zugänglich zu machen, die zugunsten der Angeklagten sprächen, Kopfschütteln aus. Genau das sei seit 1963 geltendes Recht, betonten viele. Damals trat das Brady-Gesetz in Kraft.

Montgomery wandte sich an den Obersten Gerichtshof von Arizona mit dem Ziel, die Veröffentlichung der Entscheidung des Berufungsgerichts rückgängig zu machen. Der Oberste Gerichtshof lehnte dies ab. Damit stand die Entscheidung des Berufungsgerichts: Debra Milke war »vorbehaltlos« freizulassen, das hieß, sie konnte nie mehr wegen dieses Verbrechens angeklagt werden.

Doch Bill Montgomery gab immer noch nicht klein bei. Er wandte sich an die Medien und erklärte, dies sei ein »trauriger Tag« für die Justiz von Arizona. Er verteidigte Saldate und bezeichnete es als »absolut unwahr«, dass der Detective in diesem Fall unter Eid gelogen habe.

Montgomery versuchte den Prozess, den er vor Gericht verloren hatte, nun vor dem Gerichtshof der öffentlichen Meinung zu gewinnen. Zu diesem Zweck umwarb er Journalisten und fütterte sie gezielt mit Informationen. Man konnte sogar erkennen, dass er hinter bestimmten Geschichten stand, weil sie Falschschreibungen von Namen enthielten, die nur aus seinen Akten stammen konnten.

Lori Voepel riet ihrer Mandantin, keine Zeitungen mehr zu lesen und keine Fernsehnachrichten zu schauen. Sie solle sich ganz auf das konzentrieren, was vor ihr liege.

Debra Milke arbeitete an der Erklärung, die sie vor den Medien abgeben wollte, sobald die endgültige Gerichtsentscheidung gefällt war. Dabei konnte sie nicht umhin, all die vergangenen Jahre Revue passieren zu lassen.

Seit sie verhaftet worden war, hatte das Land sich in zahlreiche Kriege gestürzt: Erster Golfkrieg, Afghanistan, Irak, aktuell der Krieg gegen den »Islamischen Staat«.

Als sie verhaftet wurde, war George H. W. Bush Präsident der Vereinigten Staaten. Drei andere Präsidenten waren ihm inzwischen gefolgt: Bill Clinton, George W. Bush und Barack Obama.

Als sie ins Gefängnis kam, war Rose Mofford Gouverneurin von Arizona gewesen, die erste Frau in diesem Amt. Sie wurde im selben Jahr gewählt, in dem die Wähler ein hundert Jahre altes Gesetz kippten, das Frauen von höheren Ämtern im Bundesstaat ausschloss. Seitdem hatte Arizona fünf weitere Gouverneure und Gouverneurinnen gehabt: Fife Symington, Jane Dee Hull, Janet Napolitano, Jan Brewer und Doug Ducey.

Als Debra ins Gefängnis kam, gab es weder Internet noch Handys. Das Klonen und Stammzellen waren unbekannt, niemand hatte je von DVDs, Viagra oder YouTube gehört.

Sie musste zurückschauen, um vorwärtsschauen zu können. Die Medien, die sie so lange gehasst hatte, mussten aus ihrem eigenen Mund – ungeschminkt und ungefiltert – hören, was sie sagen wollte.

Sie wollte sich erst an sie wenden, wenn sie ihre volle Freiheit wiedererlangt hatte. Wenn sie keine elektronische Fußfessel mehr trug. Wenn sie endlich in die Schweiz zum Grab ihrer Mutter reisen und leben konnte, wo sie wollte.

Im März 2015 gönnte sich Debra eine Pause von ihrer Arbeit an der Erklärung, um shoppen zu gehen.

Sie suchte nach dem ersten Kleid, das sie tragen würde, seit sie am Freitag, dem 1. Dezember 1989, von der Arbeit nach Hause gekommen war.

# KAPITEL 18

## »Ich trug ein blaues Kleid, zur Erinnerung an meine Mutter«

»*The First Duty of Society is Justice.*« (»Die erste Pflicht der Gesellschaft ist Gerechtigkeit.«) Diese Worte stehen am Portal des Neubaus des Maricopa County Superior Court im Stadtzentrum von Phoenix. In der Eingangshalle erstrecken sich die Worte »*Truth*« (Wahrheit) und »*Justice*« (Gerechtigkeit) in riesigen Lettern über die Wände. Jeder, der das Gebäude betritt, muss einen Metalldetektor passieren. Sämtliche Hand- und Aktentaschen werden durchleuchtet. Eine ganze Reihe von Aufzügen befördert die Besucher zu den Gerichtssälen hinauf, in denen lebensbestimmende Entscheidungen getroffen werden.

Die letzte, endgültige Entscheidung in Debras Fall fiel im Gerichtssaal von Richterin Rosa Mroz in der siebten Etage. Es war Montag, der 23. März 2015 – ein bedeutsames Datum.

Es war der siebzehnte Todestag ihres Vaters.

Richard Sadeik hatte sich von ihr abgewandt und ihr mit seiner Aussage im Prozess schwer geschadet, doch als er im Sterben lag, fragte er sich, ob er sich damals nicht furchtbar geirrt hatte. Dieser Tag bewies, dass dem so war.

Vor dem Termin mischte sich Debra in der geräumigen Lobby der siebten Etage unter die anwesenden Anwälte, Freunde und Medienvertreter. Sie trug eine gestreifte Bluse, dazu eine schwarze Hose und schwarze Samtstiefel.

Ein Team vom *Spiegel* war da, der seit 1998 über den Fall berichtete.

Kirk Fowler war da, der seit dem Tag ihrer Verhaftung als Privatermittler für sie tätig gewesen war.

Paul Huebl war da und erinnerte jedermann daran, dass er der »Erste« gewesen sei, der sie damals, 1989, interviewt hatte. Seit damals habe er an ihre Unschuld geglaubt.

Rechtsanwalt Anders Rosenquist und seine Frau Lee waren da, wie bei allen anderen Gerichtsterminen in den vergangenen zwei Jahren.

Pat und Patti waren da.

Mike Kimerer kam im Rollstuhl, denn er hatte sich einen Fuß gebrochen. Stolz posierte er mit Lori Voepel.

Frank war in Berlin, ließ sich aber per Handy auf dem Laufenden halten.

Binnen zwei Minuten war alles vorbei. Zwei kurze Minuten, die einem fünfundzwanzig Jahre währenden Alptraum ein Ende setzten.

Um 8:30 Uhr nahm Debra Jean Milke gemeinsam mit ihren Anwälten an einem Tisch im Gerichtssaal Platz.

Richterin Mroz verkündete, der Oberste Gerichtshof von Arizona habe verfügt, die Entscheidung des Berufungsgerichts solle bestehen bleiben. Sie unterzeichnete nun den Gerichtsbeschluss, dem zufolge alle Anklagepunkte verbindlich fallengelassen wurden. Sie hob auch die Kaution auf, die sicherstellen sollte, dass Debra die Stadt nicht verließ – Frank bekam also das Geld, das er auf sein Haus aufgenommen hatte, zurück. Dann ließ Richterin Mroz ihren Hammer niedersausen, und es war vorbei.

Die Uhr im Saal zeigte 8:32 Uhr.

Nun blieb nur noch, die elektronische Fußfessel zu entfernen. Debra wartete gemeinsam mit ihren Anwälten in einem Vorzimmer darauf, dass jemand kam und das erledigte. Ein Justizangestellter namens Manuel trennte mit einer Schere die Fußfessel ab.

Jetzt war sie frei. Sie durfte gehen.

Sie hatte nun eine neue Nummer. Debra Jean Milke war jetzt die 151. Person, die einem amerikanischen Todestrakt

lebend entronnen war. Sie war die zweite Frau auf dieser Liste.
Am nächsten Tag fand in einem kleinen Konferenzsaal im Phoenix Plaza Complex eine Pressekonferenz statt. In der ersten Reihe saß Pat Galbraith, der ein Jahr mit schweren gesundheitlichen Problemen hinter sich hatte. Debra trug ein geblümtes blaues Kleid, dazu eine blaue Jacke und eine Perlenkette.
Rechtsanwalt Larry Hammond – der Gründer des Arizona Justice Project, das sich für die Freilassung unschuldig Verurteilter einsetzt – moderierte die Veranstaltung.
Als Erster ergriff Mike Kimerer das Wort. »Dieser Fall war nicht einfach. Es gab Höhen und Tiefen, Tränen und Kummer. Wir haben den Felsen immer wieder den Berg hinaufgeschoben, und immer wieder rollte er hinunter. Hoffnung gab uns Debra. Wenn Lori und ich sie in der Haft besuchten und wir niedergeschlagen waren – wer baute uns da wieder auf? Debra. Sie sagte dann immer: ›Vergesst nicht, ich bin unschuldig.‹«
Er führte aus, dass sich aus dem Fall Debra Milke wichtige Lehren ziehen ließen. »Er wird dazu beitragen, dass sich in diesem Land etwas bewegt: Die Polizei muss Vernehmungen aufzeichnen. Polizisten und Staatsanwälte müssen stärker kontrolliert werden, um mögliche Verfehlungen vorzubeugen.«
Hammond lobte Voepel: »Ich glaube nicht, dass man in den Annalen des Anwaltsberufs noch einmal jemanden mit dem Maß an Fähigkeiten finden wird, das Lori Voepel in diesem Fall bewiesen hat.«
Lori gab das Lob weiter, indem sie anmerkte, dass Anders Rosenquist 1995 »Enormes geleistet« habe, als er Saldates Vorgeschichte aufdeckte.
Dann teilte sie gegen die Presse aus. »Denjenigen von Ihnen, die Debra Milke instinktiv für schuldig halten, sage ich:

Keiner von Ihnen hat sich so intensiv mit diesem Fall auseinandergesetzt wie ich. Keiner von Ihnen hat Debra so gut kennengelernt wie ich. Mein Instinkt ist also erheblich fundierter als Ihrer. Die Anwältin in mir weiß, dass sie unschuldig ist. Und als Frau, die ebenfalls Mutter ist – mein Kind ist jetzt vier Jahre alt –, weiß ich tief in meinem Herzen, dass sie unschuldig ist.«

Lori vergaß auch Renate nicht. Debra kamen die Tränen, als ihre Anwältin erklärte: »Seit dem vernichtenden Beschluss des Bundesberufungsgerichts für den neunten Bezirk sind zwei Jahre ins Land gegangen. In dieser Zeit hat Debras Mutter ihren Kampf gegen den Krebs verloren, und Debra wurde der Möglichkeit beraubt, ihrer Mutter in ihren letzten siebzehn Lebensmonaten zur Seite zu stehen.«

Dann war es an Debra, das Wort zu ergreifen. Ihr bebte zunächst noch ein wenig die Stimme, ansonsten aber wirkte sie gefasst und selbstsicher.

»Ich hatte mit dem brutalen Mord an meinem Sohn Christopher nicht das Geringste zu tun, und ich habe Mister Saldate gegenüber nie ein Geständnis abgelegt. Ich habe immer daran geglaubt, dass dieser Tag kommen würde. Ich dachte bloß nicht, dass es fünfundzwanzig Jahre, drei Monate und vierzehn Tage dauern würde, einen so eklatanten Justizirrtum zu korrigieren.

Ein Kind durch einen Mord zu verlieren ist eine furchtbare Tragödie, die mit einem unbeschreiblichen Kummer einhergeht, dem keine Mutter und kein Vater je ausgesetzt sein sollten. Es ist die reinste Form der Qual, die man sich nur vorstellen kann, sie brennt sich in die Seele ein, und der Schmerz hört nie mehr auf.

Ähnlich schlimm ist es nur, fälschlich beschuldigt zu werden, am Tod des eigenen Kindes beteiligt gewesen zu sein. Hier im Raum gibt es sicherlich jemanden, der den Schmerz über den Verlust eines Kindes nachempfinden kann, aber ich bin mir ziemlich sicher, dass niemand von Ihnen weiß, was für ein Gefühl es ist, von den Behörden beschuldigt zu werden, dazu beigetragen zu haben.

Mein Sohn Christopher bedeutete mir alles, und ich liebe ihn von ganzem Herzen. Er fehlt mir ganz fürchterlich, und es vergeht kein Tag, an dem ich nicht an ihn denke. Er war so ein süßes, liebevolles Kind. Er liebte es, Späße zu machen und andere zum Lachen zu bringen. Ich habe noch oft seine süße, kleine Stimme im Ohr und muss unwillkürlich lächeln, wenn ich an die vielen Umarmungen und Küsse denke, daran, wie er mir ›Ich hab dich lieb, Mommy‹ ins Ohr flüsterte, und an sein bezauberndes Lächeln, das es mir manchmal schwermachte, ihm etwas abzuschlagen …
Ich habe zahllose kostbare Erinnerungen an Christopher, die sich in mein Herz und mein Gedächtnis eingeprägt haben. Niemand kann sie je entweihen, niemand kann sie mir je nehmen. Sein Tod ist eine Tragödie von unsagbaren Ausmaßen – für mich, für meine Familie, für alle, die ihn geliebt haben. Er wird schmerzlich vermisst und wird niemals vergessen werden, denn er wird für immer die größte Freude und der größte Segen meines Lebens bleiben.«
An dieser Stelle musste sie innehalten, um die Fassung wiederzufinden. Beim nächsten Satz konnte sie die Tränen nicht mehr zurückhalten: »Ich werde diesen Verlust nie verwinden, und mein Herz ist nicht mehr ganz, aber im Geiste wird Christopher immer bei mir sein, und das ist für mein gebrochenes Herz wenigstens ein kleiner Trost.«
Dann riss sie sich zusammen und zeigte, dass sie sich nicht entmutigen ließ.
»Die Anklage gegen mich war böswillig. Dass ich unschuldig war, spielte keine Rolle. Es ging nur darum, mich zu verurteilen. Auch Christophers Andenken zu ehren spielte keine Rolle.
Wir, die wir als Bürger der USA alle die gleichen Rechte be-

sitzen, verdienen Gerechtigkeit. Die Mitarbeiter der Strafverfolgungsbehörden sind auch nur Menschen, und ein Dienstabzeichen oder ein Jura-Diplom macht keine moralischen Instanzen aus ihnen. Einige von ihnen sind korrupt, viele aber sind das nicht. Um jeden Preis eine Verurteilung herbeizuführen ist gewissenlos und hat mit Gerechtigkeit nichts zu tun. Wie der Richter des Bundesberufungsgerichts für den neunten Bezirk so überaus treffend bemerkt hat: ›Schlechte Polizisten und jene, die sie decken, bringen uns alle in eine unhaltbare Position.‹

Ungerechtigkeit ist blind, sie kann jeden treffen. Was mir geschehen ist, kann wieder geschehen und ist schon Hunderte Male zuvor im ganzen Land geschehen. Es kann auch jedem von Ihnen zustoßen …

Mein juristischer Kampf ist bedeutungslos, verglichen mit dem immensen Schmerz in meinem Herzen und meiner Seele über Christophers grausamen Tod, aber meine unglückselige Begegnung mit Mister Saldate, der schon damals eine lange Vorgeschichte voller Lügen, gefälschter Beweise und Rechtsverletzungen hatte, hat bei mir einen unauslöschlichen Eindruck hinterlassen, der so traumatisch ist, dass ich seine lebenszerschmetternden Worte immer noch im Ohr habe.

Bevor ich zum Ende komme, möchte ich noch zum Ausdruck bringen, wie unendlich dankbar ich meinen großartigen Anwälten Michael Kimerer und Lori Voepel bin, die sich über ein Jahrzehnt lang buchstäblich tagein, tagaus mit meinem Fall befasst und unermüdlich daran gearbeitet haben, diese Ungerechtigkeit zu beseitigen. Ich danke von Herzen auch den vielen Anwälten, die dabei mitgewirkt haben, Ehre und Gerechtigkeit wiederherzustellen, auch für meinen Sohn Chris.

Mein tiefer Dank gilt Frankie, für seine jahrelangen unermüdlichen Recherchen und dafür, dass er für Chris und

mich zum Sprachrohr geworden ist. Ich danke Pat und Patti dafür, dass sie an mich geglaubt haben, und für ihre bedingungslose Liebe und Unterstützung. Ich danke meiner Mutter, die so viel geopfert hat und diesen langen, schmerzensreichen Weg mit mir gegangen ist. Ich danke Paul [Huebl], der sich lange Jahre als Fürsprecher für mich eingesetzt hat, und ich danke den Tausenden Menschen da draußen für ihren Glauben an mich, für ihre Bekundungen der Hilfsbereitschaft und für ihr Gerechtigkeitsempfinden. Mein Herz ist wirklich von enormer Dankbarkeit erfüllt.«
Anschließend durften Debra Fragen gestellt werden.
Was würden Sie zu Armando Saldate sagen, wenn er jetzt hier im Raum wäre?
»Ich habe Ihnen doch gesagt, ich hatte nichts damit zu tun.«
Sind Sie zu einem Schluss gekommen, weshalb Ihr Sohn ermordet wurde?
»In diesem Mordfall wurde nicht korrekt ermittelt, und daher wissen wir nicht, was wirklich geschah.«
Was ist mit den Patronen in Ihrer Handtasche?
»Das mit den Patronen kann ich Ihnen erklären«, sagte Debra und legte dann dar, dass sie sie beim Sortieren der Wäsche in Jim Styers' Hosentasche gefunden hatte. »Ich hatte sie einfach vergessen«, schloss sie.
Lori Voepel schaltete sich ein und fragte, wie realistisch die Annahme sei, Debra habe ihren Sohn kaltblütig ermorden lassen und anschließend wissentlich mit Patronen in der Handtasche ein Polizeirevier betreten.
Sind Sie jetzt zufrieden?
»Das ist keine Zufriedenheit, es ist eher bittersüß. Ich war nie ein rachsüchtiger Mensch und bin es auch jetzt nicht.«
Nach der Pressekonferenz ging Debra gemeinsam mit ihren Anwälten in Loris Büro, wo Sandwiches und Cupcakes serviert wurden.
Nach dem Mittagessen nahm Debra die Verfasserin dieses

Buchs beiseite. »Wie gefällt Ihnen mein Kleid? Ich habe es von Dress Barn, und es hat nur 49,50 Dollar gekostet! Meine Mutter hat mir gesagt, wenn ich freikomme, soll ich ein blaues Kleid anziehen. Deshalb habe ich ein blaues Kleid getragen, zur Erinnerung an meine Mutter.«

*

Nachdem ihr Kriminalfall abgeschlossen war, scharte Debra einige Zivilrechtsanwälte um sich – darunter den berühmten Barry Scheck aus New York –, um den Staat Arizona auf Entschädigung zu verklagen.

In lediglich gut der Hälfte der Bundesstaaten der USA besteht die gesetzliche Möglichkeit, einem Justizopfer eine Entschädigung zuzuerkennen, und die Modalitäten sind sehr unterschiedlich geregelt. In einigen Staaten gibt es feste Beträge: In Kalifornien stehen dem Betroffenen für jedes Jahr rechtswidriger Inhaftierung 36 500 Dollar zu, in Alabama sind es mindestens 50 000 Dollar pro Jahr, in Wisconsin nur 5000 Dollar. In einigen Staaten existiert für die Entschädigung eine Obergrenze: In Tennessee beträgt sie eine Million Dollar, in New Hampshire 20 000 Dollar, in Massachusetts 500 000 Dollar. Montana zahlt kein Geld, bietet dem Betroffenen aber kostenlose Gesundheitsfürsorge, psychologische Beratung und Stipendien für staatliche Bildungseinrichtungen an. In Arizona muss man den Staat verklagen, um auch nur einen Penny zu bekommen.

Eine der letzten großen Entschädigungszahlungen in Arizona ging an Ray Krone, der für ein Verbrechen, das er nicht begangen hatte, zehn Jahre, drei Monate und acht Tage hinter Gittern saß. 2002 wurde er freigelassen. Ray Krone klagte auf 100 Millionen Dollar. 2005 einigte man sich auf 1,4 Millionen Dollar vom Maricopa County und drei Millionen Dollar von der Stadt Phoenix.

In Debras Entschädigungsklage wurde kein Betrag genannt, aber Beobachter bemerkten, dass so ziemlich jeder in Frage kommende Betrag, wenn man ihn mit dreiundzwanzig multiplizierte, eine ansehnliche Summe ergab. Die Medien in Arizona behandelten sie daraufhin wie die Geldgier in Person. In einem Leitartikel der *Arizona Republic* hieß es unter Verweis darauf, dass die Gerichte ihr schließlich die Freiheit verschafft hätten: »Die meisten Leute würden an Milkes Stelle leise ›Danke‹ sagen und in der Versenkung verschwinden. Nicht so sie. Stattdessen hat sie nun geklagt ... Gegen Polizisten und Staatsanwälte, die an Amtsvergehen zu Milkes Nachteil beteiligt gewesen sein sollen. Dafür sollte sie, zusätzlich zu ihrer Freiheit, tatsächlich eine Entschädigung erhalten – in Höhe von einem Dollar.«

Die *Arizona Republic*-Kolumnistin Laurie Roberts fragte: »Sind wir Debra Milke irgendetwas schuldig?« Sie merkte an, dass eine Entschädigung letztlich von den Steuerzahlern zu begleichen sei, und fuhr fort: »Da stellt sich natürlich die Frage: Wem werden wir da etwas zahlen? Einer unschuldigen Frau, die zum Tode verurteilt wurde, weil Polizei und Staatsanwaltschaft ihr Verfahren abkürzten? Oder einer schuldigen Frau, die dennoch jetzt auf freiem Fuß ist?«

Die Leserbriefe hielten sich ungefähr die Waage: Manche freuten sich über ihre Freilassung, für andere handelte es sich dabei um eine »Schande«.

Was der Ankläger Noel Levy heute über den Fall Debra Milke zu sagen hat, ist, dass er keine Ahnung gehabt habe, dass es sich bei Saldate um einen unsauber arbeitenden Polizisten handelte.

»Ich dachte immer, Armando wäre absolut korrekt«, sagte er im Sommer 2015 in einem Telefoninterview. »So wie er sich gegeben hat. (…) Und er war auch ein regelmäßiger Kirchgänger. Die anderen Detectives hatten eine sehr hohe Meinung von ihm. Ich hatte wirklich keine Ahnung davon.

Es war ein ziemlicher Schock für mich. Ich habe wirklich an den Mann geglaubt.«

Darauf angesprochen, dass der Richter des Bundesberufungsgerichts für den neunten Bezirk es für unmöglich hielt, zu glauben, dass Saldates Vernehmungspraktiken nicht weithin bekannt waren, beharrte Levy: »Ich hatte wirklich keine Ahnung davon. Niemand hat je zu mir gesagt: ›Auf Saldate solltest du aufpassen.‹ Ich habe mich täuschen lassen.«

Levy betonte: »Es ist wirklich kein Verdienst, jemanden für schuldig befunden zu haben, der nicht schuldig ist. Es ist schlicht und einfach falsch.«

Und dennoch: Zwei der berühmtesten Todesurteile, die er erwirkt hatte – gegen Ray Krone und Debra Milke –, wurden nachträglich aufgehoben.

Gefragt, was er Debra Milke gerne sagen würde, der Frau, die er damals als »Drahtzieherin« bezeichnet hatte, meinte er: »Es ist schwer, darauf zu antworten, ohne etwas Kontroverses zu sagen.« Dann ließ er noch einmal die Beweislage Revue passieren, wie er sie in Erinnerung hatte:

»Die Beweislage war die, dass sie den Jungen hasste, dass sie es auf diesen Typen abgesehen hatte, diesen aufstrebenden Versicherungsmanager, dass sie ihren Ex-Mann hasste, dass sie eine verwirrte junge Frau war. Der Mann, der den Jungen schließlich tötete, hatte dafür kein besonderes Motiv, außer der Tatsache, dass sie, laut Beweislage, wollte, dass er es tat. Er wollte nicht gegen sie aussagen, weil er in sie verliebt war. Und er zog einen Dritten hinzu, der ihm dabei helfen sollte.«

Levy erkannte jedoch an, dass das Bundesberufungsgericht für den neunten Bezirk den Staat Arizona dafür, wie er im Fall Milke verfahren war, schwer getadelt hatte.

»Sie hat es geschafft, dass ihre Verurteilung noch einmal überprüft wurde. Hoffen wir, dass dabei alle Unterlagen vorgelegt wurden. Das Urteil wurde ordnungsgemäß aufgehoben, und dabei wollen wir es bewenden lassen.«

Levy behauptete, er habe sich nie der Einsicht in Saldates Personalakte widersetzt, es sei allerdings nicht seine Entscheidung gewesen, darauf zu verzichten, sondern die des Gerichts. Als Ankläger war er aber verfassungsmäßig verpflichtet, dafür Sorge zu tragen, dass den Geschworenen sämtliche Akten zugänglich gemacht wurden – insbesondere die Akten über den einzigen echten »Beweis«, den er gegen Debra in der Hand hatte – Armando Saldate.
Er gestand ein, dass dies ein Fehler war. »Saldates Personalakte hätte den Geschworenen vorgelegt werden müssen. Dass sie nicht vorgelegt wurde, war ein gravierender, ein fataler Fehler. Den Geschworenen lagen damit nicht alle Beweismittel vor. Es bestand durchaus Anlass zu berechtigtem Zweifel.«
Noel Levys Eingeständnisse können ihm heute nichts mehr anhaben. Er erhielt keine Strafe für seinen »fatalen Fehler«. Er wurde nicht dafür belangt, dass er den Geschworenen nicht die vollständigen Beweismittel zugänglich machte. Er wurde in Ehren in den Ruhestand versetzt und bezieht seine Pension.
Was der ehemalige Bezirksstaatsanwalt Rick Romley heute über Debra Milke zu sagen hat, ist, dass er damals nicht richtig aufgepasst habe. Er wäscht seine Hände in Unschuld, indem er behauptet, er sei seinerzeit durch andere Fälle abgelenkt gewesen.
Einige Monate nachdem Romley Ende 1989 sein Amt angetreten hatte, begann seine Dienststelle gemeinsam mit der Polizei von Phoenix eine dreizehn Monate während Undercover-Operation zum Thema politische Korruption, in deren Folge am 6. Februar 1991 gegen sieben Abgeordnete aus Arizona und sieben weitere Politiker Anklage wegen Bestechlichkeit und Geldwäsche erhoben wurde. Debra wurde sechsundzwanzig Tage zuvor, am 11. Januar, zum Tode verurteilt.

Romley kann jedoch nicht erklären, weshalb er sich nicht mit Debra Milkes Geständnis befasste.
Er gesteht seine Schuld ein.
»Wir haben keine gute Arbeit geleistet. Es endete damit, dass das Urteil rechtskräftig aufgehoben wurde, und bis dahin hatte eine junge Frau sehr, sehr lange in Haft gesessen. Wir haben keine gute Arbeit geleistet, das ist nicht zu leugnen.«
Abgesehen von dieser Blamage muss er keine Konsequenzen fürchten. Er ist im Ruhestand und bezieht seine Pension. Und er gilt immer noch als ein angesehener ehemaliger Staatsanwalt.
Detective Armando Saldate möchte heute zum Thema Debra Milke nichts mehr sagen. Unmittelbar nach der Aufhebung ihres Todesurteils erklärte er gegenüber der Presse, er werde sehr gerne noch einmal seine ganze Geschichte erzählen und dafür sorgen, dass Debra schnell wieder im Todestrakt lande. Nicht er habe etwas falsch gemacht, sondern diese junge Mutter, die ihren Sohn ermorden ließ. Seither jedoch schweigt er auf Anraten seines Anwalts. Er ist im Ruhestand und bezieht zwei Pensionen.
Viele haben sich gefragt, weshalb gegen Armando Saldate nie Strafanzeige erstattet wurde. Weshalb wurde er für seine Lügen nicht ins Gefängnis gesteckt? Weshalb wurden Noel Levy und Rick Romley nicht zur Rechenschaft gezogen? Wie kann es angehen, dass ein »Ups!« oder ein »Mein Fehler!« alles ist, was da kommt? Darauf gibt es eine ganz einfache Antwort.
In den USA genießen Polizisten und Staatsanwälte in der Regel Immunität, was ihr dienstliches Handeln angeht. Von dieser Regel hat es bisher nur sehr wenige Ausnahmen gegeben. Manche meinen, der Fall Debra Milke solle so eine Ausnahme werden.

\*

Debra Milke kehrte heim in Franks Haus und versuchte, »eine neue Normalität für mich zu finden«.
Zunächst musste sie sich mit der Realität auseinandersetzen. »Mein Sohn ist tot. Meine Mutter ist tot. Und es kommt mir vor, als wären sie beide am selben Tag gestorben.«
Sie verfiel in eine Depression, die monatelang andauerte. An manchen Tagen dachte sie, es ginge bergauf, nur um dann doch wieder in Tränen auszubrechen. Sie konnte nicht schlafen, dann wieder schlief sie ununterbrochen.
Sie stellte sich Aufgaben. Sie sah jede einzelne Kiste aus ihrer Haftzeit durch und stellte der Verfasserin dieses Buchs sämtliche Briefe, Aufsätze und Aufzeichnungen daraus zur Verfügung. Alles andere jagte sie durch den Reißwolf. »Das ist nicht mehr mein Leben«, sagte sie sich immer wieder, während sie den Aktenvernichter fütterte.
Sie kaufte gern bei Goodwill ein, wo man für 50 Dollar einen ganzen Einkaufswagen voller Textilien bekam.
Frank kam und ging, pendelte zwischen Phoenix und Berlin, kümmerte sich abwechselnd um Debra und um seine Geschäfte.
Ihr ständiger Begleiter war Angel. Er war ein Mischling aus Terrier und Labrador und anfangs eine hässliche Töle: abgemagert und mit fleckigem weißem Fell. Dank Debras Fürsorge aber wurde er bald ein schöner, gepflegter Hund.
Sie legte sich auch einen Kater zu. Sie nannte ihn »Mister Lucky«.
Zeitweise widmete sie sich wie eine Besessene der Gartenarbeit.
Ihre Schulfreundin Robin zog bei ihr ein. Robin hatte inzwischen das Sorgerecht für ihre Nichte, und die beiden alten Freundinnen stellten fest, dass sie genauso wie ihre eigenen Mütter zu kämpfen hatten, wenn es darum ging, einem Teenager Vernunft beizubringen.

Sie lebte vom Erbe ihrer Mutter und wurde zudem von Frank großzügig unterstützt.

Sie duldete kein Fernsehgerät im Haus. »Ich habe im Gefängnis so viel ferngesehen, das reicht für den Rest meines Lebens.«

Sie fing an, die Rezepte nachzukochen, die sie im Gefängnis gesammelt hatte.

Sie stellte fest, dass sie immer noch gerne Bier trank.

Von Eiscreme konnte sie gar nicht genug bekommen.

Sie nahm gut dreizehn Kilo zu. Als ihr Arzt sie fragte, ob es nicht mal an der Zeit sei, ein bisschen kürzerzutreten, erwiderte sie: »Noch nicht.«

Wildfremde Leute halfen ihr, wieder zurechtzukommen.

Als sie eines Tages in ihrem Stammsupermarkt Lebensmittel einkaufte, sagte die Kassiererin mit einem Lächeln auf den Lippen zu ihr: »Das schmeckt doch bestimmt viel besser als das Essen im Gefängnis. Ich freue mich, dass Sie draußen sind.« Debra schenkte ihr ein dankbares Lächeln.

Ein andermal, an Debras einundfünfzigstem Geburtstag, gingen Robin und sie gemeinsam mit ihrem Teenager-Schützling essen. Das Mädchen bemerkte, dass Leute an einem Nachbartisch die ganze Zeit zu ihnen herübersahen. Als sie schließlich gingen, fragte jemand von diesem Tisch: »Sind Sie nicht Debra Milke?« Als sie bejahte, hieß es: »Wir sind froh, dass Sie draußen sind.«

Sie nahm einen Teilzeitjob in Kimerers Kanzlei an. Sie liebte es, wieder selbst Geld zu verdienen.

Im Sommer 2015 reiste sie zu einer Konferenz des in New York ansässigen Innocence Project nach Orlando, Florida. Thema war dort vor allem, wie man mittels DNA-Beweisen unschuldig Verurteilte freibekommen könnte. »Es war fantastisch«, sagte sie anschließend. »Zum ersten Mal war ich unter Menschen, die wussten, was ich durchgemacht habe.«

Im Herbst 2015 reiste sie nach Cleveland, Ohio, zu einer Konferenz des in Philadelphia ansässigen Projekts Witness to Innocence. Ray Krone hatte mitgeholfen, diese Initiative zu gründen, die sich schwerpunktmäßig für Menschen einsetzte, die einem Todestrakt lebend entronnen waren.

Krone hatte sich im Zuge ihrer Freilassung mit Debra in Verbindung gesetzt. Er schrieb ihr einen »offenen Brief« mit freundlichen Ratschlägen.

»Ich hoffe, du findest einen Weg, wie du das Fehlurteil gegen dich zu etwas machen kannst, das dir zugestoßen ist, statt es als etwas zu betrachten, das dich definiert.«

Unter Anspielung darauf, dass Debra erst die zweite Frau war, die einem amerikanischen Todestrakt lebend entronnen war, erwähnte er, dass seiner Gruppe auch die erste Frau angehörte: Sabrina Butler aus Mississippi.

Sie alle trafen sich in Cleveland, auch Sabrina Butler. Sie alle trugen blaue T-Shirts mit dem Schriftzug »Witness to Innocence« auf der Brust; auf dem Rücken stand der Slogan: »Man kann einen Unschuldigen wieder aus dem Gefängnis holen – aber nicht wieder aus dem Grab.«

Debra fand auf der Konferenz eine neue »Familie«. »Wir alle sind durch die Hölle gegangen«, sagte sie. »Wir alle haben etwas verloren, das sich mit Geld nicht ersetzen lässt.« Sie teilte die Entschlossenheit der anderen, dem einen Sinn zu geben.

»Ich möchte als Sprecherin auftreten, um auf die Ungerechtigkeiten im ganzen Land aufmerksam zu machen«, sagte Debra, als sie wieder in Arizona war. »Ich will mich für die Abschaffung der Todesstrafe engagieren.«

Ray Krone war inzwischen ein enger Freund geworden. »Er behandelt mich wie eine kleine Schwester«, erzählte sie. Sie möchte ihn und seine Familie eines Tages einmal auf der Farm besuchen, die er in Tennessee gekauft hat.

Sie fühlte sich wieder stark und entschlossen, was sie auch

darauf zurückführte, dass sie den Sommer in Europa verbracht hatte.
Sie hatte das Grab ihrer Mutter in der Schweiz besucht. »Am ersten Tag habe ich nur geschluchzt«, erinnerte sie sich. »Am zweiten Tag aber habe ich mich umgeschaut, und es war so wunderschön dort. Ich hätte mir für ihre letzte Ruhestätte keinen besseren Ort wünschen können.«
Sie pflegte das Grab, jätete dort Unkraut.
Sie verbrachte viel Zeit mit Frank, und aus ihrer Romanze wurde eine tiefe Freundschaft. »Er wird immer mein bester Freund bleiben.«
Es gab ein herzliches Wiedersehen mit ihrer Tante, ihrem Onkel und ihrem Cousin Reinhard.
Sie tat viele der Dinge, die sie mit ihrer Mutter gemeinsam hatte tun wollen.
Ihre Zivilklage war immer noch anhängig, und sie rechnete damit, dass es Jahre dauern würde, denn ihr war klar, dass Arizona sich buchstäblich mit Zähnen und Klauen zur Wehr setzen würde.
Sie war nun eine freie Frau, die daran arbeitete, ein freies Leben zu führen.
Als sie noch in Haft war, hatte Debra Milke überlegt, selbst ein Buch über das zu schreiben, was ihr und ihrem Sohn widerfahren war. Der Titel sollte lauten: *Tod den Unschuldigen. Von Liebe, Verlust und Ungerechtigkeit: Die Geschichte einer Mutter.*
Sie erklärte, der Titel sei doppeldeutig: »Chris war unschuldig und wurde getötet. Ich bin unschuldig und wurde zum Tode verurteilt.«
Folgende Widmung hätte sie ihrem Buch vorangestellt: »Für Christopher Conan, meinen kleinen ›Boogie‹. Ich habe für die Wahrheit gekämpft und nie aufgegeben. Du warst das hellste Licht in meinem Leben und wirst immer mein Leitstern sein. In ewiger Liebe.«

# NACHWORT

## Von Jana Bommersbach

Auch ich zähle zu den Menschen, die fast ein Vierteljahrhundert lang glaubten, Debra Jean Milke habe ihren Sohn ermorden lassen. Ich nahm an, wie die Medien es mir Tag für Tag einredeten, sie sei eine kaltherzige Rabenmutter, die ihren kleinen Sohn gehasst habe.
Ich erinnere mich noch deutlich, mit welchem Abscheu ich reagierte, als die *Arizona Republic* aus ihrem »Geständnis« die Worte zitierte, sie habe, im Nachhinein betrachtet, »wohl eine falsche Entscheidung getroffen«.
Ich fand, sie sei zu Recht zum Tode verurteilt worden.
Den wenigen Leuten, die mir eine andere Sicht der Dinge nahezulegen versuchten, fuhr ich barsch über den Mund.
In all den Jahren hatte ich lediglich einen einzigen Satz über Debra Milke verfasst. Er findet sich in der Einleitung zu meinem Buch über Winnie Ruth Judd, die berüchtigte »Kofferkillerin« aus den dreißiger Jahren. Zu der Zeit, als Christopher Milke ermordet wurde, war ich mit Recherchen zu diesem Buch beschäftigt, und als Debra zum Tode verurteilt wurde, schloss ich es gerade ab.
Daher war ich am 14. März 2013, dem Tag, als das Bundesberufungsgericht für den neunten Bezirk ihren Schuldspruch und ihr Todesurteil kippte, mehr als erstaunt. Meine Mutter war gerade zu Besuch und las mir den Artikel aus der *Arizona Republic* vor. »Ich kenne Leute, die sie für unschuldig halten«, sagte ich und beließ es fürs Erste dabei.
Ein paar Wochen später las ich abends am Computer den kompletten Beschluss des Bundesberufungsgerichts. In diesem Dokument wird buchstäblich kein gutes Haar an Arizona gelassen, dem Staat wurden gehörig die Leviten ge-

lesen. Dies ließ nur zwei Schlussfolgerungen zu: Entweder waren die Bundesrichter ignorante Vollidioten, die selbst mit Schwerverbrechern Nachsicht hatten, oder Debra Milke war tatsächlich zu Unrecht verurteilt worden.
Ich suchte im Netz nach ihrem Namen und stieß auf eine Website, die ihre Unterstützer eingerichtet hatten. Ich sah mir Videos an, in denen ein Deutscher erklärte, was wirklich geschehen sei, und las die Kopien der amtlichen Dokumente, die er ins Netz gestellt hatte. Ich blieb fast die ganze Nacht auf, und im Morgengrauen schickte ich Debras Anwältin Lori Voepel eine E-Mail, in der ich sie um ein Interview bat.
Lori antwortete wenig später, und wir vereinbarten einen Termin.
Frank Aue und Pat Galbraith lernte ich am 5. April 2013 im Wartezimmer von Mike Kimerers Anwaltskanzlei kennen. Frank verblüffte mich mit seinen ersten Worten: »Debra wartet seit Jahren darauf, dass Sie sich für ihren Fall interessieren.« Ich erkannte Frank von den Videos auf der Website – »Sie sind das also, den ich mir nächtelang im Internet angeschaut habe!« –, und stellte fest, dass Pat ein Mann war, dessen Vertrauen in das amerikanische Justizsystem schwer erschüttert war. Am selben Tag traf ich auch einige deutsche Journalisten, die schon lange der Auffassung waren, Debras Fall sei ein schreckliches Beispiel für die Ungerechtigkeit der amerikanischen Justiz.
Journalisten ist es in den Strafanstalten Arizonas nicht gestattet, sich von Angesicht zu Angesicht mit Gefangenen zu treffen. Ich nutzte jedoch eine Gesetzeslücke und betrat am 22. April 2013 Perryville, um zum ersten Mal der berüchtigten Debra Jean Milke zu begegnen.
Sie stand hinter einer Plexiglasscheibe, als Frank und ich den Raum betraten. An jenem Tag verbrachte ich vier Stunden mit ihr, ließ mir von ihr ihre Geschichte erzählen und stellte

ihr Fragen, um die Glaubwürdigkeit ihrer Erzählungen auf die Probe zu stellen. Debra schreckte vor keiner Antwort zurück. Sie blickte immer wieder zu Frank hinüber und sagte: Gib ihr diese oder jene Dokumente, zeig ihr diesen oder jenen Bericht.
Ein Punkt war ihr äußert wichtig: Sie wollte nicht wegen irgendeiner »Formsache« freigelassen werden. Sie wollte freigelassen werden, weil sie unschuldig war.
Ich machte mir hektisch Notizen. Man hatte mir ausnahmsweise gestattet, ein Notizbuch und einen Stift mitzubringen.
Ich verließ die Strafanstalt schwer verunsichert. Die Frau, der ich begegnet war, hatte keinerlei Ähnlichkeit mit dem Ungeheuer, über das ich während ihres Gerichtsverfahrens im Herbst 1990 tagtäglich in der Presse gelesen hatte. Sie klang überhaupt nicht wie in dem »Geständnis«, das ihr Schicksal besiegelt hatte.
Ich führte noch drei weitere vierstündige Interviews mit ihr in Perryville, bevor ich Phoenix für den Sommer verließ. Als ich im Herbst zurückkehrte, war sie bereits ins County-Gefängnis verlegt worden. Auch dort besuchte ich sie, bevor sie schließlich auf Kaution freikam.
Ich konnte in ihren Erzählungen keine Lücken entdecken. Ich spürte keinerlei Täuschungsversuche. Sie erschien mir ausgesprochen liebenswert. Falls sie einmal eine Mörderin gewesen war, hatte sie sich seither komplett gewandelt. Je mehr ich darüber erfuhr, wer sie in den letzten Monaten des Jahres 1989 – den letzten Monaten von Christophers Leben – war, desto klarer wurde mir, dass sie ihrem Sohn niemals Schaden zugefügt hätte. Ich sah eher das Gegenteil. Ich sah eine liebevolle Mutter, die tat, was sie nur konnte, und das besser als manche andere unter vergleichbaren Umständen.
Besonders ihre Halloween-Geschichte fand ich aufschlussreich: Weil sie Bedenken hatte, Christopher an Halloween durch ihr Viertel in Phoenix ziehen zu lassen, veranstaltete

sie gemeinsam mit ihrer Freundin Carmen in deren Wohnung eine Halloween-Party für Chris und seine Freunde. Und zweiunddreißig Tage später soll sie ihn in den Tod geschickt haben?

Eine Mutter, die ihren Sohn ermorden lässt, versteckt nicht einen Haufen neuer Kleider für ihn unter ihrem Bett, kauft keine Weihnachtsgeschenke für ihn, erwähnt ihn nicht groß im Newsletter ihres neuen Arbeitgebers.

Man fasst es einfach nicht: Der *einzige* »Beweis«, den die Staatsanwaltschaft hatte, war die Behauptung von Detective Armando Saldate, sie habe ihm gegenüber während einer fünfundzwanzigminütigen Vernehmung an dem Tag, an dem man den Leichnam ihres Sohnes fand, »ein Geständnis abgelegt«. Die Staatsanwaltschaft verließ sich einzig und allein auf Saldates sechsseitigen Polizeibericht – den er drei Tage später verfasste und als »Paraphrase« dessen bezeichnete, was gesagt worden war.

Anschließend stützte sie sich ausschließlich auf das Mittel des Rufmords – was letztlich im September 2013 sogar der *Arizona Republic* auffiel: »Im Nachhinein betrachtet erscheint es zunehmend so, dass Milke eher aufgrund von Emotionen und Empörung im Gefängnis landete und nicht aufgrund von nachprüfbaren Tatsachenbeweisen.«

Alles beruhte auf jenem »Geständnis«. Dennoch stellte ich fest, dass die Medien in Arizona in dieser Angelegenheit mit offenen Augen schliefen – mit der einzigen Ausnahme von Peter Aleshire, dessen Bericht im *Phoenix Magazine* jedoch keinerlei Echo auslöste.

Weshalb waren die Medien angesichts der fehlenden Bestätigung von Saldates Behauptungen nicht hellhörig geworden? Und schlimmer noch: Weshalb stellte *niemand* die absolut naheliegende Frage: Wenn Debra gestand, weil sie sich bei Saldate so gut aufgehoben fühlte, weshalb tippte der das, was sie gesagt hatte, nicht einfach ab und ließ es sie unterschreiben? Denn das hätte sicherlich alle Zweifel ausgeräumt.

Die Antwort liegt auf der Hand. Es waren eben nicht Debras Worte. Es gab kein Geständnis. Saldate wusste es, die Polizei von Phoenix wusste es, Noel Levy hätte es wissen müssen.

Weshalb haben sie das getan – weshalb haben sie dieses Geständnis fingiert? Ich glaube, sie hatten es mit einem grotesken Mordfall zu tun und wollten sich selbst dafür loben können, dass sie ihn binnen Stunden »gelöst« hatten. Ich glaube, sie dachten: Zwei unattraktive, gestörte Männer, die einen kleinen Jungen töten – das macht nicht viel her; fügte man aber eine hübsche junge Mutter hinzu, dann hatte man es mit einem sensationsträchtigen Fall zu tun.

Ich denke, es ist auch so gut wie erwiesen, dass es nicht Jim Styers war, der Christopher Milke ermordet hat. Ich halte Roger Scott für den Mörder. Es war keine »Verschwörung« dreier Personen, sondern die impulsive Tat eines eifersüchtigen und geistig behinderten Mannes, der in dem Versuch, sich selbst zu retten, mit dem Finger auf Styers zeigte, und dann an der Nase herumgeführt wurde, bis er auch auf Debra zeigte.

Es war leider nicht das erste Mal, dass ich mit Justizkorruption in Arizona zu tun hatte. Ich habe in diversen anderen Fällen recherchiert, in denen es grobe Verfahrensfehler gab, darunter die von Ray Krone, Louis Taylor und anderen. Mein Misstrauen gegenuber den Strafverfolgungsbehörden Arizonas ist mittlerweile so groß, dass ich mich jedes Mal, wenn ein neuer Fall bekannt wird, unwillkürlich frage, inwiefern sie wieder gelogen haben.

Das ärgert mich nicht nur als Bürgerin, der es um Gerechtigkeit geht, sondern auch, weil es den Ruf all der gesetzestreuen Männer und Frauen besudelt, die ihr Dienstabzeichen ehrenvoll tragen.

Ich habe den engeren Kreis von Leuten um Debra gut kennengelernt, darunter auch ihre inzwischen verstorbene Mutter Renate Janka. Renate war einmal zum Abendessen bei mir zu Gast, und ich saß in Debbies Esszimmer, als Mutter und Tochter gemeinsam über das Geschehene weinten. Ich trauerte um Renate, als sie im August 2014 verstarb.
Bei Frank war ich immer wieder beeindruckt von seinem nahezu fotografischen Gedächtnis, was diesen Fall angeht. Jedes Mal, wenn ich nicht weiterwusste, konnte ich mich darauf verlassen, dass er mich auf die richtigen Dokumente aufmerksam machen würde. Sein Engagement für Debra ist phänomenal.
Pat und Patti sind Teil meines Lebens geworden. Ebenso Lori Voepel und ihre süße kleine Tochter. Meine lang gehegte Hochachtung vor Mike Kimerer nahm noch weiter zu, als ich verfolgte, wie er für Debra kämpfte. Und ich bewundere sehr das Engagement von Anders Rosenquist, Kirk Fowler und Paul Huebl.
Ich habe Debra als Strafgefangene, als auf Kaution Entlassene mit elektronischer Fußfessel und als freie Frau erlebt. Ich habe sie viele Stunden lang interviewt und sie ungezählte Male angerufen, um den einen oder anderen Punkt mit ihr zu klären. Ich habe dabei nicht nur die Person mit dem berühmt-berüchtigten Namen kennengelernt, sondern auch die Frau aus Fleisch und Blut.
Wenn ich es zu entscheiden hätte, würde Debra Milke eine großzügig bemessene Entschädigung erhalten, damit sie sich nach eigenem Wunsch ein neues Leben aufbauen kann. Armando Saldate würde ich wegen Meineids ins Gefängnis stecken.
Noel Levy würde ich wegen böswilliger Rechtsverfolgung vor Gericht stellen.
Ich würde dafür sorgen, dass Rick Romley seiner Nachlässigkeit wegen seinen guten Ruf einbüßt.

Ich würde Bill Montgomery die Zulassung entziehen, da er nicht einmal die Grundbegriffe des amerikanischen Rechts versteht.

Ich würde darauf hinwirken, dass die Medien die groben Ungerechtigkeiten in diesem Fall nicht mehr verharmlosen und nicht mehr die Meinung vertreten, wir sollten Lügen und Täuschungen, die der Gerechtigkeit Hohn sprechen, nicht weiter beachten und schnell vergessen.

Ich würde dafür sorgen, dass sich nicht nur der Bundesstaat Arizona, sondern das ganze Land der zivilisierten Welt anschließt und die Todesstrafe abschafft.

Als Standard im amerikanischen Recht gilt der Beweis »*beyond a reasonable doubt*«, also der Beweis, an dem es keinerlei begründete Zweifel gibt. Wir wissen jetzt, dass es diesem Standard nicht gerecht wurde.

Ein begründeter Zweifel bedeutet allerdings nicht automatisch »Unschuld«. Er kann auch ein juristisches Schlupfloch sein. Das Gericht der öffentlichen Meinung legt eine höhere Messlatte an. Wir wollen nicht über Schuld oder Unschuld spekulieren, wir wollen es wissen. Ich wollte es wissen, als ich vor fast drei Jahren mit den Recherchen zu diesem Buch begann.

Und nachdem ich Debra Milke fast ein Vierteljahrhundert lang als Kindsmörderin abgeschrieben hatte, weiß ich heute: Nie habe ich mich so geirrt.